"十三五"普通高等教育本科系列教材

理论力学

主　编　孙雅珍　侯祥林

编　写　洪　媛　苑学众　傅柏权

中国电力出版社

CHINA ELECTRIC POWER PRESS

内 容 提 要

本书为"十三五"普通高等教育本科系列教材。全书共四篇16章，第一篇为静力学，内容包括静力学基本量与计算、物体受力分析、力系简化、力系平衡方程与应用；第二篇为运动学，内容包括运动学基础、点的合成运动、刚体平面运动；第三篇为动力学，内容包括质点动力学基本方程、动量定理、动量矩定理、达朗贝尔原理、动能定理、单自由度系统的振动；第四篇为分析力学基础，内容包括分析静力学、分析运动学和分析动力学。此外，书中还包括两个附录：刚体静力学计算机问题分析和常见均质物体的转动惯量。

全书强化基础，优化体系，注重提高读者的数值计算能力、分析问题和解决问题的能力，既适用于课堂教学，又便于自学。

本书可作为普通高等院校机械、土建、交通、动力、水利、化工、采矿和冶金等专业的理论力学教材，同时也可作为高职高专、成人教育、夜大、函授大学、职工大学相应专业的理论力学教材，还可供有关工程技术人员参考。

图书在版编目（CIP）数据

理论力学/孙雅珍，侯祥林主编. —北京：中国电力出版社，
2015.8（2022.8重印）
"十三五"普通高等教育本科规划教材
ISBN 978 - 7 - 5123 - 8035 - 6

Ⅰ. ①理… Ⅱ. ①孙…②侯… Ⅲ. ①理论力学-高等学校-教材 Ⅳ. ①O31

中国版本图书馆 CIP 数据核字（2015）第 159024 号

中国电力出版社出版、发行
（北京市东城区北京站西街19号　100005　http：//www.cepp.sgcc.com.cn）
北京雁林吉兆印刷有限公司印刷
各地新华书店经售

＊

2015 年 8 月第一版　2022 年 8 月北京第六次印刷
787 毫米×1092 毫米　16 开本　21.5 印张　522 千字
定价 56.00 元

前　　言

　　本书为"十三五"普通高等教育本科系列教材，可作为普通高等院校机械、土建、交通、动力、水利、化工、采矿和冶金等专业的理论力学教材，同时也可作为高职高专、成人教育、夜大、函授大学、职工大学相应专业的理论力学教材，还可供有关工程技术人员参考。

　　本书的主要特点如下：

　　(1) **强化基础**。静力学从基本量（力和力偶）入手，加强基本概念的讲述，着重培养学生基本概念的掌握和计算能力，为后面的平衡方程和动力学基本方程做好充分准备，为后续的力学课程打下坚实的基础；运动学把点的运动学和刚体的基本运动统称为运动学基础，强化了对运动学的基本量（速度和加速度）的理解和计算。

　　(2) **优化体系**。力系的简化与平衡方程通过空间任意力系（最一般的力系）进行讲解，避免了各种力系简化的重复内容，并强调了主矢和主矩的概念，为动量定理和动量矩定理打好基础；动力学中为了强调达朗贝尔原理和刚体运动微分方程的一致性，将达朗贝尔原理放在动量定理和动量矩定理之后，同时也强调了矢量运算。

　　(3) **提高数值计算能力**。为了提高读者的数值计算能力，本书对刚体静力学问题进行了计算机分析，并将程序制成光盘。

　　(4) **培养分析和解决问题的能力**。例题注重分析和讨论，力求使读者思路清晰，解题步骤明确，培养读者分析问题和解决问题的能力，既适用于课堂教学，又便于自学。

　　本书由孙雅珍负责全书统稿。内容由孙雅珍和侯祥林编写，习题由洪媛、苑学众、傅柏权编写，刚体静力学计算机问题分析由侯祥林编写。

　　本书编写过程中汲取了国内外优秀教材的许多宝贵经验，在此表示感谢！

　　限于编者的水平和经验，书中难免会有疏漏和不足之处，恳请同行专家和广大读者批评指正。在此深表谢意！

编　者

2015 年 7 月

主要符号表

a_a	绝对加速度	M	力偶矩矢
a_n	法向加速度	$M_O(F)$	力 F 对点 O 的矩
a_t	切向加速度	M_I	惯性力的主矩
a_r	相对加速度	n	质点的数目
a_e	牵连加速度	P	重力
a_C	科氏加速度	p	动量
A	面积，自由振动振幅	r	半径
f	动摩擦因数	r_O	点 O 的矢径
f_s	静摩擦因数	r_C	质心的矢径
F	力	T	动能，周期
F_I	惯性力	v	速度
F_N	法向约束力	s	弧坐标
F_Q	广义力	t	时间
F_R	主矢或合力	v_a	绝对速度
F_s	静滑动摩擦力	v_r	相对速度
$F^{(e)}$	外力	v_e	牵连速度
$F^{(i)}$	内力	v_C	质心速度
g	重力加速度	V	势能
i	x 轴的单位矢量	W	力的功
I	冲量	α	角加速度
j	y 轴的单位矢量	$\boldsymbol{\alpha}$	角加速度矢量
J_z	刚体对 z 轴的转动惯量	φ_m	摩擦角
J_{xy}	刚体对 x，y 的惯性积	δ	变分符号
J_C	刚体对质心轴的转动惯量	ζ	阻尼比
k	弹簧的刚度系数	η	减缩系数
k	z 轴的单位矢量	λ	频率比
L	拉格朗日函数	Λ	对数减缩
L_O	刚体对点 O 的动量矩	ω	角速度
L_C	刚体对质心的动量矩	$\boldsymbol{\omega}$	角速度矢量
L_z	刚体对 z 轴的动量矩	ω_a	绝对角速度
m	质量	ω_e	牵连角速度
M	平面力偶矩	ω_r	相对角速度
$M_z(F)$	力 F 对 z 轴的矩		

目 录

前言
主要符号表

绪论 ··· 1

第一篇 静 力 学

第1章 静力学基本量与计算 ································ 3
1.1 力和力矩 ······································· 3
1.2 力偶 ·· 8
习题1 ·· 10
习题1参考答案 ···································· 13
第2章 物体受力分析 ································· 15
2.1 静力学公理 ··································· 15
2.2 约束与约束力 ································· 16
2.3 物体受力分析 ································· 21
习题2 ··· 25
习题2参考答案 ···································· 29
第3章 力系简化 ····································· 30
3.1 力的平移 ····································· 30
3.2 力系向一点简化、主矢和主矩 ············· 30
3.3 力系简化结果分析 ·························· 32
习题3 ··· 35
习题3参考答案 ···································· 39
第4章 力系平衡方程与应用 ·················· 41
4.1 力系的平衡方程 ···························· 41
4.2 单个刚体的平衡问题求解 ·················· 42
4.3 平面刚体系统的平衡问题求解 ············· 46
4.4 简单空间力系的平衡问题求解 ············· 49
4.5 静力学应用专题 ···························· 52
习题4 ··· 60
习题4参考答案 ···································· 77

第二篇 运 动 学

第 5 章 运动学基础 ·· 81

5.1 描述点运动的矢量法 ····································· 81

5.2 描述点运动的直角坐标法 ······························ 82

5.3 自然坐标法描述点的运动 ······························ 83

5.4 刚体平移 ··· 88

5.5 刚体定轴转动 ·· 89

5.6 定轴转动刚体的矢量描述 ······························ 92

5.7 定轴轮系的传动比 ··· 94

习题 5 ·· 94

习题 5 参考答案 ·· 100

第 6 章 点的合成运动 ·· 102

6.1 基本概念 ··· 102

6.2 合成运动中速度之间的关系 ···························· 102

6.3 合成运动中加速度之间的关系 ························· 107

习题 6 ·· 110

习题 6 参考答案 ·· 117

第 7 章 刚体平面运动 ·· 119

7.1 平面运动的运动方程 ······································ 119

7.2 平面运动的速度分析 ······································ 120

7.3 平面运动的加速度分析 ···································· 127

7.4 刚体绕平行轴转动的合成 ································ 131

习题 7 ·· 133

习题 7 参考答案 ·· 143

第三篇 动 力 学

第 8 章 质点动力学基本方程 ··································· 146

8.1 动力学的基本定律 ··· 146

8.2 质点运动微分方程 ··· 147

习题 8 ·· 151

习题 8 参考答案 ·· 156

第 9 章 动量定理 ·· 158

9.1 动量定理 ··· 158

9.2 质心运动定理 ·· 160

习题 9 ·· 163

习题 9 参考答案 ·· 168

第 10 章　动量矩定理 ·· 170
　10.1　质点系对定点的动量矩定理 ·· 170
　10.2　刚体定轴转动微分方程 ·· 175
　10.3　质点系相对质心动量矩定理与刚体平面运动微分方程 ················· 176
　习题 10 ··· 179
　习题 10 参考答案 ·· 190

第 11 章　达朗贝尔原理 ·· 192
　11.1　达朗贝尔原理 ·· 192
　11.2　刚体惯性力系的简化 ·· 193
　11.3　定轴转动刚体的轴承动反力 ·· 196
　习题 11 ··· 199
　习题 11 参考答案 ·· 207

第 12 章　动能定理 ··· 210
　12.1　动能 ·· 210
　12.2　力的功 ·· 211
　12.3　动能定理 ··· 214
　12.4　势力场　势能　机械能守恒定律 ·· 218
　12.5　功率和功率方程 ··· 222
　12.6　动力学普遍定理的综合应用 ·· 225
　习题 12 ··· 230
　习题 12 参考答案 ·· 242

第 13 章　单自由度系统的振动 ··· 245
　13.1　引言 ·· 245
　13.2　单自由度系统的自由振动 ··· 246
　13.3　单自由度系统的受迫振动 ··· 253
　习题 13 ··· 259
　习题 13 参考答案 ·· 264

第四篇　分析力学基础

第 14 章　分析静力学 ·· 265
　14.1　约束　广义坐标和自由度 ··· 265
　14.2　虚位移　虚功　理想约束 ··· 267
　14.3　虚位移原理 ··· 268
　14.4　以广义坐标表示的质点系的平衡条件 ··· 272
　习题 14 ··· 275
　习题 14 参考答案 ·· 284

第 15 章　分析运动学 ·· 286
　15.1　刚体系统的自由度与几何约束方程 ·· 286

15.2　刚体系统运动的分析法 ································· 287

习题 15 ··· 289

习题 15 参考答案 ··· 292

第 16 章　分析动力学 ····································· 293

16.1　动力学普遍方程 ······································· 293

16.2　拉格朗日方程 ··· 294

16.3　拉格朗日方程的首次积分 ······························· 299

习题 16 ··· 301

习题 16 参考答案 ··· 306

附录 A　刚体静力学计算机问题分析 ······················· 308

附录 B　常见均质物体的转动惯量 ························· 322

索引 ··· 324

Contents ··· 328

参考文献 ··· 332

绪　　论

1. 理论力学的研究对象和内容

理论力学是研究物体机械运动一般规律的科学。

物体在空间的位置随时间而改变的运动，称为**机械运动**。机械运动是人们生活和生产实践中最常见的一种运动。在物质的各种运动形式中，机械运动是最简单的一种。物质的各种运动形式在一定的条件下可以相互转化，而且在高级和复杂的运动中，往往存在着简单的机械运动。

本课程研究的内容是速度远小于光速的宏观物体的机械运动，它以伽利略和牛顿总结的基本定律为基础，属于古典力学的范畴。

至于速度接近光速的物体和基本粒子的运动，则必须用相对论和量子力学的观点才能完善地予以解释。宏观物体远小于光速的运动是日常生活及一般工程中最常遇到的，古典力学有着最广泛的应用。理论力学所研究的是这种运动中最一般、最普遍的规律，是各门力学分支的基础。

本课程的内容包括以下三部分。

（1）**静力学**：物体的受力分析；力系的等效替换和简化；力系的平衡条件及其应用。

（2）**运动学**：只从几何角度来研究物体的运动（如轨迹、速度和加速度等），而不研究引起物体运动的物理原因。

（3）**动力学**：研究受力物体的运动与作用力之间的关系。

2. 理论力学的研究方法

研究科学的过程，就是认识客观世界的过程，任何正确的科学研究方法，一定要符合辩证唯物主义的认识论。理论力学也必须遵循这个正确的认识规律进行研究和发展。

通过观察生活和生产实践中的各种现象，进行多次的科学实验，经过分析、综合和归纳，总结出力学最基本的规律。

在对事物进行观察和实验的基础上，经过抽象化建立力学模型，形成概念，在基本规律的基础上，经过逻辑推理和数学演绎，建立理论体系。

客观事物都是具体的、复杂的，为了找出其共同规律，必须抓住主要因素，舍弃次要因素，建立**抽象化的力学模型**。例如，忽略一般物体的微小变形，建立在力的作用下物体形状、大小均不改变的刚体模型；抓住不同物体间机械运动相互限制的主要方面，建立一些典型的理想约束模型；为了分析复杂的振动现象，建立了弹簧质点的力学模型等。这种抽象化、理想化的方法，一方面简化了所研究的问题；另一方面也更深刻地反映出了事物的本质。当然，任何抽象化的模型都是相对的。当条件改变时，必须再考虑到影响事物的新的因素，建立新的模型。又如，在研究物体受外力作用而平衡时，可以忽略物体形状的改变，采用刚体模型；但在分析物体内部的受力状态或解决一些复杂物体系统的平衡问题时，必须考虑到物体的变形，建立弹性体模型。

生产实践中的问题是复杂的，不是一些零散的感性知识所能解决的。理论力学成功地运用了逻辑推理和数学演绎的方法，由少量最基本的规律出发，得到了从多方面揭示机械运动规律的定理、定律和公式，建立了严密而完整的理论体系。这对于理解、掌握以及应用理论力学都是极为有利的。数学方法在理论力学的发展中起到了关键作用。近代计算机的发展和普及，不仅能完成力学问题中大量繁杂的数值计算，而且在逻辑推理、公式推导等方面也是极为有效的工具。

将理论力学的理论用于实践，在解释世界、改造世界中不断得到验证和发展。实践是检验真理的唯一标准，实践中所遇到的新问题又是促进理论发展的源泉。古典力学理论在现实生活和工程中，被大量实践验证为正确，并在不同领域的实践中得到发展，形成了许多分支，如刚体力学、弹塑性力学、流体力学、生物力学等。大到天体运动，小到基本粒子的运动，古典力学理论在实践中又都出现了矛盾，表现出真理的相对性。在新条件下，必须修正原有的理论，建立新的概念，才能正确地指导实践，改造世界，并进一步地发展力学理论，形成新的力学分支。

3. 学习理论力学的目的

理论力学是一门理论性较强的技术基础课。学习理论力学的目的如下。

(1) **工程专业一般都要接触机械运动的问题**。有些工程问题可以直接应用理论力学的基本理论去解决，有些比较复杂的问题，则需要用理论力学和其他专门的知识来共同解决。所以学习理论力学的目的是为解决工程问题打下一定的基础。

(2) **理论力学是研究力学中最普遍、最基本的规律**。很多工程专业的课程，例如材料力学、机械原理、机械设计、结构力学、弹塑性力学、流体力学、振动理论、断裂力学以及许多专业课程等，都要以理论力学为基础，所以理论力学是学习一系列后续课程的重要基础。

随着现代科学技术的发展，力学的研究内容已渗入到其他科学领域，例如固体力学和流体力学的理论被用来研究人体内骨骼的强度，血液流动的规律，以及植物中营养的输送问题等，形成了生物力学；流体力学的理论被用来研究等离子体在磁场中的运动，形成了电磁流体学；还有爆炸力学、物理力学等都是力学和其他学科结合而形成的边缘科学。这些新兴学科的建立都必须以坚实的理论力学知识为基础。

第一篇 静 力 学

静力学研究物体在力系作用下的平衡规律，这是力学的基本内容，其中所涉及的概念和方法应用广泛，影响深远。

这里的物体是指抽象化的**刚体**。刚体是指物体在力的作用下，其内部任意两点之间的距离始终保持不变的物体。这是一个理想化的力学模型，实际中如果物体受到力的作用时，变形很小且不影响所要研究问题的实质，就可以忽略其变形，将其视为刚体，这是一种科学的抽象，可以使计算简化。本篇中除特别说明外，文中的物体都指刚体。

力系是指作用在物体上的一组力。若作用在同一刚体的两组不同力系使该刚体的运动状态产生完全相同的变化，则称它们互为**等效力系**。一个力系用其等效力系来代替，称为力系的等效替换。用一个简单力系等效替换一个复杂力系，称为力系的**简化**。

平衡是指运动的一种特殊状态，通常理解为物体相对于惯性参考系处于静止或匀速直线运动状态。实践经验表明，物体上作用的力系只要满足一定的条件，即可使物体保持平衡，这种条件称为力系的平衡条件。满足平衡条件的力系称为**平衡力系**。平衡力系也定义为简化结果为零的力系。

静力学主要研究以下三个基本问题：

(1) 物体的受力分析。

(2) 力系的等效替换和简化。

(3) 力系的平衡条件及其应用。

第1章 静力学基本量与计算

力和力偶是力学中的两个基本物理量。本章将介绍力和力偶有关的基本概念及其计算，包括力（力在直角坐标轴上的投影和力沿直角坐标轴的分解）、力矩（力对点的矩矢和力对轴的矩）和力偶矩矢。

1.1 力 和 力 矩

力是物体间的相互机械作用，其效应是改变物体的运动状态（力的外效应）或使物体发生变形（力的内效应）。对不变形的刚体，力只改变其运动状态。

实践表明，力对物体的作用效果取决于力的大小、方向和作用位置或作用点，一般称其为力的三要素。

在国际单位制（SI）中，力的基本单位是 N 或 kN。力的作用位置一般是指物体的一部分面积或体积。若作用面积或体积很小时可以抽象为点，作用在此点的力称为**集中力**，否则称为**分布力**。

力有两种作用方式：直接作用和场作用。

图 1-1

力是一种矢量。本书中用黑斜体字母 $\boldsymbol{F}$ 表示力矢量，用斜体字母 F 表示力的大小。如图 1-1 所示，力矢量的始端（点 A）或末端（点 B）表示力的作用点；力的方向包括力的作用线位置和指向，AB 所在的直线（图 1-1 中虚线）表示力的作用线，箭头表示力的指向。

本节将介绍力和力矩的概念及其计算。

1. 力沿直角坐标轴的解析表达式

由矢量代数知，任何矢量都可以用相对于某个坐标系的坐标（矢量在直角坐标轴上的投影）表示。

如图 1-2 所示，直角坐标系（$Oxyz$）沿各坐标轴的单位矢量为 $\boldsymbol{i}$、$\boldsymbol{j}$、$\boldsymbol{k}$，则力 $\boldsymbol{F}$ 的解析表达式为

$$\boldsymbol{F} = F_x \boldsymbol{i} + F_y \boldsymbol{j} + F_z \boldsymbol{k} \tag{1-1}$$

式（1-1）中，F_x、F_y、F_z 表示力 $\boldsymbol{F}$ 相对于各坐标轴的投影。

则力 $\boldsymbol{F}$ 的大小和方向余弦为

$$F = \sqrt{F_x^2 + F_y^2 + F_z^2} \tag{1-2}$$

$$\cos(\boldsymbol{F}, \ \boldsymbol{i}) = F_x/F, \quad \cos(\boldsymbol{F}, \ \boldsymbol{j}) = F_y/F, \quad \cos(\boldsymbol{F}, \ \boldsymbol{k}) = F_z/F \tag{1-3}$$

2. 力在直角坐标轴上的投影

如图 1-2 所示，若已知力 $\boldsymbol{F}$ 与直角坐标系 $Oxyz$ 三轴间的夹角，则可用直接投影法，即

$$F_x = F\cos(\boldsymbol{F}, \ \boldsymbol{i}), \quad F_y = F\cos(\boldsymbol{F}, \ \boldsymbol{j}), \quad F_z = F\cos(\boldsymbol{F}, \ \boldsymbol{k}) \tag{1-4}$$

如图 1-3 所示，当力 $\boldsymbol{F}$ 与坐标轴 Ox、Oy 间的夹角不易确定时，可以把力 $\boldsymbol{F}$ 先投影到坐标平面 Oxy 上，得到力 $\boldsymbol{F}_{xy}$，然后再把这个力投影到 x、y 轴上。在图 1-3 中，已知角 γ 和 φ，则力 $\boldsymbol{F}$ 在三个坐标轴上的投影分别为

$$F_x = F\sin\gamma\cos\varphi, \quad F_y = F\sin\gamma\sin\varphi, \quad F_z = F\cos\gamma \tag{1-5}$$

图 1-2

图 1-3

3. 力沿直角坐标轴的分解

将力沿坐标轴 x、y、z 分解，得 $\boldsymbol{F}_x$、$\boldsymbol{F}_y$、$\boldsymbol{F}_z$，这些分量也称为力沿直角坐标轴的**分力**，则

$$\boldsymbol{F} = \boldsymbol{F}_x + \boldsymbol{F}_y + \boldsymbol{F}_z \tag{1-6}$$

由此，力 $\boldsymbol{F}$ 在直角坐标轴上的投影和力沿直角坐标轴的分力间的关系可表示为

$$F_x = F_x i, \quad F_y = F_y j, \quad F_z = F_z k \tag{1-7}$$

显然，力沿直角坐标轴分力的大小等于在直角坐标轴上投影的绝对值。

【例1-1】 已知力沿直角坐标轴的解析式为 $F = 4i + 5j - 6k$，单位为 kN，求这个力的大小和方向。

解 将式 $F = 4i + 5j - 6k$ 与式（1-1）比较，可得

$$F_x = 4, \quad F_y = 5, \quad F_z = -6$$

根据式（1-2）求得力的大小为

$$F = \sqrt{F_x^2 + F_y^2 + F_z^2} = \sqrt{4^2 + 5^2 + 6^2} = \sqrt{77} = 8.77 \ (\text{kN})$$

根据式（1-3）求得力的方向

$$\cos(\boldsymbol{F}, \ \boldsymbol{i}) = F_x/F = 4/8.77 = 0.456, \quad \cos(\boldsymbol{F}, \ \boldsymbol{j}) = F_y/F = 5/8.77 = 0.57,$$

$$\cos(\boldsymbol{F}, \ \boldsymbol{k}) = F_z/F = -6/8.77 = -0.684$$

则角度为

$$(\boldsymbol{F}, \ \boldsymbol{i}) = 62.87°, \quad (\boldsymbol{F}, \ \boldsymbol{j}) = 55.25°, \quad (\boldsymbol{F}, \ \boldsymbol{k}) = 133.16°$$

【例1-2】 如图1-4所示，立方体的点 C 作用一力 F，已知 $F = 800$ N，$\gamma = 60°$，$\varphi = 45°$。求：（1）该力 F 在坐标轴 x、y、z 上的投影；（2）力 F 沿 CA 和 CD 方向分解所得的两个分力 $\boldsymbol{F}_{CA}$、$\boldsymbol{F}_{CD}$ 的大小。

解

（1）根据式（1-5）求得力 F 在坐标轴 x、y、z 上的投影为

$$F_x = F\cos\gamma\cos\varphi = 489.9 \ (\text{N}), \quad F_y = -F\sin\gamma\sin\varphi = -489.9 \ (\text{N}), \quad F_z = F\cos\gamma = 400 \ (\text{N})$$

（2）分力的大小

$$F_{CA} = F_{xy} = F\sin\gamma = 692.8 \ (\text{N}), \quad F_{CD} = F_z = F\cos\gamma = 400 \ (\text{N})$$

力对物体的转动效应用**力矩**来度量。**力对点的矩矢**是力使物体绕某一点转动效果的度量，**力对轴的矩**是力绕轴转动效果的度量。

4. 力对点的矩矢

如图1-5所示，r 表示点 O 到力 F 作用点 A 的矢径，则力 F 对点 O 的矩可用矢量 $\boldsymbol{M}_O(\boldsymbol{F})$ 表示。

$$\boldsymbol{M}_O(\boldsymbol{F}) = \boldsymbol{r} \times \boldsymbol{F} \tag{1-8}$$

即**力对点的矩矢等于矩心到力作用点的矢径与该力的矢积。**

图1-4

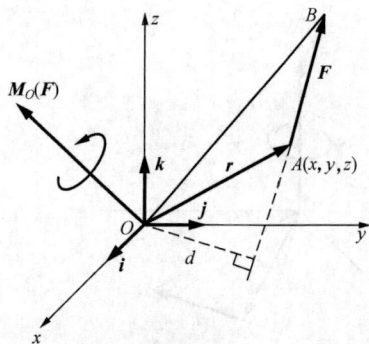

图1-5

以矩心 O 为原点，建立空间直角坐标系 $Oxyz$，设 i、j、k 为 x、y、z 方向的单位矢量。设力的作用点 A 的坐标为 $A(x，y，z)$，力 F 在三个坐标轴上的投影为 F_x、F_y、F_z，则根据式（1-1），力 F 和矢径 r 的解析表达式分别为

$$F = F_x i + F_y j + F_z k， \quad r = xi + yj + zk$$

则由矢量代数可知 $M_O(F)$ 表示为行列式

$$M_O(F) = r \times F = \begin{vmatrix} i & j & k \\ x & y & z \\ F_x & F_y & F_z \end{vmatrix} = (yF_z - zF_y)i + (zF_x - xF_z)j + (xF_y - yF_x)k$$

$$(1-9)$$

显然，力对点的矩矢是**定位矢量**，其大小和方向与矩心的位置有关。

如图 1-6 所示特殊情况，当 r、F 在 xOy 面上时，这时 $z=0$、$F_z=0$，式（1-9）简化为

$$M_O(F) = \begin{vmatrix} x & y \\ F_x & F_y \end{vmatrix} = (xF_y - yF_x)k$$

$M_O(F)$ 垂直于 xOy 面，与 z 轴平行，这是空间问题力对点矩的特例，即平面问题。

在如图 1-6 所示的平面问题中，点 O 称为**矩心**，点 O 到力的作用线的垂直距离 d 称为**力臂**。力对点的矩定义如下：**力对点的矩是代数量，它的绝对值等于力的大小与力臂的乘积**。它的正负规定如下：力使物体绕矩心逆时针转向转动时为正，反之为负。

$$M_O(F) = \pm F \cdot d \qquad (1-10)$$

合力矩定理 1：合力对于某一点之矩，等于力系中所有力对同一点之矩的矢量和。

$$M_O(F_R) = \sum_{i=1}^{n} M_O(F_i) \qquad (1-11)$$

式（1-11）中，F_R 为力系中的合力。

5. 力对轴的矩

如图 1-7 所示，先将力 F 分解为平行于 z 轴的分力 F_z 和垂直于 z 轴的分力 F_{xy}（此力即为力 F 在垂直于 z 轴的平面 xOy 上的投影）。由经验可知，F_z 对 z 轴的力矩为零；所以，力 F 对 z 轴的矩就等于分力 F_{xy} 对 z 轴的矩。现用符号 $M_z(F)$ 表示力 F 对 z 轴的矩，点 O 为平面 xOy 与 z 轴的交点。因此，力 F 对 z 轴的矩就是分力 F_{xy} 对点 O 的矩，即

$$M_z(F) = M_O(F_{xy}) \qquad (1-12)$$

图 1-6

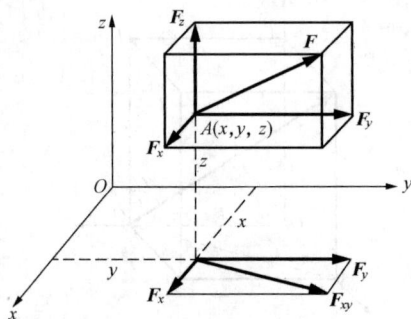

图 1-7

力对轴的矩，等于力在垂直于该轴的平面上的投影对该轴与该平面交点的矩。它是一个代数量，正负号由右手螺旋法则确定，即拇指指向与轴的正向一致为正，反之为负。

由定义知，当力与轴相交时（$d=0$）或力与轴平行时（此时 $F_{xy}=0$），即当力与轴在同一平面内时，力对该轴的矩等于零。

力对轴之矩的解析表达式

如图 1-7 所示，设力 $\boldsymbol{F}$ 在三个坐标轴上的投影分别为 F_x、F_y、F_z。力作用点 A 的坐标为 $A(x，y，z)$，根据式（1-11）得

$$M_z(\boldsymbol{F})=M_O(\boldsymbol{F}_{xy})=M_O(\boldsymbol{F}_x)+M_O(\boldsymbol{F}_y)=xF_y-yF_x$$

同理，可以求得力 $\boldsymbol{F}$ 对 x 轴和 y 轴的矩。将此三式合写为

$$M_x(\boldsymbol{F})=yF_z-zF_y，\quad M_y(\boldsymbol{F})=zF_x-xF_z，\quad M_z(\boldsymbol{F})=xF_y-yF_x \tag{1-13}$$

式（1-13）为力对轴之矩的解析式。

6. 力对点的矩矢与力对轴的矩的关系

比较式（1-9）和式（1-13），则

$$M_x(\boldsymbol{F})=[\boldsymbol{M}_O(\boldsymbol{F})]_x，\quad M_y(\boldsymbol{F})=[\boldsymbol{M}_O(\boldsymbol{F})]_y，\quad M_z(\boldsymbol{F})=[\boldsymbol{M}_O(\boldsymbol{F})]_z \tag{1-14}$$

式（1-14）称为**力对点之矩与力对通过该点的轴之矩的关系式**。

合力矩定理 2：合力对于某一轴之矩，等于力系中所有力对同一轴之矩的代数和。

根据力对点的矩与力对轴矩的关系式（1-14），可得

$$\boldsymbol{M}_z(\boldsymbol{F}_{\mathrm{R}})=\sum_{i=1}^{n}\boldsymbol{M}_z(\boldsymbol{F}_i) \tag{1-15}$$

合力矩定理在第三章力系简化中进行证明。

【例 1-3】 托架 AC 如图 1-8 所示，点 C 在 Axy 平面内，在点 C 作用一力 $\boldsymbol{F}$，它在垂直于 y 轴的平面内，偏离铅直线的角度为 α，求力 $\boldsymbol{F}$ 对各坐标轴之矩和力 $\boldsymbol{F}$ 对 A 点的矩矢。

图 1-8

解

（1）力 $\boldsymbol{F}$ 对 x、y、z 三轴的矩。

解法 1　应用力对轴之矩的解析式（1-13）

力 $\boldsymbol{F}$ 作用点 C 的坐标分别为

$$x=-l，\quad y=2l，\quad z=0$$

力 $\boldsymbol{F}$ 在各坐标轴上的投影分别为

$$F_x=F\sin\alpha，\quad F_y=0，\quad F_z=-F\cos\alpha$$

将以上各量代入力对轴之矩的解析式（1-13）中。

则力 $\boldsymbol{F}$ 对 x、y、z 轴的矩为

$$M_x(F)=-F_z\cdot 2l=-2Fl\cos\alpha$$
$$M_y(F)=-F_z l=-Fl\cos\alpha$$
$$M_z(F)=-F_x\cdot 2l=-2Fl\sin\alpha$$

解法 2　应用合力矩定理

力 $\boldsymbol{F}$ 在各坐标轴的分力大小为

$$F_x=F\sin\alpha，\quad F_y=0，\quad F_z=F\cos\alpha$$

根据合力矩定理（1-15），则力 $\boldsymbol{F}$ 对 x、y、z 轴的矩为

$$M_x(\boldsymbol{F})=M_x(\boldsymbol{F}_z)=-F_z \cdot 2l=-2Fl\cos\alpha$$

$$M_y(\boldsymbol{F})=M_y(\boldsymbol{F}_z)=-F_z \cdot l=-Fl\cos\alpha$$

$$M_z(\boldsymbol{F})=M_z(\boldsymbol{F}_x)=-F_x \cdot 2l=-2Fl\sin\alpha$$

（2）力 $\boldsymbol{F}$ 对 A 点的矩矢。

解法 1 由式（1-9）和（1-14）得力 $\boldsymbol{F}$ 对 A 点的矩矢为

$$\boldsymbol{M}_A(\boldsymbol{F})=M_x(\boldsymbol{F})\boldsymbol{i}+M_y(\boldsymbol{F})\boldsymbol{j}+M_z(\boldsymbol{F})\boldsymbol{k}=-2Fl\cos\alpha\boldsymbol{i}-Fl\cos\alpha\boldsymbol{j}-2Fl\sin\alpha\boldsymbol{k}$$

解法 2 $\boldsymbol{F}$ 和 $\boldsymbol{r}$ 的解析表达式为

$$\boldsymbol{F}=F\sin\alpha\boldsymbol{i}-F\cos\alpha\boldsymbol{k}，\quad \boldsymbol{r}=-l\boldsymbol{i}+2l\boldsymbol{j}$$

根据力对点之矩矢的定义式（1-9），得

$$\boldsymbol{M}_A(\boldsymbol{F})=\boldsymbol{r}\times\boldsymbol{F}=\begin{vmatrix} \boldsymbol{i} & \boldsymbol{j} & \boldsymbol{k} \\ -l & 2l & 0 \\ F\sin\alpha & 0 & -F\cos\alpha \end{vmatrix}=-2Fl\cos\alpha\boldsymbol{i}-Fl\cos\alpha\boldsymbol{j}-2Fl\sin\alpha\boldsymbol{k}$$

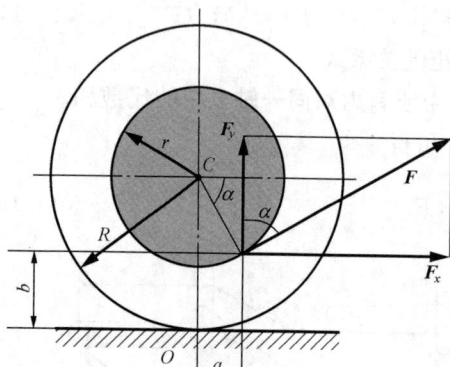

图 1-9

【例 1-4】 如图 1-9 所示轮轴，轮与轴的半径 R、r 已知，力 $\boldsymbol{F}$ 与轴相切，求力 $\boldsymbol{F}$ 对点 O 的矩。

解 本题属于平面问题力对点的矩，由合力矩定理，得

$$M_O(\boldsymbol{F})=M_O(\boldsymbol{F}_y)+M_O(\boldsymbol{F}_x)=F_y \cdot a-F_x \cdot b$$

其中

$$F_y=F\cos\alpha，\quad F_x=F\sin\alpha$$

$$a=r\cos\alpha，\quad b=R-r\sin\alpha$$

则

$$M_O(\boldsymbol{F})=F(r-R\sin\alpha)$$

1.2 力 偶

1. 力偶和力偶矩矢

由大小相等、方向相反，作用线平行而不重合的二力组成的力系称为**力偶**。力偶能使刚体改变转动状态，使变形体产生扭转和弯曲变形。

力偶两个力所在的平面称为**力偶的作用面**，两力作用线的垂直距离称为**力偶臂**，力偶中一个力的大小和力偶臂的乘积称为**力偶矩**。力偶对刚体的作用效应取决于下列三个因素：力偶矩的大小；力偶作用面的方位；力偶的转向。可以用一个矢量（称为**力偶矩矢**，记作 $\boldsymbol{M}$）将这三个要素同时表示出来：如图 1-10（a）所示，矢的长度表示力偶矩的大小，矢的方位与力偶作用面的法线方位相同，矢的指向与力偶转向的关系服从右手螺旋法则，如图 1-10（b）所示，即右手的四指按力偶矩的转向卷曲，伸直的大拇指就是力偶矩矢 $\boldsymbol{M}$ 的指向。由此可知，力偶对刚体的作用完全由力偶矩矢所决定，可用力偶中的两个力对空间某点之矩的矢量和来度量。可以证明：**力偶中的两个力对空间任一点 O 矩的矢量和都是相等的，恒等于力偶矩矢。**

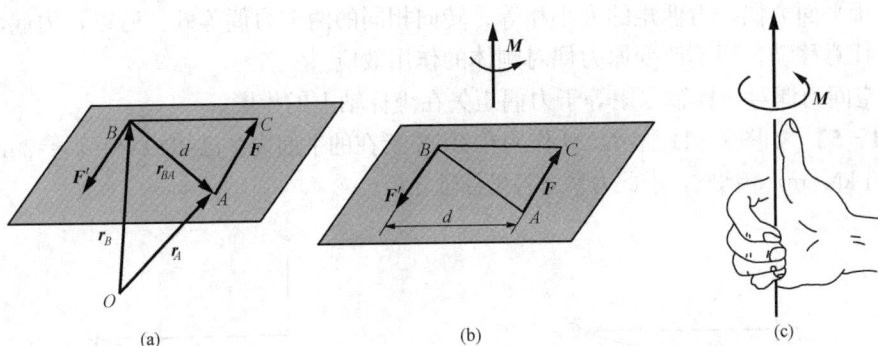

图 1-10

如图 1-10（a）所示，组成力偶的两个力 F 和 F' 对空间任一点 O 之矩的矢量和为

$$M_O(F,\ F')=M_O(F)+M_O(F')=r_A\times F+r_B\times F' \tag{1-16}$$

其中，r_A 与 r_B 分别为由点 O 到二力作用点 A、B 的矢径。因 $F'=-F$
故式（1-16）可写为

$$M_O(F,\ F')=r_A\times F+r_B\times F'=(r_A-r_B)\times F=r_{BA}\times F=M$$

由此可见，力偶对空间任一点的矩矢都等于力偶矩矢，与矩心位置无关，即力偶对刚体的作用效果与矩心无关，所以力偶矩矢沿矩矢方向任意滑动或平移都不影响力偶对刚体的作用效果，由此可见，力偶矩矢是**自由矢量**。

对于所有力偶均在同一平面内的特殊情况，即平面问题，因力偶作用面的方位一定，力偶对物体的转动效应只取决于力偶矩的大小和力偶矩的转向，所以力偶矩可以用代数量来表示，即

$$M=\pm Fd$$

其中，正负号的规定与力矩符号规定一致。d 为**力偶臂**。

2. 力偶矩矢的解析式

任何矢量都可以用相对于某个坐标系的坐标（矢量在直角坐标轴上的投影）来表示，当然力偶矩矢也不例外。

$$M=M_x+M_y+M_z=M_xi+M_yj+M_zk$$

其中，M_x、M_y、M_z 为力偶矩矢在三个坐标轴上的分量，M_x、M_y、M_z 为力偶矩矢在三个坐标轴上的投影。

可见，空间力偶对坐标轴之矩等于力偶矩矢在坐标轴上的投影。

力偶矩矢的大小和方向余弦为

$$M=\sqrt{M_x^2+M_y^2+M_z^2}$$

$$\cos(M,\ i)=M_x/M,\quad \cos(M,\ j)=M_y/M,\quad \cos(M,\ k)=M_z/M$$

3. 力偶的性质

（1）力偶不能合成为合力，也不能与力等效。

（2）力偶中两个力在任一轴上投影的代数和等于零。

（3）力偶矩矢为自由矢量。力偶中的两个力对空间任一点 O 之矩的和都是相等的，恒等于力偶矩矢，与矩心的选择无关。

（4）等效定理：对于空间力偶，力偶矩的大小相等、转向相同、作用面平行的两个力偶

等效。对于平面力偶，力偶矩的大小相等、转向相同的两个力偶等效。所以，力偶可以在其作用面内任意移动，而不改变原力偶对刚体的作用效应。

（5）空间力偶对坐标轴之矩等于力偶矩矢在坐标轴上的投影。

【例 1-5】　如图 1-11 所示，M 作用在 CDE 所在的平面内。已知 $OA=OB=2$ m，$F=20$ kN，$M=4$ kN·m，$\alpha=30°$，求此力系对各坐标轴之矩。

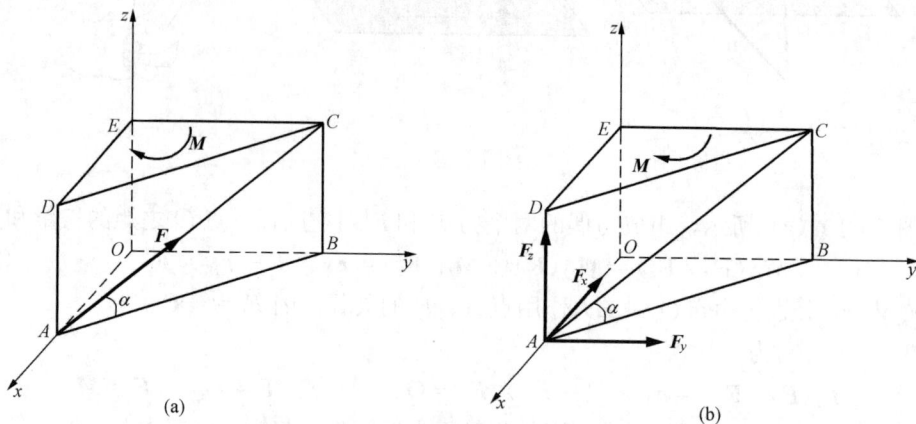

图 1-11

解

（1）应用合力矩定理求力 F 对各坐标轴之矩。

如图 1-11（b）所示，将力 F 沿三个坐标轴分解，力 F 在各坐标轴的分力大小为

$$F_x=F\cos\alpha\cos45°，\quad F_y=F\cos\alpha\sin45°，\quad F_z=F\sin\alpha$$

根据合力矩定理有

$$M_x(F)=0$$

$$M_y(F)=M_y(F_z)=-F_z\cdot2=-F\sin\alpha\cdot2=-20\ (\mathrm{kN·m})$$

$$M_z(F)=M_z(F_y)=F_y\cdot2=F\cos\alpha\sin45°\cdot2=10\sqrt{6}\ (\mathrm{kN·m})$$

（2）求力偶对各坐标轴之矩。

由力偶的性质（5）有

$$M_x=M_y=0，\quad M_z=-M=-4\ (\mathrm{kN·m})$$

（3）求力系对各坐标轴之矩。

$$\sum M_x=0，\quad \sum M_y=-20\ (\mathrm{kN·m})，\quad \sum M_z=(10\sqrt{6}-4)=20.49\ (\mathrm{kN·m})$$

习　题　1

1-1　判断题

（1）力的解析表达式 $F=F_x i+F_y j+F_z k$ 决定了力的大小、方向和作用线。　　　　（　　）

（2）力在空间直角坐标轴上的投影与该力沿对应轴的分力相同。　　　　　　　　（　　）

（3）合力总是大于分力。　　　　　　　　　　　　　　　　　　　　（　　）

（4）力系的合力在某一轴上的投影等于力系中各力在同一轴上投影的代数和。（　　）

（5）力偶使物体绕其作用面内任意一点的转动效果是与矩心的位置无关的。（　　）

（6）位于两相交平面内的两个力偶可以组成平衡力系。　　　　　　　（　　）

（7）力偶可以用一个力来平衡。　　　　　　　　　　　　　　　　　（　　）

（8）在保持力偶矩不变的情况下，可以随意地同时改变力偶中力的大小以及力偶臂的长短，而不会影响力偶对刚体的作用效果。　　　　　　　　　　　　　（　　）

（9）力对轴的矩的大小，等于力在垂直于该轴的平面上的投影对于这个平面与该轴交点的矩。　　　　　　　　　　　　　　　　　　　　　　　　　　　　　（　　）

（10）力对点的矩矢在通过该点的某轴上的投影等于力对该轴的矩。　　（　　）

1-2　如题 1-2 图所示，在边长为 a 的立方体上作用 3 个力。已知 $F_1 = F_3 = 6$ kN，$F_2 = 5$ kN，求各力在三个坐标轴上的投影。

1-3　已知 $F = 100$ kN，求题 1-3 图所示的力 F 在坐标轴上的投影及沿坐标轴的分力。

题 1-2 图　　　　　　　　　　题 1-3 图

1-4　在题 1-4 图中，已知 $F_1 = 10$ kN，$F_2 = 20$ kN，$F_3 = 10$ kN，求三力在各坐标轴上的投影及三力的合力。

题 1-4 图

1-5　分别计算题 1-5 图所示各情况下力 F 对点 O 之矩。

题 1-5 图

1-6　如题 1-6 图所示，已知 $F=5$ kN，求力 F 对 A、B、C 和 D 点的力矩。

1-7　题 1-7 图所示为齿轮齿条传动机构。工作时，齿条作用于齿轮上的力 $F=3$ kN，压力角 $\alpha=20°$，齿轮的节圆直径 $D=80$mm。求齿间压力 F 对轮心 O 点的力矩。

题 1-6 图

题 1-7 图

1-8　题 1-8 图所示的立方体边长为 a，在其体对角线上作用一个力 F。求该力对三个坐标轴的矩。

1-9　如题 1-9 图所示，已知 $F=500$N，求力 F 对 z 轴的矩 M_z。

题 1-8 图

题 1-9 图

1-10　已知题 1-10 图所示的立方体边长为 4 m，$F=10$ kN，$M=5$ kN·m，求力系对各坐标轴的矩。

1-11　水平圆盘半径为 r，外缘 C 处作用已知力 F。力 F 位于圆盘 C 处的切平面内，且与 C 处圆盘切线夹角为 60°，其他尺寸如题 1-11 图所示。求力 F 对三个坐标轴的矩。

题 1-10 图　　　　　　　题 1-11 图

1-12　题 1-12 图所示三棱柱的底面为等腰三角形，$OA=OB=a$，在平面 $ABCD$ 内沿 AC 作用一力 $\boldsymbol{F}$，$\alpha=30°$。求力 $\boldsymbol{F}$ 对各坐标轴的矩和对坐标原点 O 的矩。

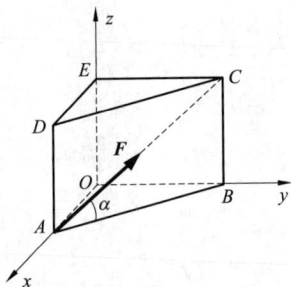

题 1-12 图

习题 1　参考答案

1-1　(1) × (2) × (3) × (4) √ (5) √ (6) × (7) × (8) √ (9) √ (10) √

1-2　$F_{1x}=-3.46$ kN；$F_{1y}=-3.46$ kN；$F_{1z}=3.46$ kN；$F_{2x}=-3.54$ kN；$F_{2y}=0$；$F_{2z}=3.54$ kN；$F_{3x}=0$；$F_{3y}=0$；$F_{3z}=-6$ kN

1-3　(a) $F_x=50\sqrt{3}$ kN；$F_y=50\sqrt{3}$ kN；$|F_x|=100\sqrt{3}/3$ kN；$|F_y|=100\sqrt{3}/3$ kN

(b) $F_x=50\sqrt{3}$ kN；$F_y=-50$ kN；$|F_x|=100\sqrt{3}$ kN；$|F_y|=100$ kN

1-4　$F_{1x}=8.66$ kN；$F_{1y}=5$ kN；$F_{2x}=-14.14$ kN；$F_{2y}=14.14$ kN；$F_{3x}=0$；$F_{3y}=-10$ kN；$F_R=10.66$ kN；$\alpha=120.95°$，$\beta=30.95°$

1-5　(a) $Fl\sin\theta$；(b) $-Fa$；(c) $F\sqrt{l^2+a^2}\sin\theta$

1-6　$M_A=8$ kN·m；$M_B=-12$ kN·m；$M_C=0$；$M_D=20$ kN·m

1-7　$M_O=-75.2$ N·m

1-8　$M_x=\dfrac{\sqrt{3}}{3}Fa$；$M_y=-\dfrac{\sqrt{3}}{3}Fa$；$M_z=0$

1-9　　$M_z = 50.7 \text{ N} \cdot \text{m}$

1-10　　$M_x = 28.3 \text{ kN} \cdot \text{m}$；$M_y = -31.8 \text{ kN} \cdot \text{m}$；$M_z = 24.7 \text{ kN} \cdot \text{m}$

1-11　　$M_x = \dfrac{F}{4}(h - 3r)$；$M_y = \dfrac{\sqrt{3}\,F}{4}(h + r)$；$M_z = -\dfrac{Fr}{2}$

1-12　　$M_x = 0$；$M_y = -\dfrac{Fa}{2}$；$M_z = \dfrac{\sqrt{10}}{4}Fa$

第 2 章 物 体 受 力 分 析

在静力学中，对物体进行正确的受力分析是解决问题的关键。本章在介绍静力学公理，约束和约束力的基础上讨论物体的受力分析。

2.1 静 力 学 公 理

人们在长期生产生活实践中，发现和总结出一些最基本、最普通的规律，经客观实践证明是正确的。

🔍 **公理 1** 二力平衡公理

作用在刚体上的两个力使刚体处于平衡的必要和充分条件是：这两个力大小相等、方向相反、作用在同一条直线上，即等值、反向、共线。

这个公理表明了作用于刚体上最简单力系平衡时所必须满足的条件。

🔍 **公理 2** 加减平衡力系公理

在已知力系上，任意加上或减去一个平衡力系，与原力系对刚体的作用等效。

这个公理是研究力系等效替换的重要依据。

根据公理 1 和公理 2 可以导出推论。

🔍 **推论** 力的可传性

作用在刚体上某点的力，可以沿着它的作用线移动到刚体的任意一点，并不改变该力对刚体的作用。

证明 设有力 F 作用在刚体的点 A，如图 2-1（a）所示。根据加减平衡力系公理，可以在力的作用线上任意选取一点 B，并加上两个相互平衡的力 F_1 和 F_2，使 $F=-F_2=F_1$，如图 2-1（b）所示。由于力 F_2 和 F 是一个平衡力系，故可以减去，这样刚体上就只有 F_1 作用，如图 2-1（c）所示。因此，原来的力 F 就相当于沿其作用线移动到了点 B。

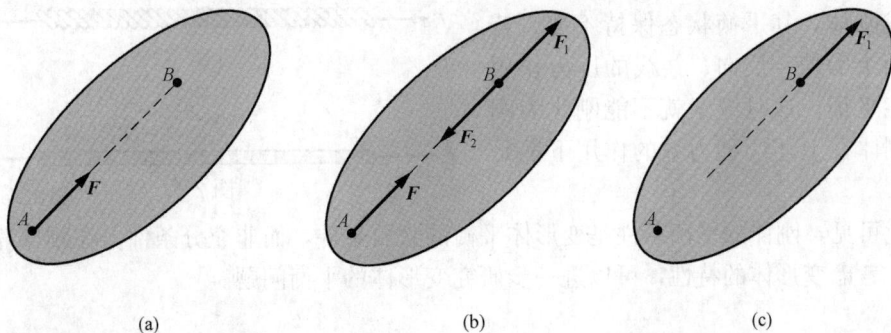

(a)　　　　　(b)　　　　　(c)

图 2-1

因此，作用于刚体上力的三要素变为力的大小、力的方向和力的作用线。由此可见，作用于刚体上的力为**滑动矢量**。

🔍 **公理 3** 力的平行四边形法则

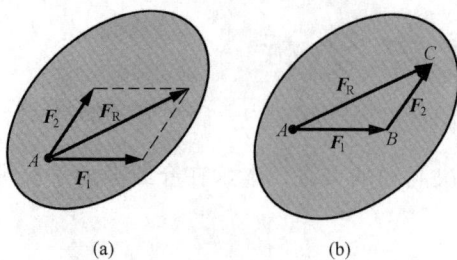

(a)   (b)

图 2-2

作用于物体上同一点的两个力可以合成为一个合力。合力的作用点仍然在该点。合力的大小和方向以这两个力为邻边的平行四边形的对角线来确定。或者说，合力矢等于这两个分力矢的几何和，如图 2-2 （a）所示，即

$$\boldsymbol{F}_R = \boldsymbol{F}_1 + \boldsymbol{F}_2$$

也可用力的三角形法则，如图 2-2 （b）所示。

这个公理是力系简化的理论基础。

🔍 **公理 4** 作用和反作用力定律

两个物体间的作用和反作用力总是大小相等、方向相反、作用在同一直线，分别作用在两个物体上，如图 2-3 所示。

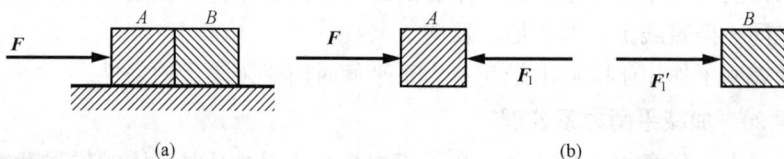

(a)   (b)

图 2-3

这个定律表明了作用力和反作用力是成对出现的，同时作用力和反作用力等值、反向、共线、异体、共存。

这个公理概括了物体间相互作用的关系。为研究多个物体组成的物系问题提供了理论基础。

🔍 **公理 5** 刚化原理

变形体在某一力系作用下处于平衡，如将此变形体刚化为刚体，其平衡状态保持不变。

这个公理提供了把变形体看作为刚体模型的条件。如图 2-4 所示，绳索在等值、反向、共线的两个拉力作用下处于平衡，如将绳索刚化成刚体，其平衡状态保持不变。若绳索在两个等值、反向、共线的压力作用下并不能平衡，这时绳索就不能刚化为刚体。但刚体在上述两种力系的作用下都是平衡的。

图 2-4

由此可见，刚体的平衡条件是变形体平衡的必要条件，而非充分条件。在刚体静力学的基础上，考虑变形体的特性，可以进一步研究变形体的平衡问题。

2.2 约 束 与 约 束 力

因为力是物体间的相互机械作用，所以我们在分析物体的受力时必须了解有关物体之间

的相互接触和联系方式。

空间位移不受任何限制的物体称为**自由体**，如空中飞行的飞机、炮弹和火箭等。由于与周围物体接触，某些方向的位移受到限制的物体称为**非自由体**。例如，机车受铁轨的限制，只能沿轨道运动；电动机转子受轴承的限制，只能绕轴线转动；重物由钢索吊住，不能下落等。对非自由体的某些位移起限制作用的周围物体称为**约束**。例如，铁轨对于机车，轴承对于电动机转子，钢索对于重物等都是约束。既然约束阻碍着物体的位移，也就是约束能够起到改变物体运动状态的作用，所以约束对物体的作用实际上就是力，这种力称为**约束力（或称约束反力或反力）**。物体除受约束力外，还受各种载荷如重力、风力、水压力等，它们是促使物体运动或有运动趋势的力，称为**主动力**，这种力认为是可以被独立确定的。而约束力事先不能被确定的，约束力通常取决于约束本身的性质、主动力和物体的运动状态。约束力作用在相互接触处，约束力的方向必与约束所能限制的位移方向相反，这是确定约束力方向或作用线位置的准则。在静力学问题中，由于约束力和主动力组成平衡力系，因此可以用平衡条件求出未知的约束力。

下面介绍工程中的几种基本约束，并对其约束力进行分析。

1. 光滑接触面

若两物体的接触面上摩擦力很小，可以忽略，则接触面可简化为光滑表面，如支持物体的固定面（见图 2 - 5）、机床中的导轨等。光滑接触面只能限制物体沿接触面法向的位移，而不能限制物体沿约束面切向的位移。因此，光滑接触面对物体的约束力作用在接触点，**方向沿接触面的公法线，并指向受力物体，使物体受压**。这种约束力称为**法向约束力**，通常用 F_N 表示，如图 2 - 5 中的 F_{NA} 和 F_{NB} 等。

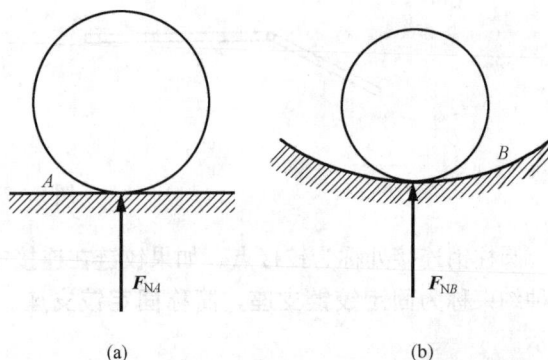

(a)   (b)

图 2 - 5

2. 柔索

如图 2 - 6 所示，工程中的钢丝绳、链条或胶带等物体可简化为柔索，其特点是不计自重，不可伸长，只能受拉力。因此，柔索对物体的约束力作用在接触点，**方位沿着柔索，指向背离物体，使物体受拉**。通常用 F_T 表示。

图 2 - 6

3. 光滑铰链约束

（1）铰链和固定铰支座。圆柱铰链简称**铰链**，它是由销钉将两个钻有同样大小孔的构件连接在一起而成的约束，如图 2-7（a）所示，其简图如图 2-7（c）所示。这类约束的特点是只能限制物体沿圆柱销的任意径向移动，不能限制物体绕圆柱销轴线的转动和平行于圆柱销轴线方向的移动。由于圆柱销钉与圆柱孔是光滑曲面接触，则约束力应沿着接触点的公法线（即接触点到圆柱销中心的连线），并垂直于轴线，如图 2-7（b）所示。但因接触点的位置随荷载的方向而改变，因此，**这种约束的约束力通过圆孔中心，但方向不确定，通常用垂直分量来表示**，如图 2-7（d）所示。

图 2-7

圆柱销连接处称为铰接点，如果铰链在连接中有一个固定在地面或机架上作为支座，则这种约束称为**固定铰链支座**，简称**固定铰支座**。铰支座的简图及约束力的画法如图 2-8 所示。

图 2-8

（2）活动铰支座。在桥梁、屋架等结构中经常采用活动铰支座约束。这种支座是在铰链支座与光滑支承面之间装有几个辊轴而构成的，又称**辊轴支座或可动支座**，如图 2-9（a）所示，其简图如图 2-9（b）所示。它可以沿支承面移动，允许由于温度变化而引起结构跨度的自由

伸长或缩短。显然，活动铰支座不能阻止构件沿着支撑面的运动，**所以其约束力必垂直于支**
承面且通过铰链中心，指向不定。通常用 F_N 表示其法向约束力，如图 2 - 9（c）所示。

图 2 - 9

（3）链杆。两端用光滑销钉与物体相连，中间不受力的刚杆（直杆或弯杆）称为**链杆**。
这种链杆常被用来作为拉杆或支撑，用两端的铰链连接物体。这种链杆只能阻止物体上与链
杆连接的一点沿着链杆中心线趋向或离开链杆的运动。所以，链杆的约束力**沿着链杆中心**
线，指向不定，如图 2 - 10 所示。

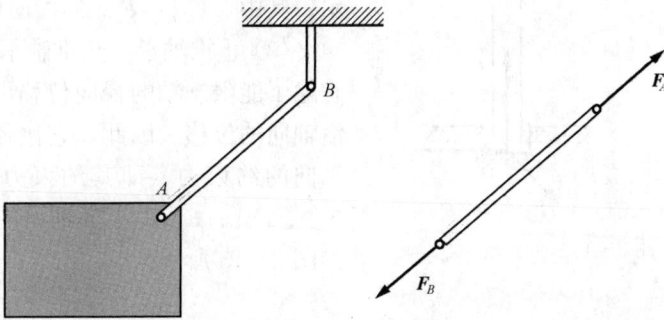

图 2 - 10

4. 空间约束

（1）球铰链。通过圆球和球壳将两个构件连接在一起的约束称为**球铰链**，如图 2 - 11
（a）所示。它使圆球的球心不能有任何位移，
但构件可以绕球心任意转动。若忽略摩擦，
与圆柱铰链分析相似，其约束力应是通过球
心但方向不能预先确定的一个空间力，可以
用三个正交分力 F_{Ax}、F_{Ay}、F_{Az} 表示，其简
图及约束力如图 2 - 11（b）所示。

（2）向心轴承（径向轴承）。图 2 - 12
（a）、 （b）所示为轴承装置，可以画成如
图 2 - 12（c）所示的简图。轴可在孔内任意
转动，也可沿孔的中心线移动；但是，轴承

图 2 - 11

阻碍着轴沿径向向外的位移。忽略摩擦，当轴和轴承在某点 A 光滑接触时，轴承对轴的约束力 F_A 作用在接触点 A，且沿公法线指向轴心，如图 2 - 12（b）所示。

图 2 - 12

　　但是，随着轴所受的主动力不同，轴和孔的接触点的位置也随之不同。所以，当主动力尚未确定时，约束力的方向预先不能确定。然而，无论约束力朝向何方，它的作用线必垂直于轴线并通过轴心。这样一个方向不能预先确定的约束力，通常可以用通过轴心的两个大小未知的正交分力 F_{Ax}、F_{Ay} 来表示，如图 2 - 12（c）所示。其中，F_{Ax}、F_{Ay} 的指向可以任意设定。

图 2 - 13

　　（3）止推轴承。止推轴承与径向轴承不同，它除了能限制轴的径向位移以外，还能限制轴沿轴向的位移。因此，它比径向轴承多一个沿轴向的约束力，即其约束力有三个正交分量 F_{Ax}、F_{Ay}、F_{Az}。止推轴承的简图及其约束力如图 2 - 13 所示。

5. 固定端

　　将物体的一端牢固地插入基础或固定在其他静止的物体上，则称为固定端。图 2 - 14（a）和图 2 - 14（b）所示分别为平面固定端和空间固定端的简图，固定端除了限制物体的移动，还限制物体的转动。因此，**固定端的约束为一个力和一个力偶**。图 2 - 14（c）和图 2 - 14（d）所示分别为平面固定端和空间固定端的约束力表示。

图 2 - 14

分析实际的约束时，有时要忽略一些次要因素，抓住主要因素，作一些合理的简化。也可以根据自由度的个数来确定约束力，详见附录 A。

2.3　物体受力分析

受力分析不仅是构件设计的基础，而且是动力分析的基础。受力分析包含以下几方面工作：将所研究部分的周围约束去掉，并从整体中分离出来，称为取**分离体**（取研究对象）；根据外加载荷和约束性质判断并确定作用在物体上有几个力？哪些是主动力？哪些是约束力？各力的作用线、方向、大小如何。在**分离体**上逐一画出作用于其上的全部力（包括主动力和约束力），这种图形称为**受力图**。下面举例说明画受力图的方法和步骤。

【**例 2-1**】　如图 2-15 (a) 所示，一个梯子 AB，两端放在光滑面上，在点 C 用一水平绳与墙连接，梯子重量为 P，作用在点 D。试画出梯子 AB 的受力图。

解　本题为单刚体受力分析问题。

(1) 取研究对象：梯子 AB。

(2) 画主动力：梯子重力 P。

(3) 画约束力：根据约束类型（A、B 两处分别受到墙面和地面的光滑接触面约束，C 处为柔性约束）画上相应的约束力，受力图如图 2-15 (b) 所示。

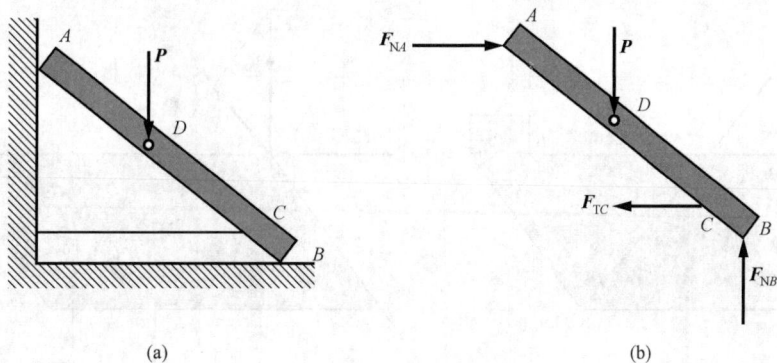

图 2-15

【**例 2-2**】　如图 2-16 所示，刚架 $ABCD$ 上作用分布载荷 q，尺寸如图 2-16 (a) 所示。试画出刚架的受力图。

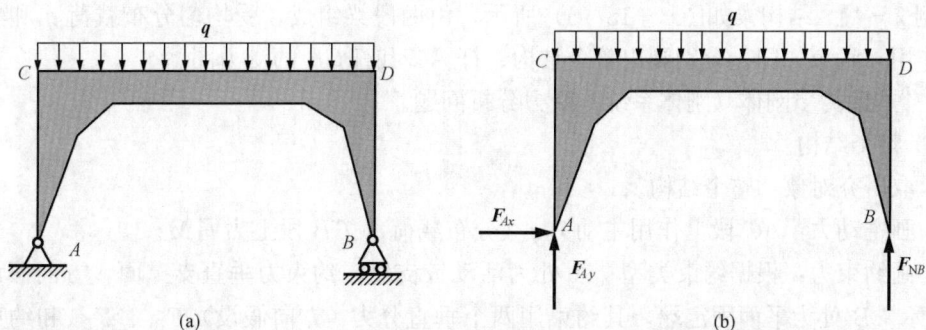

图 2-16

解　本题为单刚体受力分析问题。

(1) 取研究对象：刚架 *ABCD*。

(2) 画主动力：分布载荷 *q*。

(3) 画约束力：根据约束类型（*A* 处为固定铰支座，其约束力用两个垂直分力 F_{Ax}、F_{Ay} 来表示，方向假设，*B* 处为活动铰支座，约束力垂直于支撑面，方向假设，用 F_{NB} 表示）画上相应的约束力。受力图如图 2-16 (b) 所示。

【**例 2-3**】　如图 2-17 (a) 所示，一个矩形均质薄板 *ABCD* 的重量为 *P*，在 *A* 点球铰、*B* 点碟形铰链和绳作用下平衡，∠*ACD*=∠*ACE*=30°。画出薄板 *ABCD* 的受力图。

解　本题为单刚体受力分析问题。

(1) 取研究对象：薄板 *ABCD*。

(2) 画主动力：薄板 *ABCD* 的重力 *P*。

(3) 画约束力：根据约束类型（*A* 处为球铰，其约束力用三个垂直分力 F_{Ax}、F_{Ay}、F_{Az} 来表示，方向假设，*B* 处为径向轴承，用通过轴心的两个大小未知的正交分力 F_{Bx}、F_{Bz} 来表示，方向假设，*C* 处为柔索，使薄板 *ABCD* 受拉力，用 F_{TC} 表示），画上相应的约束力。受力图如图 2-17 (b) 所示。

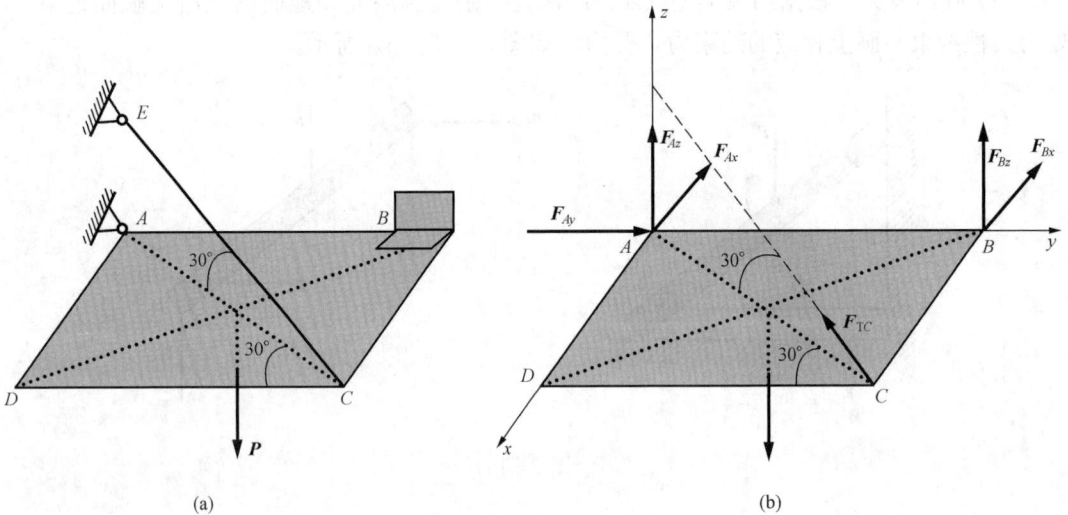

(a)　　　　　　　　　(b)

图 2-17

【**例 2-4**】　结构梁如图 2-18 (a) 所示，由两段梁组成，受均匀分布载荷 *q* 和集中力偶 *M* 作用，约束如图。分别画出整个结构、杆 *AC* 和杆 *CB* 的受力图。

解　本题为多刚体（刚体系统）受力分析问题。

(1) 整个结构。

1) 取研究对象：整个结构。

2) 画主动力：*AC* 段上作用主动力 *q*（分布载荷），*CB* 段上力偶 *M*。

3) 画约束力：根据约束类型 [*A* 处为活动铰支座，约束力垂直支撑面，方向假设，用 F_{NA} 表示。*B* 处为平面固定端，其约束用两个垂直分力（方向假设）F_{Bx}、F_{By} 和约束力偶（转向假设）M_B 来表示]，画上相应的约束力。受力如图 2-18 (b) 所示。

图 2-18

（2）杆 AC。

1）取研究对象：杆 AC。

2）画主动力：AC 段上作用主动力 q（分布载荷）。

3）画约束力。根据约束类型，C 处为铰链，其约束用两个垂直分力 F_{Cx}、F_{Cy} 来表示（方向假设），画上相应的约束力。受力如图 2-18（c）所示。

（3）杆 CB。

1）取研究对象：杆 CB。

2）画主动力：CB 段上力偶 M。

3）画约束力：B 处与整个结构的 B 处力一致，C 处根据作用与反作用定律，是 F_{Cx}、F_{Cy} 的反作用力，用 F'_{Cx}、F'_{Cy} 表示。受力如图 2-18（d）所示。

【例 2-5】 在图 2-19（a）中，各杆和轮 D 的质量均不计，物体 M 重量为 P，分别画出整个结构、杆 AB、杆 CD 及轮 D 的受力图。

图 2-19（一）

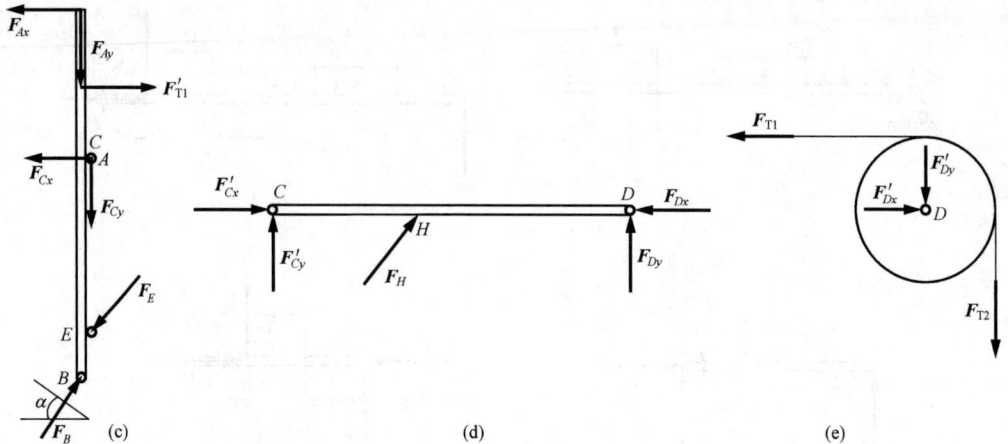

图 2 - 19（二）

解　整个结构、杆 AB、杆 CD 及轮 D 的受力图分别如图 2 - 19（b）、（c）、（d）和（e）所示。

小结　通过以上例题，可以归纳出画受力图的步骤和注意事项。

受力图的画法和步骤

（1）根据题意选取研究对象，即取分离体。

（2）画出研究对象所受的全部主动力。

（3）在分离体上依据约束类型和静力学公理、推论分析约束力，画约束力。

注意事项

（1）必须明确研究对象。根据求解需要，可以取单个物体为研究对象，也可以取由几个物体组成的系统为研究对象。不同研究对象的受力图是不同的。

（2）正确确定研究对象受力的数目。由于力是物体之间相互的机械作用，因此，对每一个力都应明确它是由哪一个施力物体施加给研究对象的，决不能凭空产生。同时，也不可漏掉一个力。一般可以先画已知的主动力，再画约束力；凡是研究对象与外界接触的地方，都一定存在约束力。

（3）尽管作用于刚体的力是滑动矢量，但在画受力图时，一般不宜随便移动力的作用点位置。主动力也应原样画出，不要简化，以便为研究变形体力学打下良好的基础。

（4）正确画出约束力。一个物体往往同时受到几个约束的作用，这时应分别根据每个约束本身的特性来确定其约束力的方向，而不能主观臆测；二力构件上的两个力一定要按二力平衡条件来画；当分析两物体间相互的作用力时，应遵循作用、反作用关系。若作用力的方向一经假定，则反作用力的方向应与之相反；同一约束力出现在几个受力图上，前后要画得一致。

（5）当画整个系统的受力图时，由于内力成对出现，组成平衡力系，因此不必画出，只需画出全部外力即可。

习 题 2

2-1 判断题

（1）作用力与反作用力等值、反向、共线，因此它们构成了平衡力系。 （ ）

（2）加减平衡力系原理适用于任何物体。 （ ）

（3）在某刚体的 A、B 两点分别作用有力 F_A 和 F_B，如果这两个力大小相等、方向相反且作用线重合，该物体一定平衡。 （ ）

（4）刚体上作用三个力，如果三个力的作用线交于一点，刚体必然平衡。 （ ）

（5）凡是两端用铰链连接的杆都是二力杆。 （ ）

（6）作用在刚体上某点的力，可以沿着其作用线移动到任意一点，并不改变该力对刚体的作用。 （ ）

（7）刚体的平衡条件是变形体平衡的充分条件。 （ ）

2-2 题 2-2 图各图中的受力图是否正确，应如何画？

(a)

(b)

(c)

(d)

题 2-2 图

2-3　画出题 2-3 图所示各圆柱体的受力图。

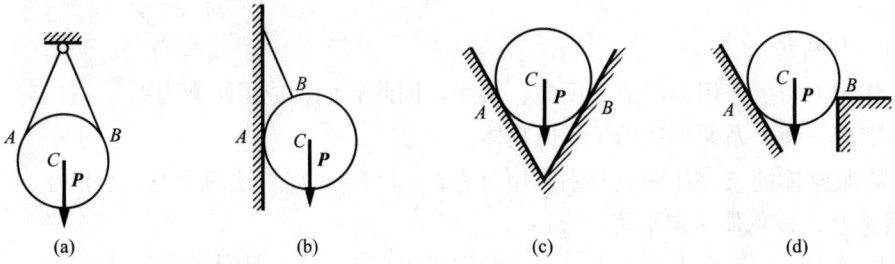

(a)　　　　　　　(b)　　　　　　　(c)　　　　　　　(d)

题 2-3 图

2-4　画出题 2-4 图中杆或杆 AB 的受力图。未画重力的物体自重不计，所有接触处均为光滑接触。

(a)　　　　　　　　　　　　　(b)

(c)　　　　　　　　　　　　　(d)

(e)

题 2-4 图

2-5　画出题 2-5 图各图中每个物体的受力图和整体受力图。未画重力的物体自重不计，所有接触处均为光滑接触。

题 2-5 图

2-6 题2-6图（a）所示为三脚架结构。载荷 F 作用在铰 B 上。杆 AB 不计自重，杆 BC 自重为 P。画出题2-5图（b），（c）和（d）所示分离体的受力图［这里，例如题2-5图（c）表示铰链的销钉在杆 AB 的 B 孔中］。

题2-6图

2-7 画出题2-7图各图中标注字母的物体的受力图（不含销钉）。未画重力的物体自重不计，接触处均为光滑接触。

题2-7图

2-8 液压夹紧装置如题2-8图所示。油压力 F 经活塞 A、连杆 BC 和杠杆 CDE 增大对工件 I 的压力。分别画出活塞 A、滚子 B 和杠杆 CDE 的受力图。物体自重不计，设接触处均为光滑接触。

2-9 画出题 2-9 图所示正方形板的受力图。

题 2-8 图

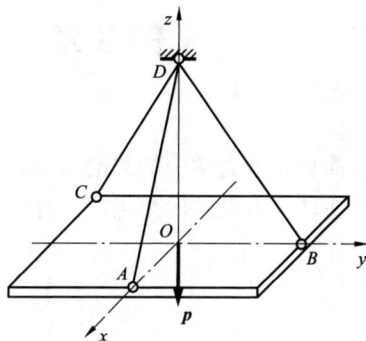

题 2-9 图

2-10 题 2-10 图所示折杆 $ABCD$ 中，ABC 在水平面内，BCD 在铅垂面内，且 $\angle ABC = \angle BCD = 90°$。杆端 D 用球铰、端 A 用滑动轴承支承。杆上作用有力偶矩为 M_1、M_2 和 M_3 的三个力偶，作用面与各杆垂直。画出该杆的受力图。

2-11 题 2-11 图所示杆 AB 的 A 端用球铰链与地面相连，B 端靠在光滑的墙上，并用绳索 BC 拉住。画出杆 AB 的受力图。

题 2-10 图

题 2-11 图

习题 2 参考答案

2-1 (1)× (2)× (3)√ (4)× (5)× (6)√ (7)×

2-2~2-11 略

第3章 力 系 简 化

力系的简化是静力学中的关键内容之一。本章在介绍力的平移定理的基础上，采取向任一点简化的方法，将力系进行简化，同时介绍主矢和主矩的概念，最后对简化结果进行讨论。

3.1 力 的 平 移

力的平移定理：作用在刚体上某一点的力可以平移到该刚体上的任意一点，但需附加一个力偶才能与原力等效，此力偶矩矢等于原力对新作用点的矩矢。

证明 设力 F 作用在刚体的 A 点，在刚体的任意点 B 上加平行于 F 的两个力 F' 和 F''，且 $F'=F''=F$，因为 F' 和 F'' 为平衡力系，根据加减平衡力系公理，力系（F'，F''，F）和力 F 的作用效果相同，如图 3-1 所示。此时，F''、F 形成一个力偶，力偶的力偶矩矢为 $M=M(F''$，$F)=M_B(F)$。由此可见，作用在 A 点的力 F 和作用在 B 点的力 F' 附加上 $M_B(F)$ 等效。

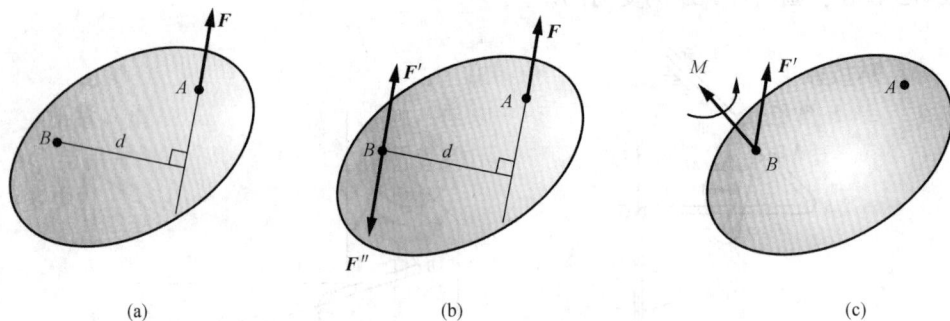

图 3-1

3.2 力系向一点简化、主矢和主矩

1. 空间任意力系向一点简化

力的作用线在空间任意分布的力系称为空间任意力系，各力作用线汇交于一点的空间力系称为**空间汇交力系**。设刚体上作用的任意力系为 F_1，F_2，…，F_i，…，F_n，以刚体内一点 O 为**简化中心**，将力系中各力向点 O 简化。根据力的平移定理，如将第 i 个力向点 O 平移的结果为一个力 F_i' 和一个力偶矩矢 M_i 作用，$F_i=F_i'$，$M_i=M_O(F_i)$，这样形成一个作用在点 O 的空间汇交力系 F_1'，F_2'，…，F_i'，…，F_n' 和空间力偶系 M_1，M_2，…，M_i，…，M_n，根据矢量合成的平行四边形法则，分别对空间汇交力系和空间力偶系的各矢量逐次合成，得到作用线过点 O 的一个力和一个力偶，该力的力矢等于原力系各力的矢量和，该力偶的力偶矩矢等于原力系中各力对简化中心矩的矢量和，即

$$F_R=\sum F_i'=\sum F_i \tag{3-1}$$

$$M_O = \sum M_i = \sum M_O(F_i) \tag{3-2}$$

F_R 称为力系主矢，即力系中所有各力的矢量和。可见，主矢 F_R 只有大小和方向，是自由矢，描述力系使物体平移的作用效应，力系向不同的简化中心简化时，主矢的大小和方向保持不变，是一个不变量，如图 3-2 所示。

M_O 称为力系对简化中心 O 的主矩，即力系中所有各力对简化中心矩的矢量和。主矩 M_O 描述力系使物体绕简化中心转动的效应，主矩一般随简化中心的不同而变化。

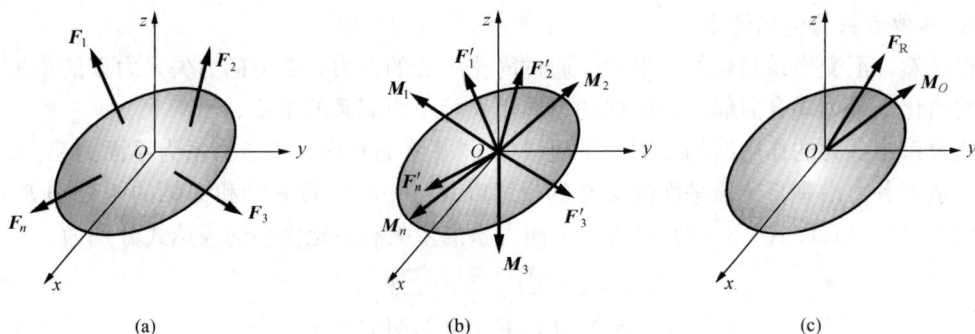

图 3-2

由此可见，空间任意力系可简化为作用在简化中心上的一个力和一个力偶，该力的力矢和力偶的力偶矩矢分别称为力系的主矢和对简化中心的主矩。

将同一力系对于不同的简化中心简化，从式（3-1）和式（3-2）可以看出，其主矢的大小和方向保持不变，是一个不变量，一般情况下力系的主矩随简化中心的不同而改变。

2. 主矢的解析表达式

将

$$F_i = F_{ix}i + F_{iy}j + F_{iz}k, \quad F_R = F_{Rx}i + F_{Ry}j + F_{Rz}k$$

代入式（3-1）中，比较系数可得

$$F_{Rx} = \sum F_{ix}, \quad F_{Ry} = \sum F_{iy}, \quad F_{Rz} = \sum F_{iz}$$

或简写为

$$F_{Rx} = \sum F_x, \quad F_{Ry} = \sum F_y, \quad F_{Rz} = \sum F_z \tag{3-3}$$

式（3-3）也称为合力投影定理，即合力在轴上的投影等于所有分力在同一轴上投影的代数和。

主矢的大小和方向余弦为

$$F_R = \sqrt{(\sum F_x)^2 + (\sum F_y)^2 + (\sum F_z)^2} \tag{3-4}$$

$$\cos(F_R, \ i) = \sum F_x / F_R, \quad \cos(F_R, \ j) = \sum F_y / F_R, \quad \cos(F_R, \ k) = \sum F_z / F_R \tag{3-5}$$

3. 主矩的解析表达式

根据力对点的矩矢与力对轴矩之间的关系式（1-14）和式（3-2）可写为

$$M_O = M_{Ox}i + M_{Oy}j + M_{Oz}k = \sum [M_x(F_i)i + M_y(F_i)j + M_z(F_i)k]$$

比较系数可得

$$M_{Ox} = \sum M_x(F_i), \quad M_{Oy} = \sum M_y(F_i), \quad M_{Oz} = \sum M_z(F_i)$$

或简写为　　　　$$M_{Ox} = \sum M_x, \quad M_{Oy} = \sum M_y, \quad M_{Oz} = \sum M_z$$

则主矩的另一种表达式为

$$M_O = \sum M_x \boldsymbol{i} + \sum M_y \boldsymbol{j} + \sum M_z \boldsymbol{k} \qquad (3-6)$$

主矩大小和方向余弦为

$$M_O = \sqrt{(\sum M_x)^2 + (\sum M_y)^2 + (\sum M_z)^2} \qquad (3-7)$$

$$\cos(\boldsymbol{M}_O, \ \boldsymbol{i}) = \sum M_x / M_O, \quad \cos(\boldsymbol{M}_O, \ \boldsymbol{j}) = \sum M_y / M_O, \quad \cos(\boldsymbol{M}_O, \ \boldsymbol{k}) = \sum M_z / M_O$$
$$(3-8)$$

4. 其他力系的简化结果

很显然，汇交力系简化的结果为一通过简化中心的合力，合力的力矢是力系的主矢。力偶系的简化结果为一合力偶，合力偶的力偶矩矢等于力偶系的主矩。

若力系中各力的作用线均在同一平面（如 xOy 平面）内，则该力系为**平面力系**。显然，平面力系中各力沿垂直于该平面的 z 轴的投影以及对平面内的 x 轴和 y 轴的矩分别等于零。所以由式（3-4）和式（3-7）可得，平面力系的主矢和主矩大小的表达式分别为

$$F_R = \sqrt{(\sum F_x)^2 + (\sum F_y)^2} \qquad (3-9)$$
$$M_O = \sum M_{Oz}(\boldsymbol{F}_i) = \sum M_O(\boldsymbol{F}_i) \qquad (3-10)$$

3.3 力系简化结果分析

1. 任意力系简化结果讨论

空间任意力系向任意点 O 简化后，随着主矢 $\boldsymbol{F}_R$ 和主矩 $\boldsymbol{M}_O$ 的不同，分下列四种情况讨论简化结果：

（1）当 $\boldsymbol{F}_R = 0$，$\boldsymbol{M}_O \neq 0$ 时，简化结果为合力偶，这个合力偶与原力系等效。因为力偶矩矢是自由矢量，所以，力偶矩矢量与矩心位置无关。所以，此时主矩矢量 $\boldsymbol{M}_O$ 与简化中心无关。

（2）当 $\boldsymbol{F}_R \neq 0$，$\boldsymbol{M}_O = 0$ 时，简化结果为合力，这个合力与原力系等效，合力作用线过简化中心。

（3）当 $\boldsymbol{F}_R \neq 0$，$\boldsymbol{M}_O \neq 0$ 时，有下列几种情况：

1）$\boldsymbol{F}_R /\!/ \boldsymbol{M}_O$。如图3-3所示，简化结果是合力和合力偶。合力的作用线过简化中心。力和力偶组成的力系称为**力螺旋**。当力和力偶矩矢同向时，称为**右力螺旋**。例如，用改锥拧紧木螺钉时，改锥对木螺钉的作用就是一个右力螺旋。当力和力偶矩矢反向时，称为**左力螺旋**。力的作用线称为力螺旋的**中心轴**。力螺旋既不能与力等效，也不能与力偶等效，也是静力学的基本量。

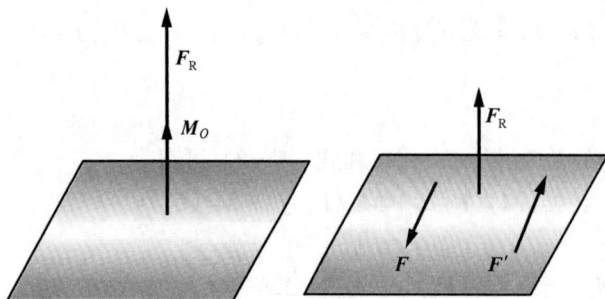

2）$\boldsymbol{F}_R \perp \boldsymbol{M}_O$，即 $\boldsymbol{F}_R \cdot \boldsymbol{M}_O = 0$。如图3-4所示，将 $\boldsymbol{M}_O$ 用构成力偶的二力 $\boldsymbol{F}_R'$、$\boldsymbol{F}_R''$ 来表示，且满足 $\boldsymbol{F}_R = \boldsymbol{F}_R' = -\boldsymbol{F}_R''$，$\boldsymbol{M}_O = \boldsymbol{M}(\boldsymbol{F}_R', \boldsymbol{F}_R'') = \boldsymbol{M}_O(\boldsymbol{F}_R')$。由加减平衡力系公理，将 $\boldsymbol{F}_R$、$\boldsymbol{F}_R''$ 这一平衡力系减去，最终简

图3-3

化为过 O' 的合力 $\boldsymbol{F}_R'$，则

$$d = \frac{M_O}{F_R} \qquad\qquad (3-11)$$

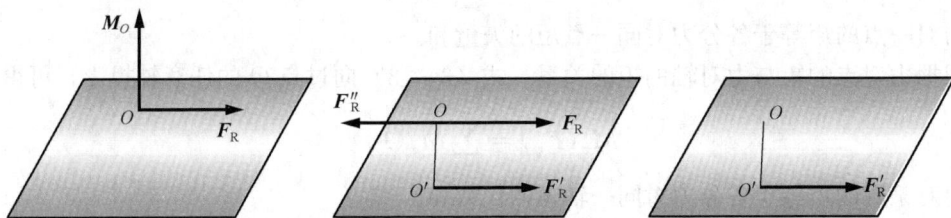

图 3-4

3）$\boldsymbol{F}_R$ 与 $\boldsymbol{M}_O$ 成任意夹角。此时可将 $\boldsymbol{M}_O$ 分解为两个分力偶 $\boldsymbol{M}_O''$ 和 $\boldsymbol{M}_O'$，它们分别垂直于 $\boldsymbol{F}_R$ 和平行于 $\boldsymbol{F}_R$，如图 3-5（b）所示，则 $\boldsymbol{M}_O''$ 和 $\boldsymbol{F}_R$ 可用作用于点 O' 的力 $\boldsymbol{F}_R'$ 来代替。由于力偶矩矢是自由矢量，故可将 $\boldsymbol{M}_O'$ 平移，使之与 $\boldsymbol{F}_R'$ 共线。这样便得到一力螺旋，其中心轴不在简化中心 O，而是通过另一点 O'，如图 3-5（c）所示。O、O' 两点间的距离为

$$d = \frac{M_O''}{F_R} = \frac{M_O \sin\alpha}{F_R} \qquad\qquad (3-12)$$

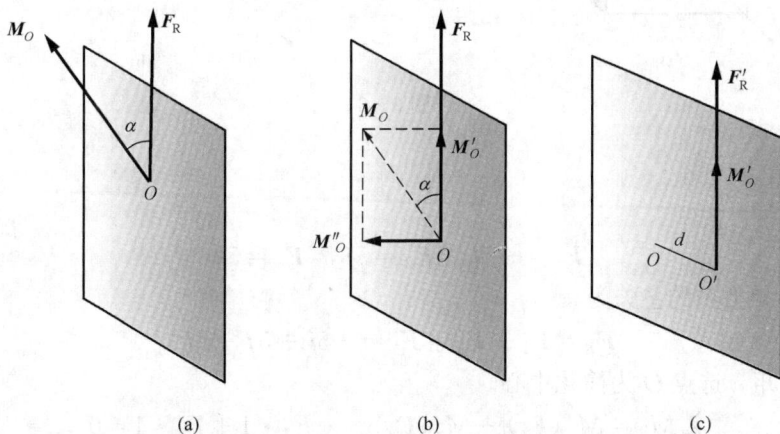

（a）   （b）   （c）

图 3-5

（4）当 $\boldsymbol{F}_R = 0$，$\boldsymbol{M}_O = 0$ 时，力系平衡，将在第 4 章进行讨论。

综上所述，任意力系的简化结果为四种情况：合力（$\boldsymbol{F}_R \neq 0$，$\boldsymbol{M}_O = 0$ 或 $\boldsymbol{F}_R \neq 0$，$\boldsymbol{M}_O \neq 0$ 且 $\boldsymbol{F}_R \perp \boldsymbol{M}_O$）、合力偶（$\boldsymbol{F}_R = 0$，$\boldsymbol{M}_O \neq 0$）、力螺旋（$\boldsymbol{F}_R \neq 0$，$\boldsymbol{M}_O \neq 0$ 且 $\boldsymbol{F}_R$ 不垂直于 $\boldsymbol{M}_O$）和平衡（$\boldsymbol{F}_R = 0$，$\boldsymbol{M}_O = 0$）。

2. 其他力系的简化结果讨论

对于平面任意力系，当 $\boldsymbol{F}_R \neq 0$，$\boldsymbol{M}_O \neq 0$ 时，只有 $\boldsymbol{F}_R \perp \boldsymbol{M}_O$ 这一种情况，因此平面任意力系的简化结果只有三种情况：合力（$\boldsymbol{F}_R \neq 0$，$\boldsymbol{M}_O = 0$ 或 $\boldsymbol{F}_R \neq 0$，$\boldsymbol{M}_O \neq 0$）、合力偶（$\boldsymbol{F}_R = 0$，$\boldsymbol{M}_O \neq 0$）和平衡（$\boldsymbol{F}_R = 0$，$\boldsymbol{M}_O = 0$）。

3. 合力矩定理的证明

当 $\boldsymbol{F}_R \neq 0$，$\boldsymbol{M}_O \neq 0$ 且 $\boldsymbol{F}_R \perp \boldsymbol{M}_O$ 时，力系简化结果为合力，并且有 $\boldsymbol{M}_O = \boldsymbol{M}_O(\boldsymbol{F}_R)$，而

$$\boldsymbol{M}_O = \sum_{i=1}^{n} \boldsymbol{M}_O(\boldsymbol{F}_i)，因而有$$

$$\boldsymbol{M}_O(\boldsymbol{F}_R) = \sum_{i=1}^{n} \boldsymbol{M}_O(\boldsymbol{F}_i) \tag{3-13}$$

即合力对一点的矩等于各分力对同一点矩的矢量和。

根据力对点的矩与力对轴的矩的关系，式（3-13）向过点 O 的任意轴投影，可得

$$M_z(\boldsymbol{F}_R) = \sum_{i=1}^{n} M_z(\boldsymbol{F}_i)$$

即合力对某轴的矩等于各分力对同一轴矩的代数和。

【例3-1】 如图 3-6 所示，一个边长为 1 m 的立方体物体上受三个力的作用，且 $F_1 = 5\,\mathrm{N}$，$F_2 = 5\,\mathrm{N}$，$F_3 = 5\,\mathrm{N}$，求该力系的简化结果。

图 3-6

解

（1）求主矢。

$$\boldsymbol{F}_1 = -5\boldsymbol{i}，\quad \boldsymbol{F}_2 = 5\boldsymbol{j}，\quad \boldsymbol{F}_3 = 5\boldsymbol{k}$$

由式（3-1）得力系的主矢为

$$\boldsymbol{F}_R = \boldsymbol{F}_1 + \boldsymbol{F}_2 + \boldsymbol{F}_3 = -5\boldsymbol{i} + 5\boldsymbol{j} + 5\boldsymbol{k}$$

（2）求主矩，选点 O 为简化中心。

$$\sum M_x = M_x(\boldsymbol{F}_2) + M_x(\boldsymbol{F}_3) = -F_2 \cdot 1 + F_3 \cdot 1 = 0$$

$$\sum M_y = 0$$

$$\sum M_z = M_z(\boldsymbol{F}_1) + M_z(\boldsymbol{F}_2) = F_1 \cdot 1 + F_2 \cdot 1 = 10\,(\mathrm{N \cdot m})$$

则由式（3-6）得力系的主矩为

$$\boldsymbol{M}_O = \sum M_x \boldsymbol{i} + \sum M_y \boldsymbol{j} + \sum M_z \boldsymbol{k} = 10\boldsymbol{k}$$

（3）简化结果讨论。

$\boldsymbol{F}_R \neq 0$，$\boldsymbol{M}_O \neq 0$ 而 $\boldsymbol{F}_R \cdot \boldsymbol{M}_O \neq 0$，所以简化结果为力螺旋［见图 3-6（b）］。

【例3-2】 一个边长为 1 m 的立方体物体上受 $(\boldsymbol{F}_1, \boldsymbol{F}_1')$，$(\boldsymbol{F}_2, \boldsymbol{F}_2')$，$(\boldsymbol{F}_3, \boldsymbol{F}_3')$ 三个力偶作用，如图 3-7（a）所示，$F_1 = F_1' = 5\,\mathrm{N}$，$F_2 = F_2' = 10\,\mathrm{N}$，$F_3 = F_3' = 5\,\mathrm{N}$，求力偶系的合成结果。

解 由力偶矩矢的定义，即力偶矩矢等于力偶中的两个力对任意一点矩矢的矢量和，将每个力偶写成矢量形式

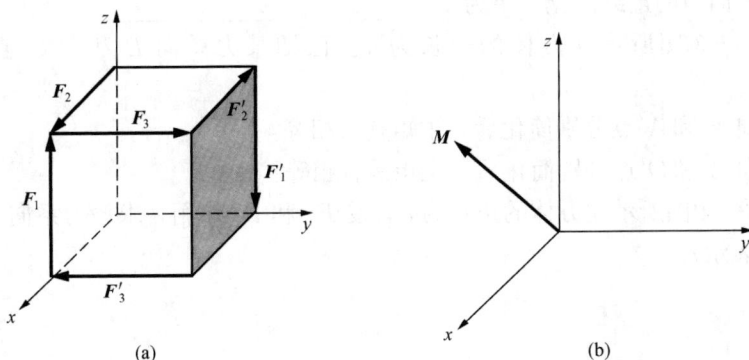

图 3-7

$$M_1 = -5i - 5j, \quad M_2 = 10k, \quad M_3 = -5i$$

则合力偶矩矢为

$$M = M_1 + M_2 + M_3 = -10i - 5j + 10k$$

合力偶矩矢的大小和方向余弦为

$$M = \sqrt{10^2 + 5^2 + 10^2} = 15$$

$$\cos(M, \; i) = \frac{M_x}{M} = \frac{-10}{15} = -\frac{2}{3}, \quad \cos(M, \; j) = \frac{M_y}{M} = \frac{-5}{15} = -\frac{1}{3},$$

$$\cos(M, \; k) = \frac{M_z}{M} = \frac{10}{15} = \frac{2}{3}$$

习 题 3

3-1 判断题

(1) 刚体上 A 点的作用力 F 平行移到另一点 B 不会改变对刚体的作用效应。（   ）

(2) 平面任意力系向简化中心简化，如果主矢 F_R 不为 0，原力系一定可以简化为一个合力。（   ）

(3) 空间力系向简化中心 O 简化，主矢 F_R 与简化中心无关。（   ）

(4) 空间力系向简化中心 O 简化，主矩 M_O 与简化中心无关。（   ）

(5) 力螺旋可以与一个力偶等效。（   ）

(6) 力系的合力对某一点的矩等于各分力对同一点矩的矢量和。（   ）

(7) 力偶矩矢是滑动矢量。（   ）

(8) 刚体受力偶系作用。如果力偶矩矢自行封闭，则刚体平衡。（   ）

3-2 填空题

(1) 平面力系在 x 轴上投影的代数和为 0，且对平面内某一点的矩也为 0，则该力系的简化结果是_____。

(2) 平面力系向面内任一点的简化结果相同，则力系的最终简化结果为_____。

(3) 平行力系的最终简化结果为_____。

(4) 两个异面力的最终简化结果为_____。

3-3   题3-3图所示立方体的边长为 a。已知某力系向 B 和向 C' 点简化均得一合力。

(1) 力系向 A 和 A' 点分别简化后，主矩是否相等?

(2) 力系向 A 和 O' 点分别简化后，主矩是否相等?

3-4   题3-4图所示立方体的边长为 a，受 F_1 和 F_2 作用，求该力系向 O 点的简化结果（用解析式表示）。

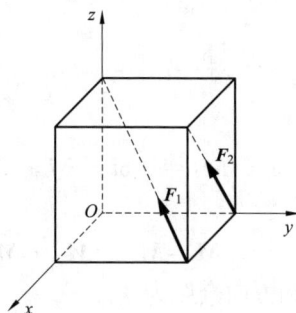

题3-3图   题3-4图

3-5   在边长为1 m的立方体上作用三个力，如题3-5图所示。已知 $F_1=F_3=6$ kN，$F_2=5$ kN，求各力向坐标原点 O 简化的主矢、主矩的大小和方向。

3-6   如题3-6图所示，在长方体的两个顶点处沿棱边作用6个力，大小均等于100 N。求力系向点 O 的简化结果。

题3-5图   题3-6图

3-7   如题3-7图所示，在直角三棱柱的顶点 A、B 和 C 上作用有6个力。已知 $AB=400$ mm，$BC=300$ mm，向 A 点简化此力系。

3-8   题3-8图所示力系由四个力组成。已知 $F_1=60$ N，$F_2=400$ N，$F_3=500$ N，$F_4=200$ N。求力系向 A 点简化的结果。

题 3 - 7 图   题 3 - 8 图

3 - 9   桁架连接点如题 3 - 9 图所示。已知 $F_1 = F_3 = 1.5$ kN，$F_2 = 1$ kN，钢板 $mnpqrs$ 传给杆 MN 上的力是多少？

3 - 10   如题 3 - 10 图所示，力 F_1、F_2 和 F_3 大小均为 100 N，作用在边长为 100 mm 的等边三角形 ABC 的顶点，方向沿边长。求这三个力的合成结果。

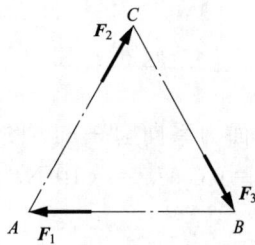

题 3 - 9 图   题 3 - 10 图

3 - 11   如题 3 - 11 图所示，平面内有三个力，已知 $F_1 = 120$ N，$F_2 = 150$ N，$F_3 = 100$ N。求力系合成的最终结果，并画在图上。

3 - 12   如题 3 - 12 图所示，已知 $F_1 = 150$ N，$F_2 = 200$ N，$F_3 = 300$ N，$F = F' = 200$ N。求力系合成的最终结果，并画在图上。

3 - 13   题 3 - 13 图所示平面任意力系中 $F_1 = 40\sqrt{2}$ N，$F_2 = 80$ N，$F_3 = 40$ N，$F_4 = 110$ N，$M = 2000$ N·mm。求力系合成的最终结果，并写出合力作用线方程。

3 - 14   长方形板在题 3 - 14 图所示的 5 个力作用下，合力 F_R 通过形心并沿铅垂方向，求 F_5 的大小和位置。已知 $F_1 = F_2 = F_3 = F_4 = 100$ N。

题 3-11 图

题 3-12 图

题 3-13 图

题 3-14 图

3-15　平面力系向题 3-15 图所示坐标系 A、B 和 C 三点简化，主矩分别为 $M_A = 20\ \text{N} \cdot \text{m}$，$M_B = 0$，$M_C = -10\ \text{N} \cdot \text{m}$。求该力系合力的大小、方向和作用线方程。坐标单位为 m。

3-16　一平行力系由 5 个力组成，力的大小和位置如题 3-16 图所示，求该力系的合力。图中小正方形的边长为 10 mm。

题 3-15 图

题 3-16 图

3-17　边长为 a 的正方体，受力如题 3-17 图所示。已知 $F_1=F_2=F_3=F$，求该力系向 O 点的简化结果和最终简化结果，并求出合力作用线或力螺旋中心轴的位置。

3-18　如题 3-18 图所示的悬臂梁，重力 P 作用在梁的中心，力 F_1、F_2 作用在端面中心，F_1 沿端面对角线，F_2 与 x 轴平行。已知 $P=2$ kN，$F_1=5$ kN，$F_2=1$ kN，$l=3$ m，$a=200$ mm，$b=150$ mm。求该力系向 O 点的简化结果，其最终简化结果是什么？

题 3-17 图

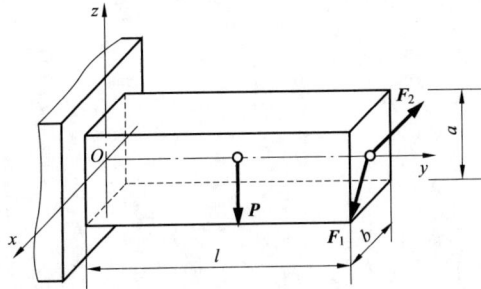

题 3-18 图

习题 3　参考答案

3-1　(1) ×　(2) √　(3) √　(4) ×　(5) ×　(6) √　(7) ×　(8) √

3-2　(1) 平衡或过该点垂直于 x 轴的一个力

(2) 合力偶或平衡

(3) 合力或平衡

(4) 力螺旋

3-3　(1) 不相等；(2) 相等

3-4　$\boldsymbol{F}_\mathrm{R}=\left(-\dfrac{\sqrt{3}}{3}F_1+\dfrac{\sqrt{2}}{2}F_2\right)\boldsymbol{i}-\dfrac{\sqrt{3}}{3}F_1\,\boldsymbol{j}+\left(\dfrac{\sqrt{3}}{3}F_1+\dfrac{\sqrt{2}}{2}F_2\right)\boldsymbol{k}$；$\boldsymbol{M}=\left(\dfrac{\sqrt{3}}{3}F_1+\dfrac{\sqrt{2}}{2}F_2\right)a\boldsymbol{i}-$

$\dfrac{\sqrt{3}}{3}F_1a\boldsymbol{j}-\dfrac{\sqrt{2}}{2}F_2a\boldsymbol{k}$

3-5　$F_\mathrm{R}=7.87$ kN，$\alpha=152.75°$，$\beta=116.10°$，$\gamma=82.70°$；

$M_O=7.91$ kN·m，$\alpha=27.72°$，$\beta=97.27°$，$\gamma=63.41°$

3-6　$\boldsymbol{M}_O=(-50\boldsymbol{i}+60\boldsymbol{j}-10\boldsymbol{k})$ N·m

3-7　$\boldsymbol{M}_A=(-6\boldsymbol{i}+32\boldsymbol{j}+24\boldsymbol{k})$ N·m

3-8　$\boldsymbol{F}_\mathrm{R}=(240\boldsymbol{i}-140\boldsymbol{j}+564\boldsymbol{k})$ N；$\boldsymbol{M}_A=(-111\boldsymbol{i}+120\boldsymbol{j})$ N·m

3-9　3.12 kN

3-10　$F_\mathrm{R}=0$，$M=-86.6$ N·m

3-11　$F_\mathrm{R}=212.6$ N，$\alpha=17.55°$，$\beta=71.93°$；$M_O=-9585$ N·mm；$d=45.1$ mm

3-12　$F_\mathrm{R}=466.5$ N；$M_O=21.44$ N·m；$d=45.96$ mm

3-13　$F_\mathrm{R}=150$ N；$M_O=-900$ N·mm；$d=6$ mm；$y=-6$ mm

3-14　$d=150$ mm；$F_5=240$ N

3-15 $y=4x/3+4$;$\alpha=126.87°$,$\beta=143.13°$

3-16 $F'_R=20$ N;$x_R=60$ mm,$y_R=32.5$ mm

3-17 $\boldsymbol{F}_R=F\boldsymbol{k}$;$\boldsymbol{M}_O=Fa\boldsymbol{j}+Fa\boldsymbol{k}$;力螺旋,中心轴平行于 z 轴,与 x 轴相交于 k 点,$x_k=-a$

3-18 $\boldsymbol{F}_R=(2\boldsymbol{i}-6\boldsymbol{k})$ kN;$\boldsymbol{M}_O=(-15\boldsymbol{i}-6\boldsymbol{k})$ kN·m;最终简化结果是力螺旋

第4章　力系平衡方程与应用

在第3章力系简化的基础上，本章将介绍力系的平衡（力系的主矢和主矩都等于零的情形）条件及其应用。

4.1　力系的平衡方程

本节讨论任意力系的平衡条件，即主矢和主矩都等于零的情形：

$$F_R = 0, \quad M_O = 0 \tag{4-1}$$

这表明该力系与零力系等效。因此该力系必为平衡力系，且式（4-1）必为任意力系平衡的充分必要条件。

于是，**任意力系平衡的充分和必要条件是力系的主矢和对任一点的主矩等于零。**

这些平衡条件可用解析式表示，将式（3-4）和式（3-7）代入式（4-1）可得

$$F_R = \sqrt{(\sum F_x)^2 + (\sum F_y)^2 + (\sum F_z)^2} = 0, \quad M_O = \sqrt{(\sum M_x)^2 + (\sum M_y)^2 + (\sum M_z)^2} = 0$$

即

$$\sum F_x = 0, \quad \sum F_y = 0, \quad \sum F_z = 0; \quad \sum M_x = 0, \quad \sum M_y = 0, \quad \sum M_z = 0 \tag{4-2}$$

由此可得结论，**空间任意力系平衡的解析条件是力系中所有各力在三个坐标轴中每一个轴上投影的代数和为零，以及这些力对于每一个坐标轴的矩的代数和也等于零。**

将式（4-2）称为空间任意力系的平衡方程。

可以从空间任意力系的平衡方程（4-2）中导出特殊情况的平衡方程，如空间平行力系、空间汇交力系、空间力偶系、平面任意力系、平面汇交力系、平面力偶系和平面平行力系的平衡方程。

1. 空间平行力系

设物体受一空间平行力系作用。令 z 轴与这些力平行，则各力对于 z 轴的矩等于零。又由于 x 轴和 y 轴都与这些力垂直，所以方程（4-2）中第一、第二和第六个方程变成了恒等式。因此，空间平行力系只有三个平衡方程，即

$$\sum M_x = 0, \quad \sum M_y = 0, \quad \sum F_z = 0 \tag{4-3}$$

2. 空间汇交力系

设空间汇交力系汇交于点 O，则各力对于点 O 的矩恒等于零，于是独立的平衡方程为

$$\sum F_x = 0, \quad \sum F_y = 0, \quad \sum F_z = 0 \tag{4-4}$$

3. 空间力偶系

对于空间力偶系，由于力偶系的主矢恒等于零，于是独立的平衡方程为

$$\sum M_x = 0, \quad \sum M_y = 0, \quad \sum M_z = 0 \tag{4-5}$$

4. 平面任意力系

当力系中的所有力作用在同一平面或力系具有同一对称平面时，称该力系为平面力系。

由式（3-9）和式（3-10）得平面任意力系的平衡方程为

$$\sum F_x = 0, \quad \sum F_y = 0, \quad \sum M_O = 0 \qquad (4-6)$$

即平面任意力系平衡的解析条件是力系中所有各力在作用面内两个坐标轴上投影的代数和分别等于零，以及这些力对任一点矩的代数和也等于零。

5. 平面汇交力系

式（4-6）中，第三个方程成了恒等式，于是独立的平衡方程为

$$\sum F_x = 0, \quad \sum F_y = 0 \qquad (4-7)$$

6. 平面力偶系

式（4-6）中，第一和第二个方程成了恒等式，于是独立的平衡方程为$\sum M_O = 0$，又由力偶的性质，即力偶对任一点的矩恒等于力偶矩，所以，平面力偶系的平衡方程为

$$\sum M = 0 \qquad (4-8)$$

7. 平面平行力系

设力的作用线平行于 y 轴，则式（4-6）中，第一个方程恒等于零，于是独立的平衡方程为

$$\sum F_y = 0, \quad \sum M_O = 0 \qquad (4-9)$$

由此可见：解决力系的平衡问题应知道所研究对象是哪一种力系；该力系有几个独立的平衡方程，可解几个未知数；对于单个刚体，未知数的数量等于独立方程的个数；刚体系要考虑总的未知数个数和独立的平衡方程的个数相等。下面分别介绍单个刚体、刚体系和简单空间力系的平衡问题。

4.2 单个刚体的平衡问题求解

应用前面几章中关于受力分析的基本方法以及平衡方程，不难确定大多数情形下作用在单个刚体上的已知力与未知力之间的关系，从而确定未知力，此即单个刚体的平衡问题。本节以平面问题为例，介绍这类平衡问题的求解方法。

【例 4-1】 图 4-1（a）所示，梁 AB 上受三角形分布载荷 q 的作用，梁长为 l，求 A、B 支座力。

(a)   (b)   (c)

图 4-1

解

（1）取研究对象：梁 AB。

（2）受力分析。

1）主动力。梁 AB 分布载荷 q 简化为集中力，求合力 F_q 的大小为

$$F_q = \int_0^l \frac{q}{l} x\,\mathrm{d}x = \frac{1}{2}ql$$

根据合力矩定理，可求合力作用线位置为 x_q，如图 4-1（b）所示。

$$F_q x_q = \int_0^l \left(\frac{q}{l}x\right) x\,\mathrm{d}x, \quad x_q = \frac{\int_0^l \left(\frac{q}{l}x\right) x\,\mathrm{d}x}{F_q} = \frac{2}{3}l$$

2）约束力。如图 4-1（c）所示，A 处为固定铰支座，其约束力用两个垂直分力 F_{Ax}、F_{Ay} 来表示，方向假设，B 处为活动铰支座，约束力垂直于支撑面，方向假设，用 F_B 表示。

3）建立平衡方程求解未知力。

$$\sum M_A(F) = 0, \quad F_B l - F_q \cdot \frac{1}{3}l = 0, \quad F_B = \frac{1}{6}ql$$

$$\sum F_x = 0, \quad F_{Ax} = 0$$

$$\sum F_y = 0, \quad F_{Ay} + F_B - \frac{1}{2}ql = 0, \quad F_{Ay} = \frac{1}{6}ql$$

讨论：通过（例 4-1）可以顺便介绍平行分布力的简化，**平行分布力合力的大小等于载荷图的面积，合力通过载荷图面积的形心**。建议读者自行证明。

【例 4-2】 平面刚架的受力及各部分尺寸如图 4-2（a）所示，已知 $F=5$ kN，$M=2.5$ kN·m，求支座 A、B 的约束力。

解

（1）取研究对象：刚架 $ABCD$。

（2）受力分析。如图 4-2（b）所示，A 处为固定铰支座，其约束力用两个垂直分力 F_{Ax}、F_{Ay} 来表示，方向假设，B 处为活动铰支座，约束力垂直于支撑面，方向假设，用 F_B 表示。

图 4-2

（3）建立平衡方程，求解未知力。

解法 1

$$\sum M_A = 0, \quad F_B \times 2 + \frac{3}{5}F \times 2.5 - \frac{4}{5}F \times 2 - M = 0, \quad F_B = 1.5 \text{ (kN)}$$

$$\sum F_x = 0, \quad F_{Ax} - \frac{3}{5}F = 0, \quad F_{Ax} = 3 \text{ (kN)}$$

$$\sum F_y = 0, \quad F_{Ay} + F_B - \frac{4}{5}F = 0, \quad F_{Ay} = 2.5 \text{ (kN)}$$

解法 2

$$\sum M_A = 0, \quad F_B \times 2 + \frac{3}{5}F \times 2.5 - \frac{4}{5}F \times 2 - M = 0, \quad F_B = 1.5 \text{ (kN)}$$

$$\sum M_B = 0, \quad -F_{Ay} \times 2 + \frac{3}{5}F \times 2.5 - M = 0, \quad F_{Ay} = 2.5 \text{ (kN)}$$

$$\sum F_x = 0, \quad F_{Ax} - \frac{3}{5}F = 0, \quad F_{Ax} = 3 \text{ (kN)}$$

此组方程称为二矩式平衡方程，即

$$\sum M_A = 0, \quad \sum M_B = 0, \quad \sum F_x = 0 \quad (AB \text{ 连线与 } x \text{ 轴不垂直}) \tag{4-10}$$

解法 3

$$\sum M_A = 0, \quad F_B \times 2 + \frac{3}{5}F \times 2.5 - \frac{4}{5}F \times 2 - M = 0, \quad F_B = 1.5 \text{ (kN)}$$

$$\sum M_B = 0, \quad -F_{Ay} \times 2 + \frac{3}{5}F \times 2.5 - M = 0, \quad F_{Ay} = 2.5 \text{ (kN)}$$

$$\sum M_C = 0, \quad -F_{Ay} \times 2 + F_{Ax} \times 2.5 - M = 0, \quad F_{Ax} = 3 \text{ (kN)}$$

称此组方程为三矩式平衡方程，即

$$\sum M_A = 0, \quad \sum M_B = 0, \quad \sum M_C = 0 \quad (A、B、C \text{ 三点不共线}) \tag{4-11}$$

✐ **讨论** 式（4-10）和式（4-11）中的方程，只有满足所限定的条件，才能是相互独立的；否则，就是不独立的。

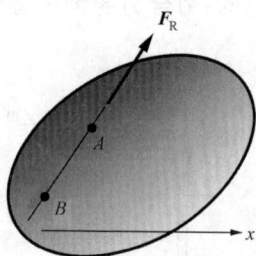

为什么式（4-10）也能满足力系平衡的充分必要条件呢？这是因为，如果力系对点 A 的主矩等于零，则这个力系可能简化为两种情形：或者是简化为经过点 A 的一个力，或者平衡。如果力系对另一点 B 的主矩也同时为零，则这个力系或有一合力沿 A、B 两点连线，或者平衡（见图 4-3）。如果再加上 $\sum F_x = 0$，那么力系如有合力，则此合力必与 x 轴垂直。式（4-10）的附加条件（x 轴不得垂直于连线 AB）完全排除了力系简化为一个合力的可能性，故所研究的力系必为平衡力系。

图 4-3

式（4-10）为什么必须有这个附加条件，读者可以自行证明。

【**例 4-3**】 悬臂梁如图 4-4（a）所示，已知 $F=10 \text{ kN}$，$q=4 \text{ kN/m}$，$\alpha=60°$，求梁固定端 A 处的约束力。

(a)

(b)

图 4-4

解

（1）取研究对象：梁 AB。

（2）受力分析。由平行分布力的简化可知，均布载荷 q 的合力为 $2q$，合力的作用点过 AC 的中点；A 处为固定端，其约束力用两个垂直分力 $\boldsymbol{F}_{Ax}$、$\boldsymbol{F}_{Ay}$ 和约束力偶 $\boldsymbol{M}_A$ 来表示，方向假设。

（3）建立平衡方程，求解未知力。

$$\sum F_x = 0, \quad F_{Ax} - F\cos\alpha = 0, \quad F_{Ax} = 5 \, (\text{kN})$$

$$\sum F_y = 0, \quad F_{Ay} - F\sin\alpha - 2q = 0, \quad F_{Ay} = 16.66 \, (\text{kN})$$

$$\sum M_A = 0, \quad M_A - F\sin\alpha \cdot 4 - 2q \cdot 1 = 0 \quad M_A = 42.64 \, (\text{kN·m})$$

讨论 1 为了验证上述例题结果的正确性，可以将作用在平衡对象上的所有力（包括已经求得约束力）对任意点（包括刚体上的点和刚体外的点）取矩。若这些力矩的代数和为零，则表示所得的结果是正确的；否则，结果是不正确的。

讨论 2 平面任意力系的平衡方程可以有三种不同的表达形式：式（4-6）、式（4-10）和式（4-11）。每一形式都由 3 个独立方程组成，只要满足上述方程组之一，力系必定平衡；若力系平衡，则必定同时满足这 3 组方程。因此在刚体受平面任意力系作用而平衡的每个问题里，只能写出 3 个独立的平衡方程，求解 3 个未知量，任何第 4 个方程都不是新的独立方程。至于在实际应用中选择何种形式的平衡方程，完全决定于计算是否方便。通常力求写出包含一个未知量的平衡方程。为此写力矩方程时，矩心尽量选取不需求的未知力作用线的交点；写投影方程时，投影轴尽量取与暂不需求的未知力垂直的方向。

【例 4-4】 简支梁如图 4-5（a）所示，AB 杆的中点作用力 F 使其处于平衡状态，求支座 A、B 的约束力。

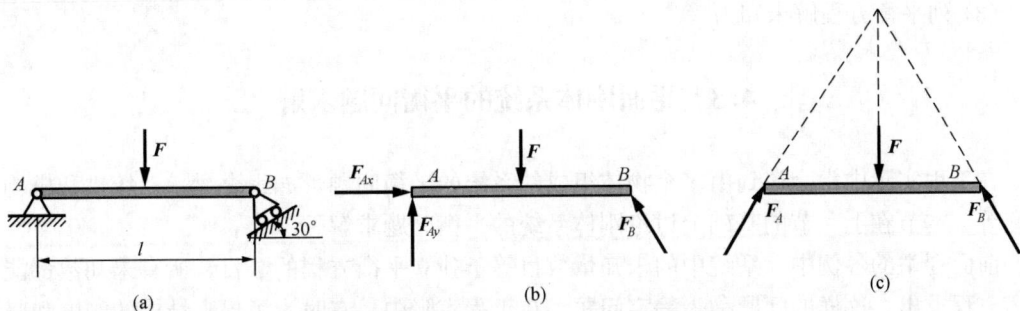

图 4-5

解 解法 1

（1）取研究对象：梁 AB。

（2）受力分析。受力图如图 4-5（b）所示，A 处为固定铰支座，其约束力用两个垂直分力 F_{Ax}、F_{Ay} 表示，方向假设，B 处为活动铰支座，约束力垂直支撑面，方向假设，用 F_B 表示。

（3）建立平衡方程求解未知力。

应用平衡方程

$$\sum M_A(F) = 0, \quad F_B\cos30°l - F \cdot \frac{l}{2} = 0, \quad F_B = \frac{\sqrt{3}}{3}F$$

$$\sum F_x = 0, \quad F_{Ax} - F_B\sin30° = 0, \quad F_{Ax} = \frac{\sqrt{3}}{6}F$$

$$\sum F_y = 0, \quad F_{Ay} + F_B\cos30° - F = 0, \quad F_{Ay} = \frac{1}{2}F$$

解法 2 根据三力平衡汇交定理

三力平衡汇交定理：作用于刚体上三个相互平衡的力，若其中两个力的作用线汇交于一点，则此三个力必在同一个平面内，且第三个力的作用线通过汇交点。

三力平衡汇交定理是加减平衡力系公理的推论，请读者自行证明。

（1）取研究对象：梁 AB。

（2）受力分析。

约束力：B 处为活动铰支座，约束力垂直于支撑面，方向假设，用 F_B 表示，梁 AB 受三个力的作用，根据三力平衡汇交定理，受力图如图 4-5（c）所示。

（3）建立平衡方程求解未知力。

应用平衡方程

$$\sum F_y = 0, \quad F_B\sin60° - F + F_A\sin60° = 0$$
$$\sum F_x = 0, \quad F_A\sin30° - F_B\sin30° = 0$$

解得

$$F_A = F_B = \frac{\sqrt{3}}{3}F$$

综上所述，单个刚体平衡问题的求解步骤与方法如下：

（1）取研究对象。

（2）受力分析，画出受力图。

（3）列平衡方程解未知力。

4.3　平面刚体系统的平衡问题求解

在工程实际中常会遇到由多个物体组成的系统的平衡问题，如组合梁、三铰拱和机构的平衡等。本节在上一节的基础上讨论刚体系统的平衡问题求解。

前面列举的各例中，系统中的未知量数目等于独立平衡方程的数目，所有未知数都能由平衡方程求出，这样的问题称为**静定问题**。在工程实际中，有时为了提高结构的刚度和坚固性，常常会增加约束，因而使这些结构的未知量的数目多于平衡方程的数目，未知量就不能全部由平衡方程求出，这样的问题称为**静不定问题或超静定问题**。对于静不定问题，必须考虑物体因受力作用而产生的变形，加列某些补充方程后，才能使方程的数目等于未知量的数目。静不定问题须在材料力学和结构力学中研究，理论力学只研究静定问题。

判定一个系统是否为静定系统，一般将其拆开分析。若系统平衡，则组成该系统的每一个物体都处于平衡状态。对于受平面任意力系作用的物体，均可写出三个平衡方程，如物体系由 n 个物体组成，则共有 $3n$ 个独立方程。当系统未知量数目不超过独立方程总数时，系统是静定的；反之，系统是超静定的。

下面举出一个静定和静不定问题的例子。

如图 4-6（a）所示的简支梁，受力图如图 4-6（b）所示为平面力系，有三个独立方程，三个未知数，所以为静定的；而如图 4-6（c）所示的支座为平面力系，有三个独立方程，四个未知数，所以为超静定的。

下面举例说明刚体系统平衡问题求解的方法。

在求解静定物体系统的平衡问题时，可以选每个物体为研究对象，列出全部平衡方程，

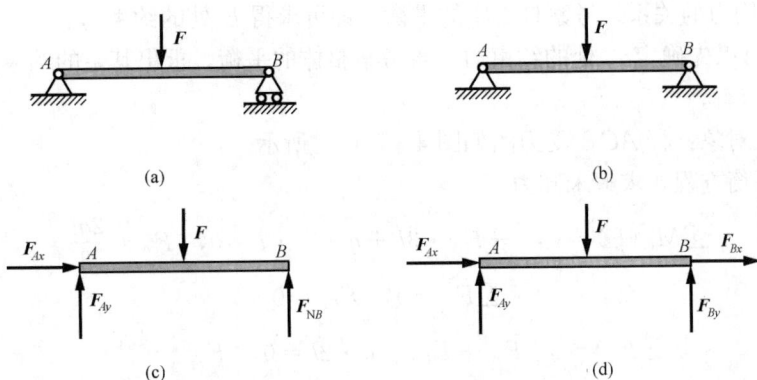

图 4 - 6

然后求解；也可先取整个系统为研究对象，列出平衡方程，这样的方程因不包含内力，式中未知量较少，解出部分未知量后，再从系统中选取某些物体作为研究对象，列出另外的平衡方程，直至求出所有的未知量为止。在选择研究对象和列平衡方程时，应使每一个平衡方程中的未知量个数尽可能少，最好是只含有一个未知量，以避免求解联立方程。

【例 4 - 5】　结构梁如图 4 - 7（a）所示，由两段梁组成，受均匀分布载荷 q 和集中力偶 M 作用，$M=ql^2$，求 A、B、C 处的约束力。

解

（1）分析。

1）受力分析。对于结构整体，在固定端 B 处有 3 个约束力，设为 F_{Bx}、F_{By} 和 M_B；在辊轴支座 A 处有一个竖直方向的约束力 F_A。

若将结构从 C 处拆开成两个刚体，则铰链 C 处的约束力可以用两个垂直分量来表示，但作用在两个刚体上同一处的约束力互为作用力与反作用力，对整体结构来说属于内力，所以考察整体结构平衡时不出现。

因此，整体结构的受力如图 4 - 7（b）所示，AC 的受力如图 4 - 7（c）所示。

2）整体平衡。考察整体结构的受力如图 4 - 7（b）所示，其上作用有 4 个未知约束力，而平面问题独立的平衡方程只有 3 个，因此，仅仅考虑整体平衡不能求得全部未知约束力，但是可以求得某些未知力。例如，由平衡方程 $\sum F_x=0$，可以确定 $F_{Bx}=0$。

3）局部平衡。考察杆 CB 的受力图，其上作用有 5 个未知约束力；考察杆 AC 的受力图如图 4 - 7（c）所示，其上作用有 3 个未知约束力，故先取杆 AC 作为研究对象。

图 4 - 7

4）解题方案。

方案 1　先以杆 AC 为研究对象，求得其上的约束力后，再应用 C 处两部分约束力互为作用力与反作用力的关系，考察杆 CB 的平衡，即可求得 B 处的约束力。

方案 2　可以先确定 A 处的约束力，再考察整体的平衡，求出其余的约束力。

（2）具体求解。

1）取研究对象：杆 AC，受力图如图 4-7（c）所示。

2）建立平衡方程，求解未知力。

$$\sum M_C(F)=0,\quad -F_A \cdot 3l + q \cdot 2l \cdot l = 0,\quad F_A = \frac{2ql}{3}$$

$$\sum F_x = 0,\quad F_{Cx} = 0$$

$$\sum F_y = 0,\quad F_A + F_{Cy} - q \cdot 2l = 0,\quad F_{Cy} = \frac{4ql}{3}$$

3）再取研究对象：整个构件，受力图如图 4-7（b）所示。

4）建立平衡方程，求解未知力。

$$\sum F_x = 0,\quad F_{Bx} = 0$$

$$\sum F_y = 0,\quad F_A + F_{By} - q \cdot 2l = 0,\quad F_{By} = \frac{4}{3}ql$$

$$\sum M_B(F)=0,\quad -F_A \cdot 5l + q \cdot 2l \cdot 3l - M + M_B = 0,\quad M_B = -\frac{5}{3}ql^2$$

（✐**讨论1**）　方案 1 的具体解题过程读者自行进行，并讨论哪一种方案更简单。

（✐**讨论2**）　刚体系平衡问题和单个刚体平衡问题的主要区别就是选取合适的研究对象，即确定平衡问题的解题方案。

【**例 4-6**】　一个杆系结构，如图 4-8（a）所示，由三个杆件 AB、AC 和 DF 组成，DF 上作用力偶，求 B、C、D 处的约束力。

(a)   (b)

(c)   (d)

图 4-8

解　本题为刚体系统的平衡问题。

（1）取研究对象：整体结构。整个结构的受力图如图 4-8（b）所示。整个结构有三个约束力，所以先以整体结构为研究对象，求出 B、C 处的约束力。

建立平衡方程求解未知力

$$\sum M_B(\boldsymbol{F}) = 0, \quad F_C \cdot 2a - M = 0, \quad F_C = \frac{M}{2a}$$

$$\sum F_y = 0, \quad F_{By} + F_C = 0, \quad F_{By} = -\frac{M}{2a}$$

$$\sum F_x = 0, \quad F_{Bx} = 0$$

（2）取研究对象：杆 AB。杆 AB 的受力图如图 4-8（c）所示。杆 AB 上虽有 4 个未知力，但是 A 点是 $\boldsymbol{F}_{Ax}$、$\boldsymbol{F}_{Ay}$、$\boldsymbol{F}_{Dy}$ 3 个未知力的汇交点，所以由 $\sum M_A(\boldsymbol{F}) = 0$ 可求得 $\boldsymbol{F}_{Dx}$。

建立平衡方程，求解未知力

$$\sum M_A(\boldsymbol{F}) = 0, \quad F_{Bx} \cdot 2a + F_{Dx} \cdot a = 0, \quad F_{Dx} = 0$$

（3）取研究对象：杆 DF。杆 DF 的受力图如图 4-8（d）所示。与杆 AB 相似，杆 DF 上虽有 4 个未知力，但是 E 点是 F_{Ex}、F_{Ey}、F'_{Dx} 3 个未知力的汇交点，所以由 $\sum M_E(\boldsymbol{F}) = 0$ 可求得 $\boldsymbol{F}'_{Dy}$。

建立平衡方程，求解未知力

$$\sum M_E(\boldsymbol{F}) = 0, \quad F'_{Dy} \cdot a - M = 0, \quad F'_{Dy} = \frac{M}{a}$$

如前所述，刚体系统平衡问题和单个刚体平衡问题的主要区别在于选取合适的研究对象，确定最佳的解题方案。最佳的解题方案，即通常力求写出包含一个未知量的平衡方程，避免解联立方程的麻烦。由于刚体系统的结构和连接方式多种多样，因此问题变得灵活多变，确定解题方案很难，一般情况下可以遵循以下原则：

（1）首先进行整体分析，出现的未知量不超过 3 个，或者未知量虽然超过 3 个，但是能写出包含一个未知量的平衡方程，能求出部分未知量就可以先以整体为研究对象。

（2）如果从整体平衡求不出任何未知量，但系统中有某个刚体（或某个刚体的组合）所包含的未知量的个数等于其独立平衡方程的个数，或能写出包含一个未知量的平衡方程，就可以以该刚体（或该刚体的组合）为研究对象。

（3）如果以上两条都不行，可以分别从两个研究对象上建立方程组，算出这两个未知量，再求其他未知量。

4.4　简单空间力系的平衡问题求解

前面两节所讨论的都是平面力系作用下刚体的平衡问题。分析空间力系作用下刚体平衡问题的方法和过程与平面问题大体相似，所不同的是约束性质、未知力个数以及平衡方程数目等。

另外，空间任意力系的平衡方程不局限于式（4-2）的形式。为使解题简便，每个方程中最好只包含一个未知量。为此，选投影轴时应尽量与其余未知力垂直；选取矩的轴时应尽量与其余未知力平行或相交。投影轴不必相互垂直，取矩轴也不必与投影轴重合，力矩方程可取 3～6 个。现举例如下。

【例 4-7】　如图 4-9（a）所示，一个正方形均质薄板 $ABCD$，其重量为 P，在点 A 球铰、点 B 碟形铰链和点 C 绳作用下平衡，$\angle ACD = \angle ACE = 30°$。求 A、B、C 处的约束力。

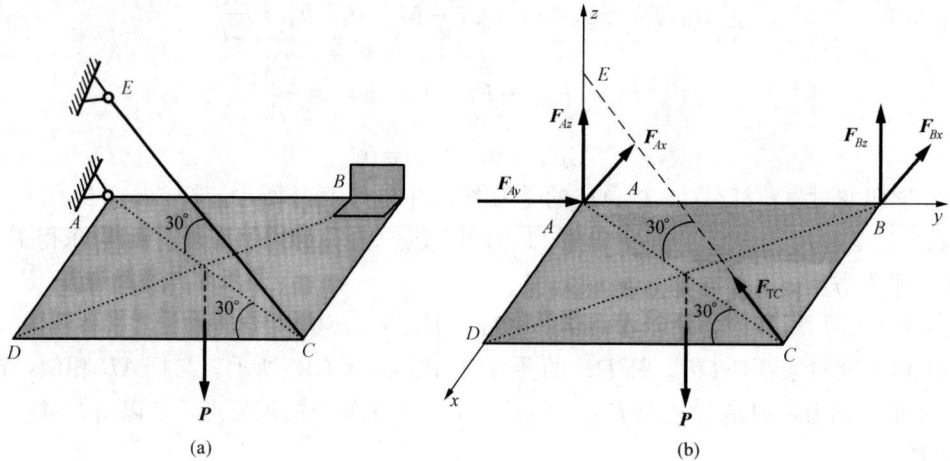

图 4-9

解　本题为单刚体平衡问题。

（1）研究对象：薄板 $ABCD$。

（2）受力分析如图 4-9（b）所示。

（3）分析力系，本题为空间任意力系，可列 6 个平衡方程解未知力。

$$\sum M_{AC} = 0, \quad F_{Bz} = 0$$

$$\sum M_y(F) = 0, \quad -F_{TC}\sin30°a + P \cdot \frac{a}{2} = 0, \quad F_{TC} = P$$

$$\sum F_y = 0, \quad F_{Ay} - F_{TC}\cos30°\cos30° = 0, \quad F_{Ay} = \frac{3}{4}P$$

$$\sum M_x(F) = 0, \quad F_{Bz} \cdot a - P\frac{a}{2} + F_{TC}\sin30° \cdot a = 0, \quad F_{Bz} = 0$$

$$\sum M_z(F) = 0, \quad F_{Bx} = 0$$

$$\sum F_x = 0, \quad F_{Ax} - F_{TC}\cos30°\sin30° = 0, \quad F_{Ax} = \frac{\sqrt{3}}{4}P$$

$$\sum F_z = 0, \quad F_{Az} - P + F_{TC}\sin30° = 0, \quad F_{Az} = \frac{P}{2}$$

【例 4-8】　如图 4-10（a）所示，边长为 1 m 的等边三角形板 ABC，用三根垂直杆和三根与水平面成 30° 的斜杆支撑在水平位置。板上作用一矩为 $M=1$ kN·m 的力偶，板和支撑杆重量不计，求各杆的内力。

解

（1）研究对象：等边三角形板。

（2）受力分析如图 4-10（b）所示。

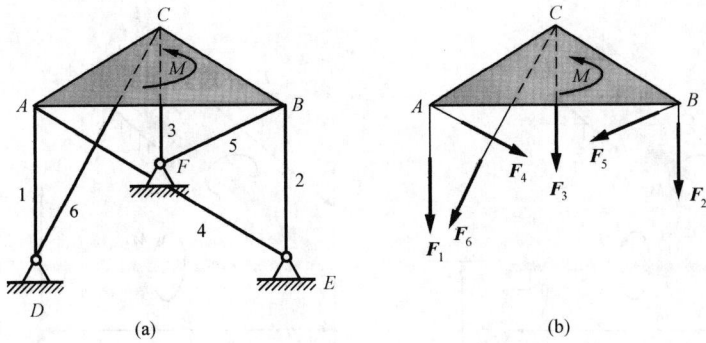

图 4 - 10

（3）分析力系，此题为空间一般力系。

（4）列平衡方程解未知力。

$$\sum M_{AD}(\boldsymbol{F})=0, \quad F_5 \cdot \cos 30° \cdot \sin 60° \cdot 1 + M = 0, \quad F_5 = -\frac{4}{3} = -1.333 \ (\mathrm{kN})$$

同理，

$$\sum M_{BE}(\boldsymbol{F})=0, \quad F_6 = -\frac{4}{3} = -1.333 \ (\mathrm{kN})$$

$$\sum M_{CF}(\boldsymbol{F})=0, \quad F_4 = -\frac{4}{3} = -1.333 \ (\mathrm{kN})$$

$$\sum M_{AB}(\boldsymbol{F})=0, \quad -F_3 \cdot 1 \cdot \cos 30° - F_6 \cdot \sin 30° \cdot 1 \cdot \sin 60° = 0, \quad F_3 = \frac{2}{3} = 0.667 \ (\mathrm{kN})$$

同理，

$$\sum M_{AC}(\boldsymbol{F})=0, \quad F_2 = \frac{2}{3} = 0.667 \ (\mathrm{kN})$$

$$\sum M_{BC}(\boldsymbol{F})=0, \quad F_1 = \frac{2}{3} = 0.667 \ (\mathrm{kN})$$

【例 4 - 9】　无重曲杆 $ABCD$ 结构如图 4 - 11（a）所示，D 端为球铰支座，A 端受径向轴承约束，已知力偶 $\boldsymbol{M}_2$、$\boldsymbol{M}_3$，曲杆处于平衡状态，确定 $\boldsymbol{M}_1$ 和支座约束力。

解

（1）研究对象：无重曲杆 $ABCD$。

（2）建立坐标系。

（3）受力分析如图 4 - 11（b）所示。

$\boldsymbol{F}_{Ay}$、$\boldsymbol{F}_{Dy}$ 和 $\boldsymbol{F}_{Az}$、$\boldsymbol{F}_{Dz}$ 分别组成力偶

$$\sum M_z(\boldsymbol{F})=0, \quad -F_{Ay}a + M_3 = 0, \quad F_{Ay} = \frac{M_3}{a}$$

$$\sum M_y(\boldsymbol{F})=0, \quad F_{Az}a - M_2 = 0, \quad F_{Az} = \frac{M_2}{a}$$

$$\sum M_x(\boldsymbol{F})=0, \quad -F_{Az}b - F_{Ay}c + M_1 = 0, \quad M_1 = \frac{bM_2}{a} + \frac{cM_3}{a}$$

图 4-11

$$F_{Dy} = F_{Ay} = \frac{M_3}{a}, \quad F_{Dz} = F_{Az} = \frac{M_2}{a}$$

4.5　静力学应用专题

本节以桁架和摩擦为例，介绍力系的平衡条件在桁架和摩擦中的应用。

4.5.1　平面简单桁架的内力计算

在工程中，房屋建筑、桥梁、起重机、油田井架、电视塔等结构物常用桁架结构。**桁架是由许多细长直杆在两端用铰链连接而成的几何形状不变的结构**。桁架的优点是杆件主要承受拉力或压力，可以充分发挥材料的作用，节约材料，减轻结构的质量。

桁架中杆件的连接点称为**节点**。为了简化桁架的计算，工程实际中采用以下几个假设：

（1）桁架的杆件都是直的，杆件中心线位于同一平面内。

（2）杆件用光滑的铰链连接。

（3）桁架所受的力（载荷）都作用在节点上，而且在桁架的平面内。

（4）桁架杆件的质量略去不计，或平均分配在杆件两端的节点上。

这样的桁架称为**理想桁架**。在理想桁架中，各杆件均为二力杆，杆所受的力沿杆的轴线。各杆所受的力称为**内力**，本书只讨论理想桁架的内力计算。下面介绍两种计算桁架内力的方法：节点法和截面法。

1. 节点法

桁架的每个节点受一个汇交力系作用，为求解每个杆件的内力，逐个取节点为研究对象，即可由已知力求得全部杆件内力。

【例 4-10】　如图 4-12（a）所示，$F = 10$ kN，求各杆内力。

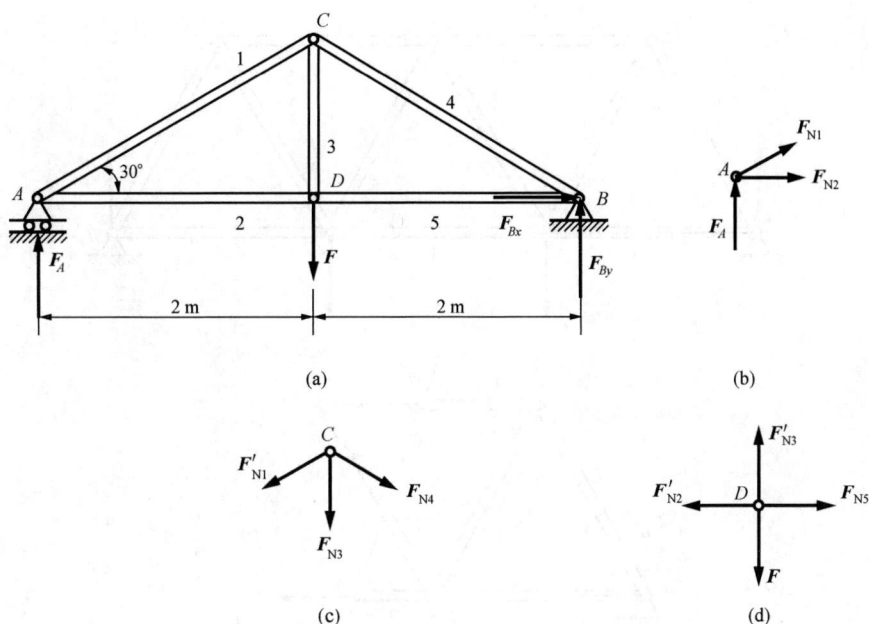

图 4 - 12

解

（1）求支座约束力。取整体为研究对象

$$\sum M_B(\boldsymbol{F})=0,\quad F_A\cdot 4-F\cdot 2=0,\quad F_A=5\ (\mathrm{kN})$$

（2）依次取节点计算内力（此处均假设杆件受拉）。

取点 A〔见图 4 - 12（b）〕

$$\sum F_y=0,\quad F_{N1}\sin30°+F_A=0,\quad F_{N1}=-10\ (\mathrm{kN})$$
$$\sum F_x=0,\quad F_{N1}\cos30°+F_{N2}=0,\quad F_{N2}=8.66\ (\mathrm{kN})$$

取点 C〔见图 4 - 12（c）〕

$$\sum F_x=0,\quad -F'_{N1}\cos30°+F_{N4}\cos30°=0,\quad F_{N4}=-10\ (\mathrm{kN})$$
$$\sum F_y=0,\quad F'_{N1}\sin30°+F_{N3}+F_{N4}\sin30°=0,\quad F_{N3}=10\ (\mathrm{kN})$$

取点 D〔见图 4 - 12（d）〕

$$\sum F_x=0,\quad -F'_{N2}+F_{N5}=0,\quad F_{N5}=8.66\ (\mathrm{kN})$$

计算中求得结果为正，说明杆件受拉力；结果为负，说明杆件受压力。

2. 截面法

用适当的截面，假想把桁架截开（被截杆件用内力代替），取其中任一部分为研究对象，应用平衡方程求出被截杆件的内力，这就是**截面法**。取出的这一部分受平面任意力系作用，利用平面任意力系的三个平衡方程进行求解。

截面法适用于只需求某几根杆件内力的情况，对某些较复杂的桁架，有时需要联合应用截面法和节点法。

【**例 4 - 11**】 如图 4 - 13（a）所示的平面桁架，各杆的长度都相等，$F_1=10\ \mathrm{kN}$，$F_2=7\ \mathrm{kN}$，求 1、2、3 杆的内力。

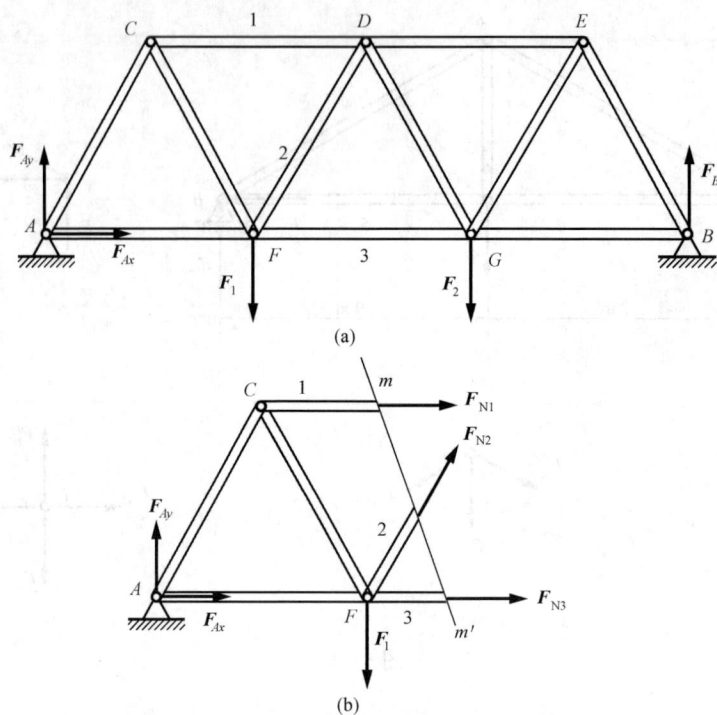

(a)

(b)

图 4-13

解

（1）取整体为研究对象，求支座约束力。

$$\sum F_x = 0, \quad F_{Ax} = 0$$

$$\sum M_B = 0, \quad F_{Ay} \cdot 3 - F_1 \cdot 2 - F_2 \cdot 1 = 0, \quad F_{Ay} = 9 \text{ (kN)}$$

（2）应用截面法，如图 4-13（b）所示，用假想的截面 $m-m'$ 将杆件截开，取其中一部分为研究对象，建立平衡方程求解杆件内力。

$$\sum M_F(\boldsymbol{F}) = 0, \quad F_{N1} \frac{\sqrt{3}}{2} + F_{Ay} = 0, \quad F_{N1} = -10.4 \text{ (kN)} \quad （压力）$$

$$\sum F_y = 0, \quad F_{N2} \sin 60° + F_{Ay} - F_1 = 0, \quad F_{N2} = 1.15 \text{ (kN)} \quad （拉力）$$

$$\sum F_x = 0, \quad F_{N1} + F_{N3} + F_{Ax} + F_{N2} \cos 60° = 0, \quad F_{N3} = 10.4 \text{ (kN)} \quad （拉力）$$

在桁架中内力为零的杆件称为**零杆**。零杆通常不需计算，根据观察即可判断哪些是零杆。找出零杆之后，计算其他杆件内力时，完全可以不考虑零杆，常常会使计算大为简化。下面给出三种平面桁架中零杆的确定法，如图 4-14 所示。

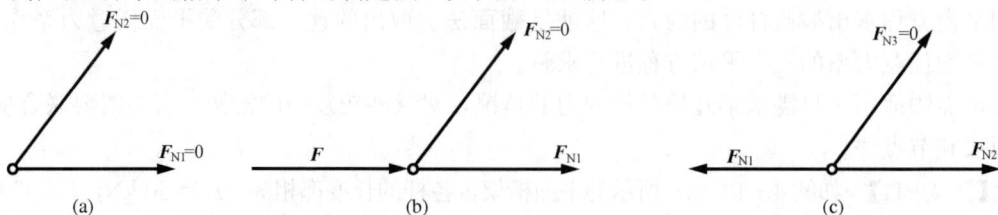

(a)　(b)　(c)

图 4-14

（1）不共线两杆节点无载荷，此两杆为零杆，如图 4 - 14（a）所示。

（2）不共线两杆节点有载荷（或反力），且载荷（或反力）与其中一杆共线，则第二杆为零杆，如图 4 - 14（b）所示。

（3）三杆节点无载荷且其中两杆共线，则第三杆为零杆，如图 4 - 14（c）所示。

【例 4 - 12】 求图 4 - 15（a）所示平面桁架中 1、2 杆的内力。

解 判断出图示桁架中 EF、FD、DG、GH、IJ 杆为零杆。

取节点 E 为研究对象，受力图如图 4 - 15（d）所示。

$$\sum F_x = 0, \quad F_{N1} \cdot \sin 45° + F = 0, \quad F_{N1} = -\sqrt{2}F$$

应用截面法，如图 4 - 15（b）所示，用假想的截面 $m - m'$ 将桁架截开，取上侧为研究对象，受力如图 4 - 15（c）所示。

$$\sum F_x = 0, \quad F_{N2} \cdot \sin 45° + 2F = 0, \quad F_{N2} = -2\sqrt{2}F \quad （压力）$$

图 4 - 15

通过以上例题，总结出简单平面桁架内力计算的方法与步骤如下：

（1）先判断出零杆，使得其他计算简单。

（2）（一般）先取整体，求支座约束力。如果桁架中有两杆铰接的节点，也可以从该节点开始研究，不必先求支座约束力。

（3）应用节点法时，从两杆节点开始，由少到多，依次取节点求各杆内力。选取截面法时，因受力图为平面任意力系，只有三个独立的平衡方程，所以截出的杆件不宜超过 3 个，再通过适当地选取矩心和投影轴，以使求解方程简单。一般可以联合应用节点法和截面法，以方便求解为原则。

4.5.2　考虑摩擦的平衡问题

前面所考虑的问题假设物体间接触表面是光滑的。当摩擦在所研究的问题中不起重要作用时，这样假设是合理的。但是如果对于所研究的问题有很大影响时，摩擦力的作用必须考虑，如摩擦制动器、皮带传动等。

摩擦的机理和摩擦力的性质是一个非常复杂的问题，理论力学中，只限于研究考虑摩擦力作用时的平衡问题，作为对理想化光滑约束的一个重要补充，也作为平面力系平衡问题的一个重要应用。

1. 滑动摩擦

两个相互接触的物体有相对滑动趋势或相对滑动时，接触表面会产生阻碍运动或运动趋势的作用，这种现象称为**滑动摩擦**，相应的阻碍运动的力称为**滑动摩擦力**。下面用实例说明滑动摩擦力的性质。

如图 4 - 16 所示，将具有一定质量的物体放在粗糙平面上，当 $F = 0$ 时，物体相对于固定面无滑动趋势，故摩擦力 $F_s = 0$；当物体受到外力 F 较小时，物体仍然处于平衡状态，说明接触面间有摩擦力，这时的摩擦力称为**静滑动摩擦力**。由平衡方程可知：$F_s = F$，静摩擦力的大小随水平力 F 的增大而增大，这是静摩擦力和一般约束力共同的性质，其方向与物体的滑动趋势相反；当力 F 的大小达到一定数值时，物体处于将要滑动、但尚未开始滑动的临界平衡状态，这时，只要力 F 再增大一点，物体即开始滑动。这个现象说明，当物体处于临界状态时，静摩擦力达到最大值，称为最大静滑动摩擦力，以 $F_{s,max}$ 表示；当力 F 再继续增大时，物体开始沿固定平面相对滑动，这时的摩擦力称为**动滑动摩擦力**，以 F' 来表示。

图 4 - 16

由此可见，滑动摩擦力可以分为三种情况，即静滑动摩擦力、最大静滑动摩擦力和动滑动摩擦力。静滑动摩擦力的方向与物体的滑动趋势相反，大小随主动力变化，因此是一个范围

$$0 \leqslant F_s \leqslant F_{s,\,max} \tag{4-12}$$

实验证明，最大静摩擦力的大小与两个物体间的法向约束力（正压力）成正比，即

$$F_{s,\,max} = f_s F_N \tag{4-13}$$

这个关系式称为**静摩擦定律或库仑定律**，f_s 是静摩擦因数，无单位，它的大小由实验测定，它与相互接触物体的材料和表面情况有关，与接触面大小无关。具体数值可在工程手册中查出。

动摩擦力的方向与物体的运动方向相反，大小是个定值。实验证明，动摩擦力的大小与

两个物体间的法向约束力（正压力）成正比，即

$$F' = fF_N \qquad (4-14)$$

f 是动摩擦因数，无单位，其大小也由实验测定，它与相互接触物体的材料和表面情况有关。在一般情况下，动摩擦因数略小于静摩擦因数。在一般的工程计算中，精度要求不高时，可近似认为 $f = f_s$。

2. 摩擦角与自锁现象

摩擦角是静摩擦因数的几何描述。

当有摩擦且物体仍处于静止状态时，支撑面对平衡物体有法向约束力 F_N 和摩擦力 F_s 作用，这两个力的合力 F_R 称为**全约束力**，简称为**全反力**，如图 4-17（a）所示，即 $F_R = F_N + F_s$，F_R 与支撑面法线的夹角为 φ，当静摩擦力增大时，φ 角也相应增大，当静摩擦力达到最大值时，此时的 $F_{R,max}$ 与接触面法线夹角达到最大值 φ_m，φ_m 称为**两接触面间的摩擦角**。

由图 4-17（b）可知

$$\tan\varphi_m = \frac{F_{s,\,max}}{F_N} = f_s$$

图 4-17

即**摩擦角的正切等于静摩擦因数**。可见，摩擦角也是表示材料摩擦性质的物理量。一般情况下 φ 角应满足

$$0 \leqslant \varphi \leqslant \varphi_m$$

当物体所受外力改变时，滑动趋势改变，全反力的方位也改变。最大全反力作用线相当于以作用点为顶点的半锥角为 φ_m 的圆锥母线。这个圆锥称为**摩擦锥**。

利用摩擦锥可以说明摩擦自锁现象。

当主动力合力的作用线在摩擦锥以内时，无论主动力多么大，都能使物体保持平衡，这种靠摩擦力维持物体平衡而与主动力的大小无关的现象称为**自锁**。反之，当主动力合力的作用线在摩擦锥以外时，无论主动力多么小，物体一定不能平衡。

如何判断自锁？首先计算主动力合力作用线与接触面法线的夹角 θ，$\theta \leqslant \varphi_m$ 时自锁；$\theta > \varphi_m$ 时，不自锁。自锁在很多工程问题上有很大的应用，如千斤顶、螺纹联结都应用此原理。

可以利用摩擦角来确定摩擦因数。如图 4-18 所示，置于斜面上的物体，如果处于临界平衡状态时，主动力的合力为重力 P，应该与物体受的最大全反力 F_{Rm} 相等，即 $F_{Rm} = P$，$mg\cos\alpha f = mg\sin\alpha$，得到 $f = \tan\alpha$，这是测

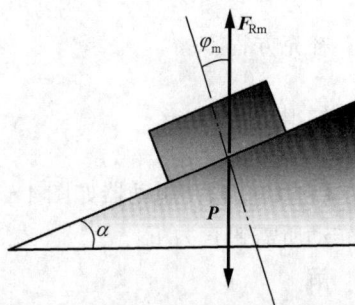

图 4-18

最大静摩擦因数的方法。

3. 考虑摩擦时的平衡问题

考虑摩擦时，求解物体平衡问题的步骤与前几章所述大致相同，但有以下几个特点。

（1）分析物体受力时，必须考虑接触面间切向的摩擦力 F_s，通常增加了未知量的数目。

（2）为确定这些新增加的未知量，还需列出补充方程，即 $0 \leqslant F_s \leqslant F_{s,\max}$，补充方程的数目与摩擦力的数目相同。

（3）因为物体平衡时摩擦力有一定的范围（即 $0 \leqslant F_s \leqslant F_{s,\max} = f_s F_N$），所以有摩擦时平衡问题的解有时也有一定的范围，而不是一个确定的值。

工程中有不少问题只需要分析平衡的临界状态，这时静摩擦力等于其最大值，补充方程只取等号。有时为了计算方便，也先按临界状态下计算，求得结果后再分析、讨论其解的平衡范围。具有摩擦的平衡问题有两种情况：一个是物体摩擦力处于 $0 \leqslant F_s \leqslant F_{s,\max}$，另一个是物体摩擦力达到临界状态 $F_s = F_{s,\max} = F_N f_s$。

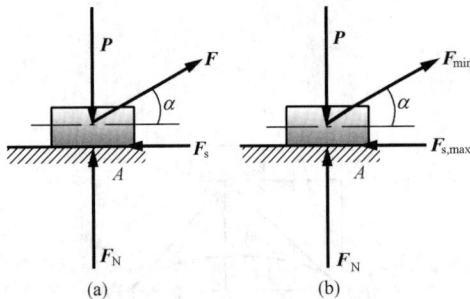

图 4 - 19

【例 4 - 13】 如图 4 - 19（a）所示，用绳以 $F = 100$ N 的拉力拉一个重 $P = 500$ N 的物体，物体与地面摩擦系数为 $f = 0.2$，绳与地面夹角为 $\alpha = 30°$。求：（1）物体平衡时，摩擦力 F_s 的大小。（2）物体滑动时的最小拉力 $F_{\min}$。

解

（1）求摩擦力 F_s。

1）取重物作为研究对象。

2）受力分析：主动力 F 和 P，约束力 F_N 和 F_s。

3）设重物静止，建立方程求解未知力

$$\sum F_y = 0, \quad F_N - P + F\sin\alpha = 0, \quad F_N = 450 \text{ (N)}$$

$$\sum F_x = 0, \quad -F_s + F\cos\alpha = 0, \quad F_s = 86.6 \text{ (N)}$$

验证：$F_{s,\max} = F_N f = 90$ N，$F_s = 86.6$ N$< F_{s,\max}$

所以静滑动摩擦力 $F_s = 86.6$ N。

（2）求 $F_{\min}$。

$$\sum F_y = 0, \quad F_N - P + F_{\min}\sin\alpha = 0$$
$$\sum F_x = 0, \quad -F_{s,\max} + F_{\min}\cos\alpha = 0$$

补充方程

$$F_{s,\max} = F_N f$$

解得

$$F_{\min} = 103 \text{ (N)}$$

【例 4 - 14】 制动器如图 4 - 20（a）所示，制动块与鼓轮表面摩擦因数为 f_s，求制动鼓轮转动所需铅直力 F_1。

解

（1）取轮为研究对象，受力图如图 4 - 20（b）所示，建立平衡方程求解

$$\sum M_{O1}(\boldsymbol{F}) = 0, \quad F_{T1} \cdot r - F_s \cdot R = 0, \quad F_s = \frac{r}{R} F_{T1}$$

式中

$$F_{T1} = P$$

由临界条件补充

$$F_s = F_N f_s$$

得

$$F_N = \frac{r}{f_s R} P$$

（2）取杆为研究对象，受力图如图 4 - 20 (c) 所示，建立平衡方程求解

$$\sum M_O(\boldsymbol{F}) = 0, \quad F_1 \cdot a + F_s' \cdot c - F_N' \cdot b = 0$$

$$F_1 = \frac{1}{a} \left(\frac{rb}{f_s R} P - \frac{f_s}{R} cP \right)$$

图 4 - 20

【例 4 - 15】 图 4 - 21 所示的均质长方块的高度为 h，宽度为 $2a$，重量为 P，放在粗糙的水平面上，它与地面间的静摩擦因数 $f_s = 0.4$。在 A 点作用一个与水平成 θ 角的倾斜力 $\boldsymbol{F}$，当这个力从零逐渐增大时，问物块是先滑动还是先翻倒？

解 本例要考虑滑块的尺寸，当力 F 从零逐渐增大时，由经验可知，物块有发生向左滑动或者绕 O 翻倒的可能性。究竟物块先滑动还是先翻倒呢？下面首先分析物块的受力情况，然后根据物块滑动或翻倒的条件分别进行分析和计算，最后比较两种结果，从而作出判断。

取木箱为研究对象，受力如图 4 - 21

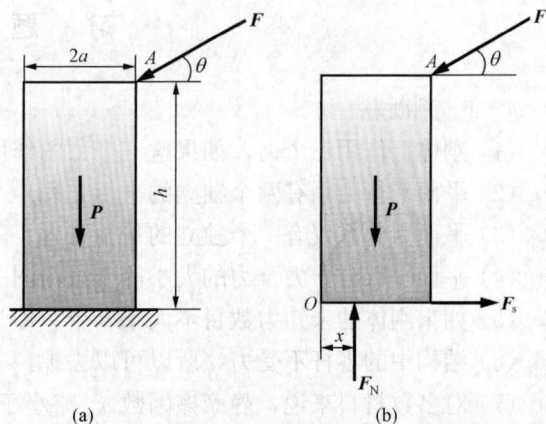

图 4 - 21

(b) 所示，列平衡方程

$$\sum F_x = 0, \quad F_s - F\cos\theta = 0 \tag{4-15}$$

$$\sum F_y = 0, \quad F_N - P - F\sin\theta = 0 \tag{4-16}$$

$$\sum M_O(\boldsymbol{F}) = 0, \quad hF\cos\theta - 2aF\sin\theta - Pa + F_N x = 0 \tag{4-17}$$

(1) 假设物块先滑动，则有条件

$$F_s = f_s F_N \quad (x \neq 0) \tag{4-18}$$

由式 (4-15)、式 (4-16) 和式 (4-18) 联立，令此时的 $F = F_1$，解得物体向左滑动的临界值为

$$F_1 = \frac{f_s P}{\cos\theta - f_s \sin\theta} \tag{4-19}$$

(2) 假设物块先绕 O 翻倒，则有条件

$$F_s < f_s F_N \quad (x = 0) \tag{4-20}$$

将式 (4-20) 代入式 (4-17)，令这时的 $F = F_2$，解得物体绕 O 翻倒的临界值为

$$F_2 = \frac{aP}{h\cos\theta - 2a\sin\theta} \tag{4-21}$$

(3) 比较式 (4-19) 和式 (4-21)，如果 $F_1 < F_2$，即

$$f_s < \frac{a\cos\theta}{h\cos\theta - a\sin\theta}$$

则物块先向左滑动。

如果 $F_1 > F_2$，即

$$f_s > \frac{a\cos\theta}{h\cos\theta - a\sin\theta}$$

则物块先绕 O 翻倒。

如果 $F_1 = F_2$，即

$$f_s = \frac{a\cos\theta}{h\cos\theta - b\sin\theta}$$

则物块同时向左滑动和绕 O 翻倒。

习　题　4

4-1　判断题

(1) 刚体上作用三个力，如果这三个力的作用线交于一点，则刚体必然平衡。　（　　）

(2) 平面平行力系有两个独立的平衡方程。　（　　）

(3) 平面力偶系仅有一个独立的平衡方程。　（　　）

(4) 平面平行分布力合力的大小等于载荷图的面积，作用线通过该面积的形心。（　　）

(5) 如果刚体的未知力数目不大于 6 个，即为静定问题。　（　　）

(6) 结构中的零杆不受力，所以可以去掉。　（　　）

(7) 对多数材料来说，静摩擦因数 f_s 略小于动摩擦因数 f。　（　　）

(8) 如果作用在物体上的主动力的合力与接触面法线的夹角小于或等于摩擦角 φ_f，则物

体不能平衡。　　　　　　　　　　　　　　　　　　　　　　　　　（　　）

4-2　填空题

（1）题 4-2 图（a）所示三铰拱受力 **F** 作用，则支座 A 处的约束力大小为＿＿＿＿＿＿；支座 B 处约束力大小为＿＿＿＿＿＿。

（2）题 4-2 图（b）和（c）所示三脚架结构，均受矩为 $M=10\ \text{N·m}$ 的力偶作用。当力偶作用在杆 AC 时 ［见题 4-2 图（b）］，支座 A 和支座 B 处的约束力大小分别为 $F_A=$＿＿＿＿＿＿ N，$F_B=$＿＿＿＿＿＿ N；当力偶作用在杆 BC 时 ［见题 4-2 图（c）］，支座 A 和支座 B 处的约束力大小分别为 $F_A=$＿＿＿＿＿＿ N，$F_B=$＿＿＿＿＿＿ N。

（3）题 4-2 图（d）所示桁架的零杆数为＿＿＿＿＿＿个；图（e）所示桁架的零杆数为＿＿＿＿＿＿个。

（4）物块重 $P=50$ N，与地面间的摩擦因数 $f_s=f=0.3$，$F=20$ N。题 4-2 图（f）和（g）所示两种情况下物块与地面间的摩擦力 F_s 的大小分别为＿＿＿＿＿＿ N 和＿＿＿＿＿＿ N。

（5）题 4-2 图（h）所示物块重 $P=50$ N，受 $F=100$ N 的力作用，与墙面间的静摩擦因数 $f_s=0.5$，动摩擦因数 $f=0.5$。物块与墙面间的摩擦力 F_s 的大小为＿＿＿＿＿＿ N。

题 4-2 图

4-3　如题 4-3 图所示压路机的碾子重 $P=20$ kN，半径 $R=400$ mm。求当碾子越过厚度为 80 mm 的石板时，所需的最小水平力 $F_{\min}$。

4-4　支架如题4-4图所示，在销钉A上悬挂重量为$P=20$ kN的重物。求在题4-4图所示两种情形下杆AB与AC所受的力。

题4-3图　　　　　　　　　　　　题4-4图

4-5　题4-5图所示为绳索拔桩装置。绳索的E、C两点拴在架子上，点B与拴在桩A上的绳索AB连接，在点D加一铅垂向下的力F，AB沿铅垂方向，DB沿水平方向。已知$\alpha=0.1$rad，力$F=800$N。求绳AB作用于桩上的力（当α很小时，$\tan\alpha\approx\alpha$）。

4-6　题4-6图所示为平面压榨机构。在铰A处作用一水平力F，通过杆AC使滑块C将物体压紧，滑块与墙壁为光滑接触，压块C、物体D和杆的重量均不计。求当连杆AB、AC与铅垂线成α角时，物体D所受的压力。当$F=1$ kN，$\alpha=5°$时，物体D所受的压力为多少？

题4-5图　　　　　　　　题4-6图

4-7　如题4-7图所示，两个大小相同的球O_1和O_2各重$P=100$N，放在一光滑的圆筒内。圆筒的直径为450 mm，球的直径为250 mm。求圆筒对球的约束力F_A、F_C和F_D及两球之间作用力F_B的大小。

4-8　如题4-8图所示，物体重$P=20$ kN，用绳子挂在支架的滑轮B上，绳子的另一端接在铰车D上。转动铰车，物体即可升起。不计滑轮的大小、AB与CB杆的自重及摩擦，A、B、C三处均为铰接。求物体处于平衡状态时，杆AB和CB所受的力。

题 4-7 图　　　　　　　题 4-8 图

4-9　在梁 AB 上作用一矩为 M 的力偶，求在题 4-9 图（a）和（b）两种情况下支座的约束力。

题 4-9 图

4-10　齿轮箱两个外伸轴上作用的力偶如题 4-10 图所示。为保持齿轮箱平衡，求螺栓 A、B 处所提供的约束力。

4-11　在题 4-11 图所示结构中，不计构件自重，在杆 BC 上作用一矩为 M 的力偶。求支座 A 的约束力。

题 4-10 图　　　　　　　题 4-11 图

4-12　题 4-12 图所示四连杆机构处于平衡状态。已知 $AB=0.1$ m，$CD=0.22$ m，$M_1=0.4$ N·m，不计构件自重，求支座 A、D 的约束力和力偶矩 M_2。

4-13　已知 $F=10$ kN，求题 4-13 图所示支架中杆 AC 所受的力。

題 4 – 12 图　　　　　　　　　　　題 4 – 13 图

4 – 14　如題 4 – 14 图所示，杆 AB 两端与两个重量均为 P 的均质圆柱，放置在互相垂直的两个光滑面上，杆 AB 的自重不计。求平衡时杆 AB 与水平面的夹角 α。

4 – 15　井架由两个桁架组成，尺寸如題 4 – 15 图所示。桁架的重心分别在 C_1 和 C_2 点，重量分别为 $P_1 = P_2 = P$。左侧桁架受风压力 F，求支座 A、B 和铰链 C 处的约束力。

題 4 – 14 图　　　　　　　　　　題 4 – 15 图

4 – 16　求題 4 – 16 图所示各梁的约束力。已知 $F_1 = 2F_2 = 2F$，$M = Fl$，各梁的重量不计。

(a)

(b)

(c)

題 4 – 16 图

4-17　题 4-17 图所示梁 AB 用三根链杆支承。已知 $F_1=30$ kN，$F_2=40$ kN，$q=20$ N/m，$M=30$ kN·m，求各支承杆的约束力。梁的重量不计。

4-18　求题 4-18 图所示梁的约束力。已知 $F=2$ kN，三角形分布载荷的最大值 $q=1$ kN/m，梁的重量不计。

题 4-17 图　　　　　　　　　题 4-18 图

4-19　题 4-19 图所示热风炉重 $P=4000$ kN，所受风压可以简化为梯形分布载荷，$q_1=0.5$ kN/m，$q_2=2.5$ kN/m。求地基对热风炉的约束力。

4-20　求题 4-20 图所示刚架的约束力。已知 $q=3$ kN/m，$F=10$ kN，$M=5$ kN·m，刚架自重不计。

题 4-19 图　　　　　　　　　题 4-20 图

4-21　如题 4-21 图所示，行动式起重机不计平衡锤的重为 $P=500$ kN，重心在离右轨 1.5 m 处。起重机的起重力为 $P_1=250$ kN，突臂伸出离右轨 10 m，跑车重量不计。欲使起重机不翻倒，求平衡锤的最小重量 P_2 以及平衡锤到左轨的最大距离 x。

4-22　求题 4-22 图所示刚架的约束力。已知 $q=3$ kN/m，$F=1$ kN，刚架自重不计。

题 4-21 图　　　　　　　　　题 4-22 图

4-23 题 4-23 图所示结构由杆 AC 和 BC 铰接而成，$AB=BC=AC=l$，在杆 BC 的中点作用一铅垂力 F，杆的自重不计。求固定端 A 和活动铰支座 B 的约束力。

4-24 题 4-24 图所示为立式空气压缩机的曲轴和飞轮。当曲轴转到图示位置时，连杆作用于曲柄上的力 F 最大。若 $F=40$ kN，$P=4$ kN，曲轴重量不计，求轴承 A 和 B 处的约束力。

题 4-23 图   题 4-24 图

4-25 在题 4-25 图所示连续梁中，已知 q、M、l 及 θ，不计梁重，求各连续梁在 A、B 和 C 处的约束力。

题 4-25 图

4-26 在题 4-26 图所示连续梁中，已知 $q=15$ kN/m，$M=20$ kN·m，不计梁重，求梁在 A、B 和 C 处的约束力。

4-27 题 4-27 图所示组合梁由 AC 和 CD 通过铰链 C 构成，已知 $q=10$ kN/m，$F=20$ kN，$M=20$ kN·m。不计梁重，求支座 A、B 和 D 的约束力。

题 4-26 图   题 4-27 图

4-28 题 4-28 图所示组合梁由 AC 和 CD 通过铰链 C 构成，起重机放在梁上。已知

起重机重 $P_1 = 50$ kN，重心沿铅垂线 EC，起重载荷 $P_2 = 10$ kN。不计梁重，求支座 A、B 和 D 的约束力。

题 4-28 图

4-29　题 4-29 图所示结构中，已知 $q = 2$ kN/m，$M = 8$ kN·m，$F = 6$ kN。求支座 C 和固端 A 的约束力。

4-30　题 4-30 图所示结构中，q、a 及 h 已知，求支座 A 和 B 的约束力。

题 4-29 图　　　　　　题 4-30 图

4-31　在题 4-31 图所示结构中，已知 $q = 15$ kN/m，不计杆重，求支座 A 和 B 的约束力。

4-32　在题 4-32 图所示结构由杆 AB、CD 和滑轮 B 组成，滑轮半径为 r，其他尺寸如图所示。一绳索绕过滑轮，一端挂重量为 P 的重物，一端系在杆 CD 的 E 处。不计杆和滑轮的重量，求铰链 C 处的约束力。

题 4-31 图　　　　　　题 4-32 图

4-33　题4-33图所示结构由杆 AB 和 CD 铰接而成，已知 $F=4$ kN，$M=2$ kN·m，不计杆重，求支座 A 和 D 的约束力。

4-34　题4-34图所示矿石破碎机构由在 O 点的电动机驱动。在图示位置时矿石对活动夹板 AB 的作用力为 $F=1000$ N，已知 $AB \perp BC$，$AB=BC=CD=60$ mm，$OE=100$ mm，$M=2$ kN·m。不计杆重，求电动机对杆 OE 的力偶矩的大小 M。

题 4-33 图

题 4-34 图

4-35　题4-35图所示构架由杆 AB、AC 和 DG 组成。杆 DG 上的销钉 E 可沿杆 AC 的光滑槽滑动，在杆 DH 的右侧作用一铅垂力 $\boldsymbol{F}$。不计各杆重量，求铰链 A、D 和 B 所受的力。

4-36　题4-36图所示结构由折杆 $ABCD$ 和杆 CE、BE、GE 组成。已知 $F=20$ kN，$q=10$ kN/m，$M=20$ kN·m，$a=2$ m。各杆自重不计，求铰链 A、G 处的约束力及杆 BE、CE 所受力。

题 4-35 图

题 4-36 图

4-37　题4-37图所示支架各杆单位长度的重量为 300 N/m，载荷 $P=10$ kN。求固定端 A 及铰链 B、C 处的约束力。

4-38　题4-38图所示厂房构架是由两个刚架 AC 和 BC 用铰链连接组成的。桥式起重机沿轨道行驶。起重机梁重力大小 $P_1 = 20$ kN，重心在梁的中点，跑车和起吊重物重力大小 $P_2 = 60$ kN，每个拱架重力大小 $P_3 = 60$ kN，重心在点 D、E，恰好与吊车梁的轨道在同一铅垂线上，风力 $F = 10$ kN。求当跑车位于图示位置时，固定铰支座 A 和 B 的约束力。

题 4-37 图

题 4-38 图

4-39　题 4-39 图所示构架中，绳索绕过滑轮 E，一端挂重量 $P = 1200$ N 的重物，一端水平系在墙上，不计杆和滑轮的重量。求支座 A 和 B 处的约束力和杆 BD 所受的力。

4-40　在题 4-40 图所示构架中，不计杆重，已知载荷 $F = 60$ kN。求支座 A、E 的约束力及杆 BD、BC 所受的力。

题 4-39 图

题 4-40 图

4-41　题 4-41 图所示组合结构中，已知 $F_1 = 6$ kN，$F_2 = 4$ kN，$F_3 = 7$ kN。不计杆的自重，求杆 1、2、3 所受的力。

题 4-41 图

4-42 题4-42图所示结构由 T 形杆 ABC、直角折杆 DE、杆 CD 和滑轮 O 组成，滑轮半径 $r=a$，$OC=OD$，杆和滑轮的重量不计。在铰链 D 处作用一铅垂力 F，一绳索绕过滑轮，一端挂重量 $P=2F$ 的重物，一端系在杆 BC 上。求固定端 A 及支座 E 的约束力。

题 4-42 图

4-43 题4-43图所示构架由直角折杆 AB 和杆 BC、CD 组成，各杆自重不计，在销钉 B 上作用一铅垂力 F，q、a、M 已知，且 $M=qa^2$。求固定端 A 的约束力及销钉 B 对杆 BC、AB 的作用力。

4-44 在题4-44图所示空间构架中，A、B、C、D 均为球铰，杆的重量不计。已知挂在 D 处的重物重 $P=10$ kN，求铰链 A、B、C 的约束力。

题 4-43 图 　　　　　　　题 4-44 图

4-45 题4-45图所示三脚架的三只脚 AD、BD、CD 与水平面 ABC 的夹角均为 $60°$，且 $AB=BC=AC$，绳索绕过 D 处的滑轮由绞车 E 牵引将重为 P 的物体吊起。绞车位于 $\angle ACB$ 的角平分线 y 轴上，绳索 DE 与水平面的夹角为 $60°$。不计构件重量，当重物被匀速提升时，求各脚所受的力。

4-46 如题4-46图所示，均质圆盘重量为 P，用三条铅垂方向的绳索将其悬挂在水平位置。求三条绳索所受的力。

题 4-45 图

题 4-46 图

4-47　题 4-47 图所示为砂轮机。砂轮 C 直径 $d_1 = 400$ mm，受切向力 F_z 和水平力 F_x 作用，已知 $F_z = 200$ N，$F_x = 3F_z$。皮带轮 D 的直径 $d_2 = 100$ mm，皮带拉力 F_{T1}，F_{T2} 在垂直于 y 轴的平面内，与水平线的夹角均为 $\theta = 30°$，且 $F_{T1} = 2F_{T2}$。求平衡时皮带的拉力和轴承 A、B 的约束力。

4-48　题 4-48 图所示空间桁架由六个杆组成。在节点 A 作用一 $F = 10$ kN 的力，该力在结构的对称面、矩形 $ABCD$ 内。$\triangle AEH$ 和 $\triangle BGI$ 为全等的等腰直角三角形。求各杆的内力。

题 4-47 图

题 4-48 图

4-49　题 4-49 图所示水平板用 6 个杆支撑，在板角受铅垂力 F 作用。不计构件自重，求各杆的内力。

4-50　题 4-50 图所示边长为 $a = 1$ m 的水平等边三角形板 ABC 用 6 根杆支撑，杆 1、2、3 为铅垂杆，杆 4、5、6 与水平面成 30° 角。板面作用一矩为 $M = 9$ kN·m 的力偶，在点 A 处沿 AB 方向作用一大小为 $F = 6$ kN 的力。构件自重不计，求各杆内力。

题 4-49 图

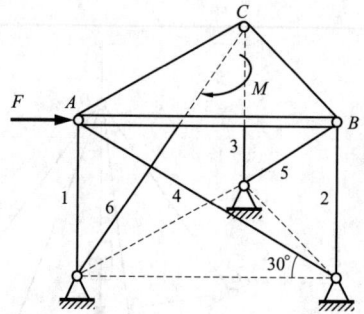

题 4-50 图

4-51 题 4-51 图所示为减速机构。动力由 Ⅰ 轴输入，作用在该轴上的力偶矩为 $M=697$ N·m。齿轮的压力角为 $\alpha=20°$，节圆直径为 $D_1=160$ mm，$D_2=632$ mm，$D_3=204$ mm。求 Ⅱ 轴两端轴承 A 和 B 的约束力。

4-52 题 4-52 图所示结构由杆 AB 和 CD、绳索 BE、BG 和 BH 等组成，A 处为球铰。杆 CD 在绳索 BG 和 BH 的对称面内，点 G 和 H 在水平面内。已知 $F=20$ kN，不计构件自重，求绳索 BG 和 BH 的拉力及球铰 A 处的约束力。

题 4-51 图

题 4-52 图

4-53 如题 4-53 图所示，空间桁架的节点位于正方体的顶点处，球铰 B、L 和 H 固定。在节点 D 沿 LD 方向作用力 F，在节点 C 沿 CH 作用力 F_C。求各杆的内力。

4-54 题 4-54 图所示均质杆 AB 重 $P=200$ N，A 端用球铰链与地面相连，B 端靠在光滑的墙上，并用绳索 BC 拉住。已知 $\theta=60°$，$a=0.8$ m，$b=0.3$ m，$c=0.4$ m，求杆 AB 所受的约束力。

題 4 - 53 图　　　　　　　　　　題 4 - 54 图

4 - 55　題 4 - 55 图所示桁架 $ABCD$ 为正方形。求杆 1、2 和 3 的内力。

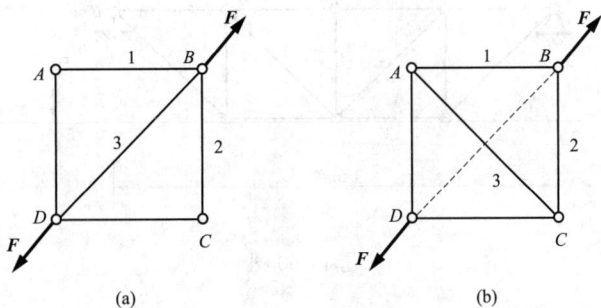

(a)　　　　　　　　　　　　　(b)

題 4 - 55 图

4 - 56　求題 4 - 56 图所示桁架杆 1、2 和 3 的内力。

4 - 57　求題 4 - 57 图所示桁架杆 1、2 和 3 的内力。

題 4 - 56 图　　　　　　　　　　題 4 - 57 图

4 - 58　題 4 - 58 图所示桁架各杆长度相等，求各杆的内力。

4 - 59　求題 4 - 59 图所示桁架各杆的内力。

题 4 - 58 图

题 4 - 59 图

4 - 60　求题 4 - 60 图所示桁架杆 1、2 和 3 的内力。

题 4 - 60 图

4 - 61　求题 4 - 61 图所示桁架各杆的内力。已知 $AC=DC$，$HJ=BJ$。

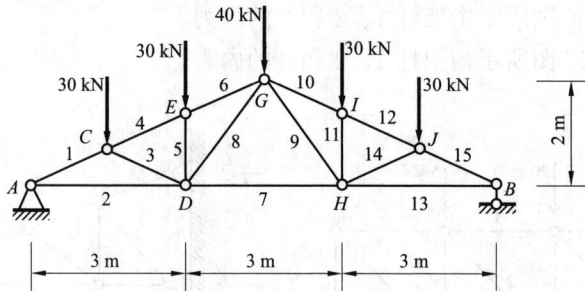

题 4 - 61 图

4 - 62　题 4 - 62 图所示桁架中，ABC 为等边三角形。求杆 CD 的内力。

4 - 63　用截面法求题 4 - 63 图所示桁架中杆 1 和 4 的内力。

4 - 64　如题 4 - 64 图所示，半径为 $r=250$ mm 的制动轮装在轴上，在轴上作用一矩为 $M=1000$ N•m 的力偶，制动轮与制动块间的静摩擦因数 $f_s=0.25$。制动时，制动块对制动轮的压力 F_N 至少应为多少？

题 4 - 62 图

题 4 - 63 图

题 4 - 64 图

4 - 65 　如题 4 - 65 图所示，重为 $P = 1000$ N 的物体放在倾角为 $\alpha = 30°$ 的斜面上，物体与斜面间的静摩擦因数 f_s 和动摩擦因数 f 均为 0.2，在物体上作用一 $F = 1000$ N 的水平力。求物体与斜面间的摩擦力。

4 - 66 　如题 4 - 66 图所示，两物块 A 和 B 重叠放在地面上。物块 A 重 1000 N，B 重 2000 N，物块 A 与 B 之间的静摩擦因数 $f_{s1} = 0.5$，B 与地面间的静摩擦因数 $f_{s2} = 0.2$，在物块 A 的上方作用一斜方向的力 $F = 600$ N。求物块的运动状态。

4 - 67 　如题 4 - 67 图所示，铅直面内的匀质杆 AB 靠在墙上，处于临界平衡状态。杆与接触面间的静摩擦因数 f_s 相同，求静摩擦因数 f_s。

题 4 - 65 图

题 4 - 66 图

题 4 - 67 图

4 - 68 　如题 4 - 68 图所示，重为 $P = 400$ N、直径 $d = 250$ mm 的金属棒料置于 V 形槽中，受力偶 M 作用。当 $M = 15$ N·m 时，棒料处于临界平衡状态。不计滚动摩阻，求棒料与 V 形槽的静摩擦因数 f_s。

4 - 69 　砖夹由杆件 AGB 和 GCED 在点 G 铰接组成，尺寸如题 4 - 69 图所示。砖重为

P，提砖的合力 F 作用在 4 块砖的对称面上。如砖夹与砖之间的静摩擦因数 $f_s=0.5$，求距离 b 为多少才能将砖夹起（b 是点 G 到砖块上所受正压力作用线的距离）。

题 4-68 图

题 4-69 图

4-70　如题 4-70 图所示，摇臂钻床的衬套在铅垂力 F 的作用下，沿铅垂轴滑动。已知 $b=225$ mm，静摩擦因数 $f_s=0.1$，不计构件自重，求能保持滑动的衬套高度 h。

4-71　题 4-71 图所示系统由杆 AD 和 CB 在 B 处用套筒式滑块连接，在杆 AD 上作用一矩为 $M_A=40$ N·m 的力偶，滑块和杆 AD 间的静摩擦因数 $f_s=0.3$。不计构件自重，求保持系统平衡时的力偶矩 M_C 的范围。

题 4-70 图

题 4-71 图

4-72　题 4-72 图所示为尖劈顶重装置（根据板块构造学说，太平洋板块向亚洲大陆斜插下去，在计算太平洋板块所需的力时，可采取该模型）。设 F'、α、物块 A 与尖劈 B 间的静摩擦因数 f_s（其他有滚珠处表示光滑）已知，物块与尖劈的重量不计，求使系统保持平衡的力 F 值。

4-73　题 4-73 图所示均质杆 AB 重为 P，A 端用球铰链与地面相连，B 端靠在墙上，杆与墙的静摩擦因数为 f_s。求 OB 与 z 轴的偏角 α 为多少时，杆 AB 开始滑动。

题 4 - 72 图　　　　　　　　　题 4 - 73 图

习题 4　参考答案

4 - 1　(1) × (2) √ (3) √ (4) √ (5) × (6) × (7) × (8) ×

4 - 2　(1) $\dfrac{\sqrt{2}}{2}F$，$\dfrac{\sqrt{2}}{2}F$　(2) 10 N，10 N　(3) (a) 8，(b) 3　(4) 11.4，16　(5) 10

4 - 3　$F_{\min} = 15$ kN

4 - 4　(a) $F_{AB} = 21.28$ kN，$F_{AC} = -7.28$ kN；(b) $F_{AB} = 10$ kN，$F_{AC} = -17.32$ kN

4 - 5　80 kN

4 - 6　$F_{Dy} = \dfrac{F}{2}\cot\alpha = 5.72$ kN

4 - 7　$F_A = 133.3$ N，$F_B = 166.7$ N，$F_C = 133.3$ N，$F_D = 200$ N

4 - 8　$F_{AB} = 54.64$ kN，$F_{CB} = 74.64$ kN

4 - 9　(a) $F_A = F_B = \dfrac{M}{l}$；(b) $F_A = F_B = \dfrac{M}{l\cos\alpha}$

4 - 10　$F_A = F_B = 750$ N

4 - 11　$F_A = \dfrac{\sqrt{2}M}{l}$

4 - 12　$F_A = F_D = 8$ N，$M_2 = 1.7$ N·m

4 - 13　$F_{Ax} = 9.81$ kN，$F_{Ay} = -7$ kN，$F_B = 19.63$ kN

4 - 14　$\alpha = 30°$

4 - 15　$F_{Ax} = \dfrac{1}{2H}(2Pa + Fh - 2FH)$，$F_{Ay} = \dfrac{1}{l}(Pl - Fh)$，$F_{Bx} = -\dfrac{1}{2H}(2Pa + Fh)$，$F_{By} = \dfrac{1}{l}(Pl + Fh)$，$F_{Cx} = \dfrac{1}{2H}(2Pa + Fh)$，$F_{Cy} = \dfrac{Fh}{l}$

4 - 16　(a) $F_{Ax} = -\dfrac{F}{2}$，$F_{Ay} = \dfrac{\sqrt{3}}{4}F$，$F_B = \dfrac{\sqrt{3}}{4}F$；(b) $F_{Ax} = \dfrac{4\sqrt{3}}{9}F$，$F_{Ay} = \dfrac{5}{3}F$，

$F_B = \dfrac{9\sqrt{3}}{8}F$；(c) $F_A = -\dfrac{3}{2}F$，$F_B = \dfrac{5}{2}F$

4-17　$F_A = 63.22$ kN，$F_B = 88.74$ kN，$F_C = 30$ kN

4-18　$F_B = 3.75$ kN，$F_C = -0.25$ kN

4-19　$F_{Ax} = 4000$ kN，$F_{Ay} = 60$ kN，$M_A = 1467$ kN·m

4-20　$F_{Ax} = 1.07$ kN，$F_{Ay} = 7.07$ kN，$M_A = 5.93$ kN·m

4-21　$P_2 = 333.3$ kN，$x = 6.75$ m

4-22　$F_{Ax} = 1.33$ kN，$F_{Ay} = 3.67$ kN，$F_B = 3.30$ kN

4-23　$F_{Ax} = 0$，$F_{Ay} = \dfrac{F}{2}$，$M_A = 0.25Fl$

4-24　$F_A = 18$ kN，$F_B = 26$ kN

4-25　(a) $F_{Ay} = ql$，$M_A = \dfrac{ql^2}{2}$，其余约束力为 0；(b) $F_{Ax} = 0$，$F_{Ay} = \dfrac{ql}{2}$，$F_B = \dfrac{ql}{2}$，$F_{Cx} = 0$，$F_{Cy} = \dfrac{ql}{2}$，$M_A = \dfrac{ql^2}{2}$；(c) $F_{Ax} = 0$，$F_{Ay} = \dfrac{M}{2l}$，$M_A = -M$，$F_B = -\dfrac{M}{2l}$，$F_{Cx} = 0$，$F_{Cy} = \dfrac{M}{2l}$；

(d) $F_{Ax} = \dfrac{qa}{2}\tan\theta$，$F_{Ay} = \dfrac{qa}{2}$，$M_A = \dfrac{qa^2}{2}$，$F_B = \dfrac{qa}{2\cos\theta}$，$F_{Cx} = \dfrac{qa}{2}\tan\theta$，$F_{Cy} = \dfrac{qa}{2}$

4-26　$F_{Ax} = 0$，$F_{Ay} = 20$ kN，$M_A = 60$ kN·m，$F_{Bx} = 0$，$F_{By} = 10$ kN，$F_C = 10$ kN

4-27　$F_{Ax} = 0$，$F_{Ay} = -20$ kN，$F_{Bx} = 0$，$F_{By} = 70$ kN，$F_D = 10$ kN

4-28　$F_{Ax} = 0$，$F_{Ay} = -48.33$ kN，$F_B = 100$ kN，$F_D = 8.33$ kN

4-29　$F_{Ax} = -8$ kN，$F_{Ay} = 2$ kN，$M_A = 12$ kN·m，$F_C = 4$ kN

4-30　$F_{Ay} = F_{By} = qa$，$F_{Ax} = -F_{Bx} = \dfrac{qa^2}{2h}$

4-31　$F_{Ax} = 20$ kN，$F_{Ay} = 70$ kN，$F_{Bx} = -20$ kN，$F_{By} = 50$ kN

4-32　$F_{Cx} = \dfrac{P(l+r)}{l}$，$F_{Cy} = 2P$

4-33　$F_{Ax} = 7$ kN，$F_{Ay} = -4$ kN，$F_{Dx} = -7$ kN，$F_{Dy} = 8$ kN

4-34　$M = 70.36$ N·m

4-35　$F_{Ax} = F$，$F_{Ay} = F$，$F_{Bx} = -F$，$F_{By} = 0$，$F_{Dx} = 2F$，$F_{Dy} = F$

4-36　$F_{Ax} = -70$ kN，$F_{Ay} = 30$ kN，$F_{CE} = -70.71$ kN，$F_{Gx} = 50$ kN，$F_{Gy} = 10$ kN

4-37　$F_{Ax} = 0$，$F_{Ay} = 15.10$ kN，$M_A = 68.40$ kN·m，$F_{Bx} = -22.80$ kN，$F_{By} = -17.85$ kN，$F_{Cx} = 22.80$ kN，$F_{Cy} = 4.55$ kN

4-38　$F_{Ax} = 12.5$ kN，$F_{Ay} = 106$ kN，$F_{Bx} = -22.5$ kN，$F_{By} = 22.5$ kN

4-39　$F_{Ax} = 1200$ N，$F_{Ay} = 150$ N，$F_B = 1050$ N，$F_{BD} = -1500$ N

4-40　$F_{Ax} = -60$ kN，$F_{Ay} = 30$ kN，$F_{Ex} = 60$ kN，$F_{Ey} = 30$ kN，$F_{BD} = -100$ kN，$F_{BC} = 50$ kN

4-41　$F_{GA} = 14.58$ kN，$F_{GD} = -8.75$ kN，$F_{GH} = 11.67$ kN

4-42　$F_{Ax} = F - 6qa$，$F_{Ay} = 2F$，$M_A = 5Fa + 18qa^2$，$F_E = \sqrt{2}F$

4-43　$F_{Ax}=-qa$，$F_{Ay}=P+qa$，$M_A=Pa+qa^2$，$F_{BAx}=\dfrac{qa}{2}$，$F_{BAy}=P+qa$，

$F_{BCx}=-\dfrac{qa}{2}$，$F_{BCy}=qa$

4-44　$F_A=F_B=26.39\ \text{kN}$，$F_C=33.46\ \text{kN}$

4-45　$F_A=F_B=31.55\ \text{kN}$，$F_C=1.55\ \text{kN}$

4-46　$F_A=0.2113P$，$F_B=0.3660P$，$F_C=0.4226P$

4-47　$F_1=800\ \text{N}$，$F_2=1600\ \text{N}$，$F_{Ax}=-107.2\ \text{N}$，$F_{Az}=-133.3\ \text{N}$，$F_{Bx}=$ 2571.3N，$F_{Bz}=466.7\ \text{N}$

4-48　$F_1=F_2=-5\ \text{kN}$，$F_3=-7.07\ \text{kN}$，$F_4=F_5=5\ \text{kN}$，$F_6=-10\ \text{kN}$

4-49　$F_1=-F$，$F_2=0$，$F_3=F$，$F_4=0$，$F_5=-F$，$F_6=0$

4-50　$F_1=-2.54\ \text{kN}$，$F_2=-6\ \text{kN}$，$F_3=-6\ \text{kN}$，$F_4=5.07\ \text{kN}$，$F_5=12\ \text{kN}$，$F_6=12\ \text{kN}$

4-51　$F_{Ax}=1.029\ \text{kN}$，$F_{Az}=15.91\ \text{kN}$，$F_{Bx}=5.624\ \text{kN}$，$F_{Bz}=19.79\ \text{kN}$

4-52　$F_{Ax}=0$，$F_{Ay}=20\ \text{kN}$，$F_{Az}=69\ \text{kN}$，$F_G=F_H=28.3\ \text{kN}$

4-53　$F_1=F_D$，$F_2=-\sqrt{2}F_D$，$F_3=-\sqrt{2}F_D$，$F_4=\sqrt{6}F_D$，$F_5=-(F+\sqrt{2}F_D)$，$F_6=F_D$

4-54　$F_{Ax}=32.62\ \text{kN}$，$F_{Ay}=-86.99\ \text{kN}$，$F_{Az}=287.0\ \text{kN}$，$F_{BC}=65.24\ \text{kN}$，$F_{NB}=86.99\ \text{kN}$

4-55　(a) $F_1=F_2=0$，$F_3=F$；(b) $F_1=F_2=\dfrac{\sqrt{2}}{2}F$，$F_3=-F$

4-56　$F_1=-20\ \text{kN}$，$F_2=14.14\ \text{kN}$，$F_3=10\ \text{kN}$

4-57　$F_1=-5.33F$，$F_2=2F$，$F_3=-1.67F$

4-58　$F_1=-69.28\ \text{kN}=F_7$，$F_2=34.64\ \text{kN}=F_6$，$F_3=23.09\ \text{kN}=F_5$，$F_4=$ 46.19 kN

4-59　$F_1=-25.98\ \text{kN}$，$F_2=12.99\ \text{kN}$，$F_3=17.32\ \text{kN}$，$F_4=-25\ \text{kN}$，$F_5=-17.32\ \text{kN}$，$F_6=30.31\ \text{kN}$，$F_7=-35\ \text{kN}$

4-60　$F_1=-125\ \text{kN}$，$F_2=53\ \text{kN}$，$F_3=87.5\ \text{kN}$

4-61　$F_1=-196.98\ \text{kN}$，$F_2=180\ \text{kN}$，$F_3=-36.93\ \text{kN}$，$F_4=-160.05\ \text{kN}$，$F_5=-30\ \text{kN}$，$F_6=-160.05\ \text{kN}$，$F_7=112.50\ \text{kN}$，$F_8=56.25\ \text{kN}$，对称杆的内力相同

4-62　$F_{CD}=-\dfrac{\sqrt{3}}{2}F=-0.866F$

4-63　$F_1=\dfrac{h}{a}F$，$F_4=-\dfrac{h}{a}F$

4-64　$F_N=8000\text{N}$

4-65　$F_s=266.0\text{N}$，静止

4-66　$F_s=520\text{N}$，A 和 B 均静止

4 - 67 $f_s = 0.414$

4 - 68 $f_s = 0.223$

4 - 69 $b = 95$ mm

4 - 70 $h = 45$ mm

4 - 71 49.61 N·m $\leqslant M_C \leqslant 70.39$ N·m

4 - 72 $\dfrac{\sin\alpha - f_s\cos\alpha}{\cos\alpha + f_s\sin\alpha}F' \leqslant F \leqslant \dfrac{\sin\alpha + f_s\cos\alpha}{\cos\alpha - f_s\sin\alpha}F'$

4 - 73 $\tan\alpha = \dfrac{f_s a}{\sqrt{l^2 - a^2}}$

第二篇 运 动 学

在静力学中我们研究了物体的平衡规律。如果作用在物体上的力系不平衡，物体的运动状态将发生变化。物体在力的作用下的运动规律较之平衡规律要复杂得多，所以将其分为运动学和动力学两部分来研究。本篇仅研究物体运动的几何性质（轨迹、运动方程、速度和加速度等），而不涉及物体的受力和惯性。**在动力学中，再讨论物体受力与其运动状态变化间的关系。因此，运动学是研究物体运动的几何性质的科学。**

运动学不仅是学习动力学的基础，而且它有独立的意义，能为设计机构进行必要的运动分析。

在运动学研究中，通常将物体抽象为点和刚体两种模型。点的运动形式主要有直线运动和曲线运动。刚体有平移、定轴转动、平面运动、定点运动和一般运动五种运动形式。本书将详细介绍前三种运动形式。

研究一个物体的机械运动时，必须选取另一个物体作为参考，这个参考的物体称为参考体。与参考体固连的坐标系称为**参考系**。参考系的选择是任意的。描述同一物体的运动时，选取不同的参考系可以得到不同的结果。一般工程问题中，都选取与地面固连的坐标系为参考系。本书中如不特殊说明，选用的坐标系均固连于地面。

第 5 章 运 动 学 基 础

本章研究点的运动学和刚体的基本运动（刚体的平移和定轴转动）。点的运动学主要研究点在某一个参考系中几何位置随时间变动的规律，介绍描述点运动的三种方法：矢量法、直角坐标法和自然坐标法。刚体的基本运动既研究刚体的整体运动性质，也研究刚体上点的运动性质。

5.1 描述点运动的矢量法

1. 矢量描述点的运动方程

如图 5-1 所示的参考系 $Oxyz$ 中，点 M 沿三维曲线作变速运动，为了确定点 M 的位置，从点 O 向点 M 作矢量 r，称为点 M 对原点 O 的**位置矢量**，简称矢径。当点 M 运动时，矢径 r 随时间而变化，并且是时间的单值连续函数

$$r = r(t) \tag{5-1}$$

方程（5-1）称为点 M 的**矢量形式的运动方程**。

图 5-1

点 M 在运动过程中，其矢径 r 的末端描绘出一条连续曲线，称为矢端曲线。矢径 r 的矢端曲线就是点 M 的**运动轨迹**。

2. 矢量描述点的运动速度

设点 M 经过 Δt 达到点 M'，矢径由 r 变为 r'，在时间间隔 Δt 内矢径 r 的变化量为

$$r' - r = \Delta r \tag{5-2}$$

它表示在时间间隔 Δt 内点的位置矢量的改变，称为点在 Δt 时间内的**位移**。

点的速度等于它的矢径 r 对时间的一阶矢导数，即

$$v = \lim_{\Delta t \to 0} \frac{\Delta r}{\Delta t} = \frac{\mathrm{d}r}{\mathrm{d}t} = \dot{r} \tag{5-3}$$

如图 5-2 所示，点的瞬时速度 v 是描述点在该瞬时运动快慢和方向的物理量。速度方向是 v 沿运动轨迹切线方向指向点运动的方向，国际单位制中速度的单位是 m/s。

3. 矢量描述点的加速度

点的加速度矢等于该点的速度矢对时间的一阶导数，矢径对时间的二阶导数，即

$$a = \lim_{\Delta t \to 0} \frac{\Delta v}{\Delta t} = \frac{\mathrm{d}v}{\mathrm{d}t} = \frac{\mathrm{d}^2 r}{\mathrm{d}t^2} \tag{5-4}$$

点的瞬时加速度矢 a 是描述点在该瞬时速度 v 大小和方向变化率的物理量，其方向为 Δv 的极限方向，国际单位制中加速度的单位是 $\mathrm{m/s}^2$。

如图 5-3 所示，在空间任意取一点 O，将点 M 在连续不同瞬时的速度矢 v、v'、v'' 等都平行地移到点 O，连接各矢量的端点 M、M'、M''，就构成了矢量 v 端点的连续曲线，称为**速度矢端曲线**，点的加速度矢 a 的方向与速度矢端曲线在相应点 M 的切线方向相平行。

图 5-2

图 5-3

5.2　描述点运动的直角坐标法

1. 直角坐标描述点的运动方程

如图 5-2 所示，在直角坐标系 $Oxyz$ 中，点 M 在任意瞬时的空间位置可以用它的三个直角坐标 x、y、z 表示。直角坐标都是时间的单值连续函数，即

$$x = f_1(t), \quad y = f_2(t), \quad z = f_3(t) \tag{5-5}$$

此即直角坐标描述的点的运动方程。从式（5-5）消去时间 t，可得点的运动轨迹。

式（5-5）表明，描述空间不受任何约束的点的位置需要三个独立的变量，所以这样的

点有三个自由度。

2. 直角坐标法描述点的速度

在直角坐标系中，由矢量代数有

$$r = xi + yj + zk \tag{5-6}$$

因为 i、j 和 k 为常矢量，将式（5-6）对时间求一阶导数，得

$$v = \frac{dr}{dt} = \frac{dx}{dt}i + \frac{dy}{dt}j + \frac{dz}{dt}k \tag{5-7}$$

该式表明，点的速度在直角坐标轴上的投影等于点的对应坐标对时间的一阶导数。

3. 直角坐标描述点的加速度

将式（5-7）对时间求一次导数，得到加速度的表达式

$$a = \frac{d^2 x}{dt^2}i + \frac{d^2 y}{dt^2}j + \frac{d^2 z}{dt^2}k \tag{5-8}$$

该式表明，点的加速度在直角坐标轴上的投影等于点的速度在直角坐标轴上的投影对时间的一阶导数，也等于点的各对应坐标对时间的二阶导数。

5.3　自然坐标法描述点的运动

1. 自然坐标法描述点的运动方程

如图 5-4 所示，若点 M 的运动轨迹已知，则可用轨迹上随时间 t 变化的一段弧长 s 来描述点的运动，s 称为**弧坐标**。在轨迹上任选一点 O 为参考点，并设点 O 的某一侧为正向；点 M 在轨迹上的位置由弧长确定，弧长 s 为代数量，称它为动点 M 在轨迹上的**弧坐标**。

当点 M 运动时，s 随着时间变化，它是时间的单值连续函数

$$s = f(t) \tag{5-9}$$

式（5-9）称为点用弧坐标描述的**运动方程**。

2. 密切面、自然轴系

如图 5-5 所示，在点的运动轨迹曲线上取极为接近的点 M 和点 M_1，其间弧长为 Δs，这两点切线的单位矢量分别为 τ 和 τ_1，指向与自然坐标正向一致。将 τ_1 平移至点 M，则 τ 和 τ_1 决定一平面。令点 M_1 无限趋近于点 M，则此平面趋近某一极限位置，此极限平面称为曲线在点 M 的**密切面**。

图 5-5

图 5-4

过点 M 并与切线垂直的平面称为法平面。法平面与密切面的交线称为**主法线**。令主法线的单位矢量为 n，指向曲线内凹一侧。过点 M 且垂直于切线及主法线的直线称为**副法线**。其单位矢量为 b，指向与 τ、n 构成右手系

$$b = \tau \times n$$

以点 M 为原点，以切线、主法线和副法线为坐标轴组成的正交坐标系称为曲线在点 M 的**自然坐标系**，这三个轴称为自然轴。随点 M 在轨迹上运动，τ、b、n 的方向也在不断变动，自然坐标系是沿曲线变动的游动坐标系，因此，τ、b、n 都是随着点的位置而变化的变矢量。

在曲线运动中，轨迹的曲率或曲率半径是一个重要的参数，它表示曲线的弯曲程度。

如图 5-6 所示，设点 M 处曲线切向单位矢量为 τ，点 M' 处单位矢量为 τ'。点 M 沿轨迹经过弧长 Δs 到点 M'，而切线经过 MM' 转过的角度为 $\Delta \varphi$。**曲率定义为曲线切线的转角对弧长一阶导数的绝对值。曲率的倒数称为曲率半径**，如曲率半径以 ρ 表示，则

$$\frac{1}{\rho} = \lim_{\Delta s \to 0} \left| \frac{\Delta \varphi}{\Delta s} \right| = \frac{\mathrm{d}\varphi}{\mathrm{d}s} \tag{5-10}$$

当 Δs 为正时，点 M 沿切向 $\Delta \tau$ 的正方向运动，指向轨迹为凹一侧；Δs 为负时，$\Delta \tau$ 指向轨迹外凸一侧，因此有

$$\frac{\mathrm{d}\tau}{\mathrm{d}s} = \lim_{\Delta s \to 0} \frac{\Delta \tau}{\Delta s} = \lim_{\Delta s \to 0} \frac{\Delta \varphi}{\Delta s} n = \frac{1}{\rho} n \tag{5-11}$$

3. 自然坐标描述点的速度

如图 5-7 所示，将点的速度 v 用在切线轴上的投影 v_t 与该轴单位矢量 τ 表示为

$$v = v_t \tau \tag{5-12}$$

$$\left| \frac{\mathrm{d}r}{\mathrm{d}s} \right| = \lim_{\Delta \to 0} \left| \frac{\Delta r}{\Delta s} \right| = 1$$

图 5-6

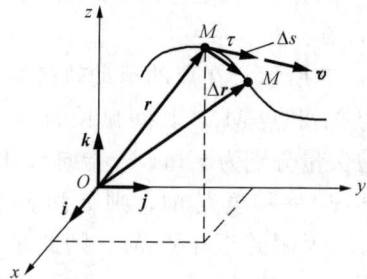

图 5-7

且 Δr 的极限方向与 τ 一致，故速度矢又可以写成

$$v = \frac{\mathrm{d}r}{\mathrm{d}t} = \frac{\mathrm{d}r}{\mathrm{d}s} \frac{\mathrm{d}s}{\mathrm{d}t} = \frac{\mathrm{d}s}{\mathrm{d}t} \tau \tag{5-13}$$

比较式（5-12）和式（5-13），得

$$v_t = \frac{\mathrm{d}s}{\mathrm{d}t} \tag{5-14}$$

此式表明，点的速度在切线轴上的投影等于弧坐标对时间的一阶导数。$\dfrac{\mathrm{d}s}{\mathrm{d}t}>0$，则 s 随时间增加而增大，点沿轨迹的正向运动；$\dfrac{\mathrm{d}s}{\mathrm{d}t}<0$，则点沿轨迹的负向运动。式（5-12）中，因为 $|\boldsymbol{v}|=|\boldsymbol{v}_{\mathrm{t}}|$，变单位矢 $\boldsymbol{\tau}$ 与 $\boldsymbol{v}$ 永远共线，所以 $v_{\mathrm{t}}\boldsymbol{\tau}$ 将 $\boldsymbol{v}$ 的大小和方向分开表示。这对于进一步分开研究这两方面的变化，即加速度有重要意义。所以式（5-12）可改写为

$$\boldsymbol{v}=v\boldsymbol{\tau}=\frac{\mathrm{d}s}{\mathrm{d}t}\boldsymbol{\tau} \tag{5-15}$$

4. 点的切向加速度和法向加速度

将式（5-15）对时间取一阶导数，注意到 $\boldsymbol{\tau}$ 与 v 都是变量，得

$$\boldsymbol{a}=\frac{\mathrm{d}\boldsymbol{v}}{\mathrm{d}t}=\frac{\mathrm{d}v}{\mathrm{d}t}\boldsymbol{\tau}+v\frac{\mathrm{d}\boldsymbol{\tau}}{\mathrm{d}t} \tag{5-16}$$

令

$$\boldsymbol{a}_{\mathrm{t}}=\frac{\mathrm{d}v}{\mathrm{d}t}\boldsymbol{\tau} \tag{5-17}$$

它反应速度大小的变化，称为**切向加速度**，切向加速度反映点的速度值对时间的变化率。它的数值 $a_{\mathrm{t}}=\dfrac{\mathrm{d}v}{\mathrm{d}t}$，为速度的大小对时间的一阶导数，也是自然坐标对时间的二阶导数，方向沿着轨迹切线。如图 5-8（a）所示，当 $\dfrac{\mathrm{d}v}{\mathrm{d}t}>0$ 时，$\boldsymbol{a}_{\mathrm{t}}$ 指向轨迹的正向；如图 5-8（b）所示，当 $\dfrac{\mathrm{d}v}{\mathrm{d}t}<0$ 时，$\boldsymbol{a}_{\mathrm{t}}$ 指向轨迹的负向。v、a_{t} 的符号相同时，点作加速运动；v、a_{t} 的符号相反时，点作减速运动。

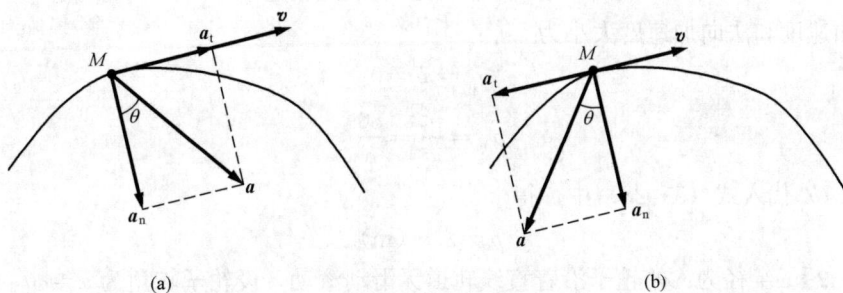

图 5-8

令

$$\boldsymbol{a}_{\mathrm{n}}=v\frac{\mathrm{d}\boldsymbol{\tau}}{\mathrm{d}t}=v\frac{\mathrm{d}\boldsymbol{\tau}}{\mathrm{d}s}\frac{\mathrm{d}s}{\mathrm{d}t}=\frac{v^2}{\rho}\boldsymbol{n} \tag{5-18}$$

它反应速度方向的变化，称为**法向加速度**。法向加速度反映点的速度方向变化的快慢程度，它的大小等于速度的平方除以曲率半径，它的方向沿着主法线方向，指向曲率中心。

将式（5-17）和式（5-18）代入式（5-16）中，有

$$\boldsymbol{a}=\boldsymbol{a}_{\mathrm{t}}+\boldsymbol{a}_{\mathrm{n}}=a_{\mathrm{t}}\boldsymbol{\tau}+a_{\mathrm{n}}\boldsymbol{n} \tag{5-19}$$

式中

$$a_t = \frac{dv}{dt}, \quad a_n = \frac{v^2}{\rho} \tag{5-20}$$

由于均在密切面内，因此全加速度也在密切面内。这表明加速度沿副法线方向上的分量为零，即

$$\boldsymbol{a}_b = 0 \tag{5-21}$$

全加速度的大小可由下式求出

$$a = \sqrt{a_t^2 + a_n^2} \tag{5-22}$$

它与法线间夹角的正切为

$$\tan\theta = \frac{a_t}{a_n} \tag{5-23}$$

【例 5-1】 已知点的运动方程由直角坐标描述为 $x = 2\sin 4t$，$y = 2\cos 4t$，$z = 4t$，单位为 m，求点运动轨迹的曲率半径 ρ。

解

(1) 求速度的大小。对每项坐标求导，获得点的速度沿 x、y、z 轴的投影分别为

$$\dot{x} = 8\cos 4t \quad \dot{y} = -8\sin 4t \quad \dot{z} = 4 \tag{5-24}$$

则点的速度大小为

$$v = \sqrt{\dot{x}^2 + \dot{y}^2 + \dot{z}^2} = \sqrt{80} \ (\text{m/s}) \tag{5-25}$$

(2) 求加速度的大小。式 (5-24) 分别对时间求导，得点的加速度沿 x、y、z 轴的投影分别为

$$\ddot{x} = -32\sin 4t \quad \ddot{y} = -32\cos 4t \quad \ddot{z} = 0 \tag{5-26}$$

则点的全加速度的大小为

$$a = \sqrt{\ddot{x}^2 + \ddot{y}^2 + \ddot{z}^2} = 32 \ (\text{m/s}^2) \tag{5-27}$$

点的切向加速度和法向加速度大小为

$$a_t = \dot{v} = 0$$
$$a_n = \frac{v^2}{\rho} = \frac{80}{\rho} \tag{5-28}$$

将式 (5-27) 代入式 (5-28) 中，得

$$\rho = 2.5 \ (\text{m})$$

【例 5-2】 半径为 r 的轮子沿着直线轨道无滑动滚动，设轮子转角为 $\varphi = \omega t$。用直角坐标和自然坐标表示轮缘上一点 M 的运动方程（见图 5-9），并求该点的速度、切向加速度和法向加速度。

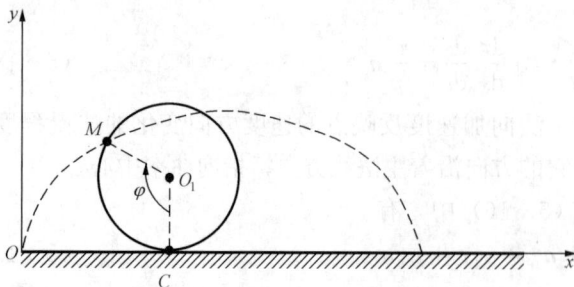

图 5-9

解

(1) 写出点的运动方程。取点 M 与直线轨道的接触点 O 为原点，建立直角坐标系 Oxy，当轮子转过 φ 角时，轮子与直线的接触点为 C，因为纯滚动，则自然坐标系中的运动方程为

$$s = OC = \overset{\frown}{MC} = r\varphi = r\omega t$$

直角坐标系中表示点 M 的运动方程为

$$\begin{cases} x = OC - O_1M\sin\varphi = r(\omega t - \sin\omega t) \\ y = O_1C - O_1M\cos\varphi = r(1 - \cos\omega t) \end{cases} \tag{5-29}$$

将式（5-29）简化，得直角坐标表示的点的运动方程

$$\begin{cases} x = r(\omega t - \sin\omega t) \\ y = r(1 - \cos\omega t) \end{cases} \tag{5-30}$$

　　（2）写出点的速度。将式（5-30）对时间求导，得点 M 的速度沿着坐标轴的投影

$$v_x = \dot{x} = r\omega(1 - \cos\omega t)$$
$$v_y = \dot{y} = r\omega\sin\omega t$$

点 M 的速度大小为

$$v = \sqrt{v_x^2 + v_y^2} = r\omega\sqrt{2 - 2\cos\omega t} = 2r\omega\sin\frac{\omega t}{2} \quad (0 \leqslant \omega t \leqslant 2\pi)$$

点 M 的速度方向为

$$\cos(\boldsymbol{v},\ \boldsymbol{i}) = \frac{v_x}{v} = \sin\frac{\omega t}{2}$$

$$\cos(\boldsymbol{v},\ \boldsymbol{j}) = \frac{v_y}{v} = \cos\frac{\omega t}{2}$$

　　（3）写出点的加速度。对速度求导，得到直角坐标的加速度投影为

$$a_x = \ddot{x} = r\omega^2\sin\omega t$$
$$a_y = \ddot{y} = r\omega^2\cos\omega t$$

点 M 的全加速度为

$$a = \sqrt{a_x^2 + a_y^2} = r\omega^2$$

点 M 的加速度方向

$$\cos(\boldsymbol{a},\ \boldsymbol{i}) = \frac{a_x}{a} = \sin\omega t$$

$$\cos(\boldsymbol{a},\ \boldsymbol{j}) = \frac{a_y}{a} = \cos\omega t$$

　　（4）求曲率半径 ρ。

$$a_{\text{t}} = \frac{\mathrm{d}v}{\mathrm{d}t} = \omega^2 r\cos\frac{\omega t}{2}$$

$$a_{\text{n}} = \sqrt{a^2 - a_{\text{t}}^2} = \omega^2 r\sin\frac{\omega t}{2}$$

由

$$a_{\text{n}} = \frac{v^2}{\rho}$$

得

$$\rho = \frac{v^2}{a_{\text{n}}} = \frac{4r^2\omega^2\sin^2\dfrac{\omega t}{2}}{r\omega^2\sin\dfrac{\omega t}{2}} = 4r\sin\frac{\omega t}{2}$$

5.4 刚 体 平 移

直马路上前进的汽车（见图 5-10）、送料机构（见图 5-11）和筛分机构（见图 5-12）等都是刚体平移的实例。

图 5-10   图 5-11   图 5-12

其运动特点是**在刚体内任取一条直线段，在运动过程中这条直线段始终与它的最初位置平行，这种运动称为平行移动，简称平移。**

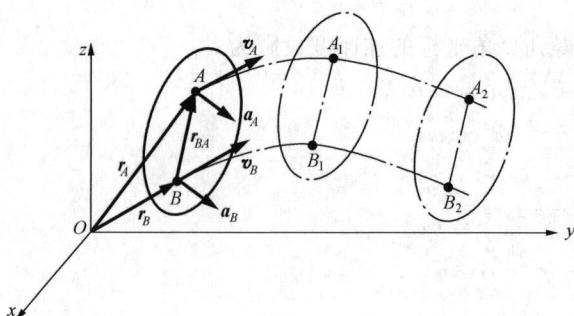

图 5-13

图 5-13 所示的刚体建立直角坐标系，在刚体上任取两点 A 和 B，令点 A 的矢径为 r_A，点 B 的矢径为 r_B，有

$$r_A = r_B + r_{BA} \qquad (5-31)$$

其中：r_{BA} 是常矢量。式（5-31）说明矢径 r_A、r_B 相差一个常数，所以轨迹相同。

对式（5-31）求导，得

$$\frac{\mathrm{d}r_A}{\mathrm{d}t} = \frac{\mathrm{d}r_B}{\mathrm{d}t} + \frac{\mathrm{d}r_{BA}}{\mathrm{d}t}$$

因为

$$v_A = \frac{\mathrm{d}r_A}{\mathrm{d}t}, \quad v_B = \frac{\mathrm{d}r_B}{\mathrm{d}t}, \quad \frac{\mathrm{d}r_{BA}}{\mathrm{d}t} = 0$$

则

$$v_A = v_B \qquad (5-32)$$

式（5-32）再对时间求导，得

$$\frac{\mathrm{d}v_A}{\mathrm{d}t} = \frac{\mathrm{d}v_B}{\mathrm{d}t}$$

因为

$$a_A = \frac{\mathrm{d}v_A}{\mathrm{d}t}, \quad a_B = \frac{\mathrm{d}v_B}{\mathrm{d}t}$$

所以

$$a_A = a_B \qquad (5-33)$$

当刚体平移时，其上各点的轨迹形状相同，在每一瞬时，各点的速度和加速度相同。这样研究刚体平移就归结为研究刚体上任意一点的运动，即**一点的运动就可以代表整个刚体的运动**。

5.5 刚 体 定 轴 转 动

刚体运动时，如果其上有一条直线段保持不动，则称刚体作**定轴转动**。不动的直线段称为**转动轴**或**转轴**。

刚体定轴转动的运动形式大量存在于工程实际中，如齿轮、机床主轴和电动机轴等构件的运动。但有时转动轴不在刚体内部，如汽车转弯等。

1. 刚体绕定轴转动的运动方程

如图 5-14 所示，刚体绕轴转动，为确定转动刚体的位置，通过转轴作一个固定平面 Ⅰ，通过转轴再作一个动平面 Ⅱ，这个平面与刚体固结，一起转动。两个平面夹角用 φ 表示，称为刚体的转角，φ 是一个代数量，它确定刚体的位置，其符号满足右手法则。刚体转动时，转角 φ 是时间 t 的连续函数，即

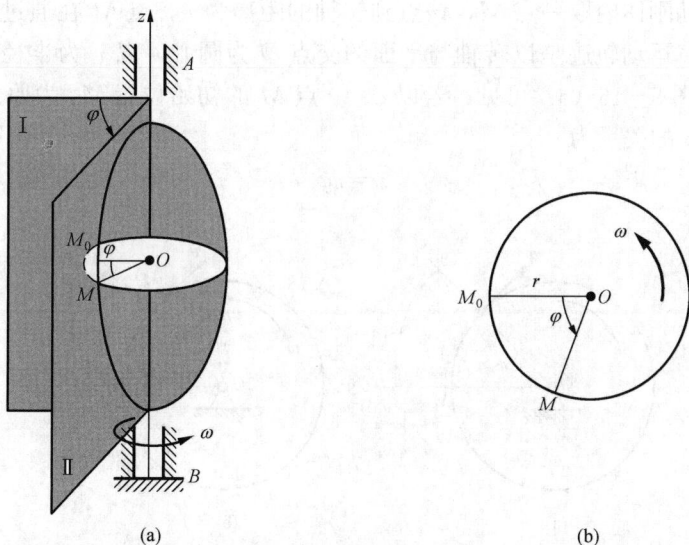

(a)　　　　　　　　　　(b)

图 5-14

$$\varphi = f(t) \tag{5-34}$$

这个方程称为刚体绕**定轴转动的运动方程**。定轴转动刚体具有一个自由度。

2. 转动角速度和角加速度

转角 φ 对时间的一阶导数称为刚体的瞬时**角速度**，并用字母 ω 表示，即

$$\omega = \frac{\mathrm{d}\varphi}{\mathrm{d}t} \tag{5-35}$$

式中　ω——刚体转动的快慢和转向，rad/s，是代数量。

角速度 ω 对时间的一阶导数称为刚体瞬时**角加速度**，即

$$\alpha = \frac{\mathrm{d}\omega}{\mathrm{d}t} = \frac{\mathrm{d}^2\varphi}{\mathrm{d}t^2} \tag{5-36}$$

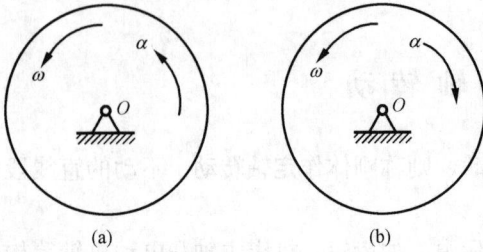

式中　α——刚体瞬时角加速度,表示角速度变化快慢,$\mathrm{rad/s^2}$,也是代数量。当 ω 与 α 同号时,加速转动,如图 5-15(a)所示;当 ω 与 α 异号时,减速转动,如图 5-15(b)所示。

(a)　　　　(b)

图 5-15

机器中的转动部件或零件,一般都在匀速转动的情况下工作。转动的快慢常用每分钟转数 n 来表示,其单位为 $\mathrm{r/min}$,称为**转速**。角速度 ω 与转速 n 的关系为

$$\omega = \frac{2\pi n}{60} = \frac{\pi n}{30} \tag{5-37}$$

其中,n 的单位为 $\mathrm{r/min}$,ω 的单位为 $\mathrm{rad/s}$。

3. 转动刚体内各点的速度和加速度

设在定轴转动刚体内取一点 M,该点到转轴的距离为 r。点 M 在通过该点并垂直于转轴的平面内运动,运动轨迹是以转轴与平面的交点 O 为圆心,以 r 为半径的圆周。当刚体转过角 φ 时,由图 5-16(a)可见,若以 $\varphi=0$ 点 M 的初始位置 M_0 为原点,则可得点 M 的弧坐标 s 与角 φ 的关系为

$$s = r\varphi \tag{5-38}$$

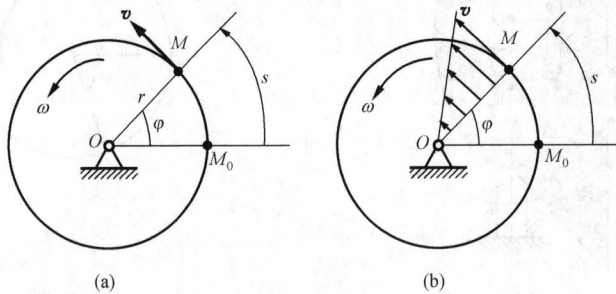

(a)　　　　　　　　(b)

图 5-16

在任一瞬时,由式(5-15)得点 M 的速度大小为

$$v = \frac{\mathrm{d}s}{\mathrm{d}t} = r\,\frac{\mathrm{d}\varphi}{\mathrm{d}t} = r\omega \tag{5-39}$$

方向沿轨迹的切线,即垂直于 OM,指向与角速度 ω 的转向一致,如图 5-16(a)所示。

由式(5-20)可得转动刚体内点 M 的切向加速度的大小为

$$a_{\mathrm{t}} = \frac{\mathrm{d}v}{\mathrm{d}t} = r\,\frac{\mathrm{d}\omega}{\mathrm{d}t} = r\alpha \tag{5-40}$$

方向垂直于 OM,指向与角加速度 α 的转向一致。

同样,由式(5-20)可得转动刚体内点 M 的法向加速度的大小为

$$a_n = \frac{v^2}{\rho} = \frac{(r\omega)^2}{r} = r\omega^2 \qquad (5-41)$$

方向沿 MO，始终指向转轴 O。

由式（5-22）得点 M 的全加速度 a 的大小为

$$a = \sqrt{a_t^2 + a_n^2} = \sqrt{r^2\alpha^2 + r^2\omega^4} = r\sqrt{\alpha^2 + \omega^4} \qquad (5-42)$$

由式（5-23）得点 M 的加速度 a 与法线的夹角为

$$\tan\theta = \frac{a_t}{a_n} = \frac{\alpha}{\omega^2} \qquad (5-43)$$

如图 5-17（a）所示，ω 与 α 同号，刚体作加速转动，a_t、v 指向相同；如图 5-17（b）所示，ω 与 α 异号，刚体作减速转动，a_t、v 指向相反。每个瞬时，刚体的 ω 与 α 有一个确定的数值。由式（5-19）～式（5-42）可知：任意瞬时，转动刚体内任一点的速度和加速度与该点到转轴的距离 r 成正比，速度分布如图 5-18（a）所示；由式（5-43）可知，刚体内任一点的全加速度 a 与半径 r 的夹角 θ 都相同且小于 90°，如图 5-18（b）所示。

图 5-17

图 5-18

【例 5-3】　如图 5-19 所示，荡木用两条等长的钢索平行吊起，钢索长为 l，长度单位为 m，当荡木摆动时，钢索的摆动规律为 $\varphi = \varphi_0 \sin\frac{\pi t}{4}$，$t$ 为时间，单位为 s，φ_0 单位为 rad，求：$t=0$ 和 $t=2$s 时，荡木中点 M 的速度和加速度。

解

O_1A、O_2B 平行且相等，所以 O_1ABO_2 为平行四边形，因此，荡木 AB 作平移，荡木上各点的速度和加速度相同，所以点 M 的速度和加速度可由点 A 计算。

图 5-19

以点 O 为原点建立弧坐标系，写出弧坐标为

$$s = l\varphi = l\varphi_0 \sin\frac{\pi}{4}t$$

$$v = \frac{ds}{dt} = \frac{\pi}{4}l\varphi_0 \cos\frac{\pi}{4}t$$

再求一次导，得切向加速度的大小为

$$a_t = \frac{dv}{dt} = -\frac{\pi^2}{16} l\varphi_0 \sin\frac{\pi}{4}t$$

而法向加速度为

$$a_n = \frac{v^2}{l} = \frac{\pi^2}{16} l\varphi_0^2 \cos^2\frac{\pi}{4}t$$

$t=0$ 时，$\varphi=0$，$v=\frac{\pi}{4}l\varphi_0$，$a_t=0$，$a_n=\frac{\pi^2}{16}l\varphi_0^2$；

$t=2\text{s}$ 时，$\varphi=\varphi_0$，$v=0$，$a_t=-\frac{\pi^2}{16}l\varphi_0$，$a_n=0$。

5.6 定轴转动刚体的矢量描述

5.5 节中把刚体的角速度和角加速度都看成标量，如果能够把刚体转动的角速度和角加速度以及刚体上一点的速度和加速度用矢量表示出来，会对以后讨论其他运动形式具有重要意义。

1. 角速度和角加速度的矢量表示法

定义**角速度矢**

$$\boldsymbol{\omega} = \omega \boldsymbol{k} \tag{5-44}$$

角速度矢方向沿转轴，它的指向表示刚体转动的方向，符合右手螺旋规则；角速度矢是滑动矢量，如图 5-20 所示。

定义**角加速度矢**

$$\boldsymbol{\alpha} = \alpha \boldsymbol{k} = \frac{d\omega}{dt}\boldsymbol{k} = \frac{d\boldsymbol{\omega}}{dt} \tag{5-45}$$

即角加速度矢为角速度矢对时间的一阶导数。

2. 刚体内各点的速度和加速度的矢积表示法

角速度和角加速度用矢量表示以后，可将刚体内的任一点 M 的速度、切向加速度和法向加速度表示成矢积形式。在轴线上任选一点 O 为原点，点 M 的矢径以 $\boldsymbol{r}$ 表示，如图 5-21 所

(a)

(b)

图 5-20

图 5-21

示。点 M 的速度 v 可以用角速度矢 $\boldsymbol{\omega}$ 与它的矢径 $\boldsymbol{r}$ 的矢量积表示，即

$$v = \boldsymbol{\omega} \times \boldsymbol{r} \tag{5-46}$$

证明 $\boldsymbol{\omega} \times \boldsymbol{r}$ 的方向垂直于 $\boldsymbol{\omega}$ 和 $\boldsymbol{r}$ 所确定的平面，和点 M 的速度方向一致。$|\boldsymbol{\omega} \times \boldsymbol{r}| = \omega r \sin\theta = \omega R$，和点 M 的速度大小相等，即**定轴转动的刚体上任一点的速度矢等于刚体的角速度矢与该点矢径的矢积**。与点的速度一样，也可以用矢积表示点的切向加速度和法向加速度。将式（5-46）对时间求导数，得

$$a = \frac{\mathrm{d}v}{\mathrm{d}t} = \frac{\mathrm{d}(\boldsymbol{\omega} \times \boldsymbol{r})}{\mathrm{d}t} = \frac{\mathrm{d}\boldsymbol{\omega}}{\mathrm{d}t} \times \boldsymbol{r} + \boldsymbol{\omega} \times \frac{\mathrm{d}\boldsymbol{r}}{\mathrm{d}t}$$

即

$$a = \boldsymbol{\alpha} \times \boldsymbol{r} + \boldsymbol{\omega} \times v \tag{5-47}$$

式（5-47）第一项 $\boldsymbol{\alpha} \times \boldsymbol{r}$，方向垂直于 $\boldsymbol{\alpha}$ 同 $\boldsymbol{r}$ 构成的平面，大小 $|\boldsymbol{\alpha} \times \boldsymbol{r}| = \alpha r \sin\theta = \alpha R = a_t$，即

$$a_t = \boldsymbol{\alpha} \times \boldsymbol{r} \tag{5-48}$$

第二项 $\boldsymbol{\omega} \times v$，方向垂直于 $\boldsymbol{\omega}$ 同 v 构成的平面，大小 $|\boldsymbol{\omega} \times v| = \omega^2 R = a_n$，即

$$a_n = \boldsymbol{\omega} \times v \tag{5-49}$$

转动刚体内任一点的切向加速度等于刚体角加速度矢与该点矢径的矢积；法向加速度等于刚体的角速度矢与该点的速度矢的矢积。

【例 5-4】 长方体以等角速度 $\omega = 7\ \mathrm{rad/s}$ 绕 CA 轴转动，转向如图 5-22 所示，求点 B 的速度和加速度。

解

建立坐标系，原点在点 C，如图 5-22 所示。

$CA = \sqrt{0.02^2 + 0.03^2 + 0.06^2} = 0.07$（m）

采用矢量表示角速度和角加速度

$$\boldsymbol{\omega} = \omega \left(\frac{2}{7}\boldsymbol{i} + \frac{6}{7}\boldsymbol{j} - \frac{3}{7}\boldsymbol{k} \right) = 2\boldsymbol{i} + 6\boldsymbol{j} - 3\boldsymbol{k}$$

$$\boldsymbol{\alpha} = 0$$

$$\boldsymbol{r} = 0.06\boldsymbol{j}$$

计算点 B 的速度为

$$v = \boldsymbol{\omega} \times \boldsymbol{r} = \begin{vmatrix} \boldsymbol{i} & \boldsymbol{j} & \boldsymbol{k} \\ 2 & 6 & -3 \\ 0 & 0.06 & 0 \end{vmatrix} = 0.18\boldsymbol{i} + 0.12\boldsymbol{k}\ (\mathrm{m/s})$$

计算点 B 的加速度为

$$a_t = \boldsymbol{\alpha} \times \boldsymbol{r} = 0$$

$$a_n = \boldsymbol{\omega} \times v = \begin{vmatrix} \boldsymbol{i} & \boldsymbol{j} & \boldsymbol{k} \\ 2 & 6 & -3 \\ 0.18 & 0 & 0.12 \end{vmatrix} = 0.72\boldsymbol{i} - 0.78\boldsymbol{j} - 1.08\boldsymbol{k}$$

$$a = a_t + a_n = 0.72\boldsymbol{i} - 0.78\boldsymbol{j} - 1.08\boldsymbol{k}\ (\mathrm{m/s^2})$$

图 5-22

5.7 定轴轮系的传动比

在工程中，常采用齿轮传动达到改变转速的目的。若齿轮传动系统中各齿轮的轴线都是固定的，则称为**定轴轮系**。而由一对啮合的齿轮组成的传动系统是其最简单的形式。

设外啮合［图 5-23（a）］或内啮合［图 5-23（b）］的两个齿轮各绕定轴 O_1 和 O_2 转动。已知其主动轮Ⅰ的角速度为 ω_1，节圆半径为 r_1，齿数为 z_1；从动轮Ⅱ的角速度、节圆半径和齿数分别为 ω_2、r_2、z_2。齿轮传动时，两轮的节圆相切，只滚动没有相对滑动，即作纯滚动。所以两轮在啮合点速度的大小和方向均相同，即有

$$v_A = v_B$$

由于 $v_A = r_1\omega_1$，$v_B = r_2\omega_2$，所以有

$$\omega_1 r_1 = \omega_2 r_2, \quad \frac{\omega_1}{\omega_2} = \frac{r_2}{r_1}$$

因为一对啮合齿轮在节圆处的齿距相等，其齿数与节圆半径成正比，所以上式可表示为

$$\frac{\omega_1}{\omega_2} = \frac{r_2}{r_1} = \frac{z_2}{z_1} \tag{5-50}$$

即相互啮合的一对定轴齿轮的角速度的大小与两齿轮的节圆半径或齿数成反比。

图 5-23

在机械工程中，把主动轮与从动轮角速度的比值称为**传动比**，并用带有角标的符号表示为

$$i_{12} = \pm\frac{\omega_1}{\omega_2} = \pm\frac{r_2}{r_1} = \pm\frac{z_2}{z_1} \tag{5-51}$$

式中，正号表示两轮的转向相同（内啮合），负号表示转向相反（外啮合）。

传动比的计算公式（5-51）对于圆柱齿轮传动和没有相对滑动的摩擦轮传动都适用。对于皮带轮传动，要求皮带不可伸长，且皮带与皮带轮之间不打滑。

习 题 5

5-1 判断题

（1）点作曲线运动时，若切向加速度为正，则点作加速运动。   （　）

（2）点作曲线运动时，若切向加速度为零，则速度为常矢量。   （　）

（3）作曲线运动的两个动点，如果初速度相同、运动轨迹相同、运动中两点的法向加速度也相同，则任意瞬时两动点的速度也相同。　　　　　　　　　　（　　）

（4）如果动点的切向加速度恒等于零，法向加速度为常量，则该点作匀速圆周运动。

　　　　　　　　　　　　　　　　　　　　　　　　　　　　　　　　　　（　　）

（5）刚体平移时，其上各点的轨迹是直线或平面曲线。　　　　　　　（　　）

（6）各点都作圆周运动的刚体的运动一定是定轴转动。　　　　　　　（　　）

（7）定轴转动的刚体上一点的速度用矢量积 $\boldsymbol{\omega}\times\boldsymbol{r}$ 表示，其中 r 为由转轴上一点引出的该点的矢径。　　　　　　　　　　　　　　　　　　　　　　　　　　　　（　　）

（8）两啮合齿轮接触点的加速度相同。

5-2　指出 $\dfrac{\mathrm{d}\boldsymbol{v}}{\mathrm{d}t}$ 与 $\dfrac{\mathrm{d}v}{\mathrm{d}t}$ 的区别。

5-3　在下述各种情况下，动点的加速度 $\boldsymbol{a}$、切向加速度 $\boldsymbol{a}_\mathrm{t}$ 和法向加速度 $\boldsymbol{a}_\mathrm{n}$ 之间的关系是怎样的？

（1）点作匀速直线运动；

（2）点沿曲线作匀速运动；

（3）点沿曲线运动，在该瞬时速度为 0；

（4）点沿直线作变速运动；

（5）点沿曲线作变速运动。

5-4　如题 5-4 图所示，动点沿曲线运动时，其加速度是常矢量，该点作何种运动？

5-5　题 5-5 图所示点沿曲线运动，哪些是加速运动，哪些是减速运动，哪些运动是不可能出现的？

题 5-4 图　　　　　　　　　　　　　　　　题 5-5 图

5-6　已知点 M 的运动方程为：

$$x = l\ (\sin\omega t + \cos\omega t)$$
$$y = l\ (\sin\omega t - \cos\omega t)$$

其中，长度 l 和角速度 ω 均为常数。求点 M 的速度和加速度的大小。

5-7　题 5-7 图所示曲线规尺中，杆 OA 以等角速度 $\omega = \dfrac{\pi}{5}$ rad/s 绕 O 转动，且初始时杆 OA 为水平，已知 $OA = AB = 200$ mm，$CD = DE = AC = AE = 50$ mm。求点 D 的运动方程和轨迹。

5-8　汽车沿直线行驶时，位移与时间的立方成正比，在前 30 s 内，共走过 90 m。求当 $t = 10$ s 时，汽车的速度与加速度。

5-9　如题 5-9 图所示，半径为 $r = 1$ m 的车轮在直线轨道上只滚不滑，轮心的速度

$v=20$ m/s。求轮缘上任一点 M 的直角坐标运动方程和初瞬时该点的速度及加速度的大小。初瞬时 M 点在坐标原点 O。

题 5-7 图

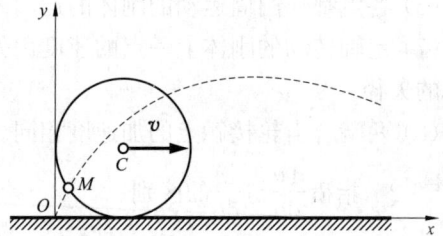

题 5-9 图

5-10　题 5-10 图所示机构中，半圆形凸轮以大小为 $v_0=0.01$ m/s 的速度沿水平方向向左运动，同时活塞杆 AB 沿铅垂方向运动。当运动开始时，活塞杆 A 端在凸轮的最高点处。已知凸轮的半径 $R=80$ mm，求活塞 B 相对于地面和相对于凸轮的运动方程和速度。

5-11　题 5-11 图所示机构中，直角杆 OBC 绕 O 轴转动，转动方程为 $\varphi=\omega t=0.5t$。$OB=0.1$ m，套在直角杆上的小环 M 沿 OA 滑动。求当 $\varphi=60°$ 时，小环 M 的速度和加速度。

题 5-10 图

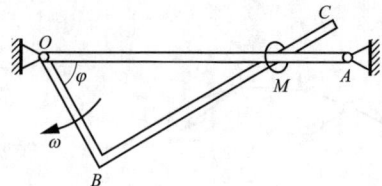

题 5-11 图

5-12　如题 5-12 图所示，用雷达观测铅直上升的火箭，测得角 θ 的规律为 $\theta=kt$（k 为常数）。求火箭的运动方程及当 $\theta=\dfrac{\pi}{4}$ 时火箭的速度和加速度。

5-13　如题 5-13 图所示，摇杆机构的滑杆以等速 v_0 向上运动，摇杆长 $OC=a$，距离 $OD=l$，初始时摇杆水平。建立点 C 的运动方程，并求当 $\varphi=\dfrac{\pi}{4}$ 时，点 C 的速度大小。

5-14　题 5-14 图所示曲柄连杆机构中，$OA=OB=0.6$ m，$MB=\dfrac{1}{3}AB$，初始时曲柄水平，$\varphi=4t$（t 以 s 计）。求连杆上点 M 的轨迹，并求初始时该点的速度和加速度。

5-15　如题 5-15 图所示，小车 B 以匀速 v_0 水平向右运动，并通过绕过滑轮 C 的绳索提升重物 A，初始时小车和重物均位于点 O。求当小车与点 O 的距离为 l 时，重物 A 的速度和加速度。

题 5 - 12 图

题 5 - 13 图

题 5 - 14 图

题 5 - 15 图

5 - 16 飞轮半径 $R=2$ m，由静止开始等加速转动，经过 10 s 后，轮缘上的一点的线速度 $v=100$ m/s。求当 $t=15$ s 时，轮缘上一点的速度及切向和法向加速度。

5 - 17 题 5 - 17 图所示机构中，$OA=OC=0.2$ m，$\varphi=2t^2$（t 以 s 计）。用自然法求杆 OC 上点 C 的运动方程，并求当 $t=0.5$ s 时，点 C 的位置、速度和加速度。

5 - 18 如题 5 - 18 图所示，摇杆滑道机构中的滑块 M 同时在固定圆弧槽 BC 和摇杆 OA 的滑道中滑动。BC 弧的半径为 R，转轴 O 在 BC 弧所在的圆周上。摇杆绕 O 轴以等角速度 ω 转动，初始时，摇杆在水平位置。用自然法求滑块 M 的运动方程，并求其速度和加速度。

题 5 - 17 图

题 5 - 18 图

5 - 19 题 5 - 19 图所示为一搅拌机构，已知 $O_1A=O_2B=R$，$O_1O_2=AB$，杆 O_1A 的

转速为 n，求 BAM 上点 M 的轨迹、速度和加速度。

题 5-19 图

5-20　求证：

（1）匀速定轴转动的刚体，角速度为 ω，$t=0$ 时的转角为 φ_0，刚体的转动方程为 $\varphi=\varphi_0+\omega t$；

（2）匀变速定轴转动的刚体，角加速度为 α，$t=0$ 时的转角为 φ_0、角速度为 ω_0，刚体的转动方程为 $\varphi=\varphi_0+\omega_0 t+\dfrac{1}{2}\alpha t^2$。

5-21　喷气发动机的涡轮作匀加速转动，初瞬时转速为 $n_0=9000$ r/min，经过 30 s，转速为 $n=12\,600$ r/min。求涡轮的角加速度及在这段时间中的转数。

5-22　题 5-22 图所示飞轮半径 $R=1$ m，某瞬时轮缘上一点 M 的加速度 $a=20$ m/s，加速度方向与半径的夹角为 60°。求该瞬时飞轮的角速度和角加速度。

5-23　题 5-23 图所示为一曲柄滑杆机构。曲柄 $OA=100$ mm，以等角速度 $\omega=4$ rad/s 绕 O 轴转动，滑杆上圆弧形滑道半径 $R=100$ mm，圆心 O_1 在导杆 BC 上。求导杆 BC 的运动规律及当曲柄与水平线间的夹角 $\varphi=30°$时，导杆 BC 的速度和加速度。

题 5-22 图

题 5-23 图

5-24　如题 5-13 图所示，摇杆机构的滑杆以等速 v_0 向上运动，摇杆长 $OC=a$，距离 $OD=l$，初始时摇杆水平。求当 $\varphi=\dfrac{\pi}{4}$ 时，摇杆 OC 的角速度和角加速度。

5-25　题 5-25 图所示机构中，高为 h 的木箱以等速 v 沿水平方向运动，杆 OA 靠在木箱上，绕轴 O 转动。初瞬时杆 OA 在铅直位置。求杆 OA 的角速度和角加速度。

5-26　如题 5-26 图所示，纸盘初始半径为 r_0，由厚度为 a 的纸带组成，中心固定。以等速 v 水平拉动纸带，求纸盘的角加速度。

5-27　如题 5-27 图所示，重物 A 和 B 用绳索分别绕在半径为 $r_A=0.5$ m 和 $r_B=0.3$ m 的相固连的滑轮上，重物 A 作匀加速运动，加速度 $a_A=1$ m/s^2，初速度 $v_{A0}=1.5$ m/s。求：

（1）滑轮在 3 s 内的转数；

（2）当 $t=3$ s 时重物 B 的速度和经过的路程；

（3）当 $t=0$ 时滑轮边缘上点 C 的加速度。

题 5-25 图

题 5-26 图

题 5-27 图

5-28 题 5-28 图所示半径 $R=100$ mm 的圆盘绕 O 轴转动，在某瞬时，点 A 的速度为 $v_A=200j$ mm/s，点 B 的切向加速度 $a_{t,B}=150i$ mm/s。求该瞬时的角速度 ω 和角加速度 α，并写出点 C 的加速度矢量表达式。

5-29 题 5-29 图所示为二级圆柱齿轮减速器。4 个齿轮的齿数分别为 $z_1=10$，$z_2=26$，$z_3=12$，$z_4=42$，第 I 轴的转速为 1500 r/min。求减速器的总传动比 i_{13} 和第 III 轴的转速 n_3。

题 5-28 图

题 5-29 图

5-30 如题 5-30 图所示，锥齿轮 O_1 由锥齿轮 O_2 带动，齿轮 O_1 和 O_2 的齿数分别为 $z_1=14$ 和 $z_2=21$，锥齿轮 O_2 的角加速度 $\alpha_2=2$ rad/s^2。求经过多长时间锥齿轮 O_1 达到 $n_1=688$ r/min 的转速。

题 5-30 图

题 5-31 图

5-31   抛丸机的传动系统如题5-31图所示，轮1和2用皮带传动，已知$D_1=218$ mm，$D_2=140$ mm，$D_3=500$ mm，$n=1450$r/min。不计皮带与轮之间的滑动，求抛丸轮边缘的速度ν。

5-32   在题5-32图所示起重机构中，手柄OA与齿轮1固结，齿轮1、2、3、4的齿数分别为$z_1=6$，$z_2=24$，$z_3=8$，$z_4=22$，齿轮5的半径为$r_5=40$ mm。当手柄OA转过1rad后，齿条BC升高多少？

5-33   如题5-33图所示，摩擦传动机构主动轴Ⅰ的转速为$n=600$ r/min，轴Ⅰ摩擦轮的轮缘与轴Ⅱ的轮盘接触，并由外向内，沿径向移动。距离d按规律$d=100-5t$变化，其中d以 mm 计，t以 s 计。摩擦轮的半径$r=50$ mm，$R=150$ mm。

题5-32图   题5-33图

(1) 以距离d表示轮Ⅱ的角加速度；

(2) 当$d=r$时，求轮Ⅱ边缘上一点的加速度。

习题5   参考答案

5-1   (1) ×   (2) ×   (3) √   (4) ×   (5) ×   (6) ×   (7) √   (8) ×

5-2   略

5-3   (1) $a=0$；(2) $a_t=0$，$a=a_n$；(3) $a_n=0$，$a=a_t$；(4) $a_n\equiv 0$，$a=a_t$；(5) $a=a_n+a_t$

5-4   变速运动

5-5   点C加速，点E减速，点A、B、D和F不可能

5-6 $v=\sqrt{2}\omega l$，$a=\sqrt{2}\omega^2 l$

5-7 $x_D=200\cos\dfrac{\pi}{5}t$，$y_D=100\sin\dfrac{\pi}{5}t$，$\dfrac{x_D^2}{200^2}+\dfrac{y_D^2}{100^2}=1$

5-8 $v=1$ m/s，$a=0.2$ m/s^2

5-9 $v=0$，$a=400$ m/s^2

5-10 $v_{Bx}=0$，$v_{By}=-\dfrac{0.01t}{\sqrt{64-t^2}}$ m/s；$v_{Bx'}=0.01$ m/s，$v_{By'}=-\dfrac{0.01t}{\sqrt{64-t^2}}$ m/s

5-11 $v_x=0.173$ m/s，$a_x=0.35$ m/s^2

5 - 12 $y = \tan kt$, $v = 2lk$, $a = 4lk^2$

5 - 13 $x = \dfrac{al}{\sqrt{l^2 + (v_0 t)^2}}$, $y = \dfrac{aut}{\sqrt{l^2 + (v_0 t)^2}}$; $v = \dfrac{av_0}{2l}$

5 - 14 $v_x = 0$, $v_y = 0.8 \text{ m/s}$, $a_x = -1.6 \text{ m/s}^2$, $a_y = 0$

5 - 15 $v_A = \dfrac{lv}{\sqrt{l^2 + h^2}}$, $a_y = \dfrac{h^2 v^2}{\sqrt{(l^2 + h^2)^3}}$

5 - 16 $v = 150 \text{ m/s}$, $a_t = 10 \text{ m/s}^2$, $a_n = 11\,250 \text{ m/s}^2$

5 - 17 $s = 80t^2 = 0.1 \text{ m}$, $v = 0.6 \text{ m/s}$, $a_t = 2.4 \text{ m/s}^2$, $a_n = 1.8 \text{ m/s}^2$

5 - 18 $s = 2R\omega t$, $v = 2R\omega$, $a_t = 0$, $a_n = 4R\omega^2$

5 - 19 $v_M = \dfrac{n\pi R}{30}$, $a_M = R\left(\dfrac{n\pi}{30}\right)^2$

5 - 20   **略**

5 - 21 $\alpha = 4\pi \text{ rad/s}^2$, $N = 5400 \text{ rad}$

5 - 22 $\omega = 3.162 \text{ rad/s}$, $\alpha = 17.32 \text{ rad/s}^2$

5 - 23 $x = 0.2\cos 4t \text{ (m)}$, $v = -0.4 \text{ m/s}$, $a = -2.771 \text{ m/s}^2$

5 - 24 $\omega = \dfrac{v_0}{2l}$, $\alpha = \dfrac{v_0^2}{2l^2}$

5 - 25 $\omega = \dfrac{hv}{h^2 + v^2 t^2}$, $\alpha = \dfrac{2hv^3 t}{(h^2 + v^2 t^2)^2}$

5 - 26 $\alpha = \dfrac{a}{2\pi} \dfrac{v^2}{r^3}$

5 - 27   (1) $N = 2.86 \text{ rad}$; (2) $v_B = 2.70 \text{ m/s}$, $s_B = 5.4 \text{ m}$; (3) $a_C = 4.6 \text{ m/s}^2$, $\theta = 12.5°$

5 - 28 $\boldsymbol{\omega} = 2\boldsymbol{k} \text{ rad/s}$, $\boldsymbol{\alpha} = -1.5\boldsymbol{k} \text{ rad/s}^2$, $\boldsymbol{a}_C = (-0.3889\boldsymbol{i} + 0.1768\boldsymbol{j}) \text{ m/s}^2$

5 - 29 $i_{13} = 9.1$, $n_3 = 164.8 \text{ rad/min}$

5 - 30 $t = 24.02 \text{ s}$

5 - 31 $v = 59.31 \text{ m/s}$

5 - 32 $h = 3.636 \text{ mm}$

5 - 33   (1) $\alpha_{\text{II}} = \dfrac{5000\pi}{d^2} \text{ rad/s}$; (2) $a = 592.2 \text{ m/s}^2$

第6章 点 的 合 成 运 动

物体相对于不同参考系的运动是不同的，研究物体相对于不同参考系的运动，分析物体相对于不同参考系运动之间的关系可称为合成运动。本章研究点的合成运动，主要介绍几何法，即建立某一瞬时点相对于不同参考系的速度和加速度之间的关系。

6.1 基 本 概 念

图 6-1

站在不同的参考系中观察同一物体的运动，所观察到的结果通常是不同的，因此，对物体运动的描述是相对一定参考系的。例如无风时，站在与地面相连的参考系上看到的雨滴是铅垂下落的；而站在与行驶车辆相连的参考系上看到的雨滴则是倾斜的。又如，图6-1所示的桥式吊车，卷扬小车 A 边垂直起吊重物边行走。站在与运动的小车相连的参考系中，看到重物在垂直方向作直线运动；站在与地面相连的参考系上看到的重物作曲线运动。点的合成运动理论即研究点相对于不同参考系运动之间的关系。

首先定义三个对象：所研究的点称为**动点**；一般把固定在地球上的坐标系称为**定参考系**，用 $Oxyz$ 表示；固定在相对于地球运动的参考体上的坐标系称为**动参考系**，用 $O'x'y'z'$ 表示。

其次定义三种运动：动点相对于定参考系的运动称为**绝对运动**；动点相对于动参考系的运动称为**相对运动**；动参考系相对于定参考系的运动称为**牵连运动**。

需要指出的是，绝对运动和相对运动都是指点的运动，它可能作直线运动，也可能作曲线运动；而牵连运动则是指与动参考系固连的刚体的运动，它可能是平移，也可能是定轴转动或作其他较为复杂的运动。

6.2 合成运动中速度之间的关系

1. 合成运动中运动方程之间的关系

运动方程直接描述了点的位置，因此运动方程的关系本质上是点的矢径在不同坐标系中投影的变换关系。如图6-2所示，建立定坐标系 Oxy，动坐标系 $O'x'y'$，则动点 M 有相对运动方程

$$x'=x'(t), \quad y'=y'(t) \qquad (6-1)$$

和绝对运动方程

图 6-2

$$x = x(t), \quad y = y(t) \tag{6-2}$$

牵连运动是动系 $O'x'y'$ 的运动，它的位形取决于 3 个坐标 $x_{O'}$、$y_{O'}$ 和 φ，其运动方程式为

$$x_{O'} = x_{O'}(t), \quad y_{O'} = y_{O'}(t), \quad \varphi = \varphi(t) \tag{6-3}$$

由图 6-2 的几何关系，有

$$x = x_{O'} + x'\cos\varphi - y'\sin\varphi, \quad y = y_{O'} + x'\sin\varphi + y'\cos\varphi \tag{6-4}$$

式（6-4）即为运动方程之间的关系。

2. 解析法求速度

动点相对于定系的速度称为绝对速度，以 v_a 表示；动点相对于动参考系的速度称为相对速度，用 v_r 表示；由于动系的牵连运动是刚体运动，其上各点的速度各不相同，所以先定义牵连点：动系上与动点重合之点称为**牵连点**；牵连点相对定系的速度为**牵连速度**，以 v_e 表示。需要指出的是，由于动点的相对运动，不同的瞬时牵连点是动系上不同的点。将三种运动中运动方程之间的关系（6-4）对时间连续求导，可得三种运动中速度之间与加速度之间的关系，这就是求解点合成运动的解析法。

【例 6-1】 如图 6-3 所示，切削刀具上点 M 按规律 $x = a\sin\omega t$ 沿定系的轴 Ox 在圆盘所在平面内作往复运动，被加工的圆盘以等角速度 ω 绕轴 O 转动，求刀具上点 M 在圆盘上切削出的曲线及点 M 的相对速度。

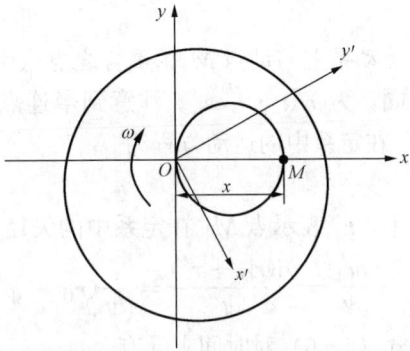

解

（1）选择动点为点 M；动系固结在圆盘 $Ox'y'$。

（2）分析三种运动。绝对运动为直线简谐运动；牵连运动为绕固定轴 O 的转动；相对运动未知。

（3）应用式（6-4），有

图 6-3

$$x = a\sin\omega t = x'\cos\omega t - y'\sin\omega t, \quad 0 = x'\sin\omega t + y'\cos\omega t$$

解得

$$x' = \frac{a}{2}\sin 2\omega t, \quad y' = \frac{a}{2}(1 - \cos 2\omega t)$$

该式即为刀具上点 M 的相对运动方程，较其绝对运动方程稍复杂。从中消去时间 t，得刀具上点 M 的相对运动轨迹方程

$$\left(y' + \frac{a}{2}\right)^2 + x'^2 = \frac{a^2}{4}$$

此方程为圆方程。

将点 M 的相对运动方程对时间求导，即得相对速度

$$v_{rx} = \dot{x}' = \omega a\cos 2\omega t, \quad \boldsymbol{v}_{ry} = \dot{y}' = -\omega a\sin 2\omega t$$

由此可算出相对速度的大小及方向。

3. 点的速度合成定理

解析法需先建立运动方程再求导，才能得出任一瞬时的速度表达式，还存在另一种方法，可以不用求导运动方程而在某特定瞬时直接建立三种运动中速度矢量之间的几何关系，

这就是求解点合成运动的几何法。三个速度之间的关系由速度合成定理给出。

图 6-4

点的速度合成定理：**在任一瞬时，动点的绝对速度为相对速度与牵连速度的矢量和。**

$$v_a = v_r + v_e \qquad (6-5)$$

证明在图 6-4 中，$Oxyz$ 为定系，$O'x'y'z'$ 为动系，动坐标系的原点 O' 在定系中的矢径为 $r_{O'}$，沿三轴的单位矢量分别为 i'、j'、k'。动点 M 在定系中的矢径为 r，在动系中的矢径为 r'。由图（6-4）中的几何关系，有

$$r = r_{O'} + r' = r_{O'} + x'i' + y'j' + z'k' \qquad (6-6)$$

动点的绝对速度为

$$v_a = \dot{r} \qquad (6-7)$$

相对运动是在动系中观察矢径 r 的变化，因而在对 r 在动系中求导时 i'、j'、k' 是不变的，所得的导数称为**相对导数**，并用波浪号 ～ 记出，以区别于定系中观察到的绝对导数。

$$v_r = \frac{\tilde{\mathrm{d}}r'}{\mathrm{d}t} = \tilde{r}' = \dot{x}'i' + \dot{y}'j' + \dot{z}'k' \qquad (6-8)$$

动系上与动点 M 相重合之点（牵连点）记为 M_1，显然 M_1 在动坐标系中的坐标与 M 相同，为 x'、y'、z'。注意到牵连点 M_1 是动系上的点，它在动系中的坐标为常数，故点 M_1 在定系中的运动方程为

$$r_1 = r \mid_{x',y',z'=\mathrm{C}}$$

其中，r_1 表示点 M_1 在定系中的矢径。由此得到牵连速度的表达式为

$$v_e = \frac{\mathrm{d}r_1}{\mathrm{d}t} = \frac{\mathrm{d}(r_{O'} + r')}{\mathrm{d}t} = \frac{\mathrm{d}}{\mathrm{d}t}(r_{O'} + x'i' + y'j' + z'k') = \dot{r}_{O'} + x'\dot{i}' + y'\dot{j}' + z'\dot{k}' \qquad (6-9)$$

将式（6-6）对时间求导有

$$\dot{r} = \dot{r}_{O'} + x'\dot{i}' + y'\dot{j}' + z'\dot{k}' + \dot{x}'i' + \dot{y}'j' + \dot{z}'k'$$

将式（6-6）～式（6-9）代入，即得

$$v_a = v_r + v_e$$

动点的绝对速度可以由牵连速度与相对速度所构成的平行四边形的对角线来确定。这个平行四边形称为速度平行四边形。由于在推导速度合成定理时，并未限制动参考系作什么样的运动，因此这个定理适用于牵连运动是任何运动的情况，即动参考系可作平移、转动或其他任何较复杂的运动。

【例 6-2】 凸轮在水平面上向右作减速运动，如图 6-5（a）所示。设凸轮半径为 R，图示瞬时凸轮的速度为 v。求杆 AB 在图示位置时的速度。

分析动点与动系的选择原则：

（1）分别选择在两个不同的刚体上，这样才能分解点的运动。

（2）应使相对运动轨迹简单或直观，以使相对运动量的方向为已知，问题能够求解。这是选择的关键。

在本例中，凸轮的运动是通过它和顶杆的连接点 A 传递到顶杆的。顶杆上的点 A 被约束在凸轮的轮廓上运动，可以利用这一约束关系选择动点和动系。本书把这种问题称为接触问题。接触问题一般选择不变的接触点为动点，这样相对运动的轨迹较为清楚。

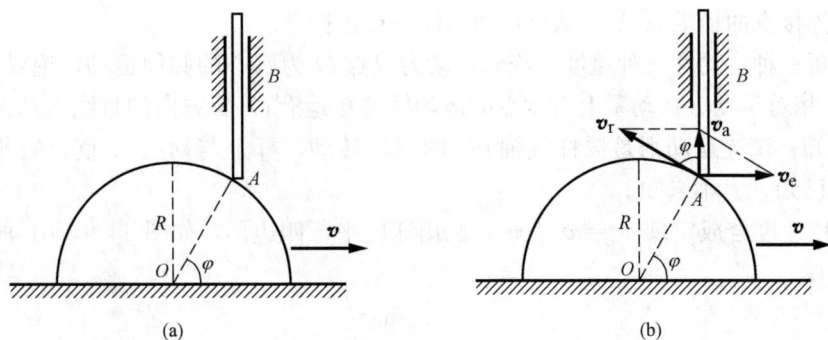

图 6-5

解

（1）选择动点为 AB 杆上的点 A；动系固结在凸轮上。

（2）分析三种运动和三种速度。绝对运动为沿铅垂方向的直线运动，绝对速度的方向为铅垂直线，大小未知；牵连运动为水平直线平移，牵连运动为平移，所以牵连速度即为凸轮的速度；相对运动为沿凸轮轮廓的圆周运动，相对速度沿凸轮圆周的切线。

（3）应用速度合成定理 $v_a = v_r + v_e$，画出速度平行四边形如图 6-5（b）所示。由三角形关系得

$$v_a = \frac{v_e}{\tan\varphi} = v_{AB}$$

【例 6-3】 刨床的急回机构如图 6-6（a）所示。曲柄 OA 的一端 A 与滑块用铰链连接。当曲柄 OA 以匀角速度 ω 绕固定轴 O 转动时，滑块在摇杆 O_1B 上滑动并带动摇杆绕固定轴 O_1 摆动。设曲柄长 $OA = r$，两轴间距离 $OO_1 = l$，求当曲柄在水平位置时摇杆的角速度。

图 6-6

分析 曲柄 OA 铰接的滑块被约束在杆 O_1B 上运动，即曲柄 OA 通过铰接的滑块 A 使杆 O_1B 运动，本书称这样的机构为连接问题。根据上例中的动点动系选择原则，选滑块为动点，动系固结在 O_1B 上，相对运动的轨迹就是直线 O_1B，当然既简单又直观。

说明 连接问题选连接点为动点。

解

（1）选连接点曲柄端点 A 为动点，动系固结在摇杆上。

（2）分析三种运动和三种速度。绝对运动为以点 O 为圆心的圆周运动，绝对速度已知，即 $v_a = r\omega$；相对运动（在动系上看动点的运动轨迹）是沿 O_1B 方向的直线运动，相对速度的方向线已知；牵连运动则是摇杆绕轴 O_1 的定轴转动，杆上与动点 A 重合的那一点的速度，方向线已知，大小未知。

（3）应用速度合成定理 $v_a = v_r + v_e$，画出速度平行四边形，如图 6-6（b）所示。由三角形关系，得

$$v_e = v_a \sin\varphi$$

又

$$\sin\varphi = \frac{r}{\sqrt{r^2 + l^2}}$$

所以

$$v_e = \frac{r^2\omega}{\sqrt{l^2 + r^2}}$$

同时得到摇杆角速度为

$$\omega_1 = \frac{v_e}{O_1 A} = \omega\sin^2\varphi = \frac{r^2\omega}{r^2 + l^2}$$

转向如图 6-6（b）所示。

【例 6-4】　如图 6-7（a）所示，汽车 A 以 $v_A = 40$ km/h 的速度沿直线道路行驶，汽车 B 以 $v_B = 56.6$ km/h 的速度沿另一岔道行驶。求在汽车 B 上观察到的汽车 A 的速度。

图 6-7

分析　本例既不属于接触问题，也不属于连接问题，汽车 A、B 的运动彼此是独立的。这种问题，动点可以选其中的任一个物体，则动系固结到另一个物体上。

解

（1）A 为动点，动系固结在汽车 B 上，所以，A 相对于 B 的速度即为在汽车 B 上观察到的汽车 A 的速度。

（2）分析三种运动和三种速度：绝对运动和牵连运动都为直线运动，相对运动未知。绝对速度和牵连速度的大小和方向都已知，即 $v_a = v_A$，$v_e = v_B$。

（3）应用速度合成定理 $\boldsymbol{v}_\text{a}=\boldsymbol{v}_\text{r}+\boldsymbol{v}_\text{e}$，画出速度平行四边形，如图 6-7（b）所示。由余弦定理得相对速度的大小

$$v_\text{r}=\sqrt{v_\text{a}^2+v_\text{e}^2-2v_\text{a}v_\text{e}\cos45°}=40\,(\text{km/h})$$

相对速度的方向，$\boldsymbol{v}_\text{r}$ 与 $\boldsymbol{v}_\text{a}$ 间的夹角 θ 可由正弦定理求得

$$\sin\theta=\frac{v_\text{e}}{v_\text{r}}\sin45°=1$$

所以

$$\theta=90°$$

6.3　合成运动中加速度之间的关系

1. 牵连运动是平移时点的加速度合成定理

动点相对于定系的加速度称为**绝对加速度**，以 $\boldsymbol{a}_\text{a}$ 表示；动点相对于动参考系的加速度称为**相对加速度**，用 $\boldsymbol{a}_\text{r}$ 表示；牵连点相对于定系的加速度为**牵连加速度**，以 $\boldsymbol{a}_\text{e}$ 表示。**牵连运动是平移时点的加速度合成定理**：动点在某瞬时的绝对加速度等于该瞬时的牵连加速度与相对加速度的矢量和，如图 6-8 所示。

$$\boldsymbol{a}_\text{a}=\boldsymbol{a}_\text{e}+\boldsymbol{a}_\text{r} \tag{6-10}$$

证明　动系平移，因而动系上各点的速度与加速度均相等，即

$$\boldsymbol{v}_\text{e}=\boldsymbol{v}_{O'},\quad \boldsymbol{a}_\text{e}=\boldsymbol{a}_{O'}$$

动系平移，$\boldsymbol{i}'$、$\boldsymbol{j}'$、$\boldsymbol{k}'$ 为常矢量，则点 M 的相对速度和相对加速度为

$$\boldsymbol{v}_\text{r}=\dot{x}'\boldsymbol{i}'+\dot{y}'\boldsymbol{j}'+\dot{z}'\boldsymbol{k}',\quad \boldsymbol{a}_\text{r}=\ddot{x}'\boldsymbol{i}'+\ddot{y}'\boldsymbol{j}'+\ddot{z}'\boldsymbol{k}'$$

图 6-8

将点的速度合成定理式（6-5）对时间求导得

$$\frac{\text{d}\boldsymbol{v}_\text{a}}{\text{d}t}=\frac{\text{d}\boldsymbol{v}_\text{e}}{\text{d}t}+\frac{\text{d}\boldsymbol{v}_\text{r}}{\text{d}t}=\frac{\text{d}\boldsymbol{v}_{O'}}{\text{d}t}+\frac{\text{d}}{\text{d}t}(\dot{x}'\boldsymbol{i}'+\dot{y}'\boldsymbol{j}'+\dot{z}'\boldsymbol{k}')=\boldsymbol{a}_\text{e}+\ddot{x}'\boldsymbol{i}'+\ddot{y}'\boldsymbol{j}'+\ddot{z}'\boldsymbol{k}'$$

即

$$\boldsymbol{a}_\text{a}=\boldsymbol{a}_\text{e}+\boldsymbol{a}_\text{r}$$

当三种运动轨迹均为曲线时，加速度合成定理还可以写为

$$\boldsymbol{a}_\text{a}^\text{n}+\boldsymbol{a}_\text{a}^\text{t}=\boldsymbol{a}_\text{e}^\text{n}+\boldsymbol{a}_\text{e}^\text{t}+\boldsymbol{a}_\text{r}^\text{n}+\boldsymbol{a}_\text{r}^\text{t} \tag{6-11}$$

【例 6-5】　在例 6-1 中，已知图示瞬时凸轮的加速度为 a，方向向右。求此时杆 AB 的加速度。

解

图 6-9

（1）三种加速度分析。如图 6-9 所示，动点 A 的绝对加速度方向是竖直的，大小未知，指向假设；动点 A 的牵连加速度为该瞬时凸轮的加速度 a。因为相对运动轨迹为曲线，所以相对加速度有两项：一项是法向加速度 $\boldsymbol{a}_\text{r}^\text{n}$，大小和方向都已知；另一项是切向加速度 $\boldsymbol{a}_\text{r}^\text{t}$，方向与凸轮半径垂直，指向假设。

（2）由加速度合成定理式（6-11），得

$$a_a = a_e + a_r^t + a_r^n$$

（3）矢量等式取投影。将加速度矢量等式在法线 n 方向上投影有

$$a_a \sin\varphi = a_e \cos\varphi - a_r^n$$

其中

$$a_r^n = \frac{v_r^2}{R} = \frac{v^2}{R\sin^2\varphi}, \quad a_e = a$$

解得

$$a_a = \frac{1}{\sin\varphi}\left(a\cos\varphi - \frac{v^2}{R\sin^2\varphi}\right)$$

2. 牵连运动是定轴转动时点的加速度合成定理，科氏加速度

首先介绍变矢量的绝对导数与相对导数之间的关系。动系 $O'x'y'z'$ 相对于定系 $Oxyz$ 作定轴转动，角速度矢量为 $\boldsymbol{\omega}$，则动系的 3 个单位矢量在定系上观察是变矢量（见图 6-10），它们对时间的导数就是各单位矢量端点的速度，依据定轴转动中速度公式，有

$$\frac{\mathrm{d}\boldsymbol{i}'}{\mathrm{d}t} = \boldsymbol{\omega} \times \boldsymbol{i}', \quad \frac{\mathrm{d}\boldsymbol{j}'}{\mathrm{d}t} = \boldsymbol{\omega} \times \boldsymbol{j}', \quad \frac{\mathrm{d}\boldsymbol{k}'}{\mathrm{d}t} = \boldsymbol{\omega} \times \boldsymbol{k}' \tag{6-12}$$

在图 6-11 中研究变矢量 $\boldsymbol{r}$，在定系中观察时，$\boldsymbol{r}$ 对时间的导数为绝对导数；在动系中观察时，$\boldsymbol{r}$ 对时间的导数为相对导数 $\dfrac{\tilde{\mathrm{d}}\boldsymbol{r}}{\mathrm{d}t}$。显然有

图 6-10

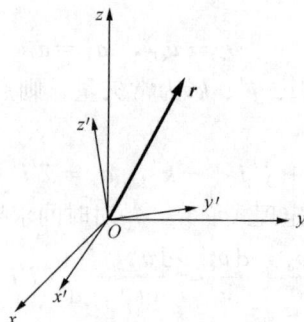

图 6-11

$$\boldsymbol{r} = x'\boldsymbol{i}' + y'\boldsymbol{j}' + z'\boldsymbol{k}' \tag{6-13}$$

$$\frac{\tilde{\mathrm{d}}\boldsymbol{r}}{\mathrm{d}t} = \frac{\mathrm{d}x'}{\mathrm{d}t}\boldsymbol{i}' + \frac{\mathrm{d}y'}{\mathrm{d}t}\boldsymbol{j}' + \frac{\mathrm{d}z'}{\mathrm{d}t}\boldsymbol{k}' \tag{6-14}$$

将式（6-13）对时间求绝对导数，得

$$\frac{\mathrm{d}\boldsymbol{r}}{\mathrm{d}t} = \frac{\mathrm{d}x'}{\mathrm{d}t}\boldsymbol{i}' + \frac{\mathrm{d}y'}{\mathrm{d}t}\boldsymbol{j}' + \frac{\mathrm{d}z'}{\mathrm{d}t}\boldsymbol{k}' + x'\frac{\mathrm{d}\boldsymbol{i}'}{\mathrm{d}t} + y'\frac{\mathrm{d}\boldsymbol{j}'}{\mathrm{d}t} + z'\frac{\mathrm{d}\boldsymbol{k}'}{\mathrm{d}t} \tag{6-15}$$

将式（6-13）和式（6-14）代入式（6-15），得

$$\frac{\mathrm{d}\boldsymbol{r}}{\mathrm{d}t} = \frac{\tilde{\mathrm{d}}\boldsymbol{r}}{\mathrm{d}t} + \boldsymbol{\omega} \times (x'\boldsymbol{i}' + y'\boldsymbol{j}' + z'\boldsymbol{k}') = \frac{\tilde{\mathrm{d}}\boldsymbol{r}}{\mathrm{d}t} + \boldsymbol{\omega} \times \boldsymbol{r} \tag{6-16}$$

即变矢量的绝对导数等于相对导数加上一个补充项，该项为动系的角速度矢量与被导矢量的矢积。式（6-16）由法国科学家科里奥利首先提出，故又名科里奥利公式。可以证明，科

里奥利公式对动系作任意运动均适用。

　　牵连运动是转动时点的加速度合成定理：动点在某瞬时的绝对加速度等于该瞬时的牵连加速度、相对加速度与科氏加速度的矢量和。即

$$\boldsymbol{a}_{\mathrm{a}} = \boldsymbol{a}_{\mathrm{e}} + \boldsymbol{a}_{\mathrm{r}} + \boldsymbol{a}_{\mathrm{C}} \tag{6-17}$$

式（6-17）中

$$\boldsymbol{a}_{\mathrm{C}} = 2\boldsymbol{\omega} \times \boldsymbol{v}_{\mathrm{r}} \tag{6-18}$$

　　证明　设动系 $O'x'y'z'$ 作定轴转动，角速度与角加速度矢量分别为 $\boldsymbol{\omega}$ 和 $\boldsymbol{\alpha}$，即为牵连角速度和牵连角加速度。动点 M 的矢径为 $\boldsymbol{r}$（图 6-12），则有

$$\boldsymbol{v}_{\mathrm{a}} = \frac{\mathrm{d}\boldsymbol{r}}{\mathrm{d}t}, \quad \boldsymbol{v}_{\mathrm{e}} = \boldsymbol{\omega} \times \boldsymbol{r}, \quad \boldsymbol{v}_{\mathrm{r}} = \frac{\tilde{\mathrm{d}}\boldsymbol{r}}{\mathrm{d}t}$$

$$\boldsymbol{a}_{\mathrm{a}} = \frac{\mathrm{d}^2\boldsymbol{r}}{\mathrm{d}t^2} = \frac{\mathrm{d}\boldsymbol{v}_{\mathrm{a}}}{\mathrm{d}t}, \quad \boldsymbol{a}_{\mathrm{e}} = \boldsymbol{\alpha} \times \boldsymbol{r} + \boldsymbol{\omega} \times \boldsymbol{v}_{\mathrm{e}}, \quad \boldsymbol{a}_{\mathrm{r}} = \frac{\tilde{\mathrm{d}}^2\boldsymbol{r}}{\mathrm{d}t^2} = \frac{\tilde{\mathrm{d}}\boldsymbol{v}_{\mathrm{r}}}{\mathrm{d}t}$$

将点的速度合成定理式（6-5）对时间求导得

$$\frac{\mathrm{d}\boldsymbol{v}_{\mathrm{a}}}{\mathrm{d}t} = \frac{\mathrm{d}\boldsymbol{v}_{\mathrm{e}}}{\mathrm{d}t} + \frac{\mathrm{d}\boldsymbol{v}_{\mathrm{r}}}{\mathrm{d}t} = \frac{\mathrm{d}}{\mathrm{d}t}(\boldsymbol{\omega} \times \boldsymbol{r}) + \frac{\mathrm{d}\boldsymbol{v}_{\mathrm{r}}}{\mathrm{d}t} = \frac{\mathrm{d}\boldsymbol{\omega}}{\mathrm{d}t} \times \boldsymbol{r} + \boldsymbol{\omega} \times \frac{\mathrm{d}\boldsymbol{r}}{\mathrm{d}t} + \frac{\mathrm{d}\boldsymbol{v}_{\mathrm{r}}}{\mathrm{d}t}$$

$$= [\boldsymbol{\alpha} \times \boldsymbol{r} + \boldsymbol{\omega} \times (\boldsymbol{v}_{\mathrm{e}} + \boldsymbol{v}_{\mathrm{r}})] + \left(\frac{\tilde{\mathrm{d}}\boldsymbol{v}_{\mathrm{r}}}{\mathrm{d}t} + \boldsymbol{\omega} \times \boldsymbol{v}_{\mathrm{r}} \right)$$

综合以上各式，得

$$\boldsymbol{a}_{\mathrm{a}} = \boldsymbol{a}_{\mathrm{e}} + \boldsymbol{a}_{\mathrm{r}} + 2\boldsymbol{\omega} \times \boldsymbol{v}_{\mathrm{r}}$$

即

$$\boldsymbol{a}_{\mathrm{a}} = \boldsymbol{a}_{\mathrm{e}} + \boldsymbol{a}_{\mathrm{r}} + \boldsymbol{a}_{\mathrm{C}}$$

$$\boldsymbol{a}_{\mathrm{C}} = 2\boldsymbol{\omega} \times \boldsymbol{v}_{\mathrm{r}}$$

其中，$\boldsymbol{a}_{\mathrm{C}}$ 称为**科里奥利加速度**，简称**科氏加速度**。科氏加速度是由牵连运动与相对运动相互影响而引起的。可以证明，加速度合成定理（6-17）适用于动系作任意运动的情况。

　　按照矢积运算规则，科氏加速度 $\boldsymbol{a}_{\mathrm{C}}$ 的大小为

$$a_{\mathrm{C}} = 2\omega v_{\mathrm{r}}\sin\theta \tag{6-19}$$

其中，θ 为 $\boldsymbol{\omega}$ 与 $\boldsymbol{v}_{\mathrm{r}}$ 两矢量间小于 $180°$ 的夹角，$\boldsymbol{a}_{\mathrm{C}}$ 的方位垂直于矢量 $\boldsymbol{\omega}$ 与 $\boldsymbol{v}_{\mathrm{r}}$ 所决定的平面，指向由右手螺旋法则确定，如图 6-13 所示。当 $\boldsymbol{\omega}$ 与 $\boldsymbol{v}_{\mathrm{r}}$ 平行时，则有 $a_{\mathrm{C}}=0$；当 $\boldsymbol{\omega}$ 与 $\boldsymbol{v}_{\mathrm{r}}$ 垂直时，$a_{\mathrm{C}}=2\omega v_{\mathrm{r}}$，且将 $\boldsymbol{v}_{\mathrm{r}}$ 顺 $\boldsymbol{\omega}$ 转向 $90°$ 就是 $\boldsymbol{a}_{\mathrm{C}}$ 的方向，如图 6-14 所示。

图 6-12

图 6-13

图 6-14

式（6-10）可以认为是加速度合成定理式（6-17）的特殊情况，这时动系平移，$\omega=0$，因而 $a_C=0$。

同样，当三种运动均为曲线运动时，式（6-17）可写为

$$a_a^n+a_a^t=a_e^n+a_e^t+a_r^n+a_r^t+a_C \tag{6-20}$$

【例 6-6】 例 6-3 中，求当曲柄在水平位置时摇杆的角加速度。

解

图 6-15

（1）三种加速度分析。如图 6-15 所示，因为 OA 作匀速转动，动点 A 的绝对加速度只有法向加速度，大小和方向已知，即 $a_a=\omega^2 r$；动点 A 相对加速度的方向沿着 O_1B，指向假设。因为牵连运动为定轴转动，所以牵连加速度有两项：一项是法向加速度 a_e^n，大小和方向都已知；另一项是切向加速度 a_e^t，方向与 O_1B 垂直，指向假设。牵连运动为定轴转动，因此有科氏加速度，ω 与 v_r 垂直，所以 $a_C=2\omega_1 v_r$，且将 v_r 顺 ω_1 转向 90°就是 a_C 的方向。

（2）由加速度合成定理，由式（6-17）得

$$a_a=a_r+a_e^t+a_e^n+a_C$$

（3）矢量等式取投影。将加速度矢量等式在 x' 轴上投影，有

$$-a_a\cos\varphi=-a_C+a_e^t$$

（4）写出投影式中的已知加速度为

$$a_C=2\omega_1 v_r=\frac{2r^3\omega^2 l}{(l^2+r^2)^{3/2}}, \quad a_a=a_a^n=\omega^2 r$$

其中

$$v_r=v_a\cos\varphi=\omega r\frac{l}{\sqrt{r^2+l^2}} \tag{6-21}$$

（5）求角加速度。将式（6-21）代入投影式中，得

$$a_e^t=-\frac{rl(l^2-r^2)}{(l^2+r^2)^{3/2}}\omega^2$$

角加速度为

$$\alpha_1=\frac{a_e^t}{O_1A}=-\frac{rl(l^2-r^2)}{(l^2+r^2)^2}\omega^2$$

摇杆的角加速度负号表示与图示方向相反，真实转向应为逆时针。

习　题　6

6-1　判断题

（1）速度合成定理矢量式中共包括大小、方向六个元素，已知任意四个元素，就能求出其他两个。　　　　　　　　　　　　　　　　　　　　　　　　　（　　）

（2）牵连速度即为动系的速度。　　　　　　　　　　　　　　　　　　（　　）

（3）动系角速度矢与相对速度平行时，无科氏加速度。　　　　　　　　　（　　　）

（4）不论牵连运动为平移还是转动，某瞬时动点的绝对加速度等于牵连加速度与相对加速度的矢量和。　　　　　　　　　　　　　　　　　　　　　　　　　（　　　）

（5）加速度矢量方程投影与静力平衡方程的投影一样。　　　　　　　　　（　　　）

（6）当牵连运动为平移时，相对加速度等于相对速度对时间的一阶导数。　（　　　）

（7）用合成运动的方法分析点的运动时，若牵连角速度 $\omega_e \neq 0$，相对速度 $v_r \neq 0$，则一定有不为零的科氏加速度。　　　　　　　　　　　　　　　　　　　　　（　　　）

6-2　选择题、填空题

（1）动点的牵连速度是指该瞬时牵连点的速度，它所相对的坐标系是（　　　）。

（A）动坐标系　　　　　　　　　　（B）定坐标系

（C）不必确定的　　　　　　　　　（D）定或动坐标系都可以

（2）点的速度合成定理 $v_a = v_e + v_r$ 的适应条件是（　　　）。

（A）牵连运动只能是平移　　　　　（B）各种牵连运动都适用

（C）牵连运动只能是转动　　　　　（D）牵连运动为零

（3）已知杆 $AB = 40$ cm，以 $\omega_1 = 3$ rad/s 的角速度绕 A 轴转动，而杆 CD 又绕 B 轴以 $\omega_2 = 1$ rad/s 的角速度转动，$BC = BD = 30$ cm，题 6-2（a）图所示瞬时 $AB \perp BD$，若取 C 点为动点，动坐标系固结于 AB 上，则此时 C 点的牵连速度的大小为＿＿＿＿＿＿＿。

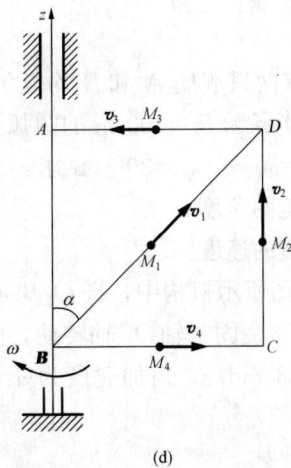

(a)　　　　　　　　　　　　(b)

(c)　　　　　　　　　　　　(d)

题 6-2 图

(4) 题 $6-2$（b）图所示运动机构，当杆 OA 转动时，推动轮 C 沿水平面作纯滚动，K 点为杆 OA 上与轮的接触点，若取轮心 C 为动点，动系固结在杆 OA 上，若用图中所给的字符，写出 C 点的牵连速度的大小为_____。

(5) 题 $6-2$（c）图所示一圆环半径为 R，以匀角速度 ω 绕固定轴 O 在图示平面内逆时针转动，圆环上套有一金属圆环 M，且相对圆环以大小不变的速度 v 作圆周运动，若以金属圆环 M 为动点，圆环为动系，则此瞬时金属圆环 M 的科氏加速度大小为_____。

(6) 矩形板 $ABCD$ 以匀角速度 ω 绕固定轴 z 转动，点 M_1、M_2、M_3、M_4 相对于板的速度分别为 v_1、v_2、v_3、v_4，如题 $6-2$（d）图所示。则点 M_1 的科氏加速度的大小和方向为_____，点 M_2 的科氏加速度的大小和方向为_____，点 M_3 的科氏加速度的大小和方向为_____，点 M_4 的科氏加速度的大小和方向为_____。

(7) A 船以 $v_A = 10\sqrt{2}$ m/s 的速度向南航行，另一船 B 以 $v_B = 10$ m/s 的速度向沿东偏南 $45°$ 方向航行，则在 A 船上看 B 船的速度为_____。

$6-3$ 题 $6-3$ 图所示平面机构，杆 OA 长为 l，由直角推杆 BC 推动而在图示平面内绕点 O 转动，假定推杆 BC 的速度为 v，其弯头高为 a。求杆端 A 的速度大小（表示为 x 的函数）。

$6-4$ 如题 $6-4$ 图所示的桥式吊车，已知小车水平运行，速度为 v，物块 A 相对于小车垂直上升的速度为 v_r。求物块 A 运行的绝对速度。

题 $6-3$ 图

题 $6-4$ 图

$6-5$ 在水面上有两只舰艇 A 和 B 均以匀速度 $v=36$ km/h 行驶，A 舰艇向东开，B 舰艇沿以 O 为圆心、半径为 $R=100$ m 的圆弧逆时针方向行驶，如题 $6-5$ 图所示。在图示瞬时，两艇的位置 $S=50$ m，$\varphi=30°$。试求：

(1) B 艇相对 A 艇的速度；

(2) A 艇相对 B 艇的速度。

$6-6$ 在题 $6-6$ 图所示机构中，杆 $O_2 B$ 可绕固定轴 O_2 转动，其一端 B 与套筒用铰链连接，杆 $O_1 A$ 穿过套筒绕固定轴 O_1 轴转动，两轴间距离 $O_1 O_2 = a = 200$ mm。图示瞬时杆 $O_1 A$ 的角速度为 $\omega_1 = 3$ rad/s，角加速度为 $\alpha_1 = 0$。求图示位置时杆 $O_2 B$ 的角速度和角加速度。

题 6-5 图　　　　　　　　题 6-6 图

6-7　在题 6-7 图所示机构中，杆 O_1A 可绕固定轴 O_1 转动，其一端 A 与套筒用铰链连接，杆 O_2B 穿过套筒绕固定轴 O_2 轴转动，两轴间距离 $O_1O_2 = a = 200$ mm。图示瞬时杆 O_1A 的角速度为 $\omega_1 = 3$ rad/s，角加速度为 $\alpha_1 = 0$。求图示位置时杆 O_2B 的角速度和角加速度。

6-8　题 6-8 图所示铰链四边形机构中，$O_1O_2 = AB$，杆 O_1A 以等角速度 $\omega_1 = 2$ rad/s 绕轴 O_1 转动，$O_1A = 100$ mm。杆 AB 上有一套筒 C，此套筒与杆 CD 相铰接。机构的各部件都在同一铅直面内。求当 $\varphi = 60°$ 时，杆 CD 的速度和加速度。

题 6-7 图　　　　　　　　题 6-8 图

6-9　平底顶杆凸轮机构如题 6-9 图所示。顶杆 AB 可沿导槽上下移动，偏心圆盘绕轴 O 转动，轴 O 位于顶杆轴线上。工作时顶杆的平底始终接触凸轮表面。该凸轮半径为 R，偏心距 $OC = e$，凸轮绕轴 O 转动的角速度为 ω，OC 与水平线成夹角 φ。求当 $\varphi = 30°$ 时顶杆的速度。

6-10　如题 6-10 图所示，直角曲杆 OBC 绕 O 轴转动，使套在其上的小环 M 沿固定直杆 OA 滑动。已知 $OB = 0.1$ m，OB 与 BC 垂直，曲杆的角速度 $\omega = 0.5$ rad/s，角加速度为零。求当 $\varphi=60°$ 时，小环 M 的速度和加速度。

6-11　题 6-11 图所示凸轮顶杆机构，顶杆 AB 可沿导槽上下移动，凸轮沿水平面平移。已知凸轮半径为 R，图示瞬时凸轮的速度为 v_0，加速度为 a_0。试求 $\varphi=60°$ 时，顶杆 AB 的速度和加速度。

题 6-9 图

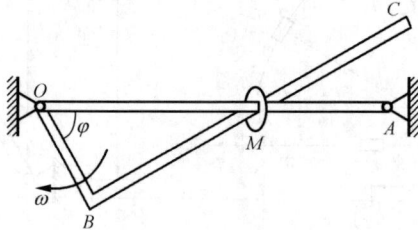

题 6-10 图

6-12　题 6-12 图所示曲柄滑杆机构，曲柄长为 $OA=l$，OA 杆绕 O 轴定轴转动，转动角速度、角加速度分别为 ω、α。求 $\varphi=45°$ 时小车的速度与加速度。

题 6-11 图

题 6-12 图

6-13　如题 6-13 图所示偏心轮挺杆机构，偏心轮 C 以匀角速度 ω 绕 O 轴作定轴转动，已知偏心距为 $OC=e$，偏心轮半径为 $R=\sqrt{3}e$，图示瞬时，$OC\perp CA$，且 O、A、B 三点共线。求从动杆 AB 的速度和加速度。

6-14　题 6-14 图所示机构，滑槽 OA 可绕 O 轴定轴转动，BC 杆可沿导槽水平平移。图示瞬时 BC 杆的速度、加速度分别为 v、a，已知 h、θ。试求滑槽 OA 的角速度和角加速度。

6-15　半径为 r、偏心距为 e 的凸轮，以匀角速度 ω 绕 O 轴转动，AB 杆长 $l=4e$，A 端置于凸轮上，B 端用铰链支承，如题 6-15 图所示。在图示瞬时 AB 杆处于水平位置，$\varphi=45°$。试求该瞬时 AB 杆的角速度和角加速度。

6-16　摆杆 AB 与水平杆 DG 以铰链 A 连接，如题 6-16 图所示。水平杆作平移，摆杆 AB 穿过可绕轴 O 转动的套筒 E，并在套筒 E 内滑动。已知 $l=2$ m，在图示位置 $\theta=30°$，DG 杆的速度 $v=2$ m/s，$a=1$ m/s²。试求：

(1) 图示瞬时 AB 杆的角速度以及 AB 杆在套筒中滑动的速度；

(2) 图示瞬时 AB 杆的角加速度以及 AB 杆在套筒中滑动的加速度。

题 6-13 图

题 6-14 图

题 6-15 图

题 6-16 图

6-17　题 6-17 图所示凸轮挺杆机构，凸轮机构以匀角速度 ω 绕固定轴 O 轴转动，图示瞬时 $OA=r$，A 点曲率半径为 ρ，θ 角已知。求该瞬时顶杆 AB 的速度和加速度。

6-18　题 6-18 图所示机构，已知曲柄 $O_1A=r$，以匀角速度 ω_1 绕 O_1 轴转动，A 端与滑块相铰接，滑块可在 T 型推杆 BCD 的滑槽内滑动，推杆 BCD 在点 F 处与一套筒铰接，杆 O_2E 穿过套筒 F 可绕 O_2 轴转动，高度 h 已知。图示瞬时，O_1A 与水平线成 θ 角，且 $O_1A /\!/ O_2E$，求该瞬时 O_2E 杆的角速度。

题 6-17 图

题 6-18 图

6-19　题6-19图所示机构，已知主动轮 O 转速为 $n=30$ r/min，轮的边缘处有一销钉 A 置于带有滑槽的杆 O_1D 上，杆 O_1D 可绕轴 O_1 转动，$OA=150$ mm，在杆 O_1D 的 B 处又有一销钉与滑块铰接，滑块可在水平导轨内滑动。图示瞬时，$OA\perp OO_1$，试求该瞬时 O_1D 杆的角速度和滑块 B 的速度。

6-20　牛头刨床机构如题6-20图所示，已知：$O_1A=200$ mm，$\omega_1=2$ rad/s，$\alpha_1=0$，试求图示位置滑枕 CD 的速度和加速度。

题6-19图

题6-20图

6-21　如题6-21图所示，圆盘按 $\varphi=1.5t^2$ 的规律绕垂直于圆盘的 O 轴转动，盘上 M 点沿半径按 $r=1+t^2$ 的规律运动，φ、r、t 的单位分别为 rad、cm、s。求当 $t=1$ s时，M 点的绝对速度和绝对加速度。

6-22　河宽为 b，河水流速与到河岸的距离成正比，在河岸处水流速度为零，一小船以相等的速度 v_r 沿垂直于水流的方向运动，如题6-22图所示。求船的运动轨迹及靠岸的位置。

题6-21图

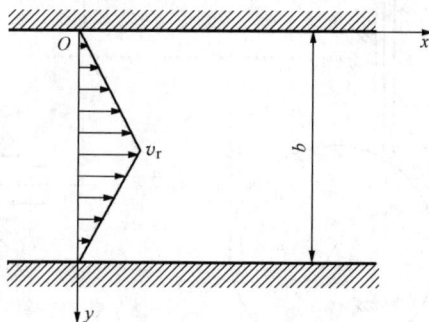

题6-22图

6-23　题6-23图所示机构，两杆 O_1A 和 O_2C 的长度均为 160 mm，各以匀角速度

$\omega=0.5$ rad/s 绕定轴 O_1、O_2 转动，并带动菱形薄片 $ABCD$ 运动，$AC=O_1O_2$；M 点按方程 $OM=s=50t^2$（s 以 mm 计，t 以 s 计）沿菱形的对角线运动，设 $t=1.5s$ 时，$AC \perp AO_1$。求此时点 M 的绝对速度和绝对加速度。

6-24 题 6-24 图所示圆盘绕 AB 轴转动，其角速度 $\omega=2t$ rad/s。点 M 沿圆盘直径离开中心向外缘运动，其运动规律为 $OM=40t^2$ mm。半径 OM 与 AB 轴成 $60°$角。求当 $t=1s$ 时点 M 的绝对加速度大小。

题 6-23 图

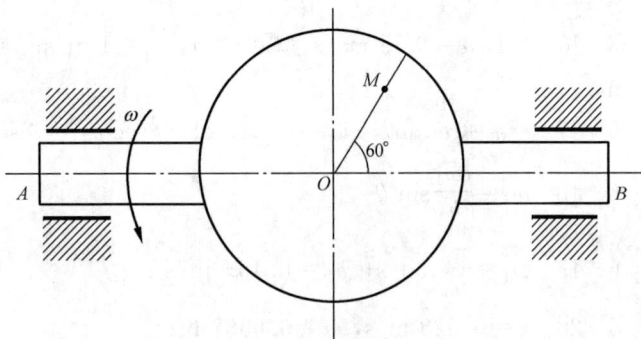

题 6-24 图

习题 6 参考答案

6-1 (1) √ (2) × (3) √ (4) × (5) × (6) √ (7) ×

6-2 (1) B (2) B (3) 150 cm/s (4) $OC \cdot \omega_2$ (5) $2\omega v_r$ (6) $2\omega v_1 \sin\theta$ 方向垂直纸面向里；0；$2\omega v_3$ 方向垂直纸面向外；$2\omega v_4$ 方向垂直纸面向里

(7) 10m/s，方向东偏北 $45°$方向

6-3 $v_A=\dfrac{alv}{x^2+a^2}$

6-4 $v_A=\sqrt{v^2+v_r^2}$ 方向：与 x 轴夹角 $\theta=\arctan\dfrac{v_r}{v}$

6-5 $v_{BA}=10\sqrt{3}$ m/s；$v_{AB}=5\sqrt{5}$ m/s

6-6 $\omega_2=2$ rad/s，$\alpha_2=\dfrac{8\sqrt{3}}{3}$ rad/s^2

6-7 $\omega_2=1.5$ rad/s；$a_2=0$

6-8 $v_a=100$ mm/s；$a_a=0.2\sqrt{3}$ m/s

6-9 $v_e=\dfrac{\sqrt{3}}{2}e\omega$

6-10 $v_a=0.173$ m/s；$a_a=0.35$ m/s^2

6-11 $v_{AB}=\dfrac{\sqrt{3}}{3}v_0$，$a_{AB}=\dfrac{\sqrt{3}}{3}\left(a_0-\dfrac{8v_0^2}{3R}\right)$

6 - 12 $v_{小车}=\dfrac{\sqrt{2}}{2}\omega l$；$a_{小车}=\dfrac{\sqrt{2}}{2}l(\alpha-\omega^2)$

6 - 13 $v_{AB}=\dfrac{2\sqrt{3}}{3}e\omega$，$a_{AB}=\dfrac{2}{9}e\omega^2$

6 - 14 $\omega=v\dfrac{\cos^2\theta}{h}$，$\alpha=\left(\dfrac{a}{h}+\dfrac{v^2\sin^2\theta}{h^2}\right)\cos^2\theta$

6 - 15 $\omega_{AB}=\dfrac{1}{4}\omega$，$\alpha_{AB}=\dfrac{3}{16}\omega^2$

6 - 16   (1) $\omega=0.75$ rad/s（顺时针），$v_{\mathrm{r}}=1$ m/s；（2）$\alpha=1.03$ rad/s² （逆时针），$a_{\mathrm{r}}=0.8$ m/s²

6 - 17 $v_{AB}=r\omega\tan\theta$；$a_{AB}=-r\omega^2(1+r\sec^3\theta/\rho-2\sec^2\theta)$

6 - 18 $\omega_2=\dfrac{r\omega_1}{h}\sin^3\theta$

6 - 19 $\omega_1=\dfrac{\pi}{5}$ rad/s；$v_B=0.15\pi$ m/s

6 - 20 $v=0.325$ m/s，$a=0.6567$ m/s²

6 - 21 $v=6.32$ cm/s，$a=24.08$ cm/s²

6 - 22 $y^2=\dfrac{v_{\mathrm{r}}}{v}bx$ $\left(0\leqslant y\leqslant\dfrac{1}{2}b\right)$；$(b-y)^2=\dfrac{1}{2}b^2-\dfrac{v_{\mathrm{r}}b}{v}\left(\dfrac{1}{2}b\leqslant y\leqslant b\right)$；$x=\dfrac{v}{2v_{\mathrm{r}}}b$

6 - 23 $v_{\mathrm{a}}=170$ mm/s；$a_{\mathrm{a}}=60$ mm/s²

6 - 24 $a_M=355.5$ mm/s²

第7章 刚体平面运动

刚体平面运动是机械中各种机构运动的常见形式。本章主要用几何法进行研究，重点是用点的合成运动理论的工具将运动分解，并建立刚体上各点速度之间、加速度之间以及系统中刚体运动之间的关系。

7.1 平面运动的运动方程

1. 概念

图7-1所示行星齿轮机构中的行星轮，图7-2所示曲柄连杆机构中的连杆，它们共同的特点是，在运动过程中，刚体上任意一点与某一固定平面的距离始终保持不变，则称刚体作**平面运动**。平面运动刚体上各点都在平行于某一固定的平面内运动。

行星齿轮机构

图7-1

图7-2

2. 简化

如图7-3所示，用一与固定平面平行的平面截连杆，得一平面图形 S，则杆作平面运动时，平面图形 S 就始终在其自身的这个与固定平面平行的平面内运动。通过平面图形 S 上任一点作垂直于平面的直线，当刚体作平面运动时，该直线作平移，因此平面图形上的点与直线上各点的运动完全相同。所以，平面图形上各点的运动就可以代表刚体内所有点的运动。**刚体的平面运动可简化为平面图形在其自身平面内的运动。**

3. 运动方程

为确定图形 S 相对某参考系的位置，只需确定图形（图7-4）上任一线段 $O'B$ 的位置，而为此只需确定点的坐标（$x_{O'}$，$y_{O'}$）及直线 $O'B$ 与 x 轴的夹角 φ。因此，刚体的平面运动有3个自由度，则刚体平面运动的运动方程为

$$x_{O'} = x_{O'}(t), \qquad y_{O'} = y_{O'}(t), \qquad \varphi = \varphi(t) \qquad (7-1)$$

图7-3

为描述图形上一点 M 的运动，建立坐标系 $O'x'y'$ 与图形固结（见图 7-5），点 M 在图形上的位置由坐标 (x', y') 确定，则点 M 在定系 Oxy 中的坐标 (x, y) 由下式确定

$$x = x_{O'} + x'\cos\varphi - y'\sin\varphi, \quad y = y_{O'} + x'\sin\varphi + y'\cos\varphi \tag{7-2}$$

为求点 M 的速度及加速度，只需将式（7-2）对时间求导即可。

图 7-4

图 7-5

注意，与点的合成运动中对运动方程式求导不同，此处点 M 是图形上的一个确定点，其坐标 (x', y') 为常量。以上即求解平面运动的解析法。

7.2　平面运动的速度分析

解析法可求得平面图形上各点的速度、加速度的时间历程。然而，为了了解同一瞬时平面图形上各点速度或加速度的关系，即任一瞬时平面图形上各点速度和加速度的分布情况，则宜采用几何法。

1. 平面运动的分解

由式（7-1）可见，平面图形的运动方程可以由两部分组成：一部分是平面图形按点 O' 的运动方程 $x_{O'} = x_{O'}(t)$，$y_{O'} = y_{O'}(t)$ 的平移；另一部分是绕点 O' 进行转角为 $\varphi = \varphi(t)$ 的转动。任取的点 O' 称为**基点**。于是，平面图形的平面运动可看成为随基点的平移和绕基点的转动两部分运动的合成。

平面运动的这种分解也可以按点的合成运动的理论来分析。选取平面图形上某一点 O' 为基点，在这一点假想固结上一个平移参考系 $O'x'y'$（见图 7-6）；平面图形运动时，动坐标轴方向始终保持不变，可令其分别平行于定坐标轴 Ox 和 Oy，则图形的牵连运动为随基点 O' 的平移，图形的相对运动为绕基点 O' 的定轴转动。同样得到，平面图形的平面运动可看成为随基点的平移和绕基点的转动两部分运动的合成。

基点的选取是任意的。在平面图形内任取两点 O' 和 O'' 为基点来分解运动（见图 7-7）。因为 O' 和 O'' 两点的运动状态不同，所以两个平移参考系 $O'x'y'$ 和 $O''x''y''$ 的平移状态也不同。由于任意瞬时轴 $O'x'$ 和轴 $O''x''$ 必相互平行，因此平面图形上任一条基线（如 $O'O''$）对于轴 $O'x'$ 和轴 $O''x''$ 必然相同。于是可以得出结论：**平面运动可取任意基点而分解为平移和转动，其中平移的速度和加速度与基点的选择有关，而平面图形绕基点转动的角速度和角加速度与基点的选择无关**。特别是，略去绕基点转动，角速度和角加速度就分别称为平面图形的角速度与角加速度。

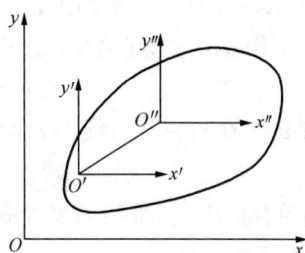

图 7 - 6   图 7 - 7

2. 速度分析的三种方法

（1）基点法。如图 7 - 8 所示，设平面图形角速度为
ω，选基点 O'，并设基点 O' 的速度为 $\boldsymbol{v}_{O'}$。取 M 为动点，
动参考系为过基点 O' 的平移参考系（$O'x'y'$），按点的速
度合成定理

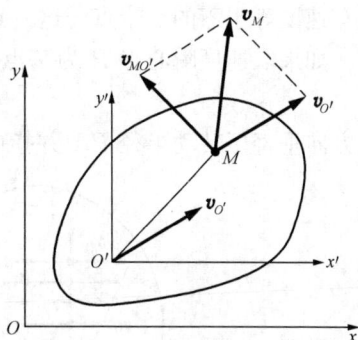

$$\boldsymbol{v}_{\mathrm{a}} = \boldsymbol{v}_{\mathrm{e}} + \boldsymbol{v}_{\mathrm{r}}$$

动点 M 的牵连运动为随同基点 O' 的平移，牵连速度为

$$\boldsymbol{v}_{\mathrm{e}} = \boldsymbol{v}_{O'}$$

动点 M 的相对运动是绕点 O' 的圆周运动，相对速度为

$$v_{\mathrm{r}} = v_{MO'} = O'M \cdot \omega$$

相对速度的方向垂直于 $O'M$，指向与 ω 的转向一致。

图 7 - 8

因此，点 M 的速度为

$$\boldsymbol{v}_M = \boldsymbol{v}_{O'} + \boldsymbol{v}_{MO'} \tag{7 - 3}$$

即平面图形内任一点 M 的速度等于基点的速度与该点随图形绕基点转动速度的矢量和。

（2）速度投影定理。在图形上任取两点 A 和 B，它们的速度分别为 $\boldsymbol{v}_A$ 和 $\boldsymbol{v}_B$，如取点 A
为基点，则点 B 的速度为

$$\boldsymbol{v}_B = \boldsymbol{v}_A + \boldsymbol{v}_{BA} \tag{7 - 4}$$

将式（7 - 4）的两端向连线 AB 上投影，并注意到 $\boldsymbol{v}_{BA}$ 与 AB 连线垂直，即 $(\boldsymbol{v}_{BA})_{AB} = 0$，
因此

$$(\boldsymbol{v}_B)_{AB} = (\boldsymbol{v}_A)_{AB} \tag{7 - 5}$$

其中，$(\boldsymbol{v}_B)_{AB}$、$(\boldsymbol{v}_A)_{AB}$ 分别表示 $\boldsymbol{v}_B$ 和 $\boldsymbol{v}_A$ 在 AB 连线上的投影。

此即**速度投影定理：同一平面图形上任意两点的速度在这两点连线上的投影相等。**此定
理说明图形上两点在连线上没有相对速度，这反映了刚体上两点距离不变的物理本质。

需要特别强调：速度投影定理的投影轴只能是两点连线，因为 $\boldsymbol{v}_{BA}$ 只有在两点连线上
的投影才等于零。

（3）速度瞬心法。应用基点法求平面图形上任一点的速度时，基点的选取是任意的。如
果选取图形上瞬时速度等于零的一点作为基点，将使计算大为简化。这时图形上任一点的速
度只等于该点绕瞬时速度为零的基点转动的速度。平面图形上某瞬时速度为零的点称为平面
图形在该瞬时的**瞬时速度中心**，简称**速度瞬心**。问题是每瞬时图形上是否存在速度等于零的
点呢？下面来回答这个问题。

如图 7-9 所示，设有一个平面图形 S；图形上点 A 为基点，它的速度为 v_A，图形的角速度为 ω。过点 A 作 v_A 的垂线 AN；AN 上任一点 M 的速度为

$$v_M = v_A + v_{MA}$$

显然，v_A 和 v_{MA} 在同一条直线上，而方向相反，故 v_M 的大小为

$$v_M = v_A - v_{MA} = v_A - \omega \cdot AM$$

由此可知，随着点 M 在垂线 AN 上的位置不同，v_M 的大小也不同，可以找到一点 P，这点的瞬时速度等于零，则

$$AP = \frac{v_A}{\omega}$$

由此可见，只要平面图形的角速度 ω 不等于零，那么在该瞬时图形上（或其延伸部分）总有速度等于零的一个点，这一点就是瞬心。

如果取速度瞬心点 P 为基点，则平面图形上任一点 A 的速度大小为

$$v_A = v_{AP} = AP \cdot \omega \tag{7-6}$$

其方向垂直于转动半径 PA 并指向图形绕点 P 转动的方向（见图 7-10）。

 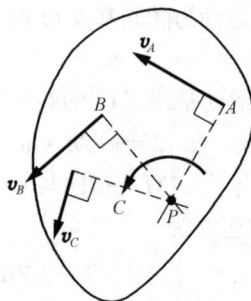

图 7-9　　　　　　　　　　　　　　图 7-10

可见，图形内各点速度的大小与该点到速度瞬心的距离成正比。速度的方向垂直于该点到速度瞬心的连线，指向图形转动的一方。平面图形上各点速度在某瞬时的分布情况，与图形绕定轴转动时各点速度的分布情况相类似。从速度分析计算的角度看，平面图形的运动可以看成为绕速度瞬心的瞬时转动。

需要指出：刚体作平面运动时，每一瞬时，必有一点成为速度瞬心；在不同的瞬时，速度瞬心的位置是不同的。

综上所述可知，分析机构运动时，可以根据平面图形内任意两点的速度来确定瞬心的位置，则在该瞬时，图形内任一点的速度可以完全确定。图 7-11 给出了平面图形内 A、B 两点速度的几种情况以及所对应的瞬心位置，分别介绍如下。

（1）A、B 两点的速度 v_A 和 v_B 的方向已知，但互不平行［见图 7-11（a）］，通过 A、B 两点作与速度方向垂直的直线，其交点 P 就是该瞬时的瞬心。如果又已知其中一个速度的大小（如 v_A 的大小），就可以求得图形的角速度的大小为

$$\omega = \frac{v_A}{AP} \tag{7-7}$$

其转向由 v_A 的指向和速度瞬心 P 的位置确定。

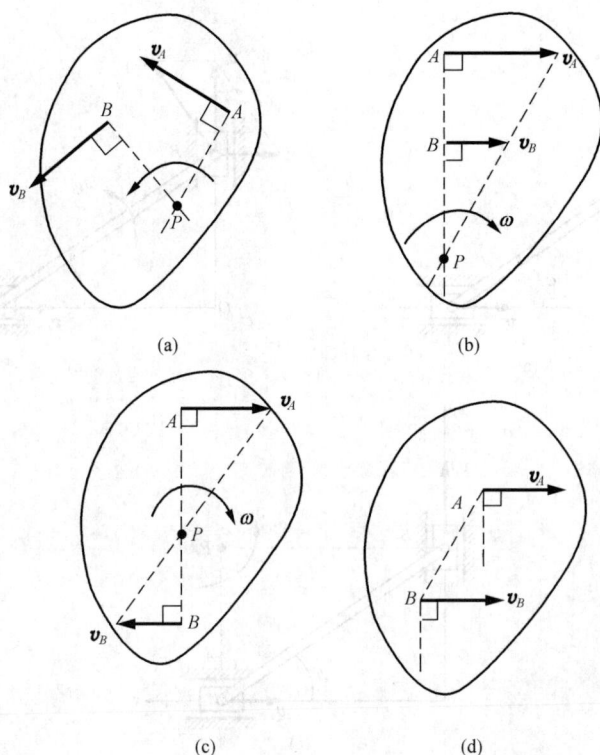

图 7 - 11

（2）v_A 和 v_B 的大小已知，互相平行且垂直于 A、B 两点的连线，方向相同［见图 7 - 11（b）］或相反［见图 7 - 11（c）］，则将两速度矢量的端点连接起来，与 AB 连线或其延长线的交点就是该瞬时的瞬心。该瞬时图形的角速度可由下面关系式算出

$$\omega = \frac{v_A}{AP} = \frac{v_B}{BP} \tag{7-8}$$

（3）某一瞬时，如 v_A 和 v_B 的方向相同且大小相等，图形的速度瞬心在无限远处［见图 7 - 11（d）］，则 $AP \to \infty$。因而，该瞬时图形的角速度

$$\omega = \frac{v_A}{AP} = 0$$

该瞬时图形上各点的速度都相同，其速度分布情况与刚体平移时一样，这种情况下图形的运动称为**瞬时平移**。这种现象只能瞬时存在，此瞬时各点的速度虽然相同，但加速度不同。

在某些特殊情况下，瞬心也可以根据刚体的运动特点直接确定。如图 7 - 12 所示，在固定面上作纯滚动的刚体，其瞬心就是刚体与固定面的接触点 P。因为刚体作纯滚动时，接触点处的速度必为零。

【**例 7 - 1**】 如图 7 - 13（a）所示，椭圆规尺的点 A 速度为 v_A，沿 x 轴的负向运动，$AB = l$，求点 B 的速度和 AB 的角速度。

图 7 - 12

图 7 - 13

解 运动分析。尺 AB 作平面运动，以作平面运动的 AB 为研究对象。

解法 1 基点法

（1）以点 A 为基点，则点 B 的速度由式（7-3）有

$$\boldsymbol{v}_B = \boldsymbol{v}_A + \boldsymbol{v}_{BA}$$

（2）按矢量方程作速度平行四边形（画法与点的速度合成定理相似），如图 7-13（b）所示。

（3）根据几何关系计算速度

$$v_B = v_A \cot\varphi$$

$$v_{BA} = \frac{v_A}{\sin\varphi}$$

（4）计算角速度

$$\omega_{AB} = \frac{v_{BA}}{AB} = \frac{v_{BA}}{l} = \frac{v_A}{l\sin\varphi}$$

转向如图 7-13（b）所示。

解法 2 速度投影定理

根据式（7-5）并考虑到图 7-13（b），有

$$v_B \sin\varphi = v_A \cos\varphi$$

解得

$$v_B = v_A \cot\varphi$$

v_B 的结果与基点法求得的结果完全相同，而且比较简单。但是用速度投影定理无法求解刚体的角速度 ω_{AB}。

解法 3　瞬心法

(1) 画瞬心图。如图 7-13 (c) 所示，分别作点 A 和点 B 速度的垂线，两条直线的交点 P 就是图形 AB 的速度瞬心；由 v_A 的指向和速度瞬心 P 的位置确定图形 AB 的角速度 ω_{AB} 的转向；根据瞬心的位置和 ω_{AB} 的转向确定点 B 的速度 v_B 的方向。

(2) 求图形 AB 的角速度，由式 (7-7) 有

$$\omega_{AB} = \frac{v_A}{AP} = \frac{v_A}{l\sin\varphi}$$

(3) 求点 B 的速度，由式 (7-6) 有

$$v_B = \omega_{AB} \cdot PB = v_A \cot\varphi$$

请注意三种方法的比较及优缺点，同时注意投影法的适用条件。

【例 7-2】　如图 7-14 (a) 所示的行星轮系，大齿轮 I 固定，半径为 r_1；行星齿轮 II 沿轮 I 滚而不滑，半径为 r_2，系杆 OA 角速度为 ω_0，求行星齿轮 II 的角速度 ω_{II} 及轮上 B、C 两点的速度。

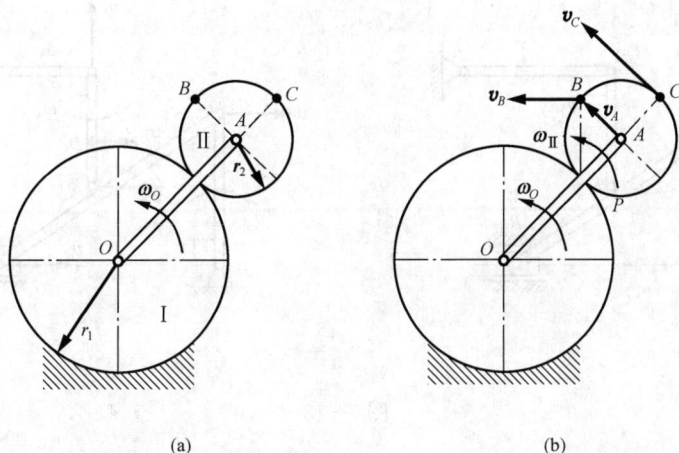

(a)　　(b)

图 7-14

解

(1) 运动分析。系杆 OA 定轴转动，行星轮 II 作平面运动，以作平面运动的行星轮 II 为研究对象。

(2) 画瞬心图。行星轮 II 作纯滚动，其瞬心在与固定面的接触点，所以 II 和 I 的交点 P 为行星轮 II 的速度瞬心；由 v_A 的指向和速度瞬心的位置确定行星轮 II 的角速度 ω_{II} 的转向；根据瞬心的位置和 ω_{II} 的转向确定点 B 的速度 v_B 和点 C 的速度 v_C 的方向 [见图 7-14 (b)]。

(3) 求行星轮 II 的角速度，由式 (7-7) 有

$$\omega_{II} = \frac{v_A}{r_2} = \qquad\qquad (7-9)$$

将

$$v_A = \omega_O(r_1 + r_2)$$

代入式（7-9），则有

$$\omega_{II} = \frac{\omega_0(r_1 + r_2)}{r_2}$$

（4）求点 B、点 C 的速度，由式（7-6）得点 B 的速度为

$$v_B = \omega_{II} \cdot \sqrt{2}\, r_2 = \sqrt{2}\,\omega_O(r_1 + r_2)$$

方向如图 7-14（b）所示。

点 C 的速度为

$$v_C = \omega_{II} \cdot 2r_2 = \frac{\omega_O(r_1 + r_2)}{r_2} \cdot 2r_2 = 2\omega_O(r_1 + r_2)$$

方向如图 7-14（b）所示。

【例 7-3】　图 7-15 所示的平面机构，曲柄长 $OA = r$，以角速度 ω_0 绕 O 轴转动，摇杆 O_1N 在水平位置，而连杆 NK 在铅垂位置。连杆上有一点 D，其位置为 $DK = 1/3NK$，求点 D 的速度。

(a)　　　　　　　　　　　(b)

图 7-15

解

（1）运动分析。曲柄 OA、O_1N 作定轴转动，连杆 AB、NK 作平面运动；分析连杆 AB，v_A 和 v_B 的方向相同且大小相等，所以，连杆 AB 作瞬时平移。

（2）以作平面运动的连杆 NK 为研究对象，分析点 K 和点 N 的速度，该瞬时速度瞬心为 N，则连杆 NK 的角速度

$$\omega_{NK} = \frac{v_K}{NK} = \frac{\omega_O r}{NK}$$

（3）点 D 的速度

$$v_D = \omega_{NK}\frac{2}{3}NK = \frac{2\omega_O r}{3}$$

7.3　平面运动的加速度分析

1. 基点法求加速度

现在讨论基点法求平面图形各点的加速度。如图 7 - 16 所示，设平面图形角速度为 ω，角加速度为 α。选基点 O'，并设基点 O' 的加速度为 $\boldsymbol{a}_{O'}$。取点 M 为动点，动参考系为过基点 O' 的平移参考系（$O'x'$ y'），按点的加速度合成定理有

$$\boldsymbol{a}_{\mathrm{a}} = \boldsymbol{a}_{\mathrm{e}} + \boldsymbol{a}_{\mathrm{r}}$$

动点 M 的牵连运动为随同基点 O' 的平移，牵连加速度为

$$\boldsymbol{a}_{\mathrm{e}} = \boldsymbol{a}_{O'}$$

动点 M 的相对运动是绕点 O' 的圆周运动，相对加速度分解为切向加速度 $\boldsymbol{a}_{MO'}^{\mathrm{t}}$，方向垂直于 MO' 和法向加速度 $\boldsymbol{a}_{MO'}^{\mathrm{n}}$，方向指向基点 O'，即

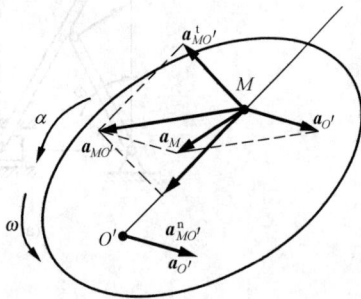

图 7 - 16

$$\boldsymbol{a}_{\mathrm{r}} = \boldsymbol{a}_{MO'} = \boldsymbol{a}_{MO'}^{\mathrm{t}} + \boldsymbol{a}_{MO'}^{\mathrm{n}}$$

切向加速度 $\boldsymbol{a}_{MO'}^{\mathrm{t}}$ 和法向加速度 $\boldsymbol{a}_{MO'}^{\mathrm{n}}$ 的大小为

$$\boldsymbol{a}_{MO'}^{\mathrm{t}} = MO' \cdot \alpha, \quad \boldsymbol{a}_{MO'}^{\mathrm{n}} = MO' \cdot \omega^2$$

于是，求得点 M 的加速度为

$$\boldsymbol{a}_M = \boldsymbol{a}_{O'} + \boldsymbol{a}_{MO'}^{\mathrm{t}} + \boldsymbol{a}_{MO'}^{\mathrm{n}} \tag{7 - 10}$$

即平面图形内任一点 M 的加速度等于基点的加速度与该点随图形绕基点转动的切向加速度和法向加速度的矢量和。

式（7 - 10）为平面内的矢量等式，通常可以向两个相交的坐标轴投影，得到两个代数方程，用以求解两个未知量。用基点法求平面图形上点的加速度的步骤与用基点法求点的速度的步骤相同。

以上是加速度分析的基点法。仿照第 7.2 节内容还可以采用瞬心法及投影法，但由于加速度瞬心难以确定及加速度投影定理表述复杂，所以平面运动加速度分析时，大多使用基点法。

【例 7 - 4】　如图 7 - 17（a）所示椭圆规的机构中，曲柄 OD 以匀角速度 ω 绕 O 轴转动，$OD = AD = BD = l$。求当 $\varphi = 60°$ 时，尺 AB 的角加速度和点 A 的加速度。

解

运动分析：曲柄定轴转动，滑块平移，尺 AB 作平面运动，以作平面运动的 AB 为研究对象。

（1）瞬心法求尺 AB 的角速度。OD 定轴转动，则

$$v_D = \omega l$$

$$\omega_{AB} = \frac{v_D}{PD} = \frac{\omega l}{l} = \omega$$

图 7 - 17

（2）基点法求加速度。

1）取点 D 为基点，由式（7 - 10）得加速度如图 7 - 17（b）所示。图 7 - 17（b）中，因为 OD 作匀速转动，所以 $a_D = l\omega^2$，$\boldsymbol{a}_A$、$\boldsymbol{a}_{AD}^{\mathrm{t}}$ 的指向假设；加速度矢量等式为

$$\boldsymbol{a}_A = \boldsymbol{a}_D + \boldsymbol{a}_{AD}^{\mathrm{t}} + \boldsymbol{a}_{AD}^{\mathrm{n}}$$

2）如图 7 - 17（b）所示，取 x' 轴垂直于 $\boldsymbol{a}_{AD}^{\mathrm{t}}$，$y'$ 轴垂直于 $\boldsymbol{a}_A$。将加速度矢量等式分别在 x' 轴和 y' 轴上投影，得

$$-a_A \cos\varphi = a_D \cos(\pi - 2\varphi) - a_{AD}^{\mathrm{n}}$$

$$0 = -a_D \sin\varphi + a_{AD}^{\mathrm{n}} \sin\varphi + a_{AD}^{\mathrm{t}} \cos\varphi$$

3）写出投影式中的已知加速度。

相对法向加速度大小为

$$a_{AD}^{\mathrm{n}} = \omega_{AB}^2 AD = \omega^2 l$$

将已知加速度代入上两个投影式，解得

$$a_A = \frac{-a_D \cos(\pi - 2\varphi) + a_{AD}^{\mathrm{n}}}{\cos\varphi} = \frac{-\omega^2 l \cos 60° + \omega^2 l}{\cos 60°} = l\omega^2$$

$$a_{AD}^{\mathrm{t}} = \frac{(a_D - a_{AD}^{\mathrm{n}})\sin\varphi}{\cos\varphi} = \frac{(\omega^2 l - \omega^2 l)\sin\varphi}{\cos\varphi} = 0$$

则

$$\alpha_{AB} = \frac{a_{AD}^{\mathrm{t}}}{AD} = 0$$

【例 7 - 5】　如图 7 - 18（a）所示，车轮沿直线滚动。已知车轮半径为 R，中心 O 的速度为 v_O，加速度为 $\boldsymbol{a}_O$。设车轮与地面接触无相对滑动，求车轮上速度瞬心的加速度。

解

（1）车轮作平面运动，与固定面接触点 P 为瞬心。

（2）车轮的角速度

$$\omega = \frac{v_O}{R}$$

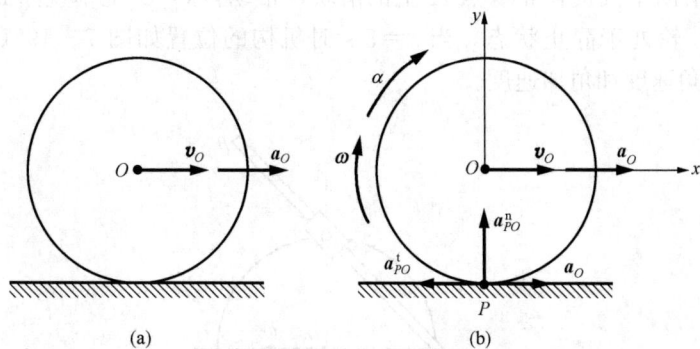

图 7 - 18

（3）车轮的角加速度

$$\alpha = \frac{\mathrm{d}\omega}{\mathrm{d}t} = \frac{1}{R}\frac{\mathrm{d}v_O}{\mathrm{d}t} = \frac{a_O}{R}$$

（4）加速度分析。

1）取点 O 为基点，由式（7 - 10）得点 P 的加速度为

$$\boldsymbol{a}_P = \boldsymbol{a}_O + \boldsymbol{a}_{PO}^t + \boldsymbol{a}_{PO}^n$$

2）写出已知的加速度

$$a_{PO}^t = \alpha R = a_O, \quad a_{PO}^n = \omega^2 R = \frac{v_O^2}{R}$$

3）选投影轴，将矢量等式取投影。将加速度矢量等式分别向 x 轴和 y 轴取投影

$$a_{Px} = a_O - a_{PO}^t = 0$$

$$a_{Py} = a_{PO}^n = \frac{v_O^2}{R}$$

$$a_{Px} = 0$$

所以

$$a_P = a_{Py} = a_{PO}^n = \frac{v_O^2}{R}$$

当车轮在地面上只滚不滑时，速度瞬心 P 的加速度指向轮心 O。

2. 运动学综合问题分析

由以上分析计算可知，刚体平面运动的理论和分析方法可以建立起作平面运动的同一个刚体上两个不同点的速度之间或加速度之间的关系。当需要建立有相对运动的两个不同刚体上重合点的速度之间或加速度之间的关系时，需应用点的合成运动理论和分析方法。在许多实际的工程机构中，可能既有刚体的平面运动，又有点的合成运动，这就需要综合应用这两种理论和方法进行分析和求解。

下面通过例题来说明刚体平面运动和点的合成运动这两种分析方法的综合应用。

【例 7 - 6】 半径 $r = 1\mathrm{m}$ 的轮子，沿水平固定轨道滚动而不滑动，轮心具有匀加速度

$a_O = 0.5 \text{ m/s}^2$，借助于铰接在轮缘点 A 上的滑块，带动杆 O_1B 绕垂直图面的轴 O_1 转动，在初瞬时（$t=0$）轮处于静止状态，当 $t=3 \text{ s}$ 时机构的位置如图 7-19（a）所示。求杆 O_1B 在此瞬时的角速度和角加速度。

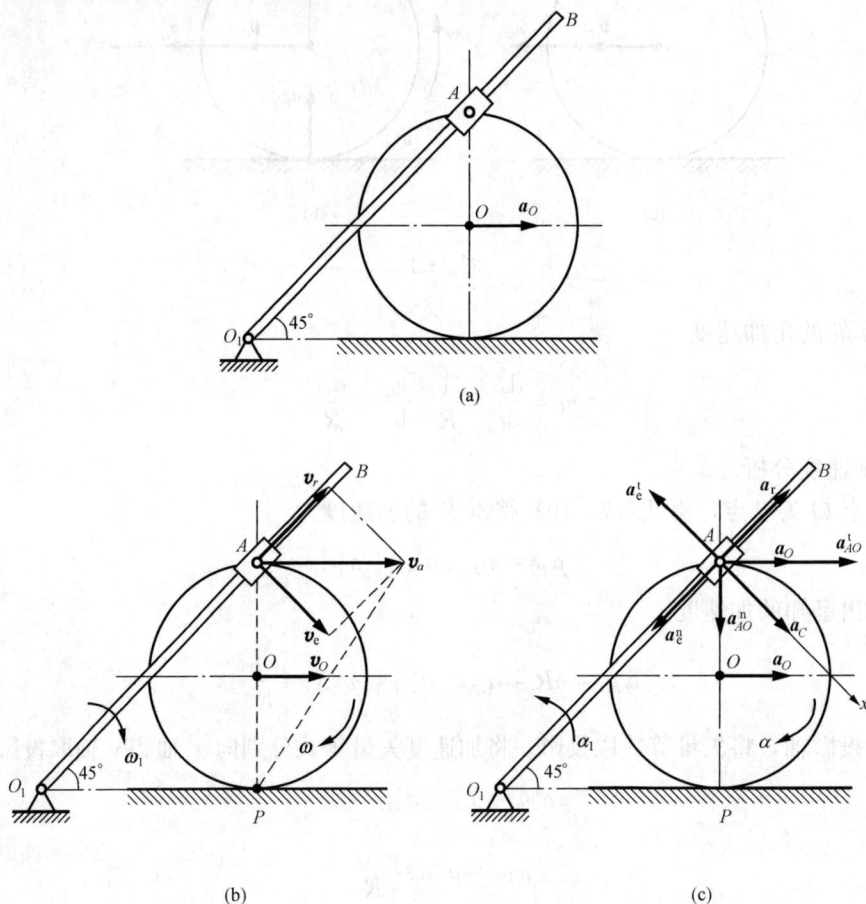

图 7-19

解

（1）速度分析和计算［见图 7-19（b）］。当 $t=3 \text{ s}$ 时，轮心 O 的速度

$$v_O = a_O t = 0.5 \times 3 = 1.5 \text{ (m/s)}$$

由于轮子作纯滚动，故它与地面的接触点 P 为速度瞬心，由速度瞬心法可得

$$v_A = 2v_O = 3 \text{ (m/s)}$$

方向为水平向右。

取滑块 A 为动点，动参考系固连于 O_1B 杆上，则有绝对运动为轮缘点 A 的滚轮线运动；相对运动为沿 O_1B 杆的直线运动；牵连运动为随杆 O_1B 绕 O_1 轴的定轴转动。

根据点的速度合成定理，动点 A 的绝对速度

$$v_a = v_e + v_r \tag{7-11}$$

由图 7-19（b）的速度平行四边形，得

$$v_a \cos 45° = v_e = v_r$$

故

$$v_e = v_r = 3\sqrt{2}/2 \ (\text{m/s})$$

于是，杆 O_1B 的角速度

$$\omega_1 = v_e/O_1A = 3/4 \ (\text{rad/s}) \quad （顺时针）$$

（2）加速度分析和计算［见图 7 - 19（c）］。用基点法求点 A 的加速度。取点 O 为基点，有

$$\boldsymbol{a}_A = \boldsymbol{a}_O + \boldsymbol{a}_{AO}^t + \boldsymbol{a}_{AO}^n \tag{7-12}$$

根据牵连运动为定轴转动时点的加速度合成定理，动点 A 的绝对加速度可表示为

$$\boldsymbol{a}_a = \boldsymbol{a}_e^t + \boldsymbol{a}_e^n + \boldsymbol{a}_r + \boldsymbol{a}_C \tag{7-13}$$

由式（7 - 12）和式（7 - 13），得

$$\boldsymbol{a}_O + \boldsymbol{a}_{AO}^t + \boldsymbol{a}_{AO}^n = \boldsymbol{a}_e^t + \boldsymbol{a}_e^n + \boldsymbol{a}_C + \boldsymbol{a}_r \tag{7-14}$$

将式（7 - 14）投影到与不需求的未知量 $\boldsymbol{a}_r$ 相垂直的 x 轴上，得

$$(a_O + a_{AO}^t + a_{AO}^n)\sqrt{2}/2 = -a_e^t + a_C$$

故

$$a_e^t = a_C - (a_O + a_{AO}^t + a_{AO}^n)\sqrt{2}/2 = 0.88 \ (\text{m/s})$$

于是，杆 O_1B 的角加速度

$$\alpha_1 = a_e^t/O_1A = 0.31 \ (\text{rad/s}^2) \quad （逆时针）$$

7.4　刚体绕平行轴转动的合成

　　刚体绕平行轴转动的情形在工程中是常见的，例如在图 7 - 20 所示的行星齿轮机构中，行星齿轮 II 和 III 的运动均可以看成刚体绕两个平行轴转动的合成运动。显然，行星齿轮作平面运动，通常可以分解为随基点的平动和绕基点的转动，但是将行星齿轮的运动分解为绕两个平行轴转动的合成运动，有时更便于分析与计算。

　　行星齿轮机构如图 7 - 21 所示。系杆 O_0O 绕轴 O_0 转动，并带动行星齿轮 II 沿固定齿轮 I 作纯滚动。将动系固连于系杆 O_0O 上，齿轮 II 相对系杆以相对角速度 ω_r 绕动轴 O 转动，同时系杆以牵连角速度 ω_e 绕定轴 O_0 转动，齿轮 II 上任意点 P 的速度 $v_P = v_e + v_r$，如图 7 - 22 所示。可见，在线段 O_0O 上一定能找到齿轮 II（或其扩大部分）上的一点 C，使该点速度矢量 $\boldsymbol{v}_e$ 与 $\boldsymbol{v}_r$ 刚好大小相等，方向相反，绝对速度 $\boldsymbol{v}_C = \boldsymbol{v}_e + \boldsymbol{v}_r = 0$。点 C 为齿轮 II 的瞬时速度中心，过点 C 且与轴 O_0 和轴 O 平行的轴为瞬时转动轴，简称**瞬轴**。在点 C 上，有 $v_e = v_r$，可得

$$O_0C \cdot \omega_e = OC \cdot \omega_r$$

(a)

(b)

图 7 - 20

或

$$\frac{\omega_r}{\omega_e}=\frac{O_0C}{OC} \tag{7-15}$$

若已知两平行轴的位置和 ω_e 及 ω_r 的大小，则瞬轴 C 的位置可由上式确定，而齿轮Ⅱ的绝对运动也可以看成以绝对角速度 ω_a 绕瞬轴 C 的转动。

当 ω_e 及 ω_r 同向转动时（图 7-22），齿轮Ⅱ的轴 O 的速度大小为

$$v_O=OC\cdot\omega_a=O_0O\cdot\omega_e$$

图 7-21　　　　　　　　　　　　　图 7-22

可得齿轮Ⅱ的绝对角速度

$$\omega_a=\frac{O_0O}{OC}\omega_e \tag{7-16}$$

考虑到 $O_0O=O_0C+OC$ 和式（7-15），由上式可得

$$\omega_a=\omega_e+\omega_r \tag{7-17}$$

ω_a 的转向与 ω_e 和 ω_r 相同。

由式（7-16）和式（7-17）可得结论：**刚体绕两平行轴同向转动时，合成运动是绕瞬轴的转动。绝对角速度的大小等于牵连角速度与相对角速度的大小之和。瞬轴内分两轴间的距离，内分比与两个角速度的大小成反比。**

当 ω_e 及 ω_r 反向转动时（图 7-23），为使齿轮Ⅱ上一点 C 的 v_e 与 v_r 大小相等，方向相反，瞬轴 C 的位置应在线段 O_0O 的外侧，仍由式（7-16）确定。若 $\omega_e<\omega_r$，由式（7-6）可得，$OC<O_0C$，瞬轴 C 位于轴 O 的外侧；若 $\omega_e>\omega_r$，则有 $OC>O_0C$，瞬轴 C 位于轴 O_0 的外侧。由 $O_0O=|O_0O-OC|$ 和式（7-16）及式（7-17），可得

$$\omega_a=|\omega_e-\omega_r| \tag{7-18}$$

ω_a 的转向与 ω_e 和 ω_r 中较大的一个角速度的转向相同。

由式（7-16）和式（7-18），可得结论：**刚体绕两平行轴反向转动时，合成运动是绕瞬轴的转动。绝对角速度的大小等于牵连角速度与相对角速度的大小之差，其转向与较大的角速度的转向相同。瞬轴外分两轴间距离，并在较大角速度的转轴外侧，外分比仍与两个角速度的大小成反比。**

由式（7-18）可知，当 $\omega_e=\omega_r$ 时，可得 $\omega_a=0$。由此可得结论：当刚体以大小相等的角速度同时绕两个平行轴反向转动时，刚体的合成运动是平移，这种特殊的运动情况称为**转动偶**。

【例 7-7】 系杆 H 以匀角速度 ω_H 绕轴 O_1 转动，并带动行星齿轮Ⅱ沿固定齿轮Ⅰ滚动，如图 7-24 所示。已知齿轮节圆半径分别为 r_1、r_2。试求齿轮Ⅱ的绝对角速度 ω_2 以及

对系杆的相对角速度 ω_{2r}。

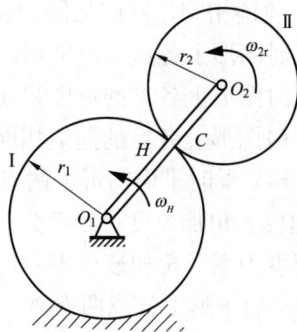

图 7－23　　　　　　　　　　图 7－24

解　由于齿轮 II 和固定齿轮 I 啮合，故啮合点 C 为齿轮 II 的瞬心，由式（7－16）可得

$$\frac{\omega_r}{\omega_e} = \frac{r_1}{r_2} = \frac{\omega_{2r}}{\omega_H}$$

齿轮 II 相对于杆系 H 的角速度为

$$\omega_{2r} = \frac{r_1}{r_2}\omega_H$$

由式（7－17）可得齿轮 II 的绝对角速度为

$$\omega_2 = \omega_H + \omega_{2r} = \frac{r_1 + r_2}{r_2}\omega_H$$

ω_{2r} 和 ω_2 的转向与 ω_H 相同。

习　题　7

7－1　判断题

(1) 刚体平面运动为其上任意一点与某一固定平面的距离始终平行的运动。　　　　（　　）

(2) 平面图形的运动可以看成是随着基点的平移和绕基点的转动的合成。　　　　（　　）

(3) 平面图形上任意两点的速度在某固定轴上投影相等。　　　　（　　）

(4) 平面图形随着基点平移的速度和加速度与基点的选择有关。　　　　（　　）

(5) 平面图形绕基点转动的角速度和角加速度与基点的选择有关。　　　　（　　）

(6) 速度瞬心处的速度为零，加速度也为零。　　　　（　　）

(7) 刚体作平面运动，若某瞬时其平面图形上有两点的加速度的大小和方向均相同，则该瞬时此刚体上各点的加速度都相同。　　　　（　　）

(8) 圆轮沿直线轨道作纯滚动，只要轮心作匀速运动，则轮缘上任意一点的加速度的方向均指向轮心。　　　　（　　）

(9) 刚体瞬时平动时，角速度为零，角加速度不为零。　　　　（　　）

7－2　选择题、填空题

(1) 平面运动刚体相对其上任意两点的（　　　）。

(A) 角速度相等，角加速度相等　　　　　　(B) 角速度相等，角加速度不相等

(C) 角速度不相等，角加速度相等　　　　　(D) 角速度不相等，角加速度不相等

(2) 刚体平面运动的瞬时平移，其特点是（　　）。

(A) 各点轨迹相同，速度相同，加速度相同

(B) 该瞬时图形上各点的速度相同

(C) 该瞬时图形上各点的速度相同，加速度相同

(D) 每瞬时图形上各点的速度相同

(3) 若已知某瞬时平面图形上两点的速度为零，则在该瞬时平面图形的（　　）。

(A) 角速度和角加速度一定都为零　　　　(B) 角速度和角加速度一定不为零

(C) 角速度为零，角加速度不一定为零　　(D) 角速度不为零，角加速度一定为零

(4) 已知平面图形上任意两点 A、B 点的速度分别为 v_A、v_B，C 为 AB 的中点，则点 C 的速度 v_C 为_____，点 C 相对于点 A 的速度 v_{CA} 为_____。

(5) 杆 AB 作平面运动，已知某瞬时 B 的速度大小为 $v_B = 6$ m/s，方向如题 7-2 (a) 图所示，则在该瞬时 A 点速度的最小值为_____ m/s。

(6) 如题 7-2 (b) 图所示，某瞬时平面图形上 A 点的速度 $v_A \neq 0$，加速度 $a_A = 0$，B 点的加速度大小 $a_B = 40$ cm/s²，与 AB 连线间的夹角 $\varphi = 60°$。若 $AB = 5$ cm，则此瞬时该平面图形角速度的大小为_____ rad/s；角加速度的大小为_____ rad/s²。

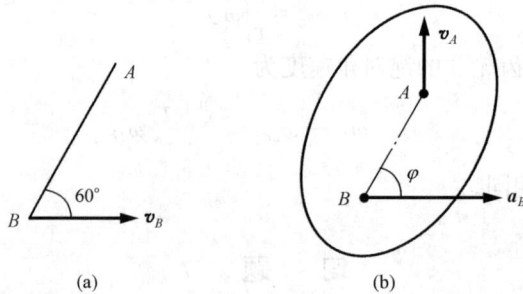

(a)　　　　　　　　(b)

题 7-2 图

7-3　题 7-3 图所示半径为 r 的齿轮由曲柄 OA 带动，沿半径为 R 的固定齿轮滚动。曲柄 OA 以等角加速度 α 绕轴 O 转动，当运动开始时，角速度 $\omega_0 = 0$，转角 $\varphi_0 = 0$。求动齿轮以圆心 A 为基点的平面运动方程。

7-4　如题 7-4 图所示，曲柄—滑块机构中曲柄 OA 长为 r，以等角速度 ω 绕点 O 转

题 7-3 图

题 7-4 图

动，连杆 AB 长为 l。试求

(1) 连杆 AB 的平面运动方程；

(2) 连杆上一点 $P(AP=l_1)$ 的轨迹、速度和加速度。

7-5 杆 AB 斜靠于高为 h 的台阶角 C 处，一端 A 以匀速 v_0 沿水平方向向右运动，如题 7-5 图所示。试以杆与铅垂线的夹角 θ 表示杆的角速度。

7-6 四连杆机构 $ABCD$ 如题 7-6 图所示。已知曲柄 AB 长为 20 cm，转速为 45 r/min，摆杆 CD 长为 40 cm，试求在图示位置时 BC、CD 两杆的角速度。

题 7-5 图

题 7-6 图

7-7 轧碎机构如题 7-7 图所示，圆轮半径为 $r=0.5$ m，连杆 AB 的长度为 $l=1$ m，圆轮以匀角速度 $\omega=4$ rad/s 沿顺时针方向转动。试求当 OA 铅垂，$\angle ABC=90°$，$\angle OCB=60°$ 时，点 B 的速度及 AB、BC 两杆的角速度。

7-8 题 7-8 图所示一平面铰接机构。已知 OA 杆长为 $\sqrt{3}r$，角速度为 $\omega_0=\omega$，CD 杆长为 r，角速度为 $\omega_D=2\omega$，它们的转向如图所示。在图示位置，OA 杆与 AB 杆垂直，BC 与 AB 夹角为 $60°$，CD 与 AB 平行。试求该瞬时 B 点的速度 v_B。

题 7-7 图

题 7-8 图

7-9 题 7-9 图所示的各机构中，哪些构件作平面运动，并画出平面运动构件的速度瞬心位置，角速度转向以及点 M 的速度方向（各轮均为纯滚动）。

7-10 平面机构如题 7-10 图所示，曲柄 OA 以匀角速度 ω 绕 O 轴转动，鼓轮轴沿水平直线轨道作纯滚动。已知 $OA=AB=2r$，$R=\sqrt{3}r$，$\varphi=30°$。试求此瞬时 D 点的速度。

7-11 题 7-11 图所示，直杆 AB 与圆柱 O 相切于 D 点，杆的 A 端以 $v_A=60$ cm/s 匀

(a)

(b)

(c)

(d)

(e)

(f)

题 7 - 9 图

速向右滑动，圆柱半径 $r=10$ cm，圆柱与地面、圆柱与直杆之间均无滑动，试求 $\varphi=60°$ 时圆柱的角速度。

7 - 12 题 7 - 12 图所示平面机构，已知 $OA=30$ cm，以匀角速度 $\omega=5$ rad/s 绕 O 轴转动，$R=20$ cm，$r=10$ cm。试求图示瞬时轮 A 的角速度以及滑块 C 的速度。

7 - 13 题 7 - 13 图所示曲柄肘式压床，已知曲柄 OA 长为 r，以匀角速度 ω 转动，$AB=BC=BD=l$，当曲柄与水平线成 $30°$ 角时，连杆 AB 处于水平位置，而肘杆 BD 与铅垂线也成 $30°$ 角。试求机构在所示位置时连杆 AB 和 BC 的角速度及冲头 C 的速度。

题 7 - 10 图

题 7 - 11 图

题 7 - 12 图

题 7 - 13 图

7-14 平面机构如题 7-14 图所示，已知 $OA = CD = 10$ cm，$AB = 20$ cm，$BC = 30$ cm。图示位置时，OA 水平，角速度 $\omega = 4$ rad/s，$\varphi = \theta = 45°$。试求该位置时 AB 杆、BC 杆及 CD 杆的角速度。

7-15 题 7-15 图所示平面机构，已知曲柄 OA 的角速度为 ω，$OA = AB = O_1B = O_1C = r$，角 $\alpha = \beta = 60°$，试求滑块 C 的速度。

题 7 - 14 图

题 7 - 15 图

7-16 题 7-16 图所示平面机构，杆 OA 长为 l，以角速度 ω 绕 O 轴转动，从而带动半径为 r 的轮 C 沿水平直线作纯滚动。在图示位置，O、A 和 C 三点在同一水平线上，α 和 β

题 7-16 图

角已知。试求该瞬时轮 C 的角速度。

7-17　题 7-17 图所示平面机构，杆 OA 以角速度 ω 绕 O 轴转动，尺寸如图所示。试求杆 CDE 和板 ABC 的角速度及 D 点的速度。

7-18　题 7-18 图所示平面机构，杆 OA 以角速度 ω 绕 O 轴转动，已知 $CD=6r$，$OA=DE=r$，试求滑杆 FG 的速度和杆 DE 的角速度。

题 7-17 图

题 7-18 图

7-19　题 7-19 图所示刚架的支座 B 有一铅直向下的微小位移（沉陷）$\Delta \boldsymbol{r}_B$，相应地，C、D、E 三点都将发生微小位移。试确定 C、D、E 三点的位移 $\Delta \boldsymbol{r}_C$、$\Delta \boldsymbol{r}_D$、$\Delta \boldsymbol{r}_E$ 的方向以及它们的大小与 $\Delta \boldsymbol{r}_B$ 的比值。

7-20　题 7-20 图所示平面机构，已知 $CD=$ 40cm，$BC=OB$，在图示位置时，曲柄 O_1A 垂直于 AB，AB 平行于 O_1O，试求两 A、D 点微小位移间的关系。

题 7-19 图

题 7-20 图

7-21　如题 7-21 图所示，塔轮 I 半径为 $r=0.1$ m 和 $R=0.2$ m，绕轴 O 转动的规律是 $\varphi=t^2-3t$ rad，并通过不可伸长的绳子卷动动滑轮 II，其半径为 $r_2=0.15$ m。设绳子与各轮之间无相对滑动，试求：

（1）$t=1$ s 时，轮 II 的角速度和角加速度；

（2）该瞬时水平直径上 C、D、E 各点的速度和加速度。

7-22　题7-22图所示直角刚性杆，$AC=CB=0.5$ m。设在图示瞬时，两端滑块沿水平与铅垂轴的加速度如图所示，其大小分别为$a_A=1$ m/s^2，$a_B=3$ m/s^2。试求该瞬时直角杆的角速度和角加速度。

题7-21图

题7-22图

7-23　题7-23图所示等边三角形ABC在自身平面内运动，已知$a_A \parallel BC$，$a_B \parallel AC$，且$a_A=2a$，$a_B=a$，试求顶点C的加速度。

7-24　题7-24图所示平面机构中，$OA=12$ cm，$AB=30$ cm，AB杆的B端以$v_B=2$ m/s，$a_B=1$ m/s^{2}向左沿固定平面运动。在图示位置，OA处于铅垂位置，试求该瞬时，AB杆的角速度和角加速度。

题7-23图

题7-24图

7-25　题7-25图所示平面机构中，轮A作纯滚动，A点的速度为v_A，加速度为a_A，AB杆长为l，试求：

(1) AB杆的角速度和角加速度；

(2) B点的速度和加速度。

7-26　题7-26图所示曲柄滚轮机构中，已知曲柄长为$OA=15$ cm，滚子半径为$R=15$ cm，转速为$n=60$ r/min。试求当$OA \perp AB$且$\alpha=60°$时，滚轮的角速度和角加速度。

7-27　题7-27图所示曲柄连杆机构中，已知曲柄$OA=0.2$ m，连杆$AB=1$ m，OA以匀角速度$\omega=10$ rad/s绕O轴转动。求图示位置$OA \perp AB$时滑块B的加速度和AB杆的角加速度。

7-28　题7-28图所示机构中，已知滑块A以匀速度$v_A=12$ cm/s沿水平直槽向左运动，并通过连杆AB带动轮B沿圆弧轨道作无滑动的滚动。轮B的半径为$r=2$ cm，圆弧轨

题 7-25 图

题 7-26 图

道的半径 $R=5$ cm，在图示位置滑块 A 离圆弧轨道中心 O 的距离为 $l=4$ cm。试求该瞬时连杆 AB 的角加速度及轮 B 的角加速度。

题 7-27 图

题 7-28 图

7-29　题 7-29 图所示平面四连杆机构中，曲柄 OA 长 r，连杆 AB 长 $l=4r$。当曲柄和连杆成一直线时，此时曲柄的角速度为 ω，角加速度为 α，试求该瞬时摇杆 O_1B 的角速度和角加速度。

7-30　反平行四边形机构如题 7-30 图所示，已知 AB 与 CD 等长为 $l=40$ cm，BC 与

题 7-29 图

题 7-30 图

AD 等长为 $b=20$ cm，曲柄 AB 以匀角速度 $\omega=3$ rad/s 绕 A 点转动。试求当 $CD \perp AD$ 时，杆 BC 的角速度与角加速度。

7-31　题 7-31 图所示曲柄连杆机构在其连杆中点 C 以铰链与 CD 相连接，DE 杆可以绕 E 点转动。曲柄的角速度 $\omega=8$ rad/s，且 $OA=25$ cm，$DE=100$ cm，若当 B、E 两点在同一铅垂线上时，O、A、B 三点在同一水平线上，$\angle CDE=90°$，试求杆 DE 的角速度和杆 AB 的角加速度。

7-32　题 7-32 图所示平面机构，在图示位置，已知 $O_1A=O_2B=R$，$O_1A /\!/ O_2B$，$O_1A \perp AB$，$AB=R$，$BE=l$，$ED=h$，$ED \perp AE$，曲柄 $CO /\!/ DE$，$CD=2r$，$CO=r$。曲柄 CO 以匀角速度 ω 绕 O 转动。试求 O_1A 转动的角速度和角加速度。

题 7-31 图

题 7-32 图

7-33　题 7-33 图所示平面机构，半径为 R 的轮子沿固定水平轨道作纯滚动，杆 OA 以匀角速度绕 O 轴转动。已知 $\omega=2$ rad/s，$OA=R=15$ cm，$BD=BC=45$ cm，$AD=30$ cm，OD 铅垂。在图示位置时，OA 处于水平，$BD \perp BC$。试求该瞬时轮心 C 的速度和加速度。

7-34　题 7-34 图所示平面机构，半径为 R 的圆轮在直线轨道上作纯滚动。OA 杆以匀角速度 ω 转动，$OA=R$，$AB=CD=2R$，$BC=0.5R$，OA 与 BC 处于铅垂，$\theta=30°$。试

题 7-33 图

题 7-34 图

求该瞬时滑块 D 的速度和加速度。

7-35 题 7-35 图所示平面连杆机构，等边三角形平板 ABC 的边长为 a，三个顶点 A、B 和 C 分别与套筒 A、O_1B 杆和 O_2C 杆铰接，套筒又可以沿着杆 OD 滑动。设杆 O_1B 长为 a 并以角速度 ω 转动。试求机构处于图示位置时杆 OD 的角速度。

7-36 题 7-36 图所示机构中，套筒的铰链 C 和 CD 杆连接并套在 AB 杆上。已知 $OA=20$ cm，$AB=40$ cm，在图示瞬时 $\alpha=30°$，套筒在 AB 的中点，曲柄 OA 的角速度为 $\omega=4$ rad/s。试求此瞬时 CD 杆的速度大小和方向。

题 7-35 图

题 7-36 图

7-37 题 7-37 图所示平面机构中，杆 AB 以匀速 v 沿水平方向运动，套筒 B 与杆 AB 的端点铰接，并套在绕轴 O 转动的杆 OC 上，可沿杆滑动。已知 AB 和 OE 两平行线间的垂直距离为 b，试求图示位置 $\gamma=60°$，$\beta=30°$，$OD=BD$ 时，杆 OC 的角速度和角加速度以及滑块 E 的速度和加速度。

7-38 题 7-38 图所示平面机构，杆 O_1A 绕 O_1 以匀角速度 ω 转动，$O_1A=O_2B=l$，$BC=2l$，轮 C 半径 $r=\dfrac{l}{4}$，沿水平固定面作纯滚动。试求当 $\theta=30°$，杆 O_2B 铅垂时，轮 C 的角速度和角加速度。

题 7-37 图

题 7-38 图

7-39 题 7-39 图所示平面机构，曲柄 OA 长为 r，以匀角速度 ω 绕水平固定轴 O 逆时针转动，杆 OA、AB、BE 分别铰接在 A 和 B 处，$AB=BE=2r$。杆 CD 与套筒 C 铰接，

套筒 C 可沿杆 BE 滑动。在图示瞬时，$AB\perp BE$，$OA\perp OB$，$BC=CE$，试求该瞬时杆 CD 的速度和加速度。

7-40　题 7-40 图所示平面机构，已知半径 $r=1$ m 的轮子，沿水平直线轨道作纯滚动，轮心具有匀加速度 $a_C=0.5$ m/s²，借助于铰接在轮缘 A 点上的滑块，带动杆 OB 绕垂直图面的轴 O 转动，在初瞬时（$t=0$）轮处于静止状态，当 $t=3$ s 时机构的位置如图。试求在此瞬时杆 OB 的角速度和角加速度。

题 7-39 图

题 7-40 图

7-41　系杆 H 以匀角速度 ω_H 绕轴 O_1 转动，并带动行星齿轮 Ⅱ 沿固定齿轮 Ⅰ 滚动，如题 7-41 图所示。已知齿轮节圆半径分别为 r_1、r_2。试求齿轮 Ⅱ 的绝对角速度 ω_2 以及对系杆的相对角速度 ω_{2r}。

7-42　行星齿轮减速机构如题 7-42 图所示。太阳轮 1 绕 O_1 转动，带动行星轮 2 沿固定齿圈 3 滚动，行星轮 2 带动系杆 H 绕轴 O_H 转动，从而实现了变速要求。已知各齿轮节圆半径分别为 r_1、r_2 以及 $r_3=r_1+2r_2$，齿轮 1 和 2 的齿数分别为 z_1 和 z_2，当齿轮 1 以角速度 ω_1 转动时，试求系杆角速度 ω_H 以及传动比 i_{1H}。

题 7-41 图

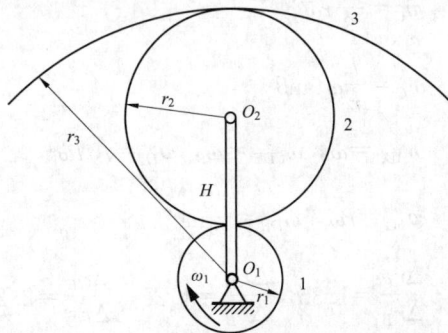

题 7-42 图

习题 7　参考答案

7-1　(1) ×　(2) √　(3) ×　(4) √　(5) ×　(6) ×　(7) √　(8) √　(9) √

7-2　(1) A　(2) B　(3) C　(4) $v_C = \dfrac{v_A + v_B}{2}$，$v_{CA} = \dfrac{v_B - v_A}{2}$　(5) 3　(6) 2, $4\sqrt{3}$

7-3　$x_A = (R+r)\cos\dfrac{\alpha}{2}t^2$，$y_A = (R+r)\sin\dfrac{\alpha}{2}t^2$，$\varphi_A = \dfrac{1}{2}\dfrac{R+r}{r}\alpha t^2$

7-4　(1) $x_A = r\cos\omega t$，$y_A = r\sin\omega t$，$\theta = \arcsin\left[\dfrac{r}{l}\sin(\omega t)\right]$

(2) $x_P = l_1\left[1 - \dfrac{1}{4}\left(\dfrac{r}{l}\right)^2 + \dfrac{r}{l_1}\cos\omega t + \dfrac{1}{4}\left(\dfrac{r}{l}\right)^2\cos 2\omega t\right]$，$y_P = \dfrac{r(l-l_1)}{l}\sin\omega t$

$v_{Px} = -r\omega\left(\sin\omega t + \dfrac{1}{2}\dfrac{rl_1}{l^2}\sin 2\omega t\right)$，$v_{Py} = \dfrac{r(l-l_1)\omega}{l}\cos\omega t$

$a_{Px} = -r\omega^2\left(\cos\omega t + \dfrac{rl_1}{l^2}\cos 2\omega t\right)$，$a_{Py} = -\dfrac{r(l-l_1)\omega^2}{l}\sin\omega t$

7-5　$\omega_{AB} = \dfrac{v_0\cos^2\theta}{h}$

7-6　$\omega_{BC} = 1.2$ rad/s，$\omega_{CD} = 1.36$ rad/s

7-7　$v_B = 1.73$ m/s，$\omega_{AB} = 1$ rad/s，$\omega_{BC} = 1.5$ rad/s

7-8　$v_B = 2\sqrt{3}\,r\omega$，与水平方向夹角为 $60°$

7-9　略

7-10　$v_D = 4r\omega$

7-11　$\omega_O = 2$ rad/s

7-12　$\omega_A = 15$ rad/s，$v_C = 200\sqrt{3}$ cm/s

7-13　$\omega_{AB} = \dfrac{2\sqrt{3}\,r\omega}{3l}$，$\omega_{BC} = \dfrac{\sqrt{3}\,r\omega}{3l}$，$v_C = \dfrac{\sqrt{3}\,r\omega}{3}$

7-14　$\omega_{AB} = 0$，$\omega_{BC} = \dfrac{2}{3}\sqrt{2}$ rad/s，$\omega_{CD} = 2\sqrt{2}$ rad/s

7-15　$v_C = \dfrac{\sqrt{3}}{3}r\omega$

7-16　$\omega_C = \dfrac{l}{r}\omega\tan\beta$

7-17　$\omega_{ABC} = \omega$，$\omega_{CDE} = \omega$，$v_D = \sqrt{5}\,l\omega$

7-18　$v_{FG} = r\omega$，$\omega_{DE} = \dfrac{\sqrt{3}}{3}\omega$

7-19　$\dfrac{\Delta r_C}{\Delta r_B} = 1.35$，$\dfrac{\Delta r_D}{\Delta r_B} = 1.25$，$\dfrac{\Delta r_E}{\Delta r_B} = 2.25$

7-20　$\Delta r_A = \dfrac{3}{8}\Delta r_D$

7-21　(1) $\omega_2 = 1$ rad/s，$\alpha_2 = 2$ rad/s^2

(2) $v_C = 0.05$ m/s，$v_D = 0.2$ m/s，$v_E = 0.1$ m/s

$a_C = 0.1$ m/s^2，$a_D = 0.427$ m/s^2，$a_E = 0.25$ m/s^2

7-22　$\omega = 2$ rad/s，$\alpha = 2$ rad/s^2

7 - 23　$a_C = \sqrt{3}\,a$

7 - 24　$\omega_{AB} = 0$，$\alpha_{AB} = 128 \text{ rad/s}^2$

7 - 25　(1) $\omega_{AB} = \dfrac{\sqrt{2}\,\boldsymbol{v}_A}{l}$，$\alpha_{AB} = \dfrac{\sqrt{2}}{l}a_A + \dfrac{2}{l^2}v_A^2$；(2) $\boldsymbol{v}_B = \boldsymbol{v}_A$，$a_B = a_A + \dfrac{2\sqrt{2}}{l}v_A^2$

7 - 26　$\omega_B = 20\sqrt{3}\,\pi/15 \text{ rad/s} = 7.25 \text{ rad/s}$，$\alpha_B = 8.77 \text{ rad/s}^2$

7 - 27　$a_B = 4\sqrt{2} \text{ m/s}^2 = 5.66 \text{ m/s}^2$，$\alpha_{AB} = 16 \text{ rad/s}^2$

7 - 28　$\alpha_{AB} = 12 \text{ rad/s}^2$，$\alpha_B = 18 \text{ rad/s}^2$

7 - 29　$\omega_{O_1 B} = 0$，$\alpha_{O_1 B} = \dfrac{\sqrt{3}}{2}\omega^2$

7 - 30　$\omega_{BC} = 8 \text{ rad/s}$，$\alpha_{BC} = 20 \text{ rad/s}^2$

7 - 31　$\omega_{DE} = 0.5 \text{ rad/s}$，$\alpha_{AB} = 0$

7 - 32　$\omega_{O_1 A} = \dfrac{r}{R}\omega$，$\alpha_{O_1 A} = \dfrac{r(R+r)}{\sqrt{3}R^2}\omega^2$

7 - 33　$\boldsymbol{v}_C = 10\sqrt{3} \text{ cm/s} = 17.3 \text{ cm/s}$，$a_C = 69.2 \text{ cm/s}^2$

7 - 34　$\boldsymbol{v}_D = \dfrac{\sqrt{3}}{2}R\omega$，$a_D = \dfrac{3}{2}R\omega^2$

7 - 35　$\omega_{OD} = \dfrac{\sqrt{3}}{6}\omega$

7 - 36　$\boldsymbol{v}_{CD} = \dfrac{80}{\sqrt{3}} \text{ cm/s} = 46.2 \text{ cm/s}$（↓）

7 - 37　$\omega_{OD} = \dfrac{3\boldsymbol{v}}{4b}$（顺时针），$\alpha_{OD} = -\dfrac{3\sqrt{3}\,\boldsymbol{v}^2}{8b^2}$（逆时针），$\boldsymbol{v}_E = \dfrac{\boldsymbol{v}}{2}$（→），$a_E = -\dfrac{7\boldsymbol{v}^2}{8\sqrt{3}\,b}$（←）

7 - 38　$\omega_C = 4\omega$，$\omega_C = -\dfrac{16}{\sqrt{3}}\omega^2$（顺时针）

7 - 39　$\boldsymbol{v}_{CD} = \dfrac{1}{2}r\omega$，$a_{CD} = \dfrac{2-\sqrt{3}}{8}r\omega^2 = 0.034r\omega^2$

7 - 40　$\omega_{OB} = 0.75 \text{ rad/s}$，$\alpha_{OB} = 0.31 \text{ rad/s}^2$

7 - 41　$\omega_2 = \dfrac{r_1 + r_2}{r_2}\omega_H$，$\omega_{2r} = \dfrac{r_1}{r_2}\omega_H$

7 - 42　$\omega_H = \dfrac{z_1}{2(z_1 + z_2)}\omega_1$，$i_{1H} = \dfrac{2(z_1 + z_2)}{z_1}$

第三篇 动 力 学

动力学研究作用于物体上的力与物体机械运动几何性质之间的关系。研究的力学模型有质点、质点系、刚体和刚体系统。

动力学研究两类问题：

(1) 已知物体的运动规律，求作用于物体上的力。

(2) 已知作用于物体上的力，求物体的运动规律。

这两类问题可以用大家熟知的动力学基本定律来研究，也可以用由基本定律推导出的动力学普遍定理来研究，还可以像静力学那样用平衡方程的方法来研究。对于具体问题，应根据问题的特点及其复杂程度进行具体分析，选择恰当的研究方法。

第8章 质点动力学基本方程

质点是物体最简单、最基本的模型，是构成复杂物体系统的基础。质点动力学基本方程给出了质点受力与其运动变化之间的联系。

本章根据动力学基本定律得出质点动力学的基本方程，运用微积分方法，求解一个质点的动力学问题。

8.1 动力学的基本定律

质点动力学的基础是牛顿三个基本定律。

1. 三个基本定律

牛顿第一定律（惯性定律）

不受力作用的质点，将保持静止或作匀速直线运动状态。

这一定律表明任何质点（物体）都有保持静止或匀速直线运动状态不变的特性，物体的这种特性称为**惯性**。所以第一定律又称惯性定律。第一定律还表明，力是改变物体运动状态（即获得加速度）的外部原因。

牛顿第二定律（力、质量与加速度之间的关系定律）

当质点受到外力作用时，质点的质量与加速度的乘积等于所受力的大小，加速度方向与作用力方向相同。当质点上受到多个力作用时，作用在质点上的各力可用合力来代表，即

$$ma = \sum F \tag{8-1}$$

这一定律定量描述出了力、质量与加速度之间的关系，是动力学问题研究的基础，因此称为**质点动力学基本方程**。

质点动力学第二定律也说明：当作用力施加在质点上，使质点产生确定的加速度，并使

其运动状态发生改变；当质量不变时，作用力越大，质点产生的加速度越大；施加常作用力在质点上，则质点质量越大，质点加速度越小；质点质量越小，质点加速度越大。表明质量是质点惯性的度量。

在地球表面，任何物体都受到重力 P 的作用。在重力作用下产生的加速度，称为重力加速度，记作 g。根据第二定律，有

$$P = mg$$

在国际单位制（SI）中，质量的单位为 kg，加速度的单位为 m/s^2，力的单位则是由质量、加速度的单位确定。$1\,N = 1\,kg \cdot 1\,m/s^2 = 1\,kg \cdot m/s^2$。

牛顿第三定律（力的作用与反作用定律）

两个物体间的作用力与反作用力总是大小相等、方向相反、沿同一条作用线并分别作用在这两个物体上。这一定律既适用于平衡物体，也适用于运动的物体。

2. 质点动力学定律适用范围

质点动力学的三个基本定律适用于被研究质点的质量、时间和空间都与质点运动速度无关的参考系，这种参考系称为**惯性参考系**。天体运动和一般机械运动都适用惯性参考系。

以牛顿三个基本定律为基础的力学称为古典力学（又称经典力学）。近代物理学已经证明，质量、时间和空间都与物体的运动速度有关，但当物体的运动速度远小于光速时，物体的运动对于质量、时间和空间的影响是微不足道的，对于一般工程中的机械运动问题，应用古典力学都可得到足够精确的结果。

8.2　质点运动微分方程

牛顿第二定律给出了解决质点动力学问题的基本方程，若将该式表示为包含质点位置坐标对时间的导数的方程，则称为**质点运动微分方程**。设质点的质量为 m，受合力 $\sum F_i$ 的作用沿空间曲线运动，质点的矢径为 r，由运动学可知，$a = \dfrac{d^2 r}{dt^2}$ 代入式（8-1），得矢量形式的质点运动微分方程

$$m\frac{d^2 r}{dt^2} = \sum F_i \tag{8-2}$$

下面在直角坐标系和自然坐标系上描述式（8-2）的投影形式。

1. 质点运动微分方程在直角坐标轴上投影形式

设矢径 r 在直角坐标轴上的投影分别为 x、y、z，力 F_i 在轴上的投影分别为 F_{ix}、F_{iy}、F_{iz}，则式（8-2）在直角坐标轴上的投影形式为

$$m\frac{d^2 x}{dt^2} = \sum F_{ix}, \quad m\frac{d^2 x}{dt^2} = \sum F_{iy}, \quad m\frac{d^2 x}{dt^2} = \sum F_{iz} \tag{8-3}$$

2. 质点运动微分方程在自然轴上的投影形式

由点的运动学可知，点的全加速度 a 可以表示为切向加速度和法向加速度的矢量和。即

$$a = a_t \tau + a_n n$$

其中，τ、n 为沿轨迹切线和主法线的单位矢量。

又知

$$a_t = \frac{dv}{dt}, \quad a_n = \frac{v^2}{\rho}, \quad a_b = 0 \qquad (8-4)$$

式中 ρ——轨迹的曲率半径。

将式（8-4）代入式（8-2）得质点运动微分方程在自然轴系上的投影形式为

$$m\frac{dv}{dt} = \sum F_{it}, \quad m\frac{v^2}{\rho} = \sum F_{in}, \quad 0 = \sum F_{ib} \qquad (8-5)$$

式中 F_{it}，F_{in}，F_{ib}——分别是作用于质点的各力在切线、主法线和副法线上的投影。

牛顿第二定律的直角坐标投影形式和自然轴投影形式是两种常用的质点运动微分方程。

3. 质点动力学的两类基本问题

（1）一类是已知质点运动，求作用在质点上的力，简称第一类问题。求解这类问题时，已知质点的运动方程，需求两次导数得到质点的加速度，代入质点的运动微分方程中得一代数方程组，从中便可以求解。

第一类问题的求解步骤

1）选定某质点为研究对象。

2）分析质点的运动情况，计算质点的加速度。

3）分析作用在质点上的力，包括主动力和约束反力。

4）根据未知力的情况，选择恰当的投影轴，写出在该轴的运动微分方程的投影式。

5）求出未知的力。

（2）另一类是已知作用于质点的力，求质点的运动，简称第二类问题。求解这类问题时，一般求质点的速度、运动方程。要解微分方程，需按作用力的函数规律进行积分，需要给定初始条件来确定积分常数。

第二类问题的求解步骤

1）选定某质点为研究对象。

2）分析质点的运动情况，计算质点的加速度。

3）分析作用在质点上的力，包括主动力和约束力。

4）求质点运动微分方程的投影式。

5）求质点运动方程。

【例 8-1】 如图 8-1 所示，小球质量为 m，悬挂于长为 l 的细绳上，绳重不计。小球在铅垂面内摆动时，在最低处的速度为 v；摆到最高处时，绳与铅垂线夹角为 φ，此时小球速度为零。分别计算小球在最低与最高位置时绳的拉力。

解

本题为质点动力学第一类问题

（1）取小球为研究对象。

（2）分析运动：小球作圆周运动。在最低处有法向加速度 $a_n = \dfrac{v^2}{l}$，在最高处 φ 角时，法向速度 $a_n = 0$。

（3）受力分析。重力 $P = mg$ 和绳拉力最低处 F_{T1}，最高处 F_{T2}。

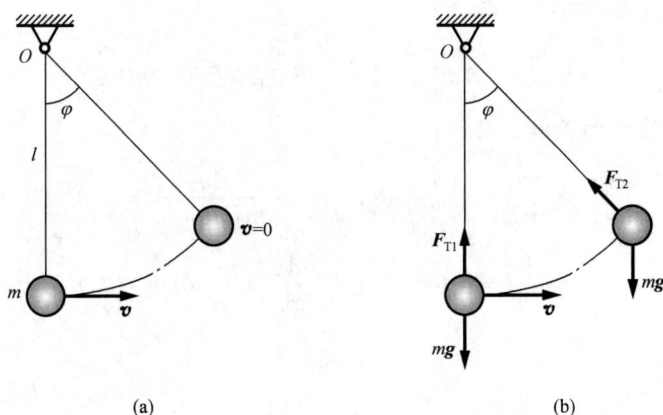

图 8-1

（4）小球在最低点，应用质点运动微分方程沿法向的投影式

$$ma_n = m\frac{v^2}{l} = F_{T1} - mg$$

则绳拉力

$$F_{T1} = mg + m\frac{v^2}{l} = m\left(g + \frac{v^2}{l}\right)$$

小球在最高处，质点运动微分方程沿法向投影式

$$F_{T2} - mg\cos\varphi = ma_n = 0$$

则绳拉力

$$F_{T2} = mg\cos\varphi$$

【例 8-2】　如图 8-2 所示，质量为 m 的小
球以水平速度 v_0 射入静水中。如水对小球的阻
力 F 与小球速度 v 的方向相反，而大小成正比，
即 $F = -\mu v$，μ 为阻尼系数。忽略水对小球的浮
力，试分析小球在重力和阻力作用下的运动。

图 8-2

解

本题为质点动力学第二类问题。

（1）取小球为研究对象。

（2）受力分析。小球在任意位置 M 处，
受重力 $m\boldsymbol{g}$ 和阻力

$$\boldsymbol{F} = -\mu v_x \boldsymbol{i} - \mu v_y \boldsymbol{j}$$

（3）小球的运动微分方程在 x、y 轴的投影形式为

$$m\frac{\mathrm{d}^2 x}{\mathrm{d}t^2} = m\frac{\mathrm{d}v_x}{\mathrm{d}t} = F_x = -\mu v_x$$

$$m\frac{\mathrm{d}^2 y}{\mathrm{d}t^2} = m\frac{\mathrm{d}v_y}{\mathrm{d}t} = mg + F_y = mg - \mu v_y$$

其初始条件为 $t=0$ 时，$x=y=0$，$v_x = v_0$，$v_y = 0$。

（4）求解速度方程和运动方程。

将
$$m\frac{\mathrm{d}v_x}{\mathrm{d}t}=-\mu v_x \quad 和 \quad m\frac{\mathrm{d}v_y}{\mathrm{d}t}=mg-\mu v_y$$

分离变量并代入速度初始条件
$$\int_{v_0}^{v_x}m\frac{\mathrm{d}v_x}{v_x}=\int_0^t-\mu\mathrm{d}t, \quad \int_0^{v_y}m\frac{\mathrm{d}v_y}{mg-\mu v_y}=\int_0^t\mathrm{d}t$$

$$v_x=\frac{\mathrm{d}x}{\mathrm{d}t}=v_0\mathrm{e}^{-\frac{\mu}{m}t}, \quad v_y=\frac{\mathrm{d}y}{\mathrm{d}t}=\frac{mg}{\mu}(1-\mathrm{e}^{-\frac{\mu}{m}t})$$

将
$$v_x=v_0\mathrm{e}^{-\frac{\mu}{m}t}, \quad v_y=\frac{mg}{\mu}(1-\mathrm{e}^{-\frac{\mu}{m}t})$$

分离变量并代入速度初始条件
$$\int_0^x\mathrm{d}x=\int_0^tv_0\mathrm{e}^{-\frac{\mu}{m}t}\mathrm{d}t, \quad \int_0^y\mathrm{d}y=\int_0^t\frac{mg}{\mu}(1-\mathrm{e}^{-\frac{\mu}{m}t})\mathrm{d}t$$

积分得质点的运动方程为
$$x=\frac{mv_0}{\mu}(1-\mathrm{e}^{-\frac{\mu}{m}t}), \quad y=\frac{mg}{\mu}t-\frac{m^2g}{\mu^2}(1-\mathrm{e}^{-\frac{\mu}{m}t})$$

当 t 趋于无穷大时
$$\lim_{t\to\infty}x=\lim_{t\to\infty}\frac{mv_0}{\mu}(1-\mathrm{e}^{-\frac{\mu}{m}t})=\frac{mv_0}{\mu}$$

小球趋于等速铅垂下落，下落速度 $c=mg/\mu$，称为极限速度，小球的轨迹趋于一铅垂直线。

【例 8-3】　如图 8-3 所示，有一圆锥摆，质量 $m=0.1\,\mathrm{kg}$ 的小球系于长 $l=0.3\,\mathrm{m}$ 的绳上，绳的另一端系在固定点 O，并与铅直线成 $\theta=60°$ 角。如小球在水平面内作匀速圆周运动，求小球的速度 v 与绳的拉力 F_T 的大小。

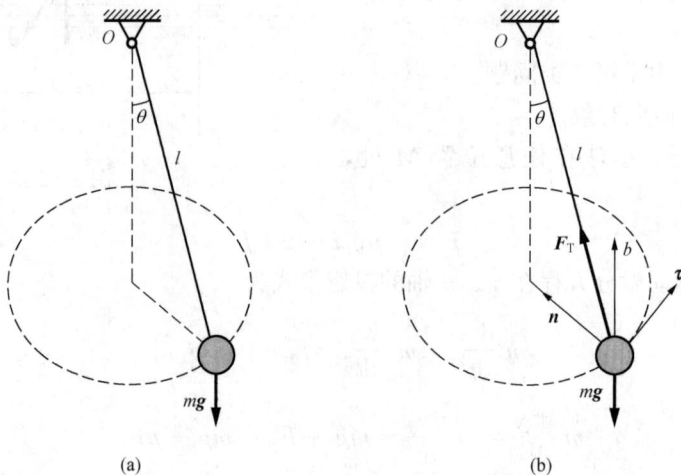

(a)　　　　　　　(b)

图 8-3

解

本题为质点动力学综合问题。

(1) 以小球为研究的质点。

(2) 作用于质点的力：有重力 $m\boldsymbol{g}$ 和绳的拉力 $\boldsymbol{F}_{\mathrm{T}}$。

(3) 选取在自然轴上投影的运动微分方程

$$0 = F_{\mathrm{T}}\cos\theta - mg, \quad m\,\frac{v^2}{l\sin\theta} = F_{\mathrm{T}}\sin\theta$$

得

$$F_{\mathrm{T}} = \frac{mg}{\cos\theta} = 1.96\,(\mathrm{N})$$

$$v = \sqrt{\frac{F_{\mathrm{T}}l\sin^2\theta}{m}} = \sqrt{\frac{3gl}{2}} = 2.1\,(\mathrm{m/s})$$

综合以上各例的解题步骤可见，求解质点动力学的第二类基本问题的前几步与第一类问题大体相同。必须在正确地分析质点的受力情况和质点运动情况的基础上，列出质点运动微分方程。求解过程一般需要积分，还要分析题意，合理应用运动初始条件确定积分常数，使问题得到确定的解。

有的工程问题既需要求质点的运动规律，又需要求未知的约束力，是第一类基本问题与第二类基本问题综合在一起的动力学问题。

习　题　8

8-1　判断题

(1) 只要知道作用在质点上的力，那么质点在任一瞬时的运动状态就完全确定了。

（　　）

(2) 在惯性参考系中，不论初始条件如何变化，只要质点不受力的作用，该质点应保持静止或等速直线运动状态。（　　）

(3) 一个质点只要运动，就一定受有力的作用，而且运动的方向就是它受力的方向。

（　　）

(4) 同一运动的质点，在不同的惯性参考系中运动，其运动的初始条件不同。（　　）

8-2　选择题、填空题

(1) 在题 8-2（a）图所示圆锥摆中，球 M 的质量为 m，绳长为 l，若 α 角保持不变，则小球的法向加速度为（　　）。

　　(A) $g\sin\alpha$　　　　　　(B) $g\cos\alpha$　　　　　(C) $g\tan\alpha$　　　　　(D) $g\cot\alpha$

(2) 已知物体的质量为 m，弹簧的刚度系数为 k，原长为 l_0，静伸长为 δ_{st}，如题 8-2（b）图所示，则对于以弹簧原长末端为坐标原点，铅直向下的坐标 Ox，重物的运动微分方程为（　　）。

　　(A) $m\ddot{x} = mg - kx$　　　(B) $m\ddot{x} = kx$　　　　(C) $m\ddot{x} = -kx$　　　(D) $m\ddot{x} = mg + kx$

(3) 求解质点动力学问题时，质点的初始条件用来（　　）。

　　(A) 分析力的变化规律　　　　　　　　　　(B) 建立质点运动微分方程

　　(C) 确定积分常数　　　　　　　　　　　　(D) 分离积分变量

　　(4) 三个质量相同的质点，在相同的力 F 作用下。若初始位置都在坐标原点 O，如题 8-2 (c) 图所示，但初始速度不同，则三个质点的运动微分方程（　　）；三个质点的运动方程（　　）。

　　①相同　②不相同　③B、C 相同　④A、B 相同　⑤A、C 相同　⑥无法确定

　　(5) 已知：物体 A 重量为 $P_1=20$ N，物体 B 重为 $P_2=30$ N，滑轮 C、D 不计质量，并略去各处摩擦，如题 8-2 (d) 图所示，则绳水平段的拉力为（　　）。

　　(A) 30 N　　　　　　(B) 20 N　　　　　　(C) 16 N　　　　　　(D) 24 N

　　(6) 质量 $m=2$ kg 的重物 M，挂在长 $l=0.5$ m 的细绳下端，重物受到水平冲击后获得了速度 $v_0=5$ m/s，如题 8-4 (e) 图所示，则此时绳子的拉力等于＿＿＿＿＿＿。

　　(7) 在介质中上抛一质量为 m 的小球，已知：小球所受阻力 $F=-kv$，若选择坐标轴 x 铅直向上，如题 8-2 (f) 图所示，则小球的运动微分方程为＿＿＿＿＿＿。

(a)　　　　　(b)　　　　　(A)　　　　　(B)　　　　　(C)　　　　　(c)

(d)　　　　　(e)　　　　　(f)

题 8-2 图

　　8-3　题 8-3 图所示质量为 3 kg 的滑块，沿位于铅垂面内的固定杆向下滑动，$v=3$ m/s，$\theta=30°$，在滑块上沿水平方向加一力 F，力 F 作用后滑块继续向下滑动 1 m 后停止。

　　(1) 不计滑块与杆之间的摩擦，试求力 F 的大小；

　　(2) 若滑块与杆之间的动摩擦因数 $f=0.2$，试求力 F 的大小。

　　8-4　题 8-4 图所示质量为 m 的物块 A 置于倾角为 α 的三棱柱体 B 上，柱体以匀加速度 a 向左运动，设物体与柱体斜面间的动摩擦因数为 f，试求物块对斜面的压力。

题 8-3 图

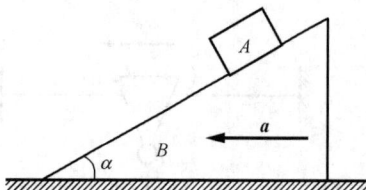

题 8-4 图

8-5　一质量为 m 的质点受固定中心排斥力 $F = \dfrac{\mu m}{x^2}$ 的作用，其中 μ 为常数，x 为质点到固定中心的距离。在初瞬时，$x_0 = a$，$v_0 = 0$。试求质点运动一段路程 $s = a$ 时的速度。

8-6　质量为 m 的小球 M，系于弹性线的一端，弹性线的另一端穿过光滑圆环 O 固定在 A 点，如题 8-6 图所示。线的原长为 $l = OA$，每将线拉长单位长度需加力 $k^2 m$（其中 k 是常数）。今将线沿 AB 拉长一倍，并给以与 AB 垂直的速度 v_0。设不计小球自重，线的拉力与线的伸长成正比，试求小球的运动规律。

8-7　物块 A 和 B 的质量均为 m，以细杆 AB 光滑铰接，置于光滑的水平和铅垂面上，如题 8-7 图所示。如果不计细杆的质量，在 $\theta = 60^\circ$ 时静止自由释放，试求此瞬时杆 AB 所受的力。

题 8-6 图

题 8-7 图

8-8　跑车通过长为 l 的绳索 OA 吊着质量为 m 的重物 A 以匀速度 v_0 沿水平方向运动，如题 8-8 图所示。由于突然刹车，重物因惯性绕悬挂点 O 向前摆动，试求刹车前和刹车后绳子的拉力。

8-9　物块 M_1 和 M_2 的质量分别为 m_1 和 m_2，用弹簧连接如题 8-9 图所示。已知物块 M_1 沿铅直方向按 $x = A\cos kt$ 运动，其中 A 和 k 均为常数；物块 M_2 放在水平支承面上。如果不计摩擦和弹簧质量，试求水平支承面对物块 M_2 的动约束力。

8-10　质量为 3.6 kg 的物体铅直向上抛射，空气阻力随速度的变化规律为 $F = km v^2$，当 $v = 180$ m/s 时，$F = 13.5$ N。若铅直向上的初速度 $v_0 = 180$ m/s，忽略高度对空气阻力和地球引力的影响。试求该物体能达到的最大高度及所需时间。

题 8-8 图

题 8-9 图

8-11 小球质量为 m，悬挂于长为 l 的细绳上，绳重不计。小球在铅垂面内摆动时，在最低处的速度为 v；摆到最高处时，绳与铅垂线夹角为 φ，如题 8-11 图所示，试求小球在最低与最高位置时绳的拉力。

8-12 设质量为 m 的质点 M 在平面 Oxy 内运动，如题 8-12 图所示，已知：其运动方程为 $x=a\cos\omega t$，$y=b\sin\omega t$，试求作用在质点上的力 $\boldsymbol{F}$。

题 8-11 图

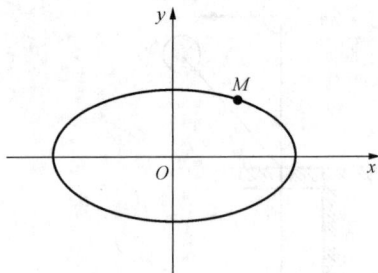

题 8-12 图

8-13 题 8-13 图所示半径为 R 的偏心轮以匀角速度 ω 绕 O 轴转动，推动导板 ABD 沿铅垂轨道作平移。已知偏心距 $OC=e$，开始时 OC 沿水平线。若在导板顶部 D 处放有一质量为 m 的物块。试求：

（1）导板对物体的最大约束反力及此时偏心 C 的位置；

（2）欲使物块不离开导板角速度 ω 的最大值。

8-14 质量为 1 kg 的小球 M，用两绳系住，两绳的另一端分别连接在固定点 A、B，如题 8-14 图所示。已知：小球以速度 $v=2.5$ m/s 在水平面内作匀速圆周运动，圆的半径 $r=0.5$ m，试求两绳的拉力。

8-15 题 8-15 图所示，从某处抛射一质量为 m 物体 M，已知初速度为 v_0，抛射角为 α，如不计空气阻力，试求物体在重力单独作用下的运动规律。

题 8 - 13 图　　　　　　　题 8 - 14 图

8 - 16　题 8 - 16 图所示，在重力作用下以仰角 α，初速度 v_0 抛射出一质量为 m 物体 M。假设空气阻力与速度成正比，方向与速度方向相反，即 $\boldsymbol{F}_R = -C\boldsymbol{v}$，$C$ 为阻力系数。试求抛射体的运动方程。

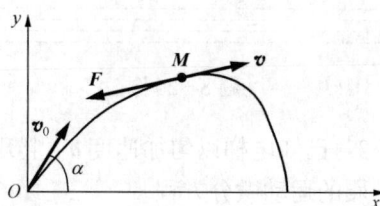

题 8 - 15 图　　　　　　　题 8 - 16 图

8 - 17　垂直于地面向上以初速度 v_0 发射一物体，试求该物体在地球引力作用下的运动速度，并求第二宇宙速度。不计空气阻力及地球自转的影响。

8 - 18　题 8 - 18 图所示滑轮系统，已知 $m_1 = 4$ kg，$m_2 = 1$ kg 和 $m_3 = 2$ kg，滑轮和绳的质量及摩擦均不计，试求三个物体的加速度（$g = 10$ m/s²）。

8 - 19　题 8 - 19 图所示系统中，设 $m_A = m_B = m_C = m$，$\varphi = 30°$，所有接触面间的摩擦都不计，试求物体 B 相对于物体 C 和物体 A 相对于物体 B 的加速度。

题 8 - 18 图　　　　　　　题 8 - 19 图

8-20　重为 $P=2000$ N 的小船以速度 1.5 m/s 沿直线运动，如题 8-20 图所示。设水的阻力 $F=-50v$。试求：

（1）在多少时间内船的速度减小到原来速度的二分之一？

（2）在这段时间内船航行的距离是多少？

8-21　质量为 m 的小环 M 沿半径为 R 的光滑圆环运动，圆环在自身平面（水平面）内以匀角速度 ω 绕通过 O 点的铅垂轴转动，如题 8-21 图所示。在初瞬时，小环 M 在 M_0 处（$\varphi=90°$）且处于相对静止状态。试求小环 M 对圆环的径向压力的最大值。

题 8-20 图

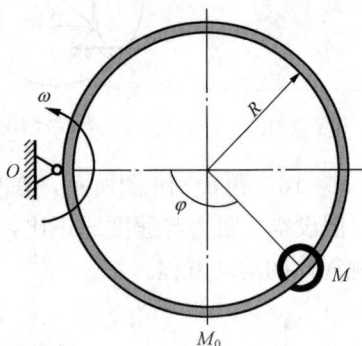

题 8-21 图

8-22　已知电梯以匀加速度 a_0 上升，如题 8-22 图所示。试求电梯中摆长为 l 的单摆相对电梯厢的运动微分方程。

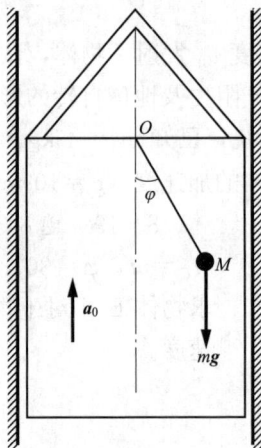

题 8-22 图

习题 8　参考答案

8-1　（1）×　（2）√　（3）×　（4）√

8-2　(1) C　(2) A　(3) C　(4) ①；②　(5) D　(6) 119.6 N　(7) $m\ddot{x}=-mg-k\dfrac{dx}{dt}$

8-3　(1) $F=32.56$ N；(2) $F=23.93$ N

8-4　$F_N=m(g\cos\alpha+a\sin\alpha)$

8-5　$v=\sqrt{\dfrac{\mu}{a}}$

8-6　$\dfrac{k^2x^2}{v_0^2}+\dfrac{y^2}{l^2}=1$（椭圆曲线运动）

8-7　$F_{AB}=\dfrac{\sqrt{3}}{2}mg$（压）

8-8　刹车前：$F_0=mg$；刹车后：$F=\left(3\cos\varphi-2+\dfrac{v_0^2}{gl}\right)mg$

8-9　$F_N=(m_1+m_2)g-m_1Ak^2\cos kt$

8-10　$h=3128$ m，$t=23.8$ s

8-11　最低处：$F_{T1}=m\left(g+\dfrac{v^2}{l}\right)$，最高处：$F_{T2}=mg\cos\varphi$

8-12　$F_x=-ma\omega^2\cos\omega t$，$F_y=-mb\omega^2\sin\omega t$

8-13　(1) C 在最低点时，$F_{max}=m(g+e\omega^2)$；(2) $\omega_{max}=\sqrt{\dfrac{g}{e}}$

8-14　$F_A=8.65$ N，$F_B=7.38$ N

8-15　$y=x\tan\alpha-\dfrac{gx^2}{2v_0^2\cos^2\alpha}$

8-16　$x=\dfrac{v_0\cos\alpha}{\mu}(1-e^{-\mu t})$，$y=\dfrac{v_0\sin\alpha-g/\mu}{\mu}(1-e^{-\mu t})-\dfrac{gt}{\mu}\left(其中：\mu=\dfrac{C}{m}\right)$

8-17　$v=\sqrt{(v_0^2-2gR)+2gR^2/x}$，第二宇宙速度：$v=11.2$ km/s

8-18　$a_1=2$ m/s² （↓），$a_2=-6$ m/s² （↑），$a_3=2$ m/s² （↓）

8-19　$a_{BC}=\dfrac{8}{7}g$，$a_{AB}=\dfrac{2\sqrt{3}}{7}g$

8-20　(1) $t=2.83$ s；(2) $S=3.1$ m

8-21　$F_{N,max}=2(2+\sqrt{2})mR\omega^2$

8-22　$\ddot{\varphi}+\dfrac{g+a_0}{l}\varphi=0$

第 9 章 动 量 定 理

质点动力学基本方程通常解决单个质点问题，当将动力学基本方程应用到质点系时，可以列出每个质点的运动微分方程，联立求解。但当质点数趋于无穷多时，解联立方程会遇到数学上的困难。事实上，许多质点系动力学问题，并不需要求出每个质点的运动规律，只需知道质点系整体运动的某些特征就足够了。表征质点系整体运动的物理量有动量、动量矩和动能等，表征力系对质点系作用效应的量有冲量、力矩和功等。

动量、动量矩和动能定理从不同的侧面描述质点和质点系的运动量和力作用量之间的定量关系。

本章将讲述动量定理、质心运动定理及其应用。

9.1 动 量 定 理

1. 质点的动量定理

矢量形式的质点运动微分方程（8-2），在质量 m 恒定不变的条件下可以改写为

$$\frac{\mathrm{d}(m\boldsymbol{v})}{\mathrm{d}t} = \sum \boldsymbol{F} \tag{9-1}$$

将质点的质量 m 与速度 $\boldsymbol{v}$ 的乘积称为质点的动量，记作 $\boldsymbol{p}$，即

$$\boldsymbol{p} = m\boldsymbol{v} \tag{9-2}$$

则式（9-1）改写为

$$\frac{\mathrm{d}\boldsymbol{p}}{\mathrm{d}t} = \sum \boldsymbol{F} \tag{9-3}$$

式（9-3）称为**质点的动量定理**，即质点的动量对时间的导数等于质点受到的作用力。

2. 质点系的动量定理

设质点系有 n 个质点，第 i 个质点的质量为 m_i，速度为 $\boldsymbol{v}_i$；外界物体对该质点作用的力为 $\boldsymbol{F}_i^{(\mathrm{e})}$，称为外力，质点系内其他质点对该质点作用的力为 $\boldsymbol{F}_i^{(\mathrm{i})}$，称为内力。根据质点的动量定理，有

$$\frac{\mathrm{d}(m_i \boldsymbol{v}_i)}{\mathrm{d}t} = \boldsymbol{F}_i^{(\mathrm{e})} + \boldsymbol{F}_i^{(\mathrm{i})} \tag{9-4}$$

这样的方程共有 n 个。将 n 个方程两端分别相加，并改变左边第一项求和与求导次序，得

$$\frac{\mathrm{d}}{\mathrm{d}t} \sum_{i=1}^{n} (m_i \boldsymbol{v}_i) = \sum_{i=1}^{n} \boldsymbol{F}_i^{(\mathrm{e})} + \sum_{i=1}^{n} \boldsymbol{F}_i^{(\mathrm{i})} \tag{9-5}$$

考虑到内力总是大小相等、方向相反地成对出现，内力的矢量和等于零，$\sum_{i=1}^{n} \boldsymbol{F}_i^{(\mathrm{i})} = 0$，即质点系的内力主矢为零，则式（9-5）简写为

$$\frac{\mathrm{d}}{\mathrm{d}t}\sum_{i=1}^{n}(m_i\,\boldsymbol{v}_i)=\sum_{i=1}^{n}\boldsymbol{F}_i^{(\mathrm{e})} \tag{9-6}$$

式（9-6）中 $\sum\limits_{i=1}^{n}(m_i\,\boldsymbol{v}_i)$ 为质点系内各质点动量的矢量和，定义为质点系的动量，记作 $\boldsymbol{p}$，即

$$\frac{\mathrm{d}\boldsymbol{p}}{\mathrm{d}t}=\sum_{i=1}^{n}\boldsymbol{F}_i^{(\mathrm{e})} \tag{9-7}$$

式（9-7）中的 $\sum\limits_{i=1}^{n}\boldsymbol{F}_i^{(\mathrm{e})}$ 为质点系中外力的矢量和，称为外力系的主矢。式（9-7）即**为质点系的动量定理：质点系的动量对时间的导数，等于外力系的主矢**。注意，质点系的内力对于系统的动量不产生任何影响。

对式（9-7）在 t_1 和 t_2 时刻积分，得

$$\boldsymbol{p}_2-\boldsymbol{p}_1=\sum\int_{t_1}^{t_2}\boldsymbol{F}_i^{(\mathrm{e})}\mathrm{d}t \tag{9-8}$$

式（9-8）中的 $\int_{t_1}^{t_2}\boldsymbol{F}\mathrm{d}t$ 表示力 $\boldsymbol{F}$ 在 $t_1\sim t_2$ 这段时间间隔内的积分，称为力 $\boldsymbol{F}$ 的**冲量**，记作 $\boldsymbol{I}$，表示的是力 $\boldsymbol{F}$ 在 $t_1\sim t_2$ 这段时间内的累积效应，则式（9-8）简写为

$$\boldsymbol{p}_2-\boldsymbol{p}_1=\sum\boldsymbol{I}_i^{(\mathrm{e})} \tag{9-9}$$

式（9-9）是**质点系动量定理的积分形式**，即**在某一时间间隔内，质点系动量的改变量等于在这段时间内作用于质点系外力冲量的矢量和**。

动量定理是矢量式，在应用时应取投影形式，如式（9-7）和式（9-9）在直角坐标系的投影式为

$$\frac{\mathrm{d}p_x}{\mathrm{d}t}=\sum F_x^{(\mathrm{e})},\quad\frac{\mathrm{d}p_y}{\mathrm{d}t}=\sum F_y^{(\mathrm{e})},\quad\frac{\mathrm{d}p_z}{\mathrm{d}t}=\sum F_z^{(\mathrm{e})} \tag{9-10}$$

$$p_{2x}-p_{1x}=\sum I_x^{(\mathrm{e})},\quad p_{2y}-p_{1y}=\sum I_y^{(\mathrm{e})},\quad p_{2z}-p_{1z}=\sum I_z^{(\mathrm{e})} \tag{9-11}$$

【例 9-1】 电动机的外壳固定在水平基础上，定子质量为 m_1，转子质量为 m_2，如图 9-1 所示。设定子的质心位于转轴的中心 O_1，但由于制造误差，转子的质心 O_2 到 O_1 的距离为 e。已知转子以匀角速度 ω 转动。求基础的水平和竖直约束力。

解

（1）取电动机外壳与转子组成质点系为研究对象。

（2）受力分析。外力有重力 $m_1\boldsymbol{g}$、$m_2\boldsymbol{g}$，基础的支座力 $\boldsymbol{F}_x$、$\boldsymbol{F}_y$、M。

（3）运动分析。机壳不动，质点系动量就是转子的动量，大小：$p=m_2\omega e$。

（4）由动量定理在直角坐标的投影式（9-10），得

图 9-1

$$\frac{\mathrm{d}p_x}{\mathrm{d}t}=F_x,\quad\frac{\mathrm{d}p_y}{\mathrm{d}t}=F_y-m_1g-m_2g \tag{9-12}$$

将　　　　　　$p_x=m_2\omega e\cos\omega t,\quad p_y=m_2\omega e\sin\omega t$

代入式（9-12），解出基础的约束力

$$F_x = -m_2 \omega^2 e \sin\omega t$$

$$F_y = (m_1 + m_2)g + m_2 \omega^2 e \cos\omega t$$

电动机不转时，基础只有向上的约束力 $(m_1+m_2)g$，可称为**静约束力**；电动机转动时的基础约束力可称为**动约束力**；动约束力与静约束力的差值是由于系统运动而产生的，称为**附加动约束力**。

小结　应用动量定理解题步骤。

1）取研究对象。

2）分析质点系所受的全部外力，包括主动力和约束力。

3）运动分析，写出动量的表达式。

4）应用质点或质点系动量定理的微分形式或积分形式列出运动和力的关系。

5）求解未知力。

3. 质点系动量守恒定律

从质点系的动量定理（9-7）可以看出，质点系动量的改变仅取决于质点系外力的主矢，而与系统的内力无关。若外力系主矢 $\sum_{i=1}^{n} \boldsymbol{F}_i^{(e)} = 0$，则动量的变化率为零，保持常矢量不变，即

$$\boldsymbol{p} = 恒矢量$$

即**质点系动量守恒定律：作用于质点系的外力的主矢恒等于零，质点系的动量保持不变。**

从质点系动量定理的投影形式（9-10）可以看出，若外力系在某轴上（如 x 轴）投影 $\sum_{i=1}^{n} \boldsymbol{F}_x^{(e)} = 0$，则动量在 x 方向的变化率为零，p_x 保持常量不变，即

$$p_x = 恒量$$

即**作用在质点系的外力主矢在某一坐标轴上的投影恒等于零，则质点系的动量在该坐标轴上的投影保持不变。**

9.2　质心运动定理

1. 质量中心

质点系的质量中心 C 是一个特殊点，简称**质心**。设质点系内任意质点 m_i 相对于固定点 O 的矢径为 $\boldsymbol{r}_i$，则质心 C 相对点 O 的矢径 $\boldsymbol{r}_C$ 由下式确定

$$\boldsymbol{r}_C = \frac{\sum m_i \boldsymbol{r}_i}{\sum m_i} = \frac{\sum m_i \boldsymbol{r}_i}{m} \tag{9-13}$$

式（9-13）中

$$\sum m_i = m$$

则质心的直角坐标投影式

$$x_C = \frac{\sum m_i x_i}{\sum m_i} = \frac{\sum m_i x_i}{m}, \ y_C = \frac{\sum m_i y_i}{\sum m_i} = \frac{\sum m_i y_i}{m}, \ z_C = \frac{\sum m_i z_i}{\sum m_i} = \frac{\sum m_i z_i}{m} \tag{9-14}$$

将式（9-13）两边对时间求导，得到

$$m \frac{\mathrm{d}\boldsymbol{r}_C}{\mathrm{d}t} = \sum m_i \frac{\mathrm{d}\boldsymbol{r}_i}{\mathrm{d}t} \tag{9-15}$$

2. 刚体的动量

由运动学可知

$$\frac{\mathrm{d}\boldsymbol{r}_C}{\mathrm{d}t}=\boldsymbol{v}_C, \quad \frac{\mathrm{d}\boldsymbol{r}_i}{\mathrm{d}t}=\boldsymbol{v}_i$$

则式（9-15）变成

$$m\boldsymbol{v}_C=\sum m_i\boldsymbol{v}_i=\boldsymbol{p} \tag{9-16}$$

即**质点系的动量等于其质量与质心速度的乘积**。式（9-16）表明，无论质点系（或刚体）做什么运动，刚体的动量都等于刚体的质量与质心速度的乘积。

3. 质心运动定理

将式（9-16）代入质点系的动量定理（9-7），并由运动学可知$\frac{\mathrm{d}\boldsymbol{v}_C}{\mathrm{d}t}=\boldsymbol{a}_C$，则

$$m\boldsymbol{a}_C=\sum_{i=1}^{n}\boldsymbol{F}_i^{(\mathrm{e})} \tag{9-17}$$

式（9-17）即为**质心运动定理，即质点系的质量与质心加速度的乘积等于作用于质点系外力的矢量和（即外力主矢）**。将式（9-17）与质点动力学基本方程对比，可以看出：质点系的质心运动规律完全等同于一个质点的运动规律，该质点在质心处集中了整个系统的质量，且受到作用于质点系的全部外力主矢的作用。

质心运动定理说明：质点系的内力不影响质心的运动，只有外力才能改变质心的运动。例如在爆破山石时，土石碎块向各处飞落，在尚无碎石落地前，所有土石碎块为一质点系，其质心的运动与一个抛射质点的运动相同，这个质点的质量等于质点系的全部质量，作用在这个质点上的力是质点系中各质点重力的总和。

质心运动定理在直角坐标轴上的投影式为

$$ma_{Cx}=\sum F_x^{(\mathrm{e})}, \quad ma_{Cy}=\sum F_y^{(\mathrm{e})}, \quad ma_{Cz}=\sum F_z^{(\mathrm{e})} \tag{9-18}$$

质心运动定理在自然轴上的投影式为

$$ma_C^{\mathrm{n}}=\sum F_{\mathrm{n}}^{(\mathrm{e})}, \quad ma_C^{\mathrm{t}}=\sum F_{\mathrm{t}}^{(\mathrm{e})}, \quad \sum F_{\mathrm{b}}^{(\mathrm{e})}=0 \tag{9-19}$$

4. 质心运动守恒定律

如果作用于质点系的所有外力主矢恒等于零，则质心做匀速直线运动；若开始静止，则质心位置始终保持不变。如果作用于质点系的所有外力在某轴上投影的代数和恒等于零，则质心速度在该轴上的速度投影保持不变；若开始时速度投影等于零，则质心沿该轴的坐标保持不变。

图 9-2

【例 9-2】 应用质心运动定理求解例 9-1。

解

（1）取电动机外壳与转子组成质点系为研究对象。

（2）受力分析：外力有重力 $m_1\boldsymbol{g}$、$m_2\boldsymbol{g}$，基础的支座力 $\boldsymbol{F}_x$、$\boldsymbol{F}_y$、M，如图 9-2 所示。

（3）计算质心坐标和质心加速度

$$x_C=\frac{m_2 e\sin\varphi}{m_1+m_2}, \quad a_{Cx}=\ddot{x}_C=-\omega^2\frac{m_2 e\sin\omega t}{m_1+m_2}$$

$$y_C = \frac{-m_2 e \cos\varphi}{m_1 + m_2}, \quad a_{Cy} = \ddot{y}_C = \omega^2 \frac{m_2 e \cos\omega t}{m_1 + m_2}$$

（4）应用质心运动定理的投影式（9-18）得

$$\begin{cases} (m_1 + m_2)a_{cx} = F_x \\ (m_1 + m_2)a_{cy} = F_y - m_1 g - m_2 g \end{cases} \tag{9-20}$$

（5）通过式（9-20）求得基础的约束力

$$F_x = -m_2 \omega^2 e \sin\omega t$$

$$F_y = (m_1 + m_2)g + m_2 \omega^2 e \cos\omega t$$

【例 9-3】 如图 9-3 所示，设人的质量为 m_2，船的质量为 m_1，船长 l，水的阻力不计。一人在静止的小船上自船头走到船尾，求船的位移。

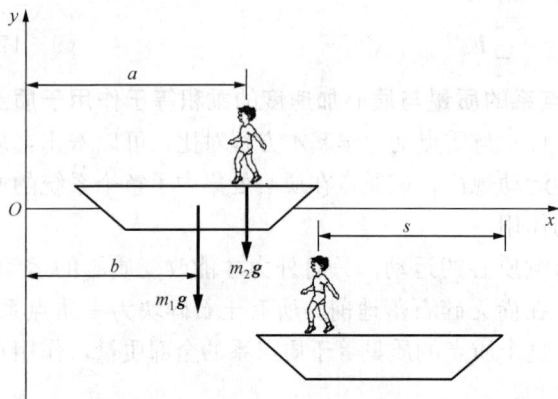

解

（1）取人与船组成质点系为研究对象。

（2）质心运动守恒分析：因不计水的阻力，故外力在水平轴上的投影等于零，即 $\sum F_x^{(e)} = 0$，开始时速度投影等于零，则质心沿该轴的坐标保持不变。

（3）取坐标系如图 9-3 所示。在人走动前，质点系的质心坐标

$$x_{C1} = \frac{m_2 a + m_1 b}{m_2 + m_1}$$

图 9-3

人走到船尾时，设船移动的距离为 s，则这时质点系的质心坐标为

$$x_{C2} = \frac{m_2(a - l + s) + m_1(b + s)}{m_2 + m_1}$$

质心在 x 轴上的坐标不变，即

$$x_{C1} = x_{C2}$$

所以

$$s = \frac{m_2 l}{m_2 + m_1}$$

小结 应用质心运动定理的解题步骤。

1）取质点和质点系为研究对象。

2）分析质点系所受的全部外力，包括主动力和约束力。

3）根据外力情况确定质心运动。若外力主矢等于零，且初始时质点系静止，则质心运动守恒；若外力主矢不等于零，计算质心坐标，求质心加速度，应用质心运动定理求未知力。

4）若外力已知，求质心的运动规律与求质点运动规律相同。

习 题 9

9-1 判断题

(1) 动量是瞬时量，冲量也是瞬时量。 （ ）

(2) 质点的动量等于力的冲量。 （ ）

(3) 内力不能改变质点系的动量，也不能改变质点系内各质点的动量。 （ ）

(4) 质点系的动量守恒时，质点系中各质点的动量也一定守恒。 （ ）

(5) 由质心运动定理，可以确定质点系质心的运动，也可以确定作用在质点系上的约束力。 （ ）

(6) 若变力的冲量为零，则变力 F 必为零。 （ ）

(7) 质心在 x 轴上的坐标不变的主要条件是：作用于质点系的外力在该轴上投影的代数和恒为零。 （ ）

(8) 刚体受一群力作用，不论各力作用点如何，此刚体质心的加速度都一样。 （ ）

(9) 一个刚体若动量为零，则该刚体一定处于静止状态。 （ ）

9-2 选择题、填空题

(1) 系统在某一运动过程中，作用于系统的所有外力的冲量和的方向与系统在此运动过程中（ ）的方向相同。

    (A) 力   (B) 动量

    (C) 力的改变量   (D) 动量的改变量

(2) 题 9-2 (a) 图所示，均质圆盘 O 的质量为 $2m$，半径为 r，物体 A、B 的质量均为 m，如果绳与圆盘之间不打滑，不计绳重，已知 A 的速度为 v，则整个系统的动量大小为（ ）。

    (A) mv (B) 0   (C) $2mv$ (D) $3mv$

(3) 边长为 L 的均质正方形平板，位于铅垂平面内并置于光滑水平面上，如题 9-2 (b) 图所示，若给平板一微小扰动，使其从图示位置开始倾倒，平板在倾倒的过程中其质心 C 点的运动轨迹是（ ）。

    (A) 半径为 $\frac{l}{2}$ 的圆弧   (B) 抛物线   (C) 椭圆曲线   (D) 铅垂直线

(4) 题 9-2 (c) 图所示系统，质量分别为 $m_1=m$，$m_2=2m$ 的两个小球 M_1、M_2 用长为 l 而重力不计的刚杆相连。现将 M_1 置于光滑水平面上，且 M_1M_2 与水平面成 $60°$ 角。则当无初速释放，M_2 落地时，M_1 球移动的水平距离为（ ）。

    (A) $\frac{l}{6}$ (B) $\frac{l}{4}$ (C) $\frac{l}{3}$ (D) 0

(5) 质量均为 m 的均质细杆 AB、BC 和均质圆盘 CD 用铰链连接在一起并支承，如题 9-2 (d) 图所示。已知 $AB=BC=CD=2R$，图示瞬时 A、B、C 处于同一水平线位置，而 CD 铅直，若 AB 杆以角速度 ω 转动，则图示瞬时系统的动量大小为_____。

(6) 题 9-2 (e) 图所示系统，均质杆 OA、CD 和 AC 质量均为 m，且 $OA=CD=AC=l$，杆 OA 以角速度 ω 转动，则该瞬时 CD 杆动量的大小为_____。

(7) 机构如题 9-2 (f) 图所示，OA 杆质量为 m，$OA=R$，以匀角速度 ω 绕 O 轴转动，

AB 杆和滑块 B 的质量亦为 m，在图示瞬时 $OA \perp OB$，$\theta = 30°$，则此瞬时系统的动量大小为_____。

题 9-2 图

9-3 求题 9-3 图所示均质物体或物体系统的动量。

(1) 均质轮质量为 m，半径为 R，绕质心轴 C 转动，角速度为 ω，如题 9-3（a）图所示。

(2) 非均质轮质量为 m，半径为 R，偏心距为 e，绕轴 O 转动，角速度为 ω，如题 9-3（b）图所示。

(3) 均质轮质量为 m，半径为 R，沿水平直线轨道纯滚动，轮心的速度为 v，如题 9-3（c）图所示。

(4) 均质杆质量为 m，杆长为 L，绕杆端轴 O 转动，角速度为 ω，如题 9-3（d）图所示。

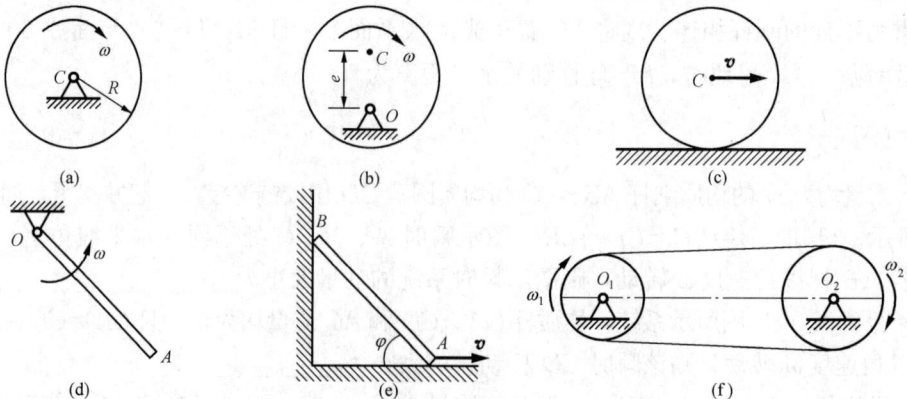

题 9-3 图

(5) 均质杆质量为 m，杆长为 L，题 9-3 (e) 图所示瞬时 A 端速度为 v。

(6) 皮带轮传动系统由均质轮和均质皮带组成，轮 O_1 的质量为 m_1，半径为 r_1，轮 O_2 的质量为 m_2，半径为 r_2，皮带的质量为 m，如题 9-3 (f) 图所示。

9-4　杆 OA 绕 O 轴逆时针转动，均质圆盘沿 OA 杆纯滚动。已知圆盘的质量 $m=$ 20kg，半径 $R=100$ mm。在题 9-4 图所示位置时，OA 杆的倾角为 30°，其角速度为 $\omega_1=$ 1 rad/s，圆盘相对 OA 杆转动的角速度 $\omega_2=4$ rad/s，$OB=100\sqrt{3}$ mm，试求圆盘的动量。

9-5　两个相同的均质杆 AB 和 AD 用铰链连接，每个杆的质量为 m，长为 L，在水平面内运动。已知铰链 A 的速度为 u，两个杆的角速度为 ω，转向如题 9-5 图所示。试求该瞬时系统质心的速度和系统的动量。

题 9-4 图　　　　　　　　　　　题 9-5 图

9-6　两均质杆 OA 和 AB 质量为 m，长为 l，铰接于 A。题 9-6 图所示位置时，OA 杆的角速度为 ω，AB 杆相对 OA 杆的角速度亦为 ω。试求此瞬时系统的动量。

9-7　题 9-7 图所示均质曲柄 OA 质量为 m_1，长为 r，以匀角速度 ω 绕 O 转动，带动质量为 m_3 的滑槽作铅垂方向运动。E 为滑槽质心，$DE=b$，滑块 A 的质量为 m_2。当 $t=0$ 时，$\varphi=0$。不计摩擦，试求 $\varphi=30°$ 时：

(1) 系统的动量；

(2) O 处铅垂方向的约束力。

题 9-6 图　　　　　　　　　　　题 9-7 图

9-8　题 9-8 图所示，滑块 C 的质量为 $m=19.6$ kg，在力 $F=866$ N 的作用下沿倾角为 30° 的导杆 AB 运动。已知力 F 与导杆 AB 之间的夹角为 45°，滑块与导杆的动摩擦因数

$f=0.2$，初瞬时滑块静止，试求滑块的速度增大到 $v=2$ m/s 时所需的时间。

9-9　质量为 m_1 的矩形板可在题 9-9 图所示的光滑平面上运动，板上有一半径为 R 的圆形凹槽，一质量为 m 的质点以相对速度 v_{r} 沿凹槽匀速运动。初始时，板静止，质点位于圆形凹槽的最右端（$\theta=0°$）。试求质点运动到图示位置时，板的速度、加速度及地面作用于板上的约束力。

题 9-8 图

题 9-9 图

9-10　题 9-10 图所示凸轮机构中，凸轮以等角速度 ω 绕定轴 O 转动。质量为 m_1 的滑杆 I 借右端弹簧的拉力而顶在凸轮上，当凸轮转动时，滑杆作往复运动。设凸轮为一均质圆盘，质量为 m_2，半径为 r，偏心距为 e。试求在任意瞬时机座的附加动约束力。

9-11　塔轮由两个半径为 r_1 和 r_2 的均质轮固结在一起组成，并可绕水平轴 O 转动。两轮上各绕有绳索，并挂有重物 M_1 和 M_2，如题 9-11 图所示。设已知两轮的总质量为 m，两重物的质量分别为 m_1 和 m_2，不计绳的质量，试求当 M_1 以加速度 a_1 下降时轴承 O 的约束力。

题 9-10 图

题 9-11 图

9-12　质量为 m 长为 $2l$ 的均质杆 OA 绕水平固定轴 O 在铅垂面内转动，如题 9-12 图所示。已知在图示位置杆的角速度为 ω，角加速度为 α。试求此时杆在 O 轴的约束力。

9-13　题 9-13 图所示机构，已知顶杆 AB 的质量为 m_1，均质圆轮的质量为 m_2，半径为 R，以匀角速度 ω 绕 O 轴转动，顶杆与轮之间的摩擦因数为 f。试求此时 O 处的约束力。

9-14　题 9-14 图所示系统，重物 A 和 B 的质量分别为 m_1、m_2。若 A 下降的加速度为 a，滑轮质量不计。试求支座 O 处的约束力。

题 9-12 图

题 9-13 图

9-15 题 9-15 图所示质量为 100 kg 的车在光滑的直线轨道上以 $v_1=1$ m/s 的速度匀速运动。今有一质量为 50 kg 的人从高处跳到车上，其速度为 $v_2=2$ m/s，与水平面成 60°角。随后此人又从车上向后跳下，他跳离车子后相对于车子的速度为 $v_r=1$ m/s，方向与水平面成 30°角，试求人跳离车子后的车速。

题 9-14 图

题 9-15 图

9-16 题 9-16 图所示均质杆 AB 长为 2l，质量为 m，在光滑水平面上自由倒下，初始 $\varphi_0=60°$，试求：

(1) AB 杆落至水平时 A 点的位移；

(2) B 点的轨迹。

9-17 质量为 M 的大三角块放在光滑水平面上，其斜面上放一和它相似的小三角块，其质量为 m。已知大、小三角块的水平边长各为 b 与 a，如题 9-17 图所示。试求小三角块由图示位置滑到底时大三角块的位移。

题 9-16 图

题 9-17 图

9-18　均质杆 AD 和 BD 长为 l，质量分别为 $6m$ 和 $4m$，在 D 处铰接，如题 9-18 图所示。开始时维持在铅垂面内静止，设地面光滑，两杆被释放后将分开倒向地面。试求 D 点落地时偏移的水平距离。

9-19　质量为 m_1 的物块，沿倾角为 θ 的光滑楔块滑下。楔块放在光滑的水平面上，如题 9-19 图所示，已知楔块的质量为 m_2。试求：

(1) 物块水平方向的加速度 a_1；

(2) 楔块的加速度 a_2；

(3) 楔块对物块的约束力 $\boldsymbol{F}_{R1}$ 及水平面对楔块的约束力 $\boldsymbol{F}_{R2}$。

题 9-18 图

题 9-19 图

9-20　质量为 m_1 的小车置于光滑水平面上，长为 l 的无重刚杆 AB 的 B 端固结一质量为 m_2 的小球，如题 9-20 图所示。若刚杆在与铅垂方向成 θ 角位置时，系统静止，试求系统释放后，当 AB 杆运动到 $\theta=0°$ 时小车的水平位移。

9-21　物体 A 和 B 的质量分别为 m_1 和 m_2，借一绕过滑轮 C 的不可伸长的绳索相连，这两个物体可沿直角三棱柱光滑斜面滑动，而三棱柱的底面 DE 则放在光滑水平面上，如题 9-21 图所示。试求当物体 A 落下高度为 $h=10$ cm 时三棱柱沿水平面的位移。设三棱柱的质量 $m=4m_1=16m_2$，绳索和滑轮的质量都忽略不计。初瞬时系统处于静止。

题 9-20 图

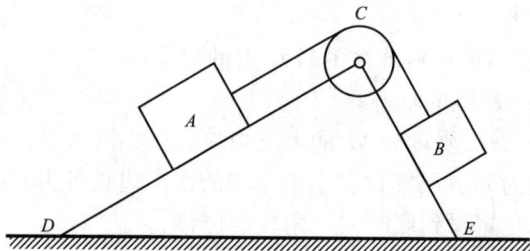

题 9-21 图

习题 9　参考答案

9-1　(1) ×　(2) ×　(3) ×　(4) ×　(5) √　(6) ×　(7) ×　(8) √　(9) ×

9-2　(1) D　(2) B　(3) D　(4) C　(5) $2mR\omega$　(6) $\dfrac{\sqrt{2}}{2}ml\omega$　(7) $\dfrac{5}{2}mR\omega$

9-3　(1) 0；(2) $me\omega$；(3) mv；(4) $\dfrac{1}{2}mL\omega$；(5) $\dfrac{mv}{2\sin\varphi}$；(6) 0

9-4　$p=6.93\ \text{kg}\cdot\text{m/s}$

9-5　$v_C=u-\dfrac{1}{2}L\omega$，$p=m(2u-L\omega)$

9-6　$p=\dfrac{5}{2}ml\omega$

9-7　(1) $\boldsymbol{p}=\dfrac{\sqrt{3}}{4}r\omega(m_1+2m_2)\boldsymbol{i}+\dfrac{\sqrt{3}}{4}r\omega(m_1+2m_2)\boldsymbol{j}$

　　(2) $F_{Oy}=(m_1+m_2+m_3)g+\dfrac{\sqrt{3}}{12}r\omega^2(3m_1+6m_2+4m_3)$

9-8　$t=0.0941\ \text{s}$

9-9　$v_1=\dfrac{m_2 v_r\sin\theta}{m_1+m_2}$，$a_1=\dfrac{m_2 v_r^2\cos\theta}{(m_1+m_2)R}$，$F_N=(m_1+m_2)g-\dfrac{m_2 v_r^2\sin\theta}{R}$

9-10　$F_{附x}=-(m_1+m_2)e\omega^2\cos\omega t$，$F_{附y}=-m_2 e\omega^2\sin\omega t$

9-11　$F_{Ox}=0$，$F_{Oy}=(m+m_1+m_2)g-\left(m_1-\dfrac{r_2}{r_1}m_2\right)a_1$

9-12　$F_{Ox}=-ml(\alpha\sin\varphi+\omega^2\cos\varphi)$，$F_{Oy}=mg-ml(\alpha\cos\varphi-\omega^2\sin\varphi)$

9-13　$F_{Ox}=-fm_1 g+(fm_1\sin\theta-m_2\cos\theta)R\omega^2$，$F_{Oy}=(m_1+m_2)g-(m_1+m_2)\omega^2 R\sin\theta$

9-14　$F_{Ox}=0$，$F_{Oy}=m_1 g+m_2 g-\left(m_1-\dfrac{1}{2}m_2\right)a$

9-15　$v=1.29\ \text{m/s}$

9-16　(1) $\dfrac{l}{2}$；(2) $\dfrac{x_B^2}{l^2}+\dfrac{y_B^2}{4l^2}=1$

9-17　$s=\dfrac{m(b-a)}{M+m}$

9-18　$\Delta x=0.05l$

9-19　(1) $a_1=\dfrac{m_2\sin2\theta}{2(m_2+m_1\sin^2\theta)}g$；(2) $a_2=-\dfrac{m_1\sin2\theta}{2(m_2+m_1\sin^2\theta)}g$；

　　(3) $F_{R1}=\dfrac{m_1 m_2\cos\theta}{m_2+m_1\sin^2\theta}g$，$F_{R2}=\dfrac{m_2(m_1+m_2)}{m_2+m_1\sin^2\theta}g$

9-20　$s=\dfrac{m_2 l\sin\theta}{m_1+m_2}$

9-21　$s=3.77\ \text{cm}\ (\rightarrow)$

第 10 章   动 量 矩 定 理

动量定理建立了外力系主矢与动量变化之间的关系，揭示了质点系运动规律的一个侧面，即质点系机械运动中平移运动的规律。而动量矩定理建立了外力系对某点的主矩与质点系对同一点动量矩变化之间的关系，揭示了质点系运动规律的另一个侧面，即质点系相对于某一点（或某一轴）的转动规律。

10.1   质点系对定点的动量矩定理

1. 质点对定点的动量矩定理

将质点的动量定理（9-1）两边对质点相对固定点 O 的矢径 r 作矢积运算，得到

$$r \times \frac{\mathrm{d}}{\mathrm{d}t}(m\boldsymbol{v}) = r \times \boldsymbol{F} \tag{10-1}$$

考虑到

$$\frac{\mathrm{d}}{\mathrm{d}t}(r \times m\boldsymbol{v}) = \frac{\mathrm{d}r}{\mathrm{d}t} \times m\boldsymbol{v} + r \times \frac{\mathrm{d}}{\mathrm{d}t}(m\boldsymbol{v})$$

而

$$\frac{\mathrm{d}r}{\mathrm{d}t} \times m\boldsymbol{v} = \boldsymbol{v} \times m\boldsymbol{v} = 0$$

所以

$$\frac{\mathrm{d}}{\mathrm{d}t}(r \times m\boldsymbol{v}) = r \times \frac{\mathrm{d}}{\mathrm{d}t}(m\boldsymbol{v})$$

于是式（10-1）变成

$$\frac{\mathrm{d}}{\mathrm{d}t}(r \times m\boldsymbol{v}) = r \times \boldsymbol{F} \tag{10-2}$$

由静力学可知，式（10-2）中 $r \times \boldsymbol{F}$ 为力 $\boldsymbol{F}$ 对点 O 的矩 $\boldsymbol{M}_O(\boldsymbol{F})$；同理，$r \times m\boldsymbol{v}$ 应为 $\boldsymbol{M}_O(m\boldsymbol{v})$，为质点的动量对点 O 的矩，称为质点相对于固定点 O 的**动量矩**，记作 $\boldsymbol{L}_O$，则式（10-2）简写为

$$\frac{\mathrm{d}\boldsymbol{L}_O}{\mathrm{d}t} = \boldsymbol{M}_O(\boldsymbol{F}) \tag{10-3}$$

式（10-3）称为**质点的动量矩定理：质点对某定点的动量矩对时间的一阶导数，等于作用力对同一点的矩。**

以 O 为原点建立惯性参考系 $Oxyz$，矢量式（10-3）的三个投影式

$$\frac{\mathrm{d}L_x}{\mathrm{d}t} = M_x(\boldsymbol{F}), \quad \frac{\mathrm{d}L_y}{\mathrm{d}t} = M_y(\boldsymbol{F}), \quad \frac{\mathrm{d}L_z}{\mathrm{d}t} = M_z(\boldsymbol{F}) \tag{10-4}$$

质点对某定轴的动量矩对时间的一阶导数等于作用力对于同一轴的矩。

2. 质点系对定点的动量矩定理

设质点系有 n 个质点，与质点系的动量定理相似，仍然将力分为外力 $\boldsymbol{F}_i^{(e)}$ 和内力 $\boldsymbol{F}_i^{(i)}$，

根据质点的动量矩定理（10 - 3）有

$$\frac{\mathrm{d}\boldsymbol{L}_{Oi}}{\mathrm{d}t} = \boldsymbol{M}_O(\boldsymbol{F}_i^{(\mathrm{e})}) + \boldsymbol{M}_O(\boldsymbol{F}_i^{(\mathrm{i})}) \tag{10-5}$$

这样的方程共有 n 个。将 n 个方程两端分别相加，并改变左边第一项求和与求导次序，得

$$\frac{\mathrm{d}}{\mathrm{d}t}\sum_{i=1}^{n}\boldsymbol{L}_{Oi} = \sum_{i=1}^{n}\boldsymbol{M}_O(\boldsymbol{F}_i^{(\mathrm{e})}) + \sum_{i=1}^{n}\boldsymbol{M}_O(\boldsymbol{F}_i^{(\mathrm{i})}) \tag{10-6}$$

式（10 - 6）中 $\sum\limits_{i=1}^{n}\boldsymbol{L}_{Oi}$ 为质点系中每个质点对固定点 O 的动量矩的矢量和，称为质点系对固定点 O 的**动量矩**，仍记作 $\boldsymbol{L}_O$。

又由于质点系的内力主矩

$$\sum_{i=1}^{n}\boldsymbol{M}_O(\boldsymbol{F}_i^{(\mathrm{i})}) = 0$$

则式（10 - 6）改写为

$$\frac{\mathrm{d}\boldsymbol{L}_O}{\mathrm{d}t} = \sum_{i=1}^{n}\boldsymbol{M}_O(\boldsymbol{F}_i^{(\mathrm{e})}) \tag{10-7}$$

即**质点系对于某定点 O 的动量矩对时间的导数，等于作用于质点系的外力对于同一点 O 的主矩。**

质点系动量矩定理在直角坐标轴上的投影式为

$$\frac{\mathrm{d}L_x}{\mathrm{d}t} = \sum M_x(\boldsymbol{F}_i^{(\mathrm{e})}),\ \frac{\mathrm{d}L_y}{\mathrm{d}t} = \sum M_y(\boldsymbol{F}_i^{(\mathrm{e})}),\ \frac{\mathrm{d}L_z}{\mathrm{d}t} = \sum M_z(\boldsymbol{F}_i^{(\mathrm{e})}) \tag{10-8}$$

质点系对于某定轴的动量矩对时间的导数，等于作用于质点系的外力对同一轴的矩的代数和。可以看出，与动量的改变一样，质点系动量矩的改变完全取决于质点系的外力，与内力无关。注意，质点系动量矩定理只给出导数形式，因为方程右边积分时含有矢量积的积分，一般不可能求出，因此通常不给出积分形式的动量矩定理。

3. 定轴转动刚体的动量矩

刚体绕 z 轴转动，它对转轴的动量矩为

$$L_z = \sum_{i=1}^{n}M_z(m_i\boldsymbol{v}_i) = \sum_{i=1}^{n}\boldsymbol{r}_i \times m_i\boldsymbol{v}_i = \sum_{i=1}^{n}r_i \cdot m_i\omega r_i = \left(\sum_{i=1}^{n}m_i r_i^2\right)\omega$$

令

$$\sum_{i=1}^{n}m_i r_i^2 = J_z \tag{10-9}$$

称为**刚体对 z 轴的转动惯量**，则

$$L_z = J_z\omega \tag{10-10}$$

绕定轴转动的刚体对其转轴的动量矩等于刚体对转轴的转动惯量与转动角速度的乘积。

4. 刚体对轴的转动惯量

转动惯量表示刚体绕轴转动惯性大小的度量。由式（10 - 9）可见，刚体的转动惯量取决于刚体质量的分布情况与转轴的位置。转动惯量总是正标量，转动惯量的单位为 $\mathrm{kg \cdot m^2}$。

令

$$\rho_z = \sqrt{\frac{J_z}{m}} \tag{10-11}$$

称为惯性半径（或回转半径）。

简单形状物体的转动惯量计算。

图 10 - 1

（1）如图 10 - 1 所示，质量为 m、长为 l 的均质细直杆对于 z 轴的转动惯量。单位长度的质量为 $\frac{m}{l}$，取杆上一微段 $\mathrm{d}x$，其质量为 $\frac{m}{l}\mathrm{d}x$，则此杆对 z 轴的转动惯量为

$$J_z = \int_0^l \frac{m}{l}\mathrm{d}x \cdot x^2 = \frac{m}{3l}x^3 \mid_0^l = \frac{1}{3}ml^2 \qquad (10-12)$$

（2）如图 10 - 2 所示，质量为 m，半径为 R 的均质薄圆环对于中心轴的转动惯量

$$J_O = \sum m_i R^2 = (\sum m_i)R^2 = mR^2 \qquad (10-13)$$

（3）如图 10 - 3 所示，质量为 m，半径为 R 的均质薄圆板对于中心轴的转动惯量

图 10 - 2

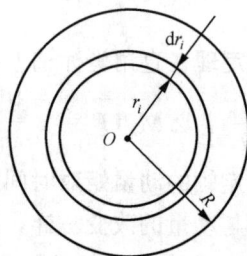

图 10 - 3

将圆板分为无数同心的薄圆环，任一圆环的半径为 r_i，宽度为 $\mathrm{d}r_i$，则薄圆环的质量为

$$m_i = 2\pi r_i \mathrm{d}r_i \cdot \rho$$

其中，$\rho = \frac{m}{\pi R^2}$ 是均质圆板单位面积的质量。因此圆板对于中心轴的转动惯量为

$$J_O = \int_0^R 2\pi r\rho \mathrm{d}r \cdot r^2 = 2\pi\rho \frac{R^4}{4}$$

即

$$J_O = \frac{mR^2}{2} \qquad (10-14)$$

机械工程手册中，可以查阅简单几何形状或几何形状标准化零件的惯性半径，见附录 B。

平行轴定理：刚体对于任一轴的转动惯量，等于刚体对于通过质心、并与该轴平行的轴的转动惯量，加上刚体的质量与两轴间距离平方的乘积。即

$$J_z = J_{zC} + md^2 \qquad (10-15)$$

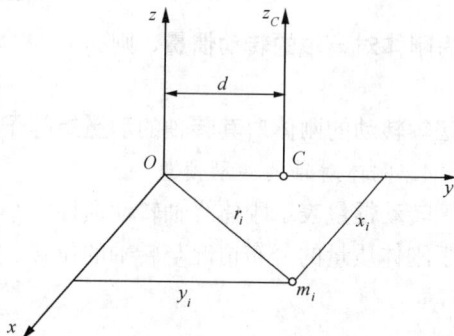

图 10 - 4

证明　如图 10 - 4 所示，设点 C 为刚体的质心，刚体对于通过质心轴的转动惯量为 J_{zC}，刚体对于平行于该轴的另一轴 z 的转动惯量为 J_z，两轴间距离为 d。由图易见

$$J_z = \sum_{i=1}^{n} m_i r_i^2 = \sum_{i=1}^{n} m_i (x_i^2 + y_i^2)$$

$$J_{zC} = \sum_{i=1}^{n} m_i [x_i^2 + (y_i - d)^2] = \sum_{i=1}^{n} m_i (x_i^2 + y_i^2) - 2d \sum_{i=1}^{n} m_i y_i + d^2 \sum_{i=1}^{n} m_i$$

由质心坐标公式

$$y_C = \frac{\sum_{i=1}^{n} m_i y_i}{\sum_{i=1}^{n} m_i}$$

又由于

$$y_C = d$$

于是有

$$J_{zC} = J_z - md^2$$

定理证毕。

由平行轴定理可知，刚体对于诸平行轴，以通过质心轴的转动惯量为最小。

【例 10 - 1】　如图 10 - 5 所示，质量为 m，长为 l 的均质细直杆，求此杆对于垂直于杆轴且过质心 C 的轴 z_C 的转动惯量。

解

由式（10 - 12）可知，均质细直杆对于通过杆端点且与杆垂直的 z 轴的转动惯量为

$$J_z = \frac{1}{3} ml^2$$

应用平行轴定理，此杆过质心 C 轴 z_C 的转动惯量为

$$J_{zC} = J_z - md^2 = \frac{1}{3} ml^2 - m\left(\frac{l}{2}\right)^2 = \frac{1}{12} ml^2$$

【例 10 - 2】　如图 10 - 6 所示，钟摆简化为如图所示的组合体。已知均质细直杆和均质圆盘的质量分别为 m_1 和 m_2，杆长为 l，圆盘直径为 d。求摆对于通过悬挂点 O 的水平轴的转动惯量。

图 10 - 5

图 10 - 6

解

摆对于水平轴 O 的转动惯量为

$$J_O = J_{O杆} + J_{O盘} = \frac{1}{3}m_1 l^2 + \frac{1}{2}m_2\left(\frac{1}{2}d\right)^2 + m_2\left(l + \frac{d}{2}\right)^2$$

5. 质点系动量矩守恒定律

从质点系的动量矩定理（10-7）可以看出，质点系动量矩的改变仅取决于质点系外力的主矩，而与系统的内力无关。若外力系主矩 $\sum\limits_{i=1}^{n} \boldsymbol{M}_O(\boldsymbol{F}_i^{(e)}) = 0$，则动量矩的变化率为零，$\boldsymbol{L}_O$ 保持常矢量不变，即

$$\boldsymbol{L}_O = 常矢量$$

从质点系的动量矩定理的投影形式（10-8）可以看出，若外力主矩沿某个确定方向（设为 z 轴方向）的投影为零，即 $\sum\limits_{i=1}^{n} M_z(\boldsymbol{F}_i^{(e)}) = 0$，则质点系对该轴的动量矩保持不变，即

$$L_z = 常量$$

因此，当外力对于某定点（或某定轴）的主矩（或力矩的代数和）等于零时，质点系对于该点（或该轴）的动量矩保持不变。这就是质点系动量矩守恒定律。

上面研究的动量矩定理形式只适用于对固定点或固定轴。

【例 10-3】 高炉运送矿石用的卷扬机。已知鼓轮的半径为 R，质量为 m_1，轮绕 O 轴转动。小车和矿石总质量为 m_2。作用在鼓轮上的力偶矩为 M，鼓轮对转轴的转动惯量为 J，轨道的倾角为 θ，如图 10-7 所示。设绳的质量和各处摩擦均忽略不计，求小车的加速度 a。

图 10-7

解

（1）取小车与鼓轮组成质点系，视小车为质点。

（2）运动分析。设小车的速度为 v，鼓轮的角速度为 ω，则系统对 O 轴的动量矩

$$L_O = J\omega + m_2 v R$$

其中

$$\omega = \frac{v}{R}$$

（3）受力分析。

$$F_N = m_2 g\cos\theta$$

外力对 O 轴的力矩

$$M_O(\boldsymbol{F}^{(e)}) = M - m_2 g\sin\theta \cdot R$$

（4）应用质点系对定轴的动量矩定理（10-8）得

$$\frac{\mathrm{d}}{\mathrm{d}t}(J\omega + m_2 v R) = M - m_2 g\sin\theta \cdot R$$

$$\left(\frac{J}{R} + m_2 R\right)\frac{\mathrm{d}v}{\mathrm{d}t} = M - m_2 g\sin\theta \cdot R$$

由运动学知 $a = \dfrac{\mathrm{d}v}{\mathrm{d}t}$，所以

$$a = \frac{MR - m_2 gR^2 \sin\theta}{J + m_2 R^2}$$

小结 质点系动量矩定理解题步骤如下。

1）取研究对象。

2）系统运动分析，确定动量矩。

3）系统受力分析，确定外力主矩。

4）应用动量矩定理求解。

10.2 刚体定轴转动微分方程

设刚体绕固定轴 z 转动，刚体对于 z 轴的转动惯量为 J_z，在某一瞬时 t 的角速度为 ω。由式（10‑10）可知，刚体对轴 z 的动量矩为 $L_z = J_z\omega$。根据对定轴的动量矩定理（10‑8），有

$$\frac{\mathrm{d}}{\mathrm{d}t}(J_z\omega) = \sum M_z(F_i^{(e)})$$

由运动学知

$$\alpha = \frac{\mathrm{d}\omega}{\mathrm{d}t}$$

所以

$$J_z\alpha = \sum M_z(F_i^{(e)}) \tag{10‑16}$$

即刚体对定轴的转动惯量与角加速度的乘积，等于作用于刚体的外力对该轴矩的代数和，称为**刚体绕定轴的转动微分方程**。

从刚体定轴转动微分方程可以得到：

（1）作用在刚体的力对转轴的矩是刚体转动状态发生变化的原因。

（2）当作用在刚体上的主动力对转轴的矩的代数和为恒量，则刚体作匀变速转动；当作用在刚体上的主动力对转轴的矩的代数和等于零，则刚体静止或作匀速转动。

（3）当主动力对转轴的矩相同，则刚体的转动惯量越大，转动角加速度越小；转动惯量越小，转动角加速度越大。刚体转动惯量的大小表明刚体转动状态改变的难易程度。转动惯量是刚体转动时惯性的度量。

因此定轴转动微分方程和质心运动定理相似，前者描述转动，后者描述平移。描述问题的方式是相似的。

【例 10‑4】 图 10‑8（a）所示数学摆，其质量为 m，C 为其质心，$OC = l$，摆对悬挂点 O 的转动惯量为 J_O，求微小摆动的周期。

解

（1）取数学摆为研究对象。

（2）运动分析：数学摆绕 O 轴定轴转动。

（3）外力分析如图 10‑8（b）所示，重力 mg，

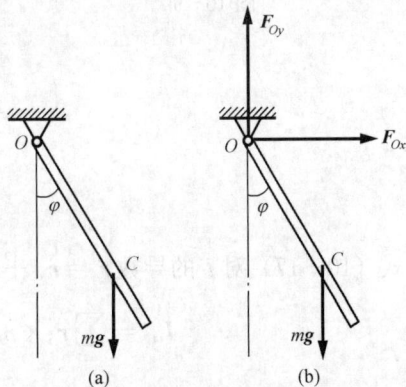

图 10‑8

约束力 $\boldsymbol{F}_{Ox}$、$\boldsymbol{F}_{Oy}$。

(4) 由刚体定轴转动微分方程 (10-16) 得

$$J_O\ddot{\varphi} = -mgl\sin\varphi$$

由于刚体作微小摆动,因此取 $\sin\varphi = \varphi$,于是转动微分方程可写为

$$\ddot{\varphi} + \frac{mgl}{J_O}\varphi = 0$$

此方程的通解为

$$\varphi = \varphi_o \sin\left(\sqrt{\frac{mgl}{J_O}}t + \varphi\right)$$

摆动周期为

$$T = \frac{2\pi}{\sqrt{\dfrac{mgl}{J_O}}} = 2\pi\sqrt{\frac{J_O}{mgl}}$$

10.3 质点系相对质心动量矩定理与刚体平面运动微分方程

1. 质点系相对质心的动量矩

前面介绍的动量矩定理规定矩心为固定点。但在实际问题中经常要求讨论刚体绕动点的转动规律,此时需要建立质点系以动点为矩心的动量矩定理。本书只讨论一种特殊情形,动点取矩心即质点系以质心为矩心的动量矩定理。进而讨论刚体平面运动微分方程。

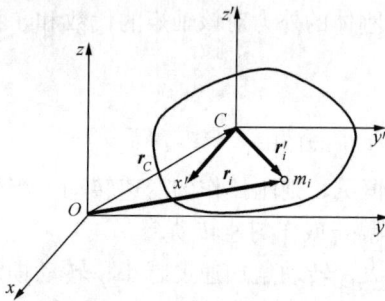

图 10-9

设质点系的质心为 C,其相对于固定点 O 的矢径为 $\boldsymbol{r}_C$,以质心 C 为原点,取一平移参考系 $Cx'y'z'$ (见图 10-9)。质点系内任一质点 m_i 相对于点 O 及点 C 的矢径分别为 $\boldsymbol{r}_i$ 和 $\boldsymbol{r}_i'$,则有

$$\boldsymbol{r}_i = \boldsymbol{r}_C + \boldsymbol{r}_i' \tag{10-17}$$

由运动学知,质点 m_i 相对于惯性参考系 $Oxyz$ 的绝对速度和相对于平移参考系 $Cx'y'z'$ 的相对速度分别为 $\dot{\boldsymbol{r}}_i$ 和 $\dot{\boldsymbol{r}}_i'$。依据质点系的绝对运动计算对质心的动量矩,记作 $\boldsymbol{L}_C$;依据质点系的相对运动计算对质心的动量矩,称为相对动量矩,记作 $\boldsymbol{L}_C'$。

$$\boldsymbol{L}_C = \sum_{i=1}^{n} \boldsymbol{r}_i' \times m_i\dot{\boldsymbol{r}}_i \tag{10-18}$$

$$\boldsymbol{L}_C' = \sum_{i=1}^{n} \boldsymbol{r}_i' \times m_i\dot{\boldsymbol{r}}_i' \tag{10-19}$$

将式 (10-17) 对 t 的导数 $\dot{\boldsymbol{r}}_i = \dot{\boldsymbol{r}}_C + \dot{\boldsymbol{r}}_i'$,代入式 (10-18) 并展开,得到

$$\boldsymbol{L}_C = \sum_{i=1}^{n} \boldsymbol{r}_i' \times m_i(\dot{\boldsymbol{r}}_C + \dot{\boldsymbol{r}}_i') = \sum_{i=1}^{n} m_i\boldsymbol{r}_i' \times \dot{\boldsymbol{r}}_C + \boldsymbol{L}_C' \tag{10-20}$$

根据质心的定义,必满足 $\sum\limits_{i=1}^{n} m_i\boldsymbol{r}_i' = 0$,代入式 (10-20),导出

$$L_C = L_C'$$

表明以质心为矩心时，动量矩 L_C 与相对动量矩 L_C' 完全相等。L_C' 一般比 L_C 更容易计算，因此质点系对质心的动量矩也可根据其相对运动计算。对于沿 Oxy 作平面运动刚体的特殊情形，由运动学知将 $\dot{r}_i' = \boldsymbol{\omega} \times r_i'$ 代入式（10-19），注意到角速度 $\boldsymbol{\omega}$ 沿 z 轴，与 r_i' 垂直，导出

$$L_C = L_C' = \sum_{i=1}^{n} r_i' \times m_i (\boldsymbol{\omega} \times r_i') = \boldsymbol{\omega} \sum_{i=1}^{n} m_i (r_i')^2 = J_C \boldsymbol{\omega}$$

或简写为标量形式

$$L_C = J_C \omega \tag{10-21}$$

2. 质点系对质心的动量矩定理

将式（10-18）两边对时间求导，注意到根据质心定义恒有 $\sum_{i=1}^{n} m_i r_i' = 0$，并利用质点运动微分方程，知

$$m\ddot{r}_i = \sum_{i=1}^{n} \boldsymbol{F}_i^{(e)}$$

导出

$$\frac{\mathrm{d}\boldsymbol{L}_C}{\mathrm{d}t} = \sum_{i=1}^{n} [r_i' \times m_i \ddot{r}_i + \dot{r}_i' \times m_i (\dot{r}_C + \dot{r}_i')] = \sum_{i=1}^{n} r_i' \times m_i \ddot{r}_i = \sum_{i=1}^{n} r_i' \times \boldsymbol{F}_i^{(e)} \tag{10-22}$$

式（10-22）右边的求和式为质点系的外力对质心的主矩，记作 $\boldsymbol{M}_C(\boldsymbol{F}_i^{(e)})$ 或 $\boldsymbol{M}_C$，从而导出质点系对质心的动量矩定理

$$\frac{\mathrm{d}\boldsymbol{L}_C}{\mathrm{d}t} = \sum_{i=1}^{n} \boldsymbol{M}_C \tag{10-23}$$

即质点系对质心的动量矩对时间的导数等于质点系的外力对该质心的主矩。

将矢量方程（10-22）向过质心的平移轴系投影，得到质点系对质心平移轴的动量矩定理

$$\frac{\mathrm{d}L_C}{\mathrm{d}t} = \sum_{i=1}^{n} M_C \tag{10-24}$$

即质点系对质心平移轴的动量矩对时间的导数等于质点系的外力对该轴的矩。

将式（10-21）代入式（10-24）得到

$$J_C \alpha = \sum_{i=1}^{n} M_C(\boldsymbol{F}_i^{(e)}) \tag{10-25}$$

式（10-25）与定轴转动微分方程（10-16）相似，可称为相对质心的转动微分方程。

从式（10-23）和式（10-24）可以看出，质点系对质心的动量矩定理与对定点的动量矩定理具有完全相同的形式。此外，质点系对任意定点的动量矩 L_O，可利用质点系对质心的动量矩和动量算出。为此将式（10-17）代入 L_O 的定义式中，展开后得

$$L_O = \sum_{i=1}^{n} r_i \times m_i \dot{r}_i = \sum_{i=1}^{n} (r_i' + r_C) \times m_i \dot{r}_i = \sum_{i=1}^{n} r_i' \times m_i \dot{r}_i + r_C \times \sum_{i=1}^{n} m_i \dot{r}_i \tag{10-26}$$

由式（10-18）$L_C = \sum_{i=1}^{n} r_i' \times m_i \dot{r}_i$ 和质点系动量的表达式 $\boldsymbol{p} = \sum_{i=1}^{n} m_i \dot{r}_i$ 代入式（10-26），导出 L_O 与 L_C 之间的关系式

$$L_O = L_C + r_C \times \boldsymbol{p} \tag{10-27}$$

即质点系对定点的动量矩等于质点系对质心的动量矩与质点系的动量对该定点的矩之和。

3. 刚体的平面运动微分方程

由运动学可知，刚体的平面运动简化为随基点的平移和绕基点的转动两部分。在动力学中，规定此基点为质心。所以平面运动刚体的位置可由质心 C 的位置与刚体绕质心 C 的转角确定。于是刚体随基点平移的运动微分方程和绕基点转动的运动微分方程分别由质点系的质心运动定理以及对质心的动量矩定理完全确定。

如图 10-10 所示，$Cx'y'$ 为固连于质心 C 的平移参考系，平面运动刚体相对于此动系的运动就是绕质心 C 的转动。设质心 C 的坐标为 x_C、y_C，D 为刚体上的任一点，CD 与 x 轴的夹角为 φ。刚体的位置可由 x_C、y_C 和 φ 确定。

应用质心运动定理的投影式（9-18）和相对质心的转动微分方程（10-25），得到

$$ma_{Cx} = \sum F_x^{(e)}, \quad ma_{Cy} = \sum F_y^{(e)}, \quad J_C \alpha = \sum M_C(\boldsymbol{F}_i^{(e)}) \tag{10-28}$$

或

$$m\ddot{x}_C = \sum F_x^{(e)}, \quad m\ddot{y}_C = \sum F_y^{(e)}, \quad J_C\ddot{\varphi} = \sum M_C(\boldsymbol{F}_i^{(e)}) \tag{10-29}$$

式（10-28）和式（10-29）称为**刚体的平面运动微分方程**。3 个独立方程数目恰好等于平面运动刚体的自由度数。

【**例 10-5**】 图 10-11 所示均质圆盘，质量为 m，半径为 R，沿地面纯滚动，角速度为 ω。求圆盘对图中 A、C、P 三点的动量矩。

图 10-10

图 10-11

解

（1）对质心 C 的动量矩应用式（10-21），有

$$L_C = J_C \omega = \frac{mR^2}{2}\omega$$

（2）点 P 是速度瞬心，有两种方法求点 P 的动量矩。

方法 1 应用对定点的动量矩表达式（10-27），有

$$\boldsymbol{L}_P = \boldsymbol{L}_C + \boldsymbol{R} \times \boldsymbol{p}$$

大小为

$$L_P = J_C \omega + Rmv_C = \frac{1}{2}mR^2\omega + mR^2\omega = \frac{3}{2}mR^2\omega$$

方法 2 各点速度分布如同绕点 P 作定轴转动一样，因此

$$L_P = J_P \omega = \frac{3}{2}mR^2\omega$$

两种方法结果相同。

（3）应用对定点的动量矩表达式（10 - 27），有

$$L_A = J_C \omega + \frac{\sqrt{2}R}{2} \cdot m v_C = \frac{\sqrt{2}+1}{2} m R^2 \omega$$

【例 10 - 6】　均质圆轮半径为 r，质量为 m，受到轻微扰动后，在半径为 R 的圆弧上作往复滚动，如图 10 - 12 所示。设表面足够粗糙，使圆轮在滚动时无滑动。求滚轮的运动微分方程。

解

（1）取圆轮为研究对象。

（2）受力分析。圆轮受重力 $m\boldsymbol{g}$，圆弧表面的法向约束力 $\boldsymbol{F}_N$ 和摩擦力 $\boldsymbol{F}_s$。

（3）运动分析。圆轮作平面运动。设角 φ 以逆时针方向为正，接触点 P 为瞬心，设轮的角速度为 ω，则有 $v_C = (R-r)\dot{\varphi} = r\omega$。

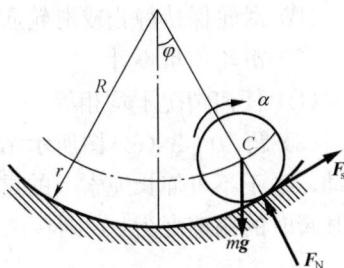

图 10 - 12

（4）建立刚体的平面运动微分方程。图示瞬时刚体平面运动微分方程在自然轴上的投影式以及相对质心的转动微分方程分别为

$$m a_C^t = F_s - mg\sin\varphi, \quad J_C \alpha = -F_s r$$

由

$$a_C^t = (R-r)\ddot{\varphi}, \quad \alpha = \dot{\omega} = \frac{(R-r)\ddot{\varphi}}{r}$$

则

$$m(R-r)\ddot{\varphi} = F_S - mg\sin\varphi, \quad \frac{mr^2}{2}\frac{(R-r)\ddot{\varphi}}{r} = -F_s r \qquad (10-30)$$

从以上式（10 - 30）消去未知量，导出圆轮的运动微分方程

$$\ddot{\varphi} + \frac{2g}{3(R-r)}\sin\varphi = 0$$

习　题　10

10 - 1　判断题

（1）质点系动量矩的变化与外力有关，与内力无关。　　　　　　　　　　　（　　）

（2）质点系对某点动量矩守恒，则对过该点的任意轴也守恒。　　　　　　　（　　）

（3）当质点的动量与某轴平行，则质点对该轴的动量矩恒为零。　　　　　　（　　）

（4）质心轴转动惯量是所有平行于质心轴转动惯量的最小值。　　　　　　　（　　）

（5）定轴转动刚体对转轴的动量矩等于刚体对转轴的转动惯量与角加速度之积。（　　）

10 - 2　选择题、填空题

（1）某刚体质量为 m，质心在 C，如题 10 - 2（a）图所示，3 根轴 z、z_1、z_2 彼此平行。已知该刚体对轴 z_1 的转动惯量为 J_{z1}，则该刚体对轴 z_2 的转动惯量等于（　　　）。

(A) $J_{z2}=J_{z1}+m\ (a+b)^2$ (B) $J_{z2}=J_{z1}+m\ (a^2+b^2)$

(C) $J_{z2}=J_{z1}+m\ (b^2-a^2)$ (D) $J_{z2}=J_{z1}+m\ (a^2-b^2)$

（2）题 10-2（b）图所示，在（ ）情况下，跨过滑轮的绳子两边张力相等，即 $F_{T1}=F_{T2}$（不计轴承处摩擦）。

（A）滑轮保持静止或以匀速转动或滑轮质量不计

（B）滑轮保持静止或滑轮质量沿轮缘均匀分布

（C）滑轮质量不计

（D）任何情况下均相等

（3）题 10-2（c）图所示结构中均质圆盘 A 的质量为 m，半径为 R，圆盘 A 绕质心 O 转动，系于不可伸长绳索上的重物 B 的质量为 M，绳索与圆盘 A 之间无滑动，假设圆盘 A 在某瞬时的角速度为 ω，则在该瞬时系统对 O 轴的动量矩为（ ）。

（A）$\left(MR^2+\dfrac{1}{2}mR^2\right)\omega$ (B) $(MR^2+mR^2)\ \omega$

（C）$\left(\dfrac{MR^2}{2}+mR^2\right)\omega$ (D) $\dfrac{mR^2\omega}{2}$

（4）题 10-2（d）图所示，圆盘可绕 O 轴转动，图示瞬时角速度为 ω。质量为 m 的小球 A 沿圆盘径向运动，当 $OA=s$ 时相对于圆盘的速度为 v_r，则质点 A 对轴 O 的动量矩大小为（ ）。

（A）0   (B) mv_{rS} (C) $ms\ \sqrt{v_r^2+s^2\omega^2}$ (D) $ms^2\omega$

（5）题 10-2（e）图所示两种不同材料的均质细长杆焊接成直杆 ABC，AB 段为一种材料，长度为 a，质量为 m_1，BC 段为另一种材料，长度为 b，质量为 m_2，杆 ABC 以匀角速度 ω 绕轴 A 转动，则其对轴 A 的动量矩大小为（ ）。

（A）$\dfrac{1}{3}(m_1+m_2)(a+b)^2\omega$ (B) $\left[\dfrac{1}{3}m_1a^2+\dfrac{1}{12}m_2b^2+m_2\left(a+\dfrac{b}{2}\right)^2\right]\omega$

（C）$\left(\dfrac{1}{3}m_1a^2+\dfrac{1}{3}m_2b^2+m_2a^2\right)\omega$ (D) $\left(\dfrac{1}{3}m_1a^2+\dfrac{1}{3}m_2b^2\right)\omega$

（6）题 10-2（f）图所示十字杆由两根均质细杆固连而成，OA 长 $2l$，质量为 $2m$；BD 长 l，质量为 m。则系统对 Oz 轴的转动惯量为_____。

（7）题 10-2（g）图所示，一质量为 m，半径为 R 的均质圆板，挖去一半径为 $r=R/2$ 的圆洞。该刚体在铅垂平面内绕水平轴 O 以角速度 ω 转动，则图示该瞬时刚体对 O 轴的动量矩的大小为_____。

（8）题 10-2（h）图所示，均质直角杆 OAB，单位长度的质量为 ρ，两段皆长为 $2R$，图示瞬时以角速度 ω、角加速度 α 绕 O 轴转动，则该瞬时直角杆对 O 轴的动量矩的大小为_____。

10-3 均质圆盘 A 质量为 $2m$，半径为 r。细杆 OA 质量为 m，长为 $l=3r$，绕轴 O 转动的角速度为 ω。试求题 10-3 图所示三种情况下系统对轴 O 的动量矩：（a）圆盘与杆固结；（b）圆盘绕轴 A 相对杆 OA 以角速度 ω 逆时针方向转动；（c）圆盘绕轴 A 相对杆 OA 以角速度 ω 顺时针方向转动。

10-4 试求题 10-4 图所示各质点系对通过点 O 的固定轴的动量矩。

题 10 - 2 图

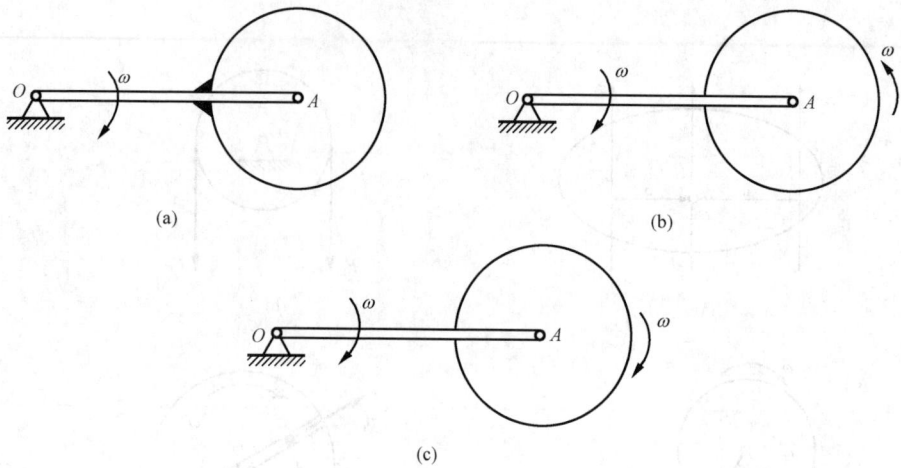

题 10-3 图

（a）轮 A 质量为 m_1，半径为 r_1；轮 O 质量为 m_2，半径为 r_2；杆 OA 质量为 m_3，角速度为 ω。

（b）杆 AB 质量为 m，长为 l，B 点速度为 v_B。

（c）轮 A、B 质量均为 $2m$，半径为 r；物块 E 的质量为 m；轮 A 质心 D 点的速度为 v。

题 10-4 图

10-5 质量为 m 的均质圆盘，平放在光滑的水平面上，其受力情况如题 10-5 图所示。设开始时，圆盘静止，图中 $r=R/2$。试说明各圆盘将如何运动。

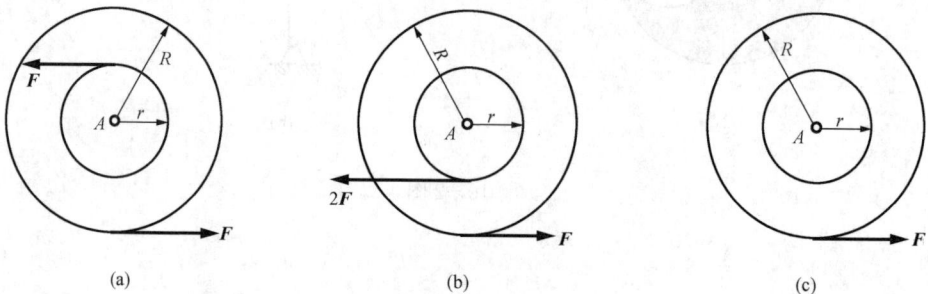

题 10-5 图

10-6 题 10-6 图所示传动系统中，主动轮半径为 R_1，对于其转动轴的转动惯量为 J_1，从动轮半径为 R_2，鼓轮半径为 r 并与从动轮相固结成为一刚体，从动轮连同鼓轮对于其转动轴的转动惯量为 J_2，鼓轮外绕一绳，绳端系一质量为 m 的物体 A。若在主动轮上作用一不变力偶 M，设轴承处摩擦和绳质量不计，试求重物的加速度。

10-7 题 10-7 图所示，质量为 m 的均质圆盘半径为 r，以角速度 ω 绕轴 O 转动。若在水平制动杆的 A 端作用大小不变的铅直力 F，试求圆盘需再转多少转才能停止。设制动杆与圆盘间的动摩擦因数为 f，图中的长度 l、b 均为已知。

题 10-6 图 　　　　　　　　　　题 10-7 图

10-8 卷扬机的传动轮系如题 10-8 图所示，设轴Ⅰ和Ⅱ各转动部分对其轴的转动惯量分别为 J_1、J_2，已知主动力矩 M，提升重物为 $W=mg$，齿轮 A、B 节圆半径为 r_1、r_2，且轮系的传动比为 $i_{12}=r_2:r_1$，卷筒半径为 R，不计摩擦及绳质量，试求重物的加速度。

10-9 题 10-9 图所示提升装置中，轮 A、B 的质量分别为 m_1、m_2，半径分别为 r_1、r_2，可视为均质圆盘。物体 C 的质量为 m_3，轮 A 上作用常力偶 M。试求物体 C 上升的加速度。

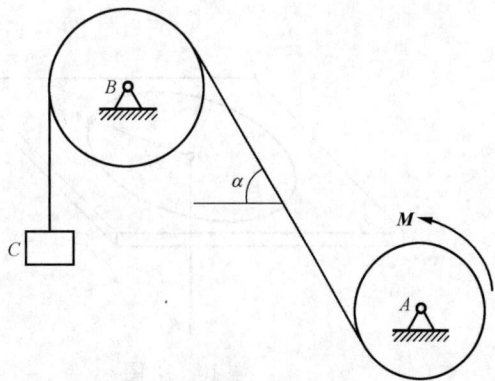

题 10-8 图 　　　　　　　　　　题 10-9 图

10-10 题 10-10 图所示，A 与 B 两飞轮轴杆由摩擦啮合器连接。A 轮的转动惯量为 $J_1=10\ \mathrm{kg \cdot m^2}$，轴承处摩擦不计，开始时 B 轮静止，A 轮以 $n_1=600\ \mathrm{r/min}$ 转动，然后使 A 与 B 结合，因而 B 轮得到加速度而 A 轮减速，直到两轮的转速都等于 $n_2=200\ \mathrm{r/min}$ 为止，试求：

（1）B 轮的转动惯量；

（2）在啮合过程中 A 轮损失的动量矩。

10-11　一绳跨过定滑轮，其一端吊有质量为 m 的重物 A，另一端有一质量为 m 的人以速度 u 相对细绳向上爬，如题 10-11 图所示。若滑轮半径为 r，质量不计，并且开始时系统静止，试求人的速度。

题 10-10 图

题 10-11 图

10-12　题 10-12 图所示平面机构，小球 A 质量为 m，连在细绳的一端，绳的另一端穿透光滑的水平面上的小孔 O，令小球在水平面上沿半径为 r 的圆周作匀速运动，其速度为 v。若将细绳往下拉，使圆周的半径缩小为 $r/2$，试求此时小球的速度 u 和细绳的拉力 F_T。

10-13　题 10-13 图所示，滑块 A、B 的质量分别为 $2\ \mathrm{kg}$、$0.5\ \mathrm{kg}$，用长为 $1\ \mathrm{m}$ 的绳子连接，在水平光滑滑竿上滑动，绳和竿的质量不计。竿绕铅垂轴转动，轴的摩擦也不计。当 $r_A = 0.6\ \mathrm{m}$ 时，滑块 A 以速度 $0.4\ \mathrm{m/s}$ 沿竿向外运动，杆的角速度 $\omega = 0.5\ \mathrm{rad/s}$，试求此时竿的角加速度。

题 10-12 图

题 10-13 图

10-14　题 10-14 图所示，半径为 R，质量为 m_1 的均质圆盘，可绕轴 z 转动。一质量为 m_2 的人在盘上由点 B 按规律 $s = \dfrac{1}{2}at^2$ 沿半径为 r 的圆周行走，开始时，圆盘和人静止，不计轴承摩擦，试求圆盘的角速度和角加速度。

10-15　题 10-15 图所示，有一轮子，轴的直径为 $50\ \mathrm{mm}$，无初速地沿倾角为 $\theta = 20°$

的轨道只滚不滑，5 s 内轮心滚过的距离为 $s=3$ m。试求轮子对轮心的惯性半径。

题 10-14 图

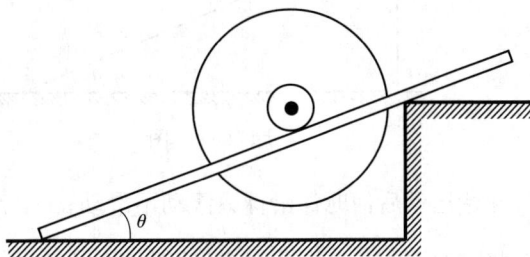

题 10-15 图

10-16 题 10-16 图所示绕线轮质量为 $m=50$ kg，半径为 $R=100$ mm 和 $r=60$ mm，对质心的回转半径为 $\rho=70$ mm。轮与地面的静、动滑动摩擦因数分别为 $f_s=0.20$ 和 $f=0.15$，水平绳的拉力 $F=200$ N，试求轮心的加速度和轮的角加速度。

10-17 质量为 m 的物块在力 $\boldsymbol{F}$ 作用下向右滑动，如题 10-17 图所示，物块与地面间的动滑动摩擦因数为 f，试求使物块不致翻倒时的最大力 $F_{\max}$ 及此时物块的加速度 a_C。

题 10-16 图

题 10-17 图

10-18 题 10-18 图所示，一均质圆柱，质量为 m，半径为 r，无初速地放在倾角为 θ 的斜面上，轮与斜面的摩擦因数为 f，若不计滚动阻力，试求其质心的加速度。

10-19 滑轮 C 质量为 m，可视为均质圆盘。轮上绕以细绳，绳的一端固定于 O 点，如题 10-19 图所示。试求滑轮下降时轮心 C 的加速度和绳的拉力 $\boldsymbol{F}_T$。

10-20 题 10-20 图所示均质圆柱，半径为 r，质量为 m，置圆柱于墙角。初始角速度为 ω_0，墙面、地面与圆柱接触处的动滑动摩擦因数均为 f，滚动阻力不计，试求使圆柱停止转动所需要的时间。

10-21 题 10-21 图所示，质量为 7 kg，直径为 0.3 m 的均质保龄球，在水平木板上以初速度为 $v_0=6$ m/s，角速度为 $\omega_0=0$ 运动，如果球和木板间的摩擦因数为 $f=0.1$。试求：

题 10-18 图

题 10-19 图

（1）开始运动后何时保龄球只滚动不滑动；

（2）此时速度和角速度为多少$\left(\text{球对质心的转动惯量为 } J_C = \dfrac{2}{5}R^2\right)$？

题 10-20 图

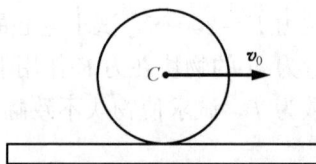

题 10-21 图

10-22　均质实心圆柱体 A 和均质薄铁环 B 的质量均为 m，半径均为 r，两者用杆 AB 铰接，无滑动地沿斜面滚下，斜面与水平面的夹角为 θ，如题 10-22 图所示。如杆的质量忽略不计，试求杆 AB 的加速度和杆的内力。

10-23　行星齿轮机构位于水平面内，曲柄 OO_1 受力偶 M 作用而绕固定铅直轴 O 转动，并带动齿轮 O_1 在固定水平齿轮 O 上纯滚动，如题 10-23 图所示。设曲柄 OO_1 为均质杆，长为 l、质量为 m_1；齿轮 O_1 为均质圆盘，质量为 m_2，半径为 r。试求曲柄的角加速度及两齿轮接触处沿切线方向的力。

题 10-22 图

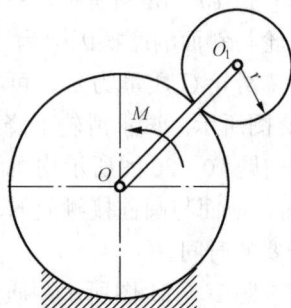

题 10-23 图

10-24　已知 A 和 B 两轮的质量均为 m，对其质心轴的转动惯量均为 mr^2，且 $R = 2r$，轮 B 沿固定斜面只滚动而不滑动，如题 10-24 图所示。如不计小定滑轮 O 及绕在两轮上的细绳质量，试求 A 和 B 两轮心的加速度。

题 10 - 24 图

10 - 25　如题 10 - 25 图所示 A、B 两轮的质量分别为 m_1 和 m_2、半径分别为 r_1 和 r_2。另有一细绳绕在两轮上，其中 A 轮绕固定轴转动。试求：

（1）B 轮下落时，其轮心的加速度；

（2）细绳的张力。

10 - 26　均质圆盘质量为 m，半径为 R，所受约束如题 10 - 26 图所示。若突然撤去 A 处的约束，试求该瞬时 O 处的约束力。

题 10 - 25 图　　　　　　　题 10 - 26 图

10 - 27　题 10 - 27 图所示，均质杆 AB 质量为 m，长为 l，在铅直平面内一端沿着水平地面，另一端沿着铅垂墙壁，从图示位置无初速地滑下。不计摩擦，试求开始滑动的瞬时，地面和墙壁对杆的约束力。

10 - 28　长为 l、质量为 m 的均质杆 AB 和 BC 用铰链 B 连接，并用铰链 A 固定，位于平衡位置，如题 10 - 28 图所示。今在 C 端作用一水平力 F，试求此瞬时，两杆的角加速度。

10 - 29　题 10 - 29 图所示，质量为 m，长为 l 的均质杆 AB 用细绳吊住，已知两绳与水平方向的夹角为 φ。试求 B 端绳断开瞬时，A 端绳的张力。

10 - 30　题 10 - 30 图所示平面机构，平板质量为 m_1，受水平力 F 作用而沿水平面运动，板与水平面间的动摩擦因数为 f，平板上放一质量为 m_2 的均质圆柱，它相对平板只滚动不滑动，试求平板的加速度。

题 10 - 27 图

题 10 - 28 图

题 10 - 29 图

题 10 - 30 图

10 - 31 题 10 - 31 图所示，质量为 m、长为 l 的均质杆 AB 用细绳 BD 吊住，图示位置静止，要使得剪断 BD 的瞬时 A 点的加速度为零，试求 A 端与水平面间的摩擦因数。

10 - 32 均质杆 AB，重 100 N，长 1 m，B 端搁在地面上，A 端用软绳悬挂，如题 10 - 32 图所示。设杆与地面之间的摩擦因数为 0.3，问当软绳剪断时 B 端是否滑动？并试求此瞬时杆的角加速度及地面对杆的作用力。假定动摩擦因数等于静摩擦因数。

题 10 - 31 图

题 10 - 32 图

10 - 33 题 10 - 33 图所示机构中，已知均质杆 AB 质量为 m，$\theta=30°$，$\beta=60°$。试求当绳子 OB 突然断开的瞬时滑槽的约束力（滑块 A 质量不计，滑槽光滑）及杆 AB 的角加速度。

10 - 34 题 10 - 34 图所示，均质圆柱 C 自桌角滚离桌面，$\theta=0$，$\dot{\theta}=0$；当 $\theta=30°$ 时，刚刚发生滑动现象。试求圆柱与桌角之间的静滑动摩擦因数。

10 - 35 题 10 - 35（a）图所示质量为 4kg 的矩形均质板，用两根等长的不变形的软绳悬挂在图示位置（AB 水平）。该板处于静止状态时，B 端的绳子突然被剪断，试求：

题 10-33 图   题 10-34 图

（1）此瞬时该板质心的加速度及 A 端绳子的张力。

（2）若将两绳换成弹簧，如题 10-35（b）图所示，在 B 端的弹簧突然被剪断时，该板质心的加速度及 A 端弹簧张力将如何？

题 10-35 图

10-36　质量为 m、长为 $2l$ 的均质杆 AB 用细绳 O_1A、O_2B 悬挂于水平位置，如题 10-36 图所示。刚度系数为 k 的弹簧 AD 的 D 端固定，原长为 l_0，图示状态被拉长为 l，方向铅直，图中系统处于平衡。如突然同时剪断细绳 O_1A 及 O_2B，试求此时 A 点的加速度。

题 10-36 图

习题 10　参考答案

10 - 1　(1) √　(2) √　(3) ×　(4) √　(5) ×

10 - 2　(1) C　(2) A　(3) A　(4) D　(5) B　(6) $\dfrac{15}{4}ml^2$　(7) $\dfrac{29}{32}mR^2\omega$

(8) $\dfrac{40}{3}\rho R^3\omega$

10 - 3　(a) $22mr^2\omega$;　(b) $21mr^2\omega$;　(c) $23mr^2\omega$

10 - 4　(a) $L_O=\left[\dfrac{3r_1+2r_2}{2(r_1+r_2)}m_1+\dfrac{1}{3}m_2\right](r_1+r_2)^2\omega$（逆时针）　(b) $L_O=-\dfrac{\sqrt{3}}{9}mv_B l$
（顺时针）　(c) $L_O=5mvr$（逆时针）

10 - 5　(a) 质心不动，圆盘绕质心加速转动;　(b) 质心有加速度 $a=F/m$，向左，圆盘平移;　(c) 质心有加速度 $a=F/m$，向右，圆盘绕质心加速转动

10 - 6　$a=\dfrac{MrR_1R_2-mgr^2R_1^2}{J_1R_2^2+J_2R_1^2+mr^2R_1^2}$

10 - 7　$n=\dfrac{mrb\omega^2}{8\pi lfF}$

10 - 8　$a=\dfrac{(Mi_{12}-mgR)R}{J_1i_{12}^2+J_2+mR^2}$

10 - 9　$a=\dfrac{2\left(\dfrac{M}{r_1}-m_3g\right)}{m_1+m_2+2m_3}$

10 - 10　(1) $J_1=20$ kg·m²;　(2) $\Delta L_z=418.88$ kg·m²/s

10 - 11　$v=\dfrac{1}{2}u$

10 - 12　$u=2v$, $F_T=\dfrac{8mv^2}{r}$

10 - 13　$\alpha=-0.5$ rad/s²

10 - 14　$\omega=\dfrac{2m_2art}{m_1R^2+2m_2r^2}$, $a=\dfrac{2m_2ar}{m_1R^2+2m_2r^2}$

10 - 15　$\rho=90$ mm

10 - 16　$a_C=2.53$ m/s², $\alpha=-18.98$ rad/s²

10 - 17　$F_{\max}=\dfrac{b-fh}{(\cos\alpha-f\sin\alpha)h}mg$, $a_C=\dfrac{b(\cos\alpha+f\sin\alpha)-2fh\cos\alpha}{(\cos\alpha-f\sin\alpha)h}g$

10 - 18　(1) 接触处完全光滑时 $(f=0)$, $a_C=g\sin\theta$;

(2) 圆柱作纯滚动时 $\left(f\geqslant\dfrac{1}{3}\tan\theta\right)$, $a_C=\dfrac{2}{3}g\sin\theta$;

(3) 圆柱体既滚动又滑动时 $\left(f<\dfrac{1}{3}\tan\theta\right)$, $a_C=(\sin\theta-f\cos\theta)g$

10 - 19　$a_C = \dfrac{2}{3}g$，$F_T = \dfrac{1}{3}mg$

10 - 20　$t = \dfrac{(1+f^2)r\omega_0}{2gf(1+f)}$

10 - 21　(1) $t = 1.749$ s；　　(2) $v = 4.286$ m/s，$\omega = 28.567$ rad/s

10 - 22　$a = \dfrac{4}{7}g\sin\theta$，$F_{AB} = -\dfrac{1}{7}mg\sin\theta$

10 - 23　$\alpha = \dfrac{6M}{(2m_1+9m_2)l^2}$，$F_t = \dfrac{3m_2M}{(2m_1+9m_2)l}$

10 - 24　$a_A = \dfrac{7}{23}g$，$a_B = \dfrac{21}{46}g$

10 - 25　$a_B = \dfrac{2(m_1+m_2)}{3m_1+2m_2}g$，$F_T = \dfrac{m_1m_2}{3m_1+2m_2}g$

10 - 26　$F_{Ox} = 0$，$F_{Oy} = \dfrac{1}{3}mg$

10 - 27　$F_A = mg\left(1 - \dfrac{3}{4}\sin^2\theta\right)$，$F_B = \dfrac{3}{4}mg\sin\theta\cos\theta$

10 - 28　$\alpha_{AB} = -\dfrac{6F}{7ml}$（顺时针），$\alpha_{BC} = \dfrac{30F}{7ml}$（逆时针）

10 - 29　$F_T = \dfrac{mg\sin\varphi}{1+3\sin\varphi}$

10 - 30　$a = \dfrac{F-f(m_1+m_2)g}{m_1+\dfrac{1}{3}m_2}$

10 - 31　$f = \dfrac{3\sqrt{3}}{13} = 0.40$

10 - 32　B 端滑动，$a = 14.71$ rad/s²，$F_{NB} = 35$ N，$F_B = 10.5$ N

10 - 33　$F_N = 0.266mg$，$\alpha = \dfrac{18g}{13l}$

10 - 34　$f = 0.242$

10 - 35　(1) $a_C = \dfrac{12}{17}g = 6.92$ m/s²，$F_T = 11.52$ N；　　(2) $a_C = \dfrac{1}{2}g = 4.9$ m/s²，$F = 19.6$ N

10 - 36　$a = g + \dfrac{4k}{m}(l-l_0)$

第11章 达朗贝尔原理

达朗贝尔原理是在引入了惯性力的基础上，用静力学中研究平衡问题的方法来研究动力学问题，因此又称为动静法。达朗贝尔原理实际上是刚体运动微分方程（质心运动定理、定轴转动微分方程和平面运动微分方程）的另一种表达方式；静力学的方法为工程技术人员所熟悉，比较简单，容易掌握，因此，动静法在工程技术领域中得到了广泛应用。

11.1 达朗贝尔原理

1. 质点达朗贝尔原理

如图 11-1 所示，设一质点的质量为 m，加速度为 a，在主动力 F 和约束力 F_N 的作用下沿曲线运动，根据质点动力学的基本方程

$$F + F_N = ma$$

或

$$F + F_N + (-ma) = 0 \qquad (11-1)$$

引入质点的惯性力 $F_I = -ma$，式（11-1）可改写为

$$F + F_N + F_I = 0 \qquad (11-2)$$

式（11-1）表明，**在质点运动的每一瞬时，作用于质点的主动力、约束力和质点的惯性力在形式上构成一个平衡力系，这就是质点的达朗贝尔原理。**

应该强调指出，惯性力 F_I 是虚拟的，并非作用于质点上的真实力，因此并不存在由 F、F_N、F_I 组成的平衡力系，而只是说明它们三者间的矢量关系。

达朗贝尔原理提供了研究动力学问题的一个新的普遍方法，是将动力学问题用静力学**求解的方法**，因此又称为**动静法**。

【例 11-1】 如图 11-2 所示一圆锥摆，质量 $m = 0.1 \, \text{kg}$ 的小球系于长 $l = 0.3 \, \text{m}$ 的绳上，绳的另一端系在固定点 O，并与铅直线成 $\alpha = 60°$ 角。如小球在水平面内作匀速圆周运动，用达朗贝尔原理求解小球的速度 v 与绳的拉力 F_T 的大小。

图 11-1

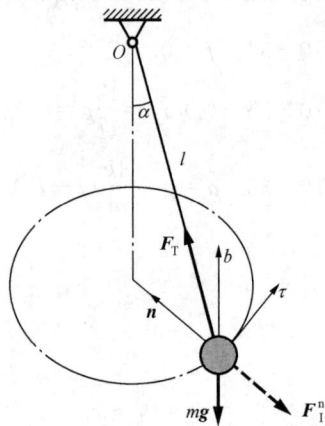

图 11-2

解

(1) 取小球为研究对象。

(2) 作用于质点的力有重力 $m\boldsymbol{g}$ 和绳的拉力 $\boldsymbol{F}_T$，选取自然坐标系。

(3) 加惯性力。质点作匀速圆周运动，只有法向加速度。即

$$F_I^n = ma_n = m\,\frac{v^2}{l\sin\alpha}$$

(4) 应用达朗贝尔原理写出形式上的平衡方程

$$\sum F_n = 0, \quad F_T\sin\alpha - F_I^n = 0$$

$$\sum F_b = 0, \quad F_T\cos\alpha - mg = 0$$

解得

$$F_T = \frac{mg}{\cos\alpha} = 1.96\,(\text{N})$$

$$v = \sqrt{\frac{F_T l \sin^2\alpha}{m}} = 2.1\,(\text{m/s})$$

2. 质点系的达朗贝尔原理

设质点系由 n 个质点组成，第 i 个质点的质量为 m_i，加速度为 $\boldsymbol{a}_i$，作用在第 i 个质点上的主动力的合力为 $\boldsymbol{F}_i$，约束力的合力为 $\boldsymbol{F}_{Ni}$，质点的惯性力 $\boldsymbol{F}_{Ii} = -m_i\boldsymbol{a}_i$。由质点的达朗贝尔原理（11-1）有

$$\boldsymbol{F}_i + \boldsymbol{F}_{Ni} + \boldsymbol{F}_{Ii} = 0 \quad i = 1,\ 2,\ \cdots,\ n \tag{11-3}$$

这表明，**在质点系运动的任一瞬时，作用于每一质点上的主动力、约束力和该质点的惯性力在形式上构成平衡力系**，这就是质点系的达朗贝尔原理。

对于由 n 个质点组成的一般质点系，有 n 个形如（11-3）的平衡方程，即有 n 个形式上的平衡力系。若把其中任意几个或全部 n 个平衡力系合在一起，仍然构成平衡力系，而且一般情况下为空间力系。根据静力学空间任意力系的平衡条件，有

$$\sum\boldsymbol{F}_i + \sum\boldsymbol{F}_{Ni} + \sum\boldsymbol{F}_{Ii} = 0, \quad \sum\boldsymbol{M}_O(\boldsymbol{F}_i) + \sum\boldsymbol{M}_O(\boldsymbol{F}_{Ni}) + \sum\boldsymbol{M}_O(\boldsymbol{F}_{Ii}) = 0 \tag{11-4}$$

式（11-4）表明，**在任意瞬时，作用于质点系的主动力、约束力和该质点系的惯性力所构成的力系的主矢等于零，该力系对任一点 O 的主矩也等于零**，即达朗贝尔原理将动力学问题转化为静力学问题的求解方程。

11.2　刚体惯性力系的简化

应用达朗贝尔原理在求解质点系动力学问题时需要在每个质点上虚加惯性力，这些惯性力组成一个惯性力系。如果质点数目有限时，逐点虚加惯性力是可行的。而刚体是由无数质点组成的不变质点系，刚体内各质点的惯性力形成了一个连续分布的惯性力系，对这样一个复杂的惯性力系必须进行简化。简化刚体惯性力系所采用的方法就是静力学中力系简化的理论，即将虚拟的惯性力系视作力系向任一点 O 简化，从而得到一个惯性力和一个惯性力偶，惯性力等于惯性力系的主矢，即

$$F_{\mathrm{I}} = \sum F_{\mathrm{I}i} = \sum (-m_i a_i) = -m a_C \qquad (11-5)$$

此式表明，无论刚体作什么运动，惯性力系主矢的大小都等于刚体的质量与其质心加速度的乘积，与简化中心无关，方向与质心加速度的方向相反；惯性力偶等于惯性力系对简化中心的主矩，它与简化中心有关而且随刚体作不同的运动而不同。

下面研究刚体作平移、绕定轴转动和平面运动三种情形下惯性力系的简化结果。

1. 刚体作平移

当刚体作平移时，每一瞬时，刚体内各点的加速度相同，都等于刚体质心的加速度 a_C。各质点惯性力的方向相同，组成一个同向的平行力系，因此，**刚体作平移时，惯性力系简化为通过质心 C 的一个合力。**

$$F_{\mathrm{I}} = -m a_C \qquad (11-6)$$

上述结论也可以用惯性力系对质心 C 的主矩为零得到证明。设刚体上任一质点 m_i 相对于质心 C 的矢径为 r_i，则惯性力系对质心的主矩为

$$M_{\mathrm{I}C} = \sum r_i \times (-m_i a_i) = -\sum m_i r_i \times a_C = -m r_C \times a_C$$

其中，r_C 为刚体质心相对于质心的矢径，因此，$r_C = 0$，于是得

$$M_{\mathrm{I}C} = 0$$

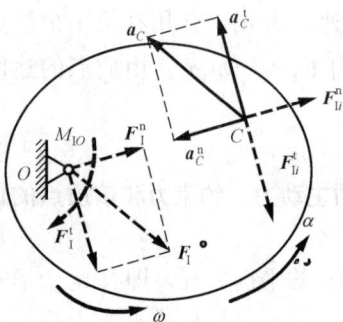

图 11-3

2. 刚体定轴转动

本书只讨论具有质量对称平面且转轴垂直于此质量对称平面的情形。设刚体有质量对称平面 S，且 S 与转轴 z 垂直并相交于点 O，刚体转动角速度为 ω，角加速度为 α，如图 11-3 所示，此刚体的惯性力系可简化为在对称平面内的平面力系。将此平面惯性力系再向点 O 简化。惯性力系的主矢由式（11-3）确定，即

$$F_{\mathrm{I}} = -m a_C \ \text{或} \ F_{\mathrm{I}}^{\mathrm{t}} = -m a_C^{\mathrm{t}}, \quad F_{\mathrm{I}}^{\mathrm{n}} = -m a_C^{\mathrm{n}} \quad (11-7)$$

惯性力系对点 O 的主矩为

$$M_{\mathrm{I}O} = \sum M_O(F_{\mathrm{I}i})$$

为求 $\sum M_O(F_{\mathrm{I}i})$，如图 11-3 所示，可将点的惯性力分解为切向惯性力 $F_{\mathrm{I}i}^{\mathrm{t}}$ 和法向惯性力 $F_{\mathrm{I}i}^{\mathrm{n}}$，显然法向惯性力对点 O 的矩为零，而切向惯性力 $F_{\mathrm{I}i}^{\mathrm{t}} = m_i \alpha r_i$，于是，得惯性力系对点 O 的主矩为

$$M_{\mathrm{I}O} = \sum M_O(F_{\mathrm{I}i}) = -\sum m_i \alpha r_i r_i = -\alpha \sum m_i r_i^2 = -J_O \alpha \qquad (11-8)$$

即刚体具有质量对称平面且转轴垂直于对称平面的定轴转动时，惯性力系简化为对称平面内的一个力和一个力偶。该力通过简化中心 O，其大小和方向等于惯性力系的主矢，即式（11-5），这个力偶的力偶矩等于惯性力系对轴 O 的主矩，等于刚体对轴 O 的转动惯量与角加速度的乘积，转向与角加速度的转向相反。

在特殊情况下，若转轴通过质心 C 时，惯性力系主矢 $F_{\mathrm{I}} = 0$，此时惯性力系简化为一个合力偶，合力偶矩为惯性力系对质心的主矩，即 $M_{\mathrm{I}C} = -J_C \alpha$；若刚体作匀速转动时，惯性力系主矩等于零，此时惯性力系简化为通过点 O 的一个力；若转轴通过质心，刚体作匀速转动，则惯性力系主矢和主矩都等于零。

3. 刚体作平面运动

设刚体具有质量对称平面且刚体平行于此平面运动，此时先将刚体惯性力系简化为在对称平面内的平面力系，再将惯性力系向质心 C 简化，得到一个力 $\boldsymbol{F}_I$ 和力偶矩为 $\boldsymbol{M}_{IC}$ 的一个力偶。

由平面运动可以分解为随基点的平移与绕基点的转动。取质心 C 为基点，设质心的加速度为 $\boldsymbol{a}_C$，转动角加速度为 α，则

$$\boldsymbol{F}_I = -m\boldsymbol{a}_C, \quad M_{IC} = -J_C \alpha \tag{11-9}$$

其中，J_C 为刚体对质心 C 轴的转动惯量。即刚体具有质量对称平面且刚体平行于此平面运动，刚体的惯性力系可以简化为在对称平面内的一个力和一个力偶。这个力通过质心，其大小等于刚体质量与质心加速度的乘积，其方向与质心加速度方向相反，这个力偶的力偶矩等于对通过质心且垂直于对称平面的轴的转动惯量与角加速度的乘积，其转向与加速度的转向相反。

【例 11-2】 试用达朗贝尔原理计算例 10-3。

(1) 取小车与鼓轮组成质点系为研究对象。

(2) 受力分析。如图 11-4 所示，小车和鼓轮的重力 $m_1\boldsymbol{g}$、$m_2\boldsymbol{g}$，斜面的法向约束力 $\boldsymbol{F}_N$，鼓轮 O 处的约束力 $\boldsymbol{F}_{Ox}$、$\boldsymbol{F}_{Oy}$，惯性力系简化为小车平移的惯性力 $\boldsymbol{F}_I$ 和鼓轮绕质心轴转动的惯性力偶 M_{IO}。

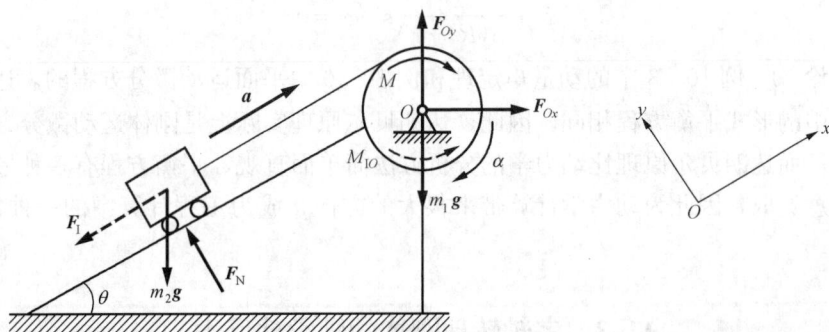

图 11-4

(3) 写出惯性力和力偶：$\boldsymbol{F}_I = m_2\boldsymbol{a}$，$\boldsymbol{M}_{IO} = J_O \alpha = J\alpha$。

(4) 根据达朗贝尔原理写出形式上的平衡方程

$$\sum F_y = 0, \quad F_N - m_2 g\cos\theta = 0$$

$$\sum M_O(F) = 0, \quad M - m_2 g\sin\theta \cdot R - m_2 R\alpha - J\alpha = 0$$

其中

$$\alpha = \frac{a}{R}$$

解得

$$a = \frac{MR - m_2 g R^2 \sin\theta}{J + m_2 R^2}$$

【例 11-3】 试用达朗贝尔原理计算例 10-6。

解

(1) 取圆轮为研究对象。

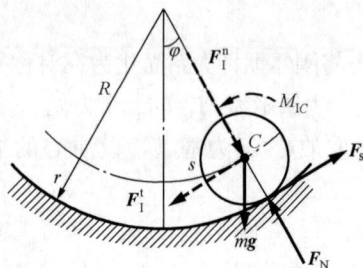

图 11-5

（2）受力分析。如图 11-5 所示，圆轮受重力 $m\boldsymbol{g}$，圆弧表面的法向力 $\boldsymbol{F}_N$ 和摩擦力 $\boldsymbol{F}_s$。惯性力系：平面运动惯性力系简化结果为通过质心的一个力和一个力偶。

（3）写出惯性力系的主矢和主矩。由平面运动惯性力系简化结果式（11-9），得

$$F_I^t = m a_C^t, \quad F_I^n = m a_C^n, \quad M_{IC} = J_C \alpha$$

由运动学知

$$\omega r = (R - r)\dot\varphi$$

则

$$\alpha = \dot\omega = \frac{(R-r)\ddot\varphi}{r}, \quad a_C^t = (R-r)\ddot\varphi, \quad a_C^n = (R-r)\dot\varphi^2$$

（4）根据达朗贝尔原理写出形式上的平衡方程

$$\sum F_t = 0, \quad F_s - mg\sin\varphi - F_I^t = 0$$
$$\sum M_C(F) = 0, \quad F_s r + M_{IC} = 0$$

将 F_I^t 和 M_{IC} 代入方程组，解得

$$\ddot\varphi + \frac{2g}{3(R-r)}\sin\varphi = 0$$

🔧 **讨论** 例 10-3 中的动量矩定理和例 10-6 中平面运动微分方程的表达式都与达朗贝尔原理中的形式平衡方程相同，因此，达朗贝尔原理实际上是刚体运动微分方程的另一种表达方式；而达朗贝尔原理比动力学的分析方法简单而直观，平衡方程有多种形式，简化中心可以任意选取，因此为动力学计算带来很大的方便，成为工程计算中的一种常用方法，称为**动静法**。

11.3 定轴转动刚体的轴承动反力

工程中，转子绕定轴高速转动时，轴承要承受很大的附加动反力，以损坏机器零件引起剧烈的振动，因此出现附加压力的原因研究和避免出现附加压力的条件分析研究具有实际意义。下面通过一个实例来理解动反力。

【例 11-4】 图 11-6 所示转子质量为 20 kg，偏心距离 $e = 0.1$ mm，$n = 12\ 000$ r/min，求轴承 A 处和 B 处的约束力，并与静反力进行比较。

解

（1）取轴系为研究对象。

（2）受力分析。重力 $m\boldsymbol{g}$；约束力 $\boldsymbol{F}_A$，$\boldsymbol{F}_B$。

（3）写出惯性力：$F_I = m e\omega^2$。

（4）根据达朗贝尔原理写出形式上的平衡方程

图 11-6

$$\sum M_B(F) = 0, \quad -F_A l + \frac{l}{2}(mg + F_I) = 0, \quad F_A - \frac{1}{2}(mg + me\omega^2) = 1677 \text{ N}$$

$$\sum M_A(F)=0, \quad F_B l-\frac{l}{2}(mg+F_1)=0, \quad F_B=F_A=1677 \text{ N}$$

静反力：$F'_A=F'_B=0.5mg=98$ N

附加动反力：$F''_A=F''_B=0.5me\omega^2=1579$ N

动反力与静反力比：$F_A/F'_A=F_B/F'_B\approx17$。

由例 11-4 可以看出，定轴转动刚体轴承动反力由两部分组成，一部分是由主动力引起的静反力，另一部分是由惯性力引起的附加动反力。而高速旋转的转子将造成很大的轴承附加动反力。

1. 一般情况下刚体惯性力系的简化

图 11-7（a）所示刚体绕定轴转动，每个质点产生惯性力。全部惯性力组成惯性力系，惯性力的系的主矢为

$$\boldsymbol{F}_{\mathrm{IR}}=-m\boldsymbol{a}_C \tag{11-10}$$

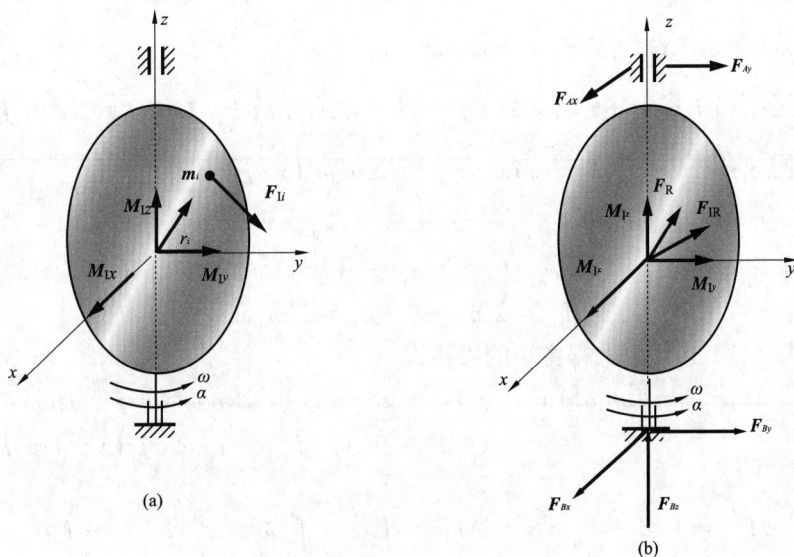

图 11-7

将现将 i 点的速度和加速度表示为矢量形式

$$\boldsymbol{v}_i=\boldsymbol{\omega}\times\boldsymbol{r}_i \tag{11-11}$$

$$\boldsymbol{a}_i=\boldsymbol{a}\times\boldsymbol{r}_i+\boldsymbol{\omega}\times\boldsymbol{v}_i \tag{11-12}$$

将式（11-12）代入式（11-10）中，得主矢 $\boldsymbol{F}_{\mathrm{IR}}$ 的表达式为

$$\boldsymbol{F}_{\mathrm{IR}}=-m\boldsymbol{a}_C=m(\omega^2 x_C+\alpha y_C)\boldsymbol{i}+m(\omega^2 y_C-\alpha x_C)\boldsymbol{j} \tag{11-13}$$

惯性力系对点 O 简化的主矩

$$\boldsymbol{M}_{\mathrm{IO}}=\sum\boldsymbol{M}_O(\boldsymbol{F}_{\mathrm{I}i})=-\sum\boldsymbol{r}_i\times m_i\boldsymbol{a}_i=-\sum\boldsymbol{r}_i\times m_i(\boldsymbol{\alpha}\times\boldsymbol{r}_i)-\sum\boldsymbol{r}_i\times m_i(\boldsymbol{\omega}\times\boldsymbol{v}_i) \tag{11-14}$$

接下来推导惯性力系向点 O 简化的主矩。

由

$$v_i = \omega \times r_i = \omega k \times (xi + yj + zk) = \begin{vmatrix} \boldsymbol{i} & \boldsymbol{j} & \boldsymbol{k} \\ 0 & 0 & \omega \\ x & y & z \end{vmatrix} = \omega(xj - yi)$$

$$v_i = \boldsymbol{\omega} \times r_i = \omega k \times (xi + yj + zk) = \begin{vmatrix} \boldsymbol{i} & \boldsymbol{j} & \boldsymbol{k} \\ 0 & 0 & \omega \\ x & y & z \end{vmatrix} = \omega(xj - yi)$$

$$\boldsymbol{\alpha} \times r_i = \alpha k \times (xi + yj + zk) = \begin{vmatrix} \boldsymbol{i} & \boldsymbol{j} & \boldsymbol{k} \\ 0 & 0 & \alpha \\ x & y & z \end{vmatrix} = \alpha(xj - yi)$$

$$\boldsymbol{\omega} \times v_i = \omega k \times \omega(xj - yi) = \begin{vmatrix} \boldsymbol{i} & \boldsymbol{j} & \boldsymbol{k} \\ 0 & 0 & \omega \\ \omega x & -\omega y & 0 \end{vmatrix} = \omega^2(xj + yi)$$

得主矩表达式为

$$M_{IO} = -\sum r_i \times m_i (\boldsymbol{\alpha} \times r_i) - \sum r_i \times m_i (\boldsymbol{\omega} \times v_i)$$

$$-\sum m_i (x\boldsymbol{i} + y\boldsymbol{j} + z\boldsymbol{k}) \times \alpha(x\boldsymbol{j} - y\boldsymbol{i}) - \sum m_i (x\boldsymbol{i} + y\boldsymbol{j} + z\boldsymbol{k}) \times \omega^2 (x\boldsymbol{j} + y\boldsymbol{i})$$

$$= -\sum m_i \alpha [(x^2 + y^2)\boldsymbol{k} - xz\boldsymbol{i} - yz\boldsymbol{j}] + \sum m_i \omega^2 (xz\boldsymbol{j} - yz\boldsymbol{i}) \tag{11-15}$$

由

$$J_z = \sum m_i (x^2 + y^2)$$

$$J_{xz} = \sum m_i xz, \quad J_{yz} = \sum m_i yz$$

将上式代入式（11-15）中，得主矩的表达式

$$M_{IO} = -\sum m_i \alpha [(x^2 + y^2)\boldsymbol{k} - xz\boldsymbol{i} - yz\boldsymbol{j}] + \sum m_i \omega^2 (xz\boldsymbol{j} - yz\boldsymbol{i})$$

$$= (J_{xz}\alpha - J_{yz}\omega^2)\boldsymbol{i} + (J_{yz}\alpha + J_{xz}\omega^2)\boldsymbol{j} + (-J_z\alpha)\boldsymbol{k} \tag{11-16}$$

可以简化为

$$M_{Ix} = J_{xz}\alpha - J_{yz}\omega^2, \quad M_{Iy} = J_{yz}\alpha + J_{xz}\omega^2, \quad M_{Iz} = -J_z\alpha \tag{11-17}$$

2. 一般情况轴承的动约束力

根据达朗贝尔原理写出图 11-7（b）所示形式上的平衡方程

$$F_{Ax} + F_{Bx} + F_{Rx} + F_{IRx} = 0$$

$$F_{Ay} + F_{By} + F_{Ry} + F_{IRy} = 0$$

$$F_{Az} + F_{Bz} = 0$$

$$F_{By} \cdot OB - F_{Ay} \cdot OA + M_x + M_{Ix} = 0$$

$$-F_{Bx} \cdot OB + F_{Ax} \cdot OA + M_y + M_{Iy} = 0$$

$$M_z + M_{gz} = 0$$

解得轴承反力为

$$F_{Ax} = -\frac{1}{AB} [(M_y + F_{Rx} \cdot OB) + (M_{Iy} + F_{IRx} \cdot OB)]$$

$$F_{Ay} = \frac{1}{AB} [(M_x - F_{Ry} \cdot OB) + (M_{Ix} + F_{IRy} \cdot OB)]$$

$$F_{Bx} = \frac{1}{AB} \left[(M_y - F_{Rx} \cdot OA) + (M_{Iy} - F_{IRx} \cdot OA) \right]$$

$$F_{By} = -\frac{1}{AB} \left[(M_x + F_{Ry} \cdot OA) + (M_{Ix} + F_{IRy} \cdot OA) \right]$$

$$F_{Bz} = -F_{Rz} \qquad\qquad (11-18)$$

习　题　11

11-1　判断题

(1) 质量相同的物体其惯性力也相同。　　　　　　　　　　　　　　　（　　）

(2) 惯性力是使质点改变运动状态的施力物体的反作用力。　　　　　（　　）

(3) 凡是运动的质点都具有惯性力。　　　　　　　　　　　　　　　（　　）

(4) 惯性力是真实力。　　　　　　　　　　　　　　　　　　　　　（　　）

(5) 质点系惯性力系的主矢与简化中心的选择有关,而惯性力系的主矩与简化中心的选择无关。　　　　　　　　　　　　　　　　　　　　　　　　　　（　　）

(6) 作瞬时平动的刚体,在该瞬时其惯性力系向质心简化的主矩必为零。　（　　）

11-2　选择题、填空题

(1) 物体 A 重为 Q,用细绳 BA、CA 悬挂如题 11-2 (a) 图所示,α=60°,若将 BA 绳剪断,则该瞬时 CA 绳的张力为（　　）。

(A) 0　　　　　　　(B) 0.5Q　　　　　　(C) Q　　　　　　(D) 2Q

(2) 均质细杆 AB 重为 P、长为 2L,如题 11-2 (b) 图所示,在水平位置时,当 B 端绳突然剪断,则该瞬时 AB 杆角加速度的大小为（　　）。

(A) 0　　　(B) $\alpha = \dfrac{3g}{4L}$　　　(C) $\alpha = \dfrac{3g}{2L}$　　　(D) $\alpha = \dfrac{6g}{L}$

(3) 均质细杆 AB 重为 P,用二铅直细绳悬挂成水平位置,如题 11-2 (c) 图所示,当 B 端细绳突然剪断瞬时,则 A 点加速度的大小为（　　）。

(A) 0　　　(B) g　　　(C) $\dfrac{g}{2}$　　　(D) 2g

(4) 题 11-2 (d) 图所示三个质量、半径相同的圆盘 A、B 和 C 放在光滑的水平面上;同样大小、方向的力 F 分别作用于三个圆盘的不同点,则惯性力系分别向各自质心简化的结果是（　　）。

(A) 惯性力系主矢、主矩都相等　　　　(B) 惯性力系主矢相等、主矩不相等

(C) 惯性力系主矢不相等、主矩相等　　(D) 惯性力系主矢、主矩都不相等

(5) 题 11-2 (e) 图所示飞轮以匀角速度 ω 绕 AB 轴转动。由于制造和安装的错误,其质心不在转动轴上,若偏心距为 e,轴承 A 处的附加动约束力的大小为 F_{NA},则当偏心距为 2e 时,轴承 A 处的附加动约束力的大小为（　　）。

(A) F_{NA}　　　　(B) $2F_{NA}$　　　　(C) $3F_{NA}$　　　　(D) $4F_{NA}$

(6) 如题 11-2 (f) 图所示,不计质量的轴上用不计质量的细杆固连着几个质量均等于 m 的小球,当轴以匀角速度 ω 转动时,则属于动平衡的是（　　）;属于静平衡的是（　　）。

(7) 题 11-2 (g) 图所示等边三角形构架位于水平面内。已知三根相同均质细杆质量均

为 m、长为 L。若使得三角形构架获得匀角加速度 α，则作用其上的力偶矩为_____。

（8）题 11-2（h）图所示半径为 R 的圆盘 O 沿水平地面作纯滚动，一质量为 m，长为 R 的均质杆 OA 固结在圆盘上，当杆处于铅垂位置时，圆盘圆心 O 有速度 v，加速度 a。则图示瞬时，杆 OA 的惯性力系向杆中心 C 简化的结果为_____（需将结果画在图上）。

题 11-2 图

11-3 题 11-3 图所示均质圆盘作定轴转动,其中图 (a)、图 (c) 的转动角速度为常数,图 (b)、图 (d) 的角速度不为常数。试对图示四种情形进行惯性力系的简化。

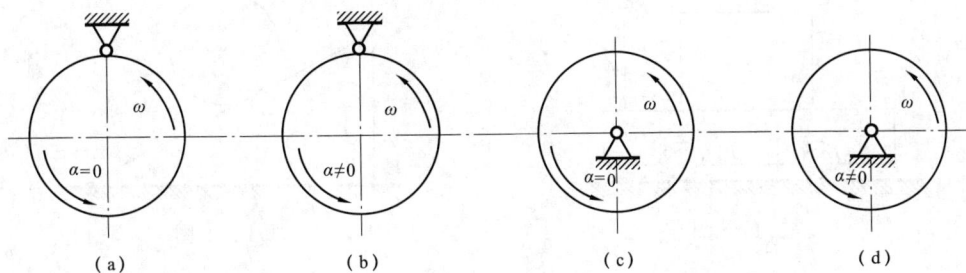

题 11-3 图

11-4 如题 11-4 图所示,质量为 M 的三棱柱体 A 以加速度 a_1 向右移动,质量为 m 的滑块 B 以加速度 a_2 相对三棱柱体的斜面滑动,试求滑块 B 的惯性力的大小及方向。

11-5 题 11-5 图所示系统由均质圆盘与均质细杆铰接而成。已知圆盘半径为 r、质量为 M,杆长为 L、质量为 m。在图示水平位置杆的角速度为 ω、角加速度为 α,圆盘的角速度、角加速度均为零,试求系统惯性力系向定轴 O 简化的主矢与主矩。

题 11-4 图

题 11-5 图

11-6 如题 11-6 图所示,已知质量为 m,半径为 r 的均质圆盘在力偶 M 作用下,沿水平面作纯滚动,试求质心 C 的加速度 a 和水平面对圆盘的约束力。

11-7 如题 11-7 图所示,已知质量为 m,半径为 r 的均质圆盘在力 F 作用下,沿倾角为 $\theta=30°$ 的斜面向上作纯滚动,$F=mg$,试求质心 C 的加速度 a 和斜面对圆盘的约束力。

题 11-6 图

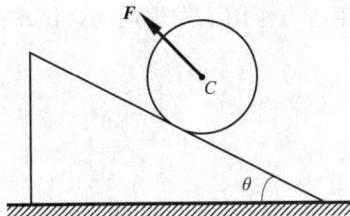

题 11-7 图

11-8 如题 11-8 图所示,一质量为 m,宽度为 d,高度为 h 的混凝土构件放置于小平车上,若构件与小平车之间的摩擦因数为 f,试求:

(1) 混凝土构件不致滑动时,小平车直线前进的最大加速度;

(2) 混凝土构件不致翻倒时,小平车直线前进的最大加速度。

11-9 题 11-9 图所示一质量为 m 的均质圆柱沿倾角为 θ 的斜面滚下。试求圆柱与斜面间的摩擦因数应为多大时在接触处才没有相对滑动以及此时质心的加速度。

题 11-8 图

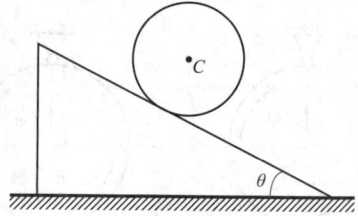

题 11-9 图

11-10 题 11-10 图所示水平面上放一均质三棱柱 A，在此三棱柱上又放一均质三棱柱 B，两三棱柱的横截面都是直角三角形，且质量分别为 M 和 m，设各接触面都是光滑的。试求当三棱柱 B 从图示位置沿 A 由静止滑下时，三棱柱 A 的加速度。

11-11 均质细杆 AB 长为 l，质量为 m，在水平位置用铰链支座 A 和铅垂绳 BD 连接，如题 11-11 图所示，如绳突然断去，试求杆 AB 到达与水平位置成 φ 角时 A 处的约束力。

题 11-10 图

题 11-11 图

11-12 题 11-12 图所示水平面内的杆和圆盘，视杆 AB 为均质杆，质量为 m，长为 $l=2r$，杆的一端 A 与圆盘的边缘固结。圆盘半径为 r，以角速度 ω 与角加速度 α 绕 O 轴转动。若忽略圆盘自重，试求在图示瞬时，AB 杆在 A 处的约束力。

11-13 质量为 m_1 和 m_2 的两重物 A 和 B，分别挂在两条绳子上，绳又分别绕在半径为 r_1 和 r_2 并装在同一轴的两鼓轮上，如题 11-13 图所示。已知两鼓轮对于转轴 O 的转动惯量为 J，系统在重力作用下发生运动，试求鼓轮的角加速度。

题 11-12 图

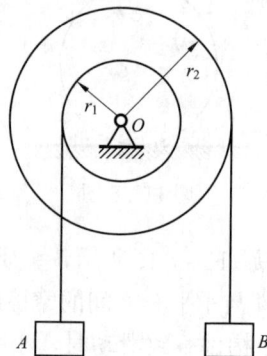

题 11-13 图

11-14 题 11-14 图所示平面机构中，圆柱形滚子 C 质量为 20 kg，其上绕有细绳，绳沿水平方向拉出，跨过无重滑轮 B 系有质量为 10 kg 的重物 A，如题 11-14 图所示。如滚子沿水平面只滚不滑，试求滚子中心 C 的加速度。

11-15 题 11-15 图所示，均质圆柱体 C 重为 P，半径为 R，无滑动地沿倾斜平板由静止自 O 点开始滚动。平板对水平线的倾角为 α，板的重力略去不计，试求 $OA=S$ 时平板在 O 点的约束力。

题 11-14 图

题 11-15 图

11-16 题 11-16 图所示一凸轮导板机构，偏心圆轮的圆心为 O，半径为 r，偏心距 $OO_1=e$，绕 O_1 轴以匀角速度 ω 转动。当导板 AB 在最低位置时，弹簧的压缩量为 b，导板质量为 m。要使导板在运动过程中始终不离偏心轮，试求弹簧刚度系数。

11-17 题 11-17 图所示矩形块质量为 $m_1=100$ kg，$b=0.5$m，$h=1.0$ m，置于平台车上，车质量为 $m_2=50$ kg。此车沿光滑水平面运动，车和矩形块在一起由质量为 m_3 的物体牵引，使之作加速运动。设物块与车之间的摩擦力足够阻止相互滑动，试求能够使车加速运动的质量 m_3 的最大值以及此时车的加速度。

题 11-16 图

题 11-17 图

11-18 题 11-18 图所示构架滑轮机构中，重物 M_1 和 M_2 的质量分别为 $2m$ 和 m，略去各杆及滑轮 B 和 E 的质量。已知 $AD=DB=l$，$\theta=45°$，滑轮 B 和 E 的半径分别为 r_1 和 r_2，且 $r_1=2r_2=2r$。试求重物 M_1 的加速度 a_1 和 DC 杆所受的力。

11-19 不计质量的梁 AB，在点 O 处铰接质量为 $M=8m$，半径为 R 的定滑轮 O，轮 O 悬挂质量分别为 $4m$ 和 m 的物块 C 和 D，如题 11-19 图所示。定滑轮 O 可视为均质圆盘，摩擦均不计。试求支座 B 的约束力。

题 11-18 图

题 11-19 图

11-20 题 11-20 图所示机构中，沿斜面向上作纯滚动的圆柱体 A 和鼓轮 O 均为均质物体，各重为 P 和 Q，半径均为 R，绳子不可伸长，其质量不计，斜面倾角为 θ，如在鼓轮上作用一常力偶矩 M。试求：

(1) 鼓轮的角加速度；

(2) 绳子的拉力；

(3) 轴承 O 处的约束力；

(4) 圆柱体与斜面间的摩擦力（不计滚动摩擦）。

11-21 题 11-21 图所示，质量为 m 的物体 A 借不可伸长的绳子经滑轮 B 拖动碟子 D 作纯滚动，碟子和滑轮皆视为均质圆盘，质量都为 m、半径同为 r。均质细长杆 DE 长为 $2r$，D 端与碟心铰接，E 端与地面没有摩擦，质量也为 m。若绳和滑轮 B 间没有相对运动。试求：

(1) 碟心 D 的加速度；

(2) 两轮间绳子的张力；

(3) B 处的约束力；

(4) 地面对杆端 E 的约束力。

题 11-20 图

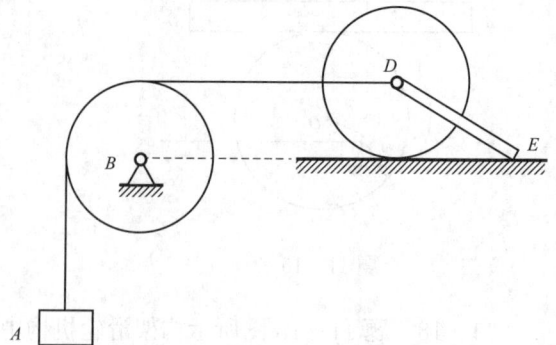

题 11-21 图

11-22 题11-22图所示长度为 l 的两根绳悬挂一根长为 l，质量为 m，并处于水平位置的均质杆 AB。若突然剪断绳 OB，试求刚剪断瞬时绳子 OA 的拉力及杆 AB 的角加速度。

11-23 均质杆 AB 的质量为 m，长为 $2l$，一端放在光滑地面上，并用两软绳支持，如题11-23图所示。试求当 BD 绳切断的瞬时 B 点的加速度、AE 绳的拉力及地面的约束力。

题11-22图

题11-23图

11-24 题11-24图所示，质量为 m、长度为 l 的两根相同均质杆 OA 和 AB 自水平位置无初速度释放，试求两杆的角加速度和 O、A 处的约束力。

11-25 长为 l、质量为 m 的均质杆 AB 与 EF 以软绳 AE 与 BF 相连并在 AB 的中点用铰链 O 固定，如题11-25图所示。试求当 BF 被剪断的瞬时 B 与 F 两点的加速度。

题11-24图

题11-25图

11-26 均质杆 AB 质量为 m，长为 l，悬挂如题11-26图所示。试求一绳突然断开时，杆的质心加速度以及另一绳的拉力。

11-27 题11-27图所示，AB、BC 为长度相等，质量不等的两均质杆，已知从图示位置 $\varphi=30°$，$\beta=60°$ 无初速地开始运动时，BC 杆中点 M 的加速度与铅垂线的夹角为 $\theta=30°$，试求两杆质量之比。

题11-26图

题11-27图

11-28　题 11-28 图所示，均质杆 AB 长为 l，质量为 m_1，上端 B 靠在半径为 R 的光滑圆弧上（$R=l$），下端 A 以铰链和均质圆轮中心 A 相连，圆轮质量为 m_2，半径为 r，放在粗糙的地面上，由静止开始滚动而不滑动。若运动开始瞬时杆与水平线所成夹角为 $\theta=45°$。试求此瞬时 A 点的加速度。

11-29　题 11-29 图所示平面机构，均质细杆 AB 长为 l，质量为 m，上端 B 靠在光滑的墙上，下端 A 用铰与质量为 M、半径为 R 且放在粗糙地面上的圆柱中心相连。在图示瞬时系统静止且杆与水平线的夹角为 $\theta=45°$，试求该瞬时杆 AB 的角加速度。

题 11-28 图

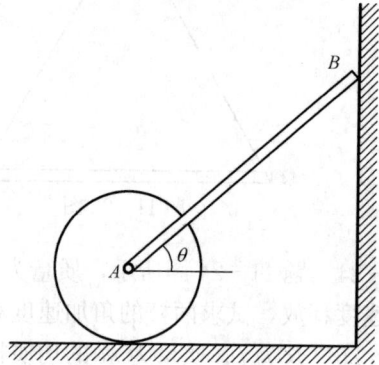
题 11-29 图

11-30　题 11-30 图所示质量分别为 m 和 $2m$，长度分别为 l 和 $2l$ 的均质细杆 OA 和 AB 在 A 点光滑铰接，OA 杆的 O 端为光滑固定铰链，AB 杆的 B 端放在光滑水平面上。初瞬时，OA 杆水平，AB 杆铅直。由于初位移的微小扰动，AB 杆的 B 端无初速地向右滑动，试求当 OA 杆运动到铅垂位置时，A 点处的约束力。

11-31　题 11-31 图所示系统中，均质杆 AB 长为 l、质量为 m，均质圆盘 O 的半径为 r、质量为 m，物体 E 的质量为 m，系统初始处于静止，杆 AB 处于水平位置，B 端的绳子突然断开，试求该瞬时物体 E 和杆 AB 的质心 C 的加速度。设绳与轮之间无相对滑动，O 处摩擦不计。

题 11-30 图

题 11-31 图

11-32　杆 AB 和 BC 其单位长度的质量为 m，并在 B 点铰接，如题 11-32 图所示。圆盘在铅垂平面内绕 O 轴作匀速转动。试求在图示位置时，作用在杆 AB 上 A 点和 B 点的力。

11-33 如题 11-33 图所示，一均质圆盘装在水平轴的中部，圆盘与轴线成 $90°-\gamma$ 交角，且偏心距 $OC=e$，圆盘质量为 m，半径为 R。试求当圆盘和轴以等角速度 ω 转动时轴承的约束力。

题 11-32 图

题 11-33 图

11-34 质量不计的刚性轴 O_1O_2 上固连一根质量为 m，长度为 l 的均质杆 AB。当轴以匀角速度 ω 转动时，试求题 11-34 图所示之偏心距为 e 的情况下轴承 O_1 和 O_2 处的约束力。

11-35 两个质量均为 m 的小球由长为 $2l$、质量不计的细杆连接，杆的中点 C 焊接在质量不计的铅垂轴 AB 的中点，并以匀角速度 ω 绕 AB 轴转动，如题 11-35 图所示。已知 $AB=h$，细杆与转轴的夹角为 θ。试求系统运动到图示位置时，轴承 A 和 B 处的约束力。

11-36 题 11-36 图所示系统位于铅垂面内。已知质量为 m 的偏心轮以匀角速度 ω 绕 O 转动，偏心轮质心为 C，偏心距 $OC=e$，$AB=BD$，$BO=OD$。试求当轮转过 φ 角时，B 处的动约束力。

题 11-34 图

题 11-35 图

题 11-36 图

习题 11 参考答案

11-1 (1)× (2)× (3)× (4)× (5)× (6)×

11-2 (1)B (2)B (3)A (4)B (5)B (6)A；B (7)$M=\dfrac{3}{2}mL^2\alpha$

（8）主矢：$\dfrac{1}{2}m\sqrt{9a^2+\dfrac{v^4}{R^2}}$，方向斜向左上方；主矩：$\dfrac{mRa}{12}$，逆时针

11-3　略

11-4　$F_I=m\sqrt{a_1^2+a_2^2+2a_1a_2\cos\alpha}$，与水平线夹角：$\theta=\tan^{-1}\dfrac{a_2\sin\alpha}{a_1+a_2\cos\alpha}$

11-5　$F_{IO}^t=\left(\dfrac{mL}{2}+ML\right)\alpha$，$F_{IO}^n=\left(\dfrac{mL}{2}+ML\right)\omega^2$，$M_{IO}=\left(\dfrac{1}{3}mL^2+MC^2\right)\alpha$

11-6　$a=\dfrac{2M}{3mr}$，$F_N=mg$，$F_S=\dfrac{2M}{3r}$

11-7　$a=\dfrac{2}{3}g$，$F_N=\dfrac{\sqrt3}{2}mg$，$F_S=\dfrac{1}{6}mg$

11-8　（1）$a_{max}=fg$；　　（2）$a_{max}=\dfrac{d}{h}g$

11-9　$f\geqslant\dfrac{1}{3}\tan\theta$，$a_C=\dfrac{2}{3}g\sin\theta$

11-10　$a_A=\dfrac{mg\sin\theta}{M+m\sin^2\theta}$

11-11　$F_{Ax}=\dfrac{3}{4}mg\sin\varphi\cos\varphi$，$F_{Ay}=\dfrac{3}{4}mg\ (2-\cos^2\varphi)$

11-12　$F_{Ax}=mr(\alpha-\omega^2)$，$F_{Ay}=mg-mr(\alpha+\omega^2)$，$M_A=mgr-\dfrac{mr^2}{3}\ (3\omega^2+4\alpha)$

11-13　$\alpha=\dfrac{m_1r_1-m_2r_2}{m_1r^2+m_2r_2^2+J}g$

11-14　$a_C=\dfrac{2}{7}g$

11-15　$F_{Ox}=\dfrac{P}{3}\sin2\alpha$，$F_{Oy}=P\left(1-\dfrac{2}{3}\sin^2\alpha\right)$，$M_O=PS\cos\alpha$

11-16　$k\geqslant\dfrac{m(e\omega^2-g)}{b+2e}$

11-17　$m_3=50$ kg，$a=2.45$ m/s^2

11-18　$a_1=\dfrac{2}{3}g$；$F_{CD}=4\sqrt2\,mg$

11-19　$F_B=7.5mg$

11-20　（1）$\alpha_O=\dfrac{2(M-PR\sin\theta)}{(Q+3P)R^2}g$；　　（2）$F_T=\dfrac{P(3M+QR\sin\theta)}{(Q+3P)R}$；

（3）$F_{Qx}=\dfrac{P(3M+QR\sin\theta)}{(Q+3P)R}\cos\theta$，$F_{Oy}=\dfrac{P(3M+QR\sin\theta)}{(Q+3P)R}\sin\theta+Q$；

（4）$F=\dfrac{P(M-PR\sin\theta)}{(Q+3P)R}$

11-21　（1）$a_D=\dfrac{1}{4}g$；　　（2）$F_{T_{BD}}=\dfrac{5}{8}mg$；　　（3）$F_{Bx}=-\dfrac{5}{8}mg$，$F_{By}=\dfrac{7}{4}mg$；

（4）$F_E = \dfrac{12-\sqrt{3}}{24}mg$

11-22 $F_T = \dfrac{2\sqrt{3}}{13}mg$，$\alpha = \dfrac{18g}{13l}$

11-23 $a_B = \dfrac{3\sqrt{3}}{8}g$，$F_T = \dfrac{3\sqrt{3}}{16}mg$，$F_N = \dfrac{13}{16}mg$

11-24 $\alpha_{OA} = \dfrac{9g}{7l}$（顺时针），$\alpha_{AB} = -\dfrac{3g}{7l}$（逆时针）

$F_{Ox} = 0$，$F_{Oy} = \dfrac{2}{7}mg$，$F_{Ax} = 0$，$F_{Ay} = -\dfrac{1}{14}mg$

11-25 $a_B = \dfrac{3}{7}g$（↑），$a_F = \dfrac{9}{7}g$（↓）

11-26 $a_C = \dfrac{3}{7}g$，$F_T = \dfrac{4}{7}mg$

11-27 $m_{AB} : m_{BC} = 14 : 3$

11-28 $a_A = \dfrac{3m_1}{(4m_1 + 9m_2)}g$

11-29 $a_{AB} = \dfrac{3mg}{(9M + 4m)l\sin\theta}$

11-30 $F_{Ax} = \dfrac{3\sqrt{3}}{49}mg$，$F_{Ay} = -\dfrac{96}{49}mg$

11-31 $a_E = \dfrac{3}{7}g$，$a_C = -\dfrac{9}{14}g$

11-32 $F_{Ax} = -3mr^2\omega^2$，$F_{Ay} = mgr$，$F_{Bx} = \dfrac{1}{2}mr^2\omega^2$，$F_{By} = mgr$

11-33 $F_A = \dfrac{m}{2}\left[e\cos\gamma + \dfrac{\sin 2\gamma}{2a}\left(2e^2 + \dfrac{R^2}{4}\right)\right]\omega^2$，$F_B = \dfrac{m}{2}\left[e\cos\gamma - \dfrac{\sin 2\gamma}{2a}\left(2e^2 + \dfrac{R^2}{4}\right)\right]\omega^2$

11-34 $F_{O_1 x} = \dfrac{e}{l}mg - \dfrac{1}{2}me\omega^2$，$F_{O_1 y} = mg$，$F_{O_2 x} = \dfrac{e}{l}mg + \dfrac{1}{2}me\omega^2$

11-35 $F_{Ax} = \dfrac{ml^2\omega^2\sin 2\theta}{h}$，$F_{Ay} = 2mg$，$F_{Bx} = -\dfrac{ml^2\omega^2\sin 2\theta}{h}$

11-36 $F_{Bx} = \dfrac{1}{2}me\omega^2(2\cos\varphi - \sin\varphi)$，$F_{By} = \dfrac{1}{2}me\omega^2\sin\varphi$

第12章 动 能 定 理

动量定理和动量矩定理属于矢量动力学，采用矢量数学方法解决动力学问题。动能定理则是从能量角度来分析质点和质点系的动力学问题，它建立了机械运动与其他运动形式之间的联系，是有效解决动力学问题的方法。

12.1 动 能

1. 质点的动能

设质点的质量为 m，速度为 v，则质点的动能为

$$T = \frac{1}{2}mv^2 \tag{12-1}$$

动能是标量，恒取正值。动能单位在国际单位制中也为 J（焦耳）。动能是表征机械运动的量。

2. 质点系的动能

质点系内各质点动能的代数和称为质点系的动能，即

$$T = \sum \frac{1}{2}m_i v_i^2 \tag{12-2}$$

3. 刚体的动能

（1）**平移刚体的动能**。刚体质量为 m，以速度 v 作平移时，平移刚体的动能为

$$T = \sum \frac{1}{2}m_i v^2 = \frac{1}{2}(\sum m_i)v^2$$

$$T = \frac{1}{2}mv^2 \tag{12-3}$$

即平移刚体的动能等于刚体质量与平移速度平方乘积的一半。

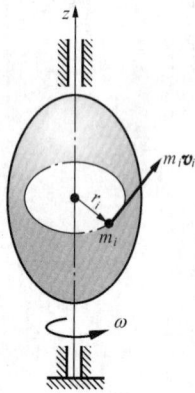

（2）**定轴转动刚体的动能**。如图 12-1 所示，刚体绕定轴 z 转动的转动惯量为 J_z，转动角速度为 ω。刚体上第 i 个质点的质量为 m_i，到转轴 z 的距离为 r_i，则 $v_i = r_i \omega$。定轴转动刚体的动能为

$$T = \sum \frac{1}{2}m_i v_i^2 = \sum \frac{1}{2}m_i(r_i\omega)^2 = \frac{1}{2}(\sum m_i r_i^2)\omega^2 = \frac{1}{2}J_z\omega^2 \tag{12-4}$$

即刚体定轴转动的动能等于刚体对转轴转动惯量与角速度平方乘积的一半。

（3）**平面运动刚体的动能**。取刚体质心为 C 所在的平面图形如图 12-2 所示。瞬心为 P，角速度为 ω。此瞬时，刚体上各点速度的分布与绕点 P 作定轴转动的刚体相同，于是平面运动刚体的动能为

$$T = \frac{1}{2}J_P\omega^2 \tag{12-5}$$

图 12-1

即平面运动刚体的动能等于绕瞬心轴作定轴转动的动能。

其中，J_P 为刚体绕瞬心轴 P 的转动惯量，由转动惯量平行轴定理，有

$$J_P = J_C + md^2$$

其中，m 为刚体的质量，J_C 为刚体过质心 C 的转动惯量。代入式（12-5）中，得

$$T = \frac{1}{2}(J_C + md^2)\omega^2 = \frac{1}{2}J_C\omega^2 + \frac{1}{2}m(d\omega)^2$$

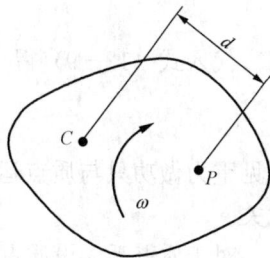

图 12-2

由运动学知

$$d \cdot \omega = v_C$$

所以

$$T = \frac{1}{2}mv_C^2 + \frac{1}{2}J_C\omega^2 \tag{12-6}$$

即平面运动刚体的动能等于随质心平移动能与绕质心转动动能之和。

12.2 力 的 功

1. 力对质点的功

作用于质点的力 F 与质点的无限小位移 dr 的点积，称为力对质点所做的元功，记作 δW，即

$$\delta W = \boldsymbol{F} \cdot d\boldsymbol{r} \tag{12-7}$$

当质点沿路径 C 自 M_1 运动到 M_2 时（见图 12-3），元功沿路径的积分称为质点在沿 C 的运动过程中力 F 对质点所做的功，记作 W，它是力在质点运动的某个路程中作用效果的一种度量。

$$W = \int_{M_1}^{M_2} \boldsymbol{F} \cdot d\boldsymbol{r} \tag{12-8}$$

式（12-8）中，$\boldsymbol{F} = F_x\boldsymbol{i} + F_y\boldsymbol{j} + F_z\boldsymbol{k}$，$d\boldsymbol{r} = dx\boldsymbol{i} + dy\boldsymbol{j} + dz\boldsymbol{k}$。$\boldsymbol{i}$、$\boldsymbol{j}$、$\boldsymbol{k}$ 为直角坐标系 $Oxyz$ 沿各坐标轴的单位矢量。

由矢量代数得式（12-8）的解析表达式为

$$W = \int_{M_1}^{M_2}(F_x dx + F_y dy + F_z dz) \tag{12-9}$$

2. 常见力做功

（1）重力的功。如图 12-4 所示，有

图 12-3

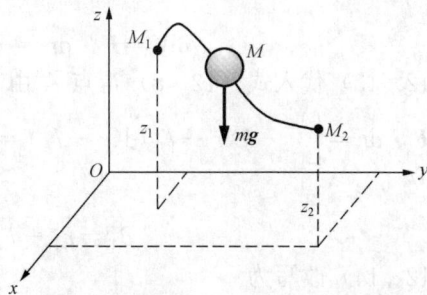

图 12-4

$$F_x=0,\quad F_y=0,\quad F_z=-mg$$

代入式（12-9）得

$$W=\int_{M_1}^{M_2}(-mg)\mathrm{d}z=mg(z_1-z_2) \tag{12-10}$$

可见重力做功只与质点运动开始和末了位置的高度差（z_1-z_2）有关，与运动轨迹的形状无关。

对于质点系，设质点 i 的质量为 m_i，运动始末的高度差（$z_{i1}-z_{i2}$），则质点系全部重力做功之和为

$$\sum W=\sum m_i g(z_{i1}-z_{i2})$$

由质心坐标公式，有

$$mz_C=\sum m_i z_i$$

其中

$$m=\sum m_i$$

由此可得

$$\sum W=mg(z_{C1}-z_{C2}) \tag{12-11}$$

图 12-5

其中，（$z_{C1}-z_{C2}$）是质心始末位置高度差。可见，质心下降，重力做正功；质心上移，重力做负功。质点系重力做功仍与质心运动轨迹的形状无关。

（2）弹性力的功。如图 12-5 所示，设有一根刚度系数为 k、自由长度为 l_0 的弹簧，其一端固定于点 O，另一端 A 同物体相连接，设点 A 的任意路径由 A_1 运动至 A_2，则在该运动过程中任意位置点 A 处弹簧作用于物体上的弹力 $\boldsymbol{F}$ 为

$$\boldsymbol{F}=-k(r-l_0)\frac{\boldsymbol{r}}{r} \tag{12-12}$$

因此弹性力 $\boldsymbol{F}$ 的元功为

$$\delta W=\boldsymbol{F}\cdot\mathrm{d}\boldsymbol{r}=-k(r-l_0)\left(\frac{\boldsymbol{r}\cdot\mathrm{d}\boldsymbol{r}}{r}\right)$$

由

$$\boldsymbol{r}\cdot\mathrm{d}\boldsymbol{r}=\frac{1}{2}\mathrm{d}(\boldsymbol{r}\cdot\boldsymbol{r})=\frac{1}{2}\mathrm{d}(r^2)=r\mathrm{d}r=r\mathrm{d}(r-l_0)$$

即得

$$\delta W=\boldsymbol{F}\cdot\mathrm{d}\boldsymbol{r}=-k(r-l_0)\mathrm{d}(r-l_0) \tag{12-13}$$

将式（12-13）代入式（12-8）得点 A 由 A_1 到 A_2 时，弹性力做功为

$$W=\int_{A_1}^{A_2}\boldsymbol{F}\cdot\mathrm{d}\boldsymbol{r}=\int_{A_1}^{A_2}-k(r-l_0)\mathrm{d}(r-l_0)=-\frac{k}{2}\int_{r_1}^{r_2}\mathrm{d}(r-l_0)^2=\frac{k}{2}\left[(r_1-l_0)^2-(r_2-l_0)^2\right]$$

令

$$\delta_1=r_1-l_0,\quad \delta_2=r_2-l_0 \tag{12-14}$$

故式（12-14）改写为

$$W=\frac{k}{2}(\delta_1^2-\delta_2^2) \tag{12-15}$$

可见，**弹性力的功等于弹簧初变形的平方与末变形的平方之差乘以弹簧刚度系数的一半**。弹性力的功与重力的功一样，只与开始和末了位置有关，与运动轨迹的形状无关。

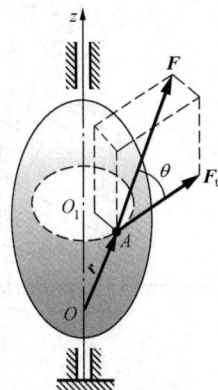

图 12-6

（3）**作用在定轴转动刚体上力的功**。如图 12-6 所示，设力 F 与力作用点 A 处的轨迹切线之间的夹角为 θ，则力 F 在切线上的投影为

$$F_t = F\cos\theta$$

刚体绕定轴转动时，转角与弧长 s 的关系

$$ds = R\,d\varphi$$

其中，R 为点 A 到轴的垂直距离。

力 F 的元功为

$$\delta W = F \cdot dr = F_t\,ds = (F_t R)\,d\varphi$$

令

$$M_z = F_t R$$

则

$$\delta W = M_z\,d\varphi$$

力 F 在刚体从角 φ_1 到 φ_2 转动过程中做的功为

$$W = \int_{\varphi_1}^{\varphi_2} M_z\,d\varphi \tag{12-16}$$

如果刚体上作用一力偶，则力偶所做的功仍可用式（12-16）计算，其中 M_z 为力偶对转轴 z 的矩，也等于力偶矩矢 M 在 z 轴上的投影。

（4）**质点系内力的功**。刚体内任意两个质点相互作用力是内力：等值、反向、共线，距离保持不变。沿这两点连线的位移必定相等，其中一力做正功，另一力做负功，一对力所做的功的和等于零。**刚体所有内力做功的和等于零**。

某些情形下，内力虽然等值而反向，但所做功的和并不等于零。例如，两个质点组成的质点系，在两个内力作用下相互吸引，质点系两个内力所做功的和不为零。汽车发动机气缸的作用力都是内力，内力功的和不等于零，内力的功使汽车的动能增加。

（5）**理想约束力的功**。作用于质点系的约束力一般要做功。但在许多理想情形下，约束力不做功或做功之和为零。下面通过实例进行说明。

光滑接触面、轴承、销钉和活动支座的约束力总是和它作用点的元位移 dr 相垂直。所以，这些约束力的功恒等于零。

刚体沿固定面作纯滚动时滑动摩擦力的功。如图 12-7 所示，当刚体沿固定面作纯滚动时，出现的是静滑动摩擦力，此摩擦力的元功为

$$\delta W = F_s \cdot v_P\,dt$$

因为 P 为速度瞬心，所以速度 $v_P = 0$，

$$\delta W = 0$$

图 12-7

刚体沿固定面作纯滚动时，滑动摩擦力做功为零。在其他情况下，滑动摩擦力与物体相对位移反向，摩擦力做负功，不是理想约束，应用动能定理时要计入摩擦力做的功。

综合上面的分析，应用质点系的动能定理要根据具体情况仔细分析所有的作用力，以确定它是否做功；理想约束的约束力不做功，而质点系的内力做功之和并不一定等于零。

图 12 - 8

【例 12 - 1】　图 12 - 8 所示的系统，已知物块重量为 P，常力偶矩为 M，圆轮半径为 R，弹簧的刚度系数为 k，斜面的倾角为 α，物块与斜面间摩擦系数为 f。初始时弹簧为原长，求物块沿斜面下滑 s 距离时，哪些力做功，各做多少功。

解

重力功 $W = Ps\sin\alpha$

力偶功 $W = -M\Delta\varphi = -Ms/R$

弹性力功 $W = \dfrac{k}{2}(\delta_1^2 - \delta_2^2) = \dfrac{k}{2}(0 - s^2) = -\dfrac{1}{2}ks^2$

摩擦力功 $W = -F_s s = -F_N f s = -Pfs\cos\alpha$

12.3　动　能　定　理

1. 质点动能定理

由质点运动微分方程的矢量形式

$$ma = F$$

表示为

$$m\frac{dv}{dt} = F$$

两边点乘 dr，得

$$m\frac{dv}{dt} \cdot dr = F \cdot dr \tag{12-17}$$

将

$$dr = v\,dt$$

代入式（12 - 17），得

$$mv \cdot dv = F \cdot dr$$

得质点动能定理的微分形式

$$d\left(\frac{1}{2}mv^2\right) = \delta W \quad 或 \quad dT = \delta W \tag{12-18}$$

质点动能的微分等于作用在质点上力的元功。

设质点从 M_1 到 M_2，两点速度大小为 v_1、v_2，将式（12 - 18）积分得质点动能定理的积分形式

$$\frac{1}{2}mv_2^2 - \frac{1}{2}mv_1^2 = W_{12} \quad 或 \quad T_2 - T_1 = W_{12} \tag{12-19}$$

即质点运动的某个过程中，质点动能的改变量等于作用于质点的力所做的功。

2. 质点系的动能定理

设质点系有 n 个质点，质点系中第 i 个质点质量为 m_i，速度大小为 v_i，作用在该质点上的力为 $\boldsymbol{F}_i$。根据质点动能定理的微分形式，得

$$\mathrm{d}\left(\frac{1}{2}m_i v_i^2\right) = \delta W_i$$

将 n 个方程相加，得

$$\sum_{i=1}^{n} \mathrm{d}\left(\frac{1}{2}m_i v_i^2\right) = \sum_{i=1}^{n} \delta W_i$$

交换微分与求和符号位置

$$\mathrm{d}\left[\sum_{i=1}^{n}\left(\frac{1}{2}m_i v_i^2\right)\right] = \sum_{i=1}^{n} \delta W_i$$

得质点系动能定理的微分形式

$$\mathrm{d}T = \sum_{i=1}^{n} \delta W_i \qquad (12-20)$$

即质点系动能的增量，等于作用于质点系全部力所做元功的和。

对式 (12-20) 积分，得质点系动能定理的积分形式

$$T_2 - T_1 = \sum W_i \qquad (12-21)$$

其中，T_1 和 T_2 分别是质点系在某一段运动过程的起点和终点的动能。即**质点系在某一段运动过程中，起点和终点动能的改变量，等于作用于质点系的全部力在这段过程中所做功的和。**

式 (12-21) 的 $\sum W_i$ 为作用于质点系上所有力之功的代数和，在具体计算时，通常根据质点系的受力特征，将作用于质点系上的所有力分为两类，即外力和内力或者主动力和约束力。

如果将力分为外力和内力，则式 (12-21) 变为

$$T_2 - T_1 = \sum W_i^{(\mathrm{e})} + \sum W_i^{(\mathrm{i})}$$

对于刚体，$\sum W_i^{(\mathrm{i})} = 0$，则有

$$T_2 - T_1 = \sum W_i^{(\mathrm{e})} \qquad (12-22)$$

如果将力分为主动力和约束力，则式 (12-21) 变为

$$T_2 - T_1 = \sum W_i^{(\mathrm{F})} + \sum W_i^{(\mathrm{N})}$$

其中，$\sum W_i^{(\mathrm{F})}$ 为主动力所做的功；$\sum W_i^{(\mathrm{N})}$ 为约束力所做的功。

如果质点系所受的约束为理想约束，即 $\sum W_i^{(\mathrm{N})} = 0$，则有

$$T_2 - T_1 = \sum W_i^{(\mathrm{F})} \qquad (12-23)$$

【例 12-2】 如图 12-9 所示，质量为 m 的质点，自高 h 处自由落下，落到下面有弹簧支持的板上，设板和弹簧的质量都可以忽略不计，弹簧的刚性系数为 k。求弹簧的最大压缩量。

解

(1) 取质点为研究对象，质点从开始下落即位置 Ⅰ 为初位置，弹簧压缩到最大值 $\delta_{\max}$ 即位置 Ⅲ 为末位置。

图 12-9

（2）功的分析。重力做功为 $mg(h+\delta_{\max})$；弹簧力做功为 $\frac{1}{2}k(0-\delta_{\max}^2)$

（3）动能分析

$$T_1 = T_2 = 0$$

（4）应用动能定理

$$0-0 = mg(h+\delta_{\max}) - \frac{1}{2}k\delta_{\max}^2$$

$$\delta_{\max} = \frac{mg}{k} + \frac{1}{k}\sqrt{m^2g^2 + 2kmgh}$$

应用动能定理不必考虑质点在运动过程中的动能变化，只考虑在始、末位置的动能即可。

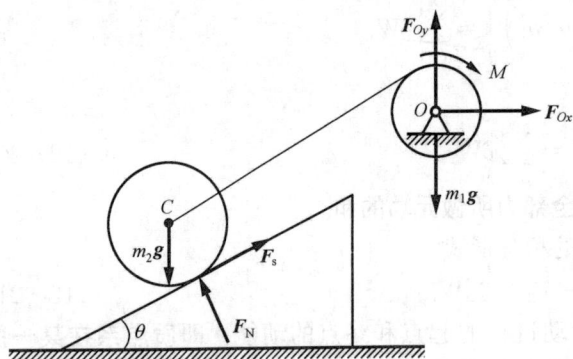

图 12 - 10

【例 12 - 3】 如图 12 - 10 所示卷扬机。鼓轮在常力偶 M 的作用下将圆柱沿斜坡上拉。已知鼓轮的半径为 R_1，质量为 m_1，质量分布在轮缘上；圆柱的半径为 R_2，质量为 m_2，质量均匀分布。设斜坡的倾角为 θ，圆柱只滚不滑。系统从静止开始运动，求圆柱中心 C 经过路程 s 时的速度和加速度。

解

（1）取圆柱和鼓轮一起组成的质点系为研究对象。

（2）质点系动能分析

$$T_1 = 0$$

$$T_2 = \frac{1}{2}J_1\omega_1^2 + \frac{1}{2}m_2v_C^2 + \frac{1}{2}J_C\omega_2^2$$

其中

$$J_1 = m_1R_1^2, \quad J_C = \frac{1}{2}m_2R_2^2, \quad \omega_1 = \frac{v_C}{R_1}, \quad \omega_2 = \frac{v_C}{R_2}$$

则

$$T_2 = \frac{v_C^2}{4}(2m_1 + 3m_2)$$

（3）功的分析

$$W_{12} = M\varphi - m_2g\sin\theta \cdot s$$

（4）应用质点系的动能定理

$$T_2 - T_1 = W_{12}$$

$$\frac{v_C^2}{4}(2m_1 + 3m_2) - 0 = M\varphi - m_2g\sin\theta \cdot s$$

由

$$\varphi = \frac{s}{R_1}$$

得

$$\frac{1}{4}(2m_1+3m_2)\cdot v_C^2=\left(\frac{M}{R_1}-m_2g\sin\theta\right)\cdot s$$

解得速度为

$$v_C=2\sqrt{\frac{(M-m_2gR_1\sin\theta)s}{R_1(2m_1+3m_2)}} \tag{12-24}$$

（5）计算加速度。对式（12-24）求导得

$$\frac{1}{2}(2m_1+3m_2)\cdot v_C\cdot\frac{\mathrm{d}v_C}{\mathrm{d}t}=\left(\frac{M}{R_1}-m_2g\sin\theta\right)\cdot\frac{\mathrm{d}s}{\mathrm{d}t}$$

由

$$\frac{\mathrm{d}v_C}{\mathrm{d}t}=a_C,\quad \frac{\mathrm{d}s}{\mathrm{d}t}=v_C$$

得加速度为

$$a_C=\frac{2(M-m_2gR_1\sin\theta)}{R_1(2m_1+3m_2)}$$

【例 12-4】 置于水平面内的行星齿轮机构的曲柄 OO_1 受不变力矩 M 的作用而绕固定轴 O 转动，由曲柄带动的齿轮 I 在固定齿轮 II 上滚动，如图 12-11 所示。曲柄 OO_1 是长为 l、质量为 m 的均质细杆，齿轮 I 是半径为 r_1、质量为 m_1 的均质圆盘。不计各处摩擦。求曲柄由静止转过 φ 角后的角速度和角加速度。

解

（1）取整个系统为研究对象。

（2）系统的动能分析。曲柄 OO_1 作定轴转动，齿轮 I 作平面运动。设曲柄的角速度为 ω，齿轮 I 的角速度为 ω_1，由运动分析可知 $r_1\omega_1=l\omega$，故系统的动能为

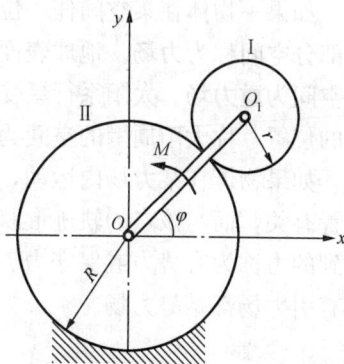

图 12-11

$$T=\frac{1}{2}J_O\omega^2+\frac{1}{2}m_1v_{O1}^2+\frac{1}{2}J_{O1}\omega_1^2$$

$$=\frac{1}{2}\frac{ml^2}{3}\omega^2+\frac{1}{2}m_1(l\omega)^2+\frac{1}{2}\frac{m_1r_1^2}{2}\left(\frac{l\omega}{r_1}\right)^2$$

$$=\frac{1}{2}\left(\frac{m}{3}+\frac{3m_1}{2}\right)l^2\omega^2$$

（3）功的分析。系统在水平面内运动，重力不做功。此外各接触处摩擦均不计，因而理想约束力不做功，只有不变力矩 M 做正功。

$$W_{12}=M\varphi$$

（4）应用质点系的动能定理

$$T_2-T_1=W_{12}$$

$$\frac{1}{2}\left(\frac{m}{3}+\frac{3m_1}{2}\right)l^2\omega^2=M\varphi \tag{12-25}$$

由式（12-25）可得杆 OO_1 的角速度

$$\omega = \sqrt{\frac{12M\varphi}{(2m+9m_1)l^2}} \qquad (12-26)$$

（5）计算加速度。对式（12-26）两边求导，得角加速度

$$\alpha = \frac{6M}{(2m+9m_1)l^2}$$

小结   应用动能定理解题的步骤（一般采用积分形式）如下。

1) 选取某质点系（或质点）作为研究对象。

2) 分析质点系运动，计算在选定的过程起点和终点的动能。

3) 分析作用于质点系的力，计算各力在选定过程中所做的功，并求它们的代数和。

4) 应用动能定理建立方程，求解未知量。

12.4   势力场   势能   机械能守恒定律

1. 势力场

如果一物体在某空间任一位置都受到一个大小和方向完全由所在位置确定的力作用，则这部分空间称为**力场**。地球表面的物体在任何位置都受到一个确定的重力作用，称地球表面的空间为**重力场**。太阳系行星受到太阳引力的作用，引力的大小和方向决定于此行星相对太阳的位置，称太阳周围的空间为**太阳引力场**。

如果物体在某力场内运动，则作用于物体的力所做的功只与力作用点的初始位置和终了位置有关，而与该点的轨迹形状无关，这种力场称为**势力场**或**保守力场**。在势力场中，物体受到的力称为有势力或保守力。重力、弹性力、万有引力都是保守力。重力场、弹性力场、万有引力场都是势力场。

2. 势能

在势力场中，选择参考点 M_0，质点从点 M 运动到 M_0 有势力所做的功称为质点在点 M 相对于点 M_0 的势能，记作 V，即

$$V = \int_M^{M_0} \boldsymbol{F} \cdot \mathrm{d}\boldsymbol{r} = \int_M^{M_0} (F_x \mathrm{d}x + F_y \mathrm{d}y + F_z \mathrm{d}z) \qquad (12-27)$$

显然，势能的大小是相对于零势能位置 M_0 而言的，而零势能位置 M_0 是可以任意选取的，所以对于势能的大小，必须指明其零势能位置才有意义。

3. 常见的势能

（1）**重力场**。如图 12-4 所示，有

$$F_x = 0, \quad F_y = 0, \quad F_z = -mg$$

若零势能位置的坐标为 $(0, 0, z_0)$ 代入式（12-27），得

$$V = \int_M^{M_0} \boldsymbol{F} \cdot \mathrm{d}\boldsymbol{r} = \int_M^{M_0} (F_x \mathrm{d}x + F_y \mathrm{d}y + F_z \mathrm{d}z) = \int_z^{z_0} -mg \mathrm{d}z = mg(z - z_0)$$

$$\qquad (12-28)$$

与式（12-28）类似，质点系重力势能可写为

$$V = mg(z_C - z_{C0}) \qquad (12-29)$$

其中，m 为质点系的总质量，z_C 为质心坐标，z_{C0} 为零势能位置质心的坐标。

（2）**弹性力场**。以弹簧变形量 δ_0 为零势能位置，则由弹性力做功的式（12-15）可求

得变形量为 δ 的弹性势能为

$$V = \frac{k}{2}(\delta^2 - \delta_0^2) \tag{12-30}$$

若以弹簧原长处为零势能位置，则 $\delta_0 = 0$，代入式（12-30）可得弹性力势能为

$$V = \frac{k}{2}\delta^2 \tag{12-31}$$

当质点系受到多个有势力作用，各有势力可以有各自的零势能点。质点系的零势能位置是各质点都处于其零势能点的一组位置。质点系从某位置到其零势能位置的运动过程中，各有势力做功的代数和称为此质点系在该位置的势能。

如图 12-12 所示，一质量为 m、长为 l 的均质杆 AB，A 端铰支，B 端由无重弹簧拉住，并于水平位置平衡，弹簧刚度为 k。此时弹簧已有伸长 δ_0。

$$\sum M_A(\mathbf{F}) = 0, \quad k\delta_0 l = mg\frac{l}{2}, \quad \delta_0 = \frac{mg}{2k}$$

图 12-12

此系统所受重力及弹性力都是有势力。

以 ACB 为重力零势能位置，弹簧原长处为弹性力零势能点，则杆于摆角处 φ 的重力势能为

$$V = -\frac{1}{2}mg\varphi l$$

弹性力势能为

$$V = \frac{1}{2}k(\delta_0 + \varphi l)^2$$

代入

$$\delta_0 = \frac{mg}{2k}$$

则总势能为

$$V = \frac{1}{2}k(\delta_0 + \varphi l)^2 - mg\frac{\varphi l}{2} = \frac{1}{2}k\varphi^2 l^2 + \frac{m^2 g^2}{8k}$$

如取杆的平衡位置为系统的零势能位置，杆于微小摆角 φ 处，系统相对于零势能位置的势能为

$$V = \frac{1}{2}k(\delta_0 + \varphi l)^2 - \frac{1}{2}k\delta_0^2 - \frac{1}{2}mg\varphi l = \frac{1}{2}k(\delta_0^2 + 2\delta_0\varphi l + \varphi^2 l^2 - \delta_0^2) - mg\frac{\varphi l}{2}$$

代入

$$\delta_0 = \frac{mg}{2k}$$

得

$$V = \frac{1}{2}k\varphi^2 l^2$$

显然重力—弹力系统，对不同的零势能位置，系统的势能不相同，以其平衡位置为零势能点较为方便。

4. 势能函数

在势力场中，势能随其位置坐标不同而变化，因此将 $V(x, y, z)$ 称为**势能函数**。质点从起始点 $M_0(x, y, z)$ 运动到终点 $M(x+dx, y+dy, z+dz)$ 时，有势力 $\mathbf{F}$ 的元功为

$$\delta W = \mathbf{F} \cdot d\mathbf{r} = F_x dx + F_y dy + F_z dz = V(x, y, z) - V(x+dx, y+dy, z+dz) = -dV$$

$$(12-32)$$

而势能函数的全微分可写为

$$\mathrm{d}V = \frac{\partial V}{\partial x}\mathrm{d}x + \frac{\partial V}{\partial y}\mathrm{d}y + \frac{\partial V}{\partial z}\mathrm{d}z$$

比较以上两式，可得

$$F_x = -\frac{\partial V}{\partial x} \quad F_y = -\frac{\partial V}{\partial y} \quad F_z = -\frac{\partial V}{\partial z} \qquad (12-33)$$

因此，有势力可表示为

$$\boldsymbol{F} = -\left(\frac{\partial V}{\partial x}\boldsymbol{i} + \frac{\partial V}{\partial y}\boldsymbol{j} + \frac{\partial V}{\partial z}\boldsymbol{k}\right) = -\mathrm{grad}V \qquad (12-34)$$

即**有势力的大小等于势能函数在该点梯度的大小，其方向与势能梯度矢量方向相反。**

在势力场中，所有势能相同的点组成的曲面称为**等势面**，即

$$V(x,\ y,\ z) = 常量$$

若常量为零，则称为零势面。

由式（12-32）可知，当质点沿同一等势面运动时，有势力必不做功。若质点从原等势面运动到另一等势面，则有势力做的功等于此两等势面的势能之差。由高等数学可知，势能梯度矢量必与等势面垂直，且指向势能增大的方向，由式（12-34）可知，有势力的方向必垂直于等势面，且指向势能减少的方向。

在势力场中，质点系由位置 1 运动到位置 2 的过程中，作用于质点系全部有势力的总功可由式（12-32）求得。

$$\sum W_i = \sum\int_1^2 \delta W_i = \sum\int_1^2 -\mathrm{d}V_i = \sum V_{1i} - \sum V_{2i} = V_1 - V_2 \qquad (12-35)$$

即**有势力所做的总功等于质点系在运动过程中的起始位置总势能与终止位置总势能之差。**

5. 机械能守恒定律

设质点系运动时只受到有势力的作用，当质点系从第一位置运动到第二位置时，根据动能定理，有

$$T_2 - T_1 = \sum W_i = V_1 - V_2$$

移项后得

$$T_1 + V_1 = T_2 + V_2 = 常量$$

即**质点系只有在有势力作用下运动时，其动能与势能之和为常量。**质点系在某瞬时的动能与势能的代数和称为**机械能**，故上述结论称为**机械能守恒定律**。只受有势力作用的质点系称为**保守系**，有势力又称为**保守力**。

【例 12-5】 图 12-13 所示的鼓轮 D 匀速转动，使绕在轮上钢索下端的重物以 $v=0.5$ m/s 的速度匀速下降，重物质量为 $m=250$ kg。设当鼓轮突然被卡住时，钢索的刚性系数 $k=3.35\times10^6$ N/m。求此后钢索的最大张力。

解

（1）取整个系统为研究对象。鼓轮匀速转动，处于平衡状

图 12-13

态；钢索的伸长量

$$\delta_{st} = mg/k$$

钢索的张力

$$F = k\delta_{st} = mg = 2.45 \ (\text{kN})$$

鼓轮被卡时，重物将继续下降，钢索继续伸长，钢索对重物作用的弹性力逐渐增大，重物的速度逐渐减小。当速度等于零时，弹性力达最大值，此值等于钢索最大张力。

(2) 重物受重力和弹性力的作用，系统机械能守恒。取重物平衡位置 I 为重力和弹性力的零势能点。

在 I、II 两位置系统的势能分别为

$$V_1 = 0, \quad V_2 = \frac{k}{2}(\delta_{max}^2 - \delta_{st}^2) - mg(\delta_{max} - \delta_{st})$$

在 I、II 两位置系统的动能分别为

$$T_1 = \frac{1}{2}mv^2, \quad T_2 = 0$$

(3) 应用机械能守恒定律，有

$$\frac{1}{2}mv^2 + 0 = 0 + \frac{k}{2}(\delta_{max}^2 - \delta_{st}^2) - mg(\delta_{max} - \delta_{st}) \tag{12-36}$$

式 (12-36) 整理为

$$\delta_{max}^2 - \frac{2mg}{k}\delta_{max} + \frac{mg}{k}\left(\frac{mg}{k} - \frac{v^2}{g}\right) = 0 \tag{12-37}$$

$$\delta_{max} = \frac{mg}{k} \pm v\sqrt{\frac{m}{k}}$$

因 $\delta_{max} > \delta_{st}$，所以式 (12-37) 应该取正号，则钢索的最大张力为

$$F_{max} = k\delta_{max} = mg + kv\sqrt{\frac{m}{k}}$$

代入数据，求得

$$F_{max} = 16.9 \ (\text{kN})$$

当鼓轮被突然卡住后钢索的张力增大了 5.9 倍。

【例 12-6】 如图 12-14 所示，摆的质量为 m，点 C 为其质心，O 端为光滑铰支，在点 D 处用弹簧悬挂，可在铅直平面内摆动。设摆对水平轴 O 的转动惯量为 J_O，弹簧的刚度系数为 k；摆杆在水平位置处平衡。设 $OD = CD = b$，求摆从水平位置处以初角速度 ω_0 摆下作微幅摆动时，摆的角速度与 φ 角的关系。

图 12-14

解

(1) 取摆为研究对象。

(2) 运动和力分析。摆受弹簧力 $\boldsymbol{F}$，重力 $m\boldsymbol{g}$ 和支座约束力 $\boldsymbol{F}_{Ox}$ 和 $\boldsymbol{F}_{Oy}$ 作用。前两力为保守力，后两力不做功。

(3) 取水平位置（I 位置）为摆的零势能位置

$$V_1 = 0$$

$$T_1 = \frac{1}{2} J_O \omega_0^2$$

摆动 φ 角位置（Ⅱ位置）

$$V_2 = \frac{k}{2}(b\varphi)^2 \quad T_2 = \frac{1}{2} J_O \omega^2$$

（4）由机械能守恒定律，有

$$\frac{1}{2} J_O \omega^2 + \frac{k}{2}(b\varphi)^2 = \frac{1}{2} J_O \omega_0^2$$

解此方程，得摆杆的角速度

$$\omega = \sqrt{\omega_0^2 - \frac{kb^2\varphi^2}{J_O}}$$

小结　应用机械能守恒定律解题步骤如下。

1）选取质点系为研究对象，分析研究对象所受的力，所有做功的力都应为有势力。

2）确定运动过程的始、末位置，确定零势能位置，分别计算两位置的动能和势能。

3）应用机械能守恒定律求解未知量。

12.5　功率和功率方程

1. 功率

在工程实践中，不仅要计算力的功，而且还要知道力做功的快慢程度。**力在单位时间内所做的功称为功率**，并且用 P 表示。如在 dt 时间间隔内，力的元功是 δW，则此力的功率就是

$$P = \frac{\delta W}{dt} \tag{12-38}$$

因为力的元功为

$$\delta W = \boldsymbol{F} \cdot d\boldsymbol{r}$$

因此力的功率可表示为

$$P = \frac{\delta W}{dt} = F \cdot \frac{d\boldsymbol{r}}{dt} = \boldsymbol{F} \cdot \boldsymbol{v} = F_t v \tag{12-39}$$

其中，v 是力 $\boldsymbol{F}$ 作用点的速度。**功率等于切向力与力作用点速度的乘积。**

机床加工零件时，切削力越大，切削速度越高，则要求机床的功率越大。每台机床能够输出的最大功率是一定的。粗加工的切削力较大，选择较小的切削速度，精加工的切削力较小，可选择较大的切削速度，使二者乘积不超过机床能够输出的最大功率。

汽车上坡时需要较大的驱动力，驾驶员一般选用低速挡，以求在发动机功率一定的条件下，产生最大的驱动力。

因为力矩或力偶矩 M 的元功为

$$\delta W = M \cdot d\varphi$$

故力矩或力偶矩的功率为

$$P = \frac{\delta W}{dt} = M \frac{d\varphi}{dt} = M\omega \tag{12-40}$$

式中，ω 是角速度。**作用于转动刚体上力的功率等于该力对轴的矩与角速度的乘积。**

在国际单位制中，功率的单位为瓦（W），即

$$1W=1J/s=1N\cdot m/s$$

2. 功率方程

为研究质点系上作用力的功率和质点系动能变化之间的关系，将质点系动能定理的微分形式两端除以 dt，得

$$\frac{dT}{dt}=\frac{\sum \delta W_i}{dt}=\sum P_i \tag{12-41}$$

式（12-41）称为功率方程，它表示**质点系动能对时间的一阶导数，等于作用于质点系的所有力的功率的代数和**。

功率方程可以用来研究机械系统（如机器）运转中的能量变化状况。一般机器在工作时，必须输入一定的功率，如机床在接通电源后，电磁力对电动机转子做正功，使转子转动，同时使电能转化为动能，而电磁力的功率则被称为输入功率。转子转动后，通过传动机构传递**输入功率**，在功率传递的过程中，由于机构的零件与零件之间存在摩擦，摩擦力做负功，使一部分动能转化为热能，因而损失一部分功率，这部分功率取负值，称为**无用功率或损耗功率**。机床加工工件时的切削阻力也会消耗能量，做负功，这是机床加工工件时必须付出的功率，称为**有用功率或输出功率**。

由于所有的机器的功率一般都可以分为上述三部分，于是式（12-41）便可以写成

$$\frac{dT}{dt}=P_{输入}-P_{有用}-P_{无用} \tag{12-42}$$

或

$$P_{输入}=P_{有用}+P_{无用}-\frac{dT}{dt} \tag{12-43}$$

它表明机器的输入功率等于有用功率、无用功率和系统动能变化率的和。

一般机器的运转过程可分为启动、稳态运转和停机三个阶段：当机器在启动阶段时，各构件由静止开始加速，故有 $dT/dt>0$，这时要求 $P_{输入}>P_{有用}+P_{无用}$；在稳态运转阶段，机器的动能恒定，即 $dT/dt=0$，或作周期性变化，这一阶段机器的平均功率满足 $P_{输入}=P_{有用}+P_{无用}$；在停机阶段 $P_{输入}=0$，$P_{有用}=0$，机器的已有动能完全被无用阻力所消耗，机器逐渐停止转动。

3. 机械效率

机器在稳定运转时的有用输出功率与输入功率之比称为**机械效率**，用 η 表示，即

$$\eta=\frac{P_{有用}}{P_{输入}}\times 100\% \tag{12-44}$$

机器的机械效率 η 表明机器对输入功率的有效利用程度，它是评定机器优劣的一个重要标志。

【**例 12-7**】 带式输送机如图 12-15 所示。传送带的速度为 $v=1$ m/s，输送量 $q_m=2000$ kg/min，输送高度为 $h=5$ m。传送带传动的机械效率为 $\eta_1=0.6$，减速箱的机械效率 $\eta_2=0.4$，求输送机所需的电动机的功率。

解

（1）取整段传送带上被运输的物料为研究的

图 12-15

质点系。

（2）动能的变化率。在 $\mathrm{d}t$ 秒内有质量为 $q_{\mathrm{m}}\mathrm{d}t/60$ 的物料被提升到高度 $h=5\mathrm{m}$ 处，同时又有同样的材料从静止状态变为以速度 $v=1\ \mathrm{m/s}$ 运动，动能的变化率为

$$\frac{\mathrm{d}T}{\mathrm{d}t}=\frac{1}{2}\frac{q_{\mathrm{m}}}{60}v^2$$

（3）功率。设输送机所需电动机的功率为 $P_{输入}$，其有用功率为

$$P_{有用}=\eta_1 \cdot \eta_2 P_{输入}$$

（4）应用功率方程。

$$\frac{1}{2}\frac{q_{\mathrm{m}}}{60}v^2=\eta_1 \cdot \eta_2 P_{输入}-\frac{q_{\mathrm{m}}}{60}gh$$

解此方程，得输入功率为

$$P_{输入}=\frac{1}{\eta_1\eta_2}\frac{q_{\mathrm{m}}}{60}\left(\frac{v^2}{2}+gh\right)=6875(\mathrm{W})=6.875(\mathrm{kW})$$

【例 12-8】 如图 12-16（a）所示，均质细杆长为 l，质量为 m_1，上端 B 靠在光滑墙上，下端 A 点以铰链与均质圆柱的中心相连。圆柱质量为 m_2，半径为 R，放在粗糙的地面上，自图示位置由静止开始滚动而不滑动，杆与垂直线交角为 $\theta=45°$。求点 A 在初瞬时的加速度。

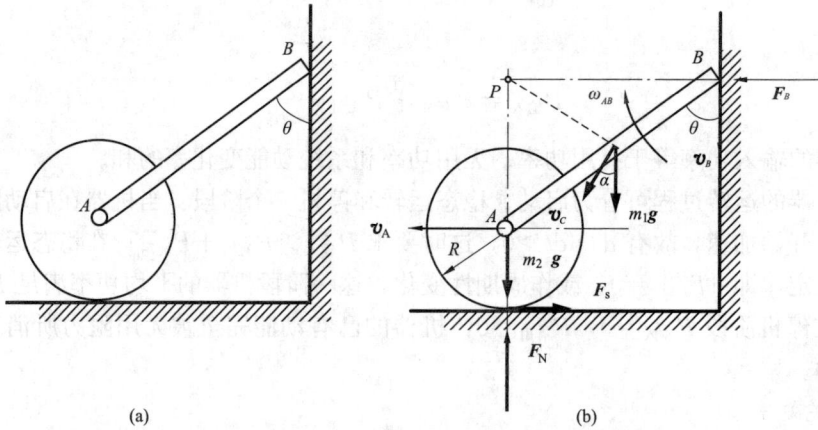

(a)　　　　　　(b)

图 12-16

解

（1）取杆和圆柱组成系统为研究对象。

（2）动能的变化率。如图 12-16（b）所示，P 点为 AB 速度瞬心，则有

$$\omega_{AB}=\frac{v_A}{l\cos\theta}$$

系统的动能为

$$T=\frac{1}{2}m_2v_A^2+\frac{1}{2}\cdot\frac{1}{2}m_2R^2\left(\frac{v_A}{R}\right)^2+\frac{1}{2}\cdot\frac{1}{3}m_1l^2\omega_{AB}^2$$

$$=\left(\frac{3}{4}m_2+\frac{m_1}{6\cos^2\theta}\right)v_A^2$$

动能对时间的变化率为

$$\frac{\mathrm{d}T}{\mathrm{d}t} = \left(\frac{3}{2}m_2 + \frac{m_1}{3\cos^2\theta}\right)v_A a_A + \frac{m_1 v_A^2 \sin\theta}{3\cos^3\theta}\omega_{AB}$$

$$= \left(\frac{3}{2}m_2 + \frac{m_1}{3\cos^2\theta}\right)v_A a_A + \frac{m_1 v_A^3 \sin\theta}{3l\cos^4\theta}$$

(3) 功率。力 $\boldsymbol{F}_N$，$\boldsymbol{F}_s$，$\boldsymbol{F}_B$，$m_2\boldsymbol{g}$ 不产生功率，只有 $\boldsymbol{m}_1\boldsymbol{g}$ 产生功率。

$$v_C = \omega_{AB}\frac{l}{2} = \frac{v_A}{2\cos\theta}$$

$$\alpha = 90° - \theta$$

$$P = m_1\boldsymbol{g} \cdot \boldsymbol{v}_C = m_1 g \cdot v_C \cos a$$

$$= m_1 g \cdot \frac{v_A}{2\cos\theta}\sin\theta = \left(\frac{1}{2}m_1 g \cdot \tan\theta\right)v_A$$

(4) 功率方程。

$$\frac{\mathrm{d}T}{\mathrm{d}t} = P$$

$$\left(\frac{3}{2}m_2 + \frac{m_1}{3\cos^2\theta}\right)v_A a_A + \frac{m_1 v_A^3 \sin\theta}{3l\cos^4\theta} = \left(\frac{1}{2}m_1 g \cdot \tan\theta\right)v_A$$

$$\left(\frac{3}{2}m_2 + \frac{m_1}{3\cos^2\theta}\right)a_A + \frac{m_1 v_A^2 \sin\theta}{3l\cos^4\theta} = \frac{1}{2}m_1 g \cdot \tan\theta$$

初瞬时系统静止，将

$$v_A = 0, \quad \theta = 45°$$

代入上式得点 A 的加速度为

$$a_A = \frac{3m_1 g}{4m_1 + 9m_2}$$

小结　应用功率方程解题步骤。

1) 选取质点系为研究对象，分析运动和受力。

2) 求系统动能的变化率。

3) 求功率。

4) 应用功率方程求解未知量。

12.6　动力学普遍定理的综合应用

动量定理、动量矩定理和动能定理通常统称为**动力学普遍定理**。动量定理、动量矩定理和动能定理中每一个定理只建立了力与运动的某一方面物理量之间的关系。在推导这些定理的过程中只引入了两组量，即度量质点系整体运动特征的物理量动量、动量矩和动能以及度量力的作用效应的物理量力系的主矢、主矩、力的冲量和力的功。

动量定量和动量矩定理是矢量形式。动能定理是标量形式；质心运动定理与动量定理一样，也是矢量形式，常用来分析质点系受力与质心运动的关系；它与相对于质心的动量矩定理结合，共同描述质点系机械运动的总体情况；特别是结合用于刚体，可建立起刚体运动的基本方程，如平面运动微分方程。

应用动量定理或动量矩定理时，质点系的内力不能改变系统的动量和动量矩，只需考虑质点系所受的外力。应用动能定理时，在很多实际问题中约束力不做功，因而应用动能定理分析系统的速度和加速度比较方便。应该注意的是有些情况下质点系的内力做功并不等于零，此时要明确质点系内力做功问题。

一般情况下，对于质点系的动力学两类问题，往往需要两个或两个以上的定理联合求解；又因为这三个定理都反映了物体的运动与力之间的关系，具有一定的共性，所以有时一个问题有几种解法，这样，解题时运算是否简便与定理的选择有一定关系。但因为工程中的问题是十分复杂的，选用定理有很大的灵活性，很难总结出一个不变的模式应用于百题，在此通过例子说明综合应用普遍定理求解动力学问题的方法和步骤。

【例 12-9】　如图 12-17 所示，建立例 10-6 中圆轮的质心运动微分方程。

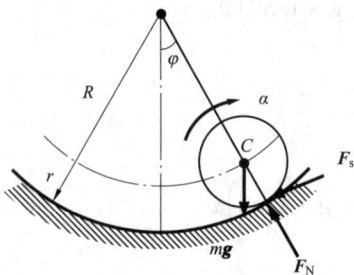
图 12-17

在例 10-6 中，应用刚体的平面运动微分方程建立了圆轮质心运动微分方程。现在用功率方程和机械能守恒定律建立该方程。

解　解法一：应用功率方程

（1）圆轮的动能分析。圆轮作平面运动，动能为

$$T = \frac{1}{2}mv_C^2 + \frac{1}{2}J_C\omega^2 = \frac{3}{4}mv_C^2 \qquad (12-45)$$

（2）力的功率分析。轮与地面接触点为瞬心，作纯滚动，摩擦力与法向约束力不做功。重力功率为

$$P = m\boldsymbol{g} \cdot \boldsymbol{v}_C = -mg\sin\varphi\frac{\mathrm{d}s}{\mathrm{d}t} \qquad (12-46)$$

（3）应用功率方程

$$\frac{\mathrm{d}T}{\mathrm{d}t} = P \qquad (12-47)$$

将式（12-45）和式（12-46）代入式（12-47）中得

$$\frac{3}{4}m \cdot 2v_C\frac{\mathrm{d}v_C}{\mathrm{d}t} = -mg\sin\varphi\frac{\mathrm{d}s}{\mathrm{d}t}$$

又因为

$$\frac{\mathrm{d}v_C}{\mathrm{d}t} = \frac{\mathrm{d}^2s}{\mathrm{d}t^2}, \quad \frac{\mathrm{d}s}{\mathrm{d}t} = v_C, \quad \varphi = \frac{s}{R-r}$$

当 φ 很小时，$\sin\varphi \approx \varphi$，得到质心 C 的运动微分方程为

$$\frac{\mathrm{d}^2s}{\mathrm{d}t^2} + \frac{2g}{3(R-r)}s = 0$$

解法二：应用机械能守恒定律

（1）系统的势能。系统中，地面的法向约束力和摩擦力不做功，只有重力做功，因此系统的机械能守恒。取质心的最低位置 O 为重力场零势能点。圆轮在任一位置的势能为

$$V = mg(R-r)(1-\cos\varphi) \qquad (12-48)$$

（2）系统的动能。同一瞬时的动能为

$$T = \frac{3}{4}mv_C^2 \qquad (12-49)$$

（3）机械能守恒。

$$V + T = C \qquad (12-50)$$

将式（12-48）和式（12-49）代入式（12-50）并取导数得

$$\frac{\mathrm{d}}{\mathrm{d}t}(V + T) = 0$$

$$mg(R - r)\sin\varphi \frac{\mathrm{d}\varphi}{\mathrm{d}t} + \frac{3}{2}mv_C \frac{\mathrm{d}v_C}{\mathrm{d}t} = 0$$

又因为

$$\frac{\mathrm{d}v_C}{\mathrm{d}t} = \frac{\mathrm{d}^2 s}{\mathrm{d}t^2}, \quad \frac{\mathrm{d}\varphi}{\mathrm{d}t} = \frac{v_C}{R - r}$$

当 φ 很小时，$\sin\varphi \approx \varphi$，得到质心 C 的运动微分方程为

$$\frac{\mathrm{d}^2 s}{\mathrm{d}t^2} + \frac{2g}{3}\sin\varphi = 0$$

【例 12-10】 如图 12-18 所示，质量为 m、长度为 l 的均质杆，可绕水平轴 O 转动，若杆从水平位置由静止释放，试求此杆转至 $\varphi = 60°$ 时轴承的约束力。

图 12-18

解

本题是一个刚体定轴转动问题，受到的主动力只有重力。

（1）选用机械守恒定律求 OA 杆转过 φ 角时的运动。选 OA 杆在水平位置时为势能零点，在任何一位置，有

$$V + T = 0$$

$$\frac{1}{2}\frac{ml^2}{3}\dot{\varphi}^2 - mg\frac{l}{2}\sin\varphi = 0$$

$$\dot{\varphi}^2 = \frac{3g}{l}\sin\varphi \qquad (12-51)$$

将上式对时间 t 求一阶导数，得

$$\ddot{\varphi} = \frac{3g}{2l}\cos\varphi \qquad (12-52)$$

当 $\varphi = 60°$ 时

$$\dot{\varphi}^2 = \frac{3\sqrt{3}\,g}{2l}, \quad \ddot{\varphi} = \frac{3g}{4l}$$

（2）用质心运动定理求轴承的约束力。OA 杆的质心加速度为

$$a_{Ct} = \frac{l}{2}\ddot{\varphi} = \frac{3}{8}g, \quad a_{Cn} = \frac{l}{2}\dot{\varphi}^2 = \frac{3}{4}\sqrt{3}\,g$$

$$ma_{Ct} = \sum F_{it} \quad m\left(\frac{3}{8}g\right) = mg\cos60° + F_t, \quad F_t = -\frac{1}{8}mg$$

$$ma_{Cn} = \sum F_{in} \quad m\left(\frac{3}{4}\sqrt{3}\,g\right) = F_n - mg\sin60°, \quad F_n = \frac{5\sqrt{3}}{4}mg$$

讨论：本题也可以选用刚体定轴转动微分方程求解，只是求角速度 $\dot{\varphi}$ 时还需要积分。

【例 12-11】 均质圆盘 A 和 B 的质量为 m，半径均为 R，如图 12-19（a）所示，重物

C 的质量为 m_C，圆盘 A 在倾角为 α 的斜面上滚动，求重物 C 的加速度和轴承 B 的约束力。

解

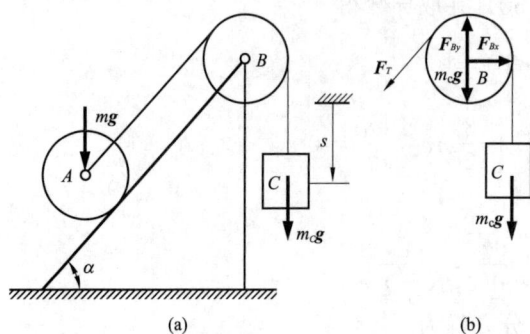

图 12-19

圆盘 A 沿斜面纯滚动时，整个系统属于单自由度系统，且做功的力只有 A、C 物体的重力，故可用动能定理求出系统的运动后，再考虑用动量定理和动量矩定理求出轴承 B 的约束力。

(1) 应用动能定理求速度和加速度。选取圆盘 A、B 和重物 C 组成的质点系为研究对象。取初瞬时为初状态，物体 C 下降距离 s 时为末状态。当重物下降距离 s 时，设重物体 C 的速度为 v，加速度为 a。

1) 系统的动能。重物 C 作平动；圆盘 B 作定轴转动，角速度 $\omega_B = v/R$；圆盘 A 作平面运动，质心速度 $v_A = v$，角速度 $\omega_A = v/R$。

系统在任何一位置的动能为

$$T_2 = \frac{m_C}{2}v^2 + \frac{1}{2}\frac{mR^2}{2}\omega_B^2 + \frac{1}{2}mv_A^2 + \frac{1}{2}\frac{mR^2}{2}\omega_A^2 = \frac{1}{2}(m_C + 2m)v^2$$

2) 力所做的功。

$$\sum W_i = m_C gs - mgs\sin\alpha = (m_C - m\sin\alpha)gs$$

3) 应用动能定理求加速度。由动能定理

$$T_2 - T_1 = \sum W_i$$

有

$$\frac{1}{2}(m_C + 2m)v^2 - T_1 = (m_C - m\sin\alpha)gs$$

将上式对时间 t 求一阶导数，并注意到 $\mathrm{d}s/\mathrm{d}t = v$，$\mathrm{d}v/\mathrm{d}t = a$，$\dot{T}_1 = 0$。有

$$a = \frac{m_C - m\sin\alpha}{m_C + 2m}g \tag{12-53}$$

(2) 应用动量矩定理求绳的拉力。

取圆盘 B 和重物 C 组成的质点系为研究对象，其受力如图 12-19 所示。

$$L_B = \frac{1}{2}mR^2\omega_B + m_C Rv = \left(\frac{1}{2}m + m_C\right)Rv$$

由动量矩定理

$$\frac{\mathrm{d}L_B}{\mathrm{d}t} = \sum M_B(F_i)$$

有

$$\left(\frac{1}{2}m + m_C\right)R\frac{\mathrm{d}v}{\mathrm{d}t} = (m_C g - F_T)R$$

得

$$F_T = m_C g - \left(\frac{1}{2}m + m_C\right)a$$

（3）用质点系动量定理求轴承 B 的约束力。

由

$$\sum m_i \ddot{x}_i = \sum F_{ix}$$

则

$$m \cdot 0 + m_C \cdot 0 = F_{Bx} - F_T \cos\alpha$$

得

$$F_{Bx} = F_T \cos\alpha - m_C g \cos\alpha - \left(\frac{1}{2}m + m_C\right)\alpha \cos\alpha$$

由

$$\sum m_i \ddot{y}_i = \sum F_{iy}$$

则

$$m \cdot 0 - m_C a = F_{By} - (m + m_C)g - F_T \sin\alpha$$

得

$$F_{By} = [m + m_C(1 + \sin\alpha)]g - \left[\frac{1}{2}m\sin\alpha + m_C(1 + \sin\alpha)\right]a$$

将式（12-53）代入 F_{Bx}、F_{By}，得到轴承约束力

$$F_{Bx} = \frac{3m_C + (m + 2m_C)\sin\alpha}{2(m_C + 2m)}mg\cos\alpha$$

$$F_{By} = \frac{6m_C + 4m + 5m_C\sin\alpha + (m + 2m_C)\sin^2\alpha}{2(m_C + 2m)}mg$$

讨论：本题也可以分别研究 A、B、C，列各个研究对象的微分方程，联立求解，读者不妨试一下，然后将两种方法进行比较。

【例 12-12】 如图 12-20 所示，匀质细杆 AB 的质量为 m，长度为 $2l$，两端分别沿光滑的铅直墙壁和光滑水平地面滑动。假设初瞬时杆与墙成交角 φ_0，由静止沿铅直墙下滑，求杆下滑时的角速度 $\dot{\varphi}$、角加速度 $\ddot{\varphi}$ 和约束力 F_A、F_B 以及杆开始脱离墙壁时它与墙壁所成的角度 φ_1。

解

AB 杆作平面运动，A 端脱离墙之前，只有一个自由度，杆在运动过程中只有重力做功，故可选用机械能守恒定律求其运动，然后再用质心运动定理求约束力 F_A、F_B 及脱离墙壁的夹角 φ_1。

（1）应用机械能守恒定律求 AB 杆的角加速度 $\ddot{\varphi}$。设 AB 杆质心速度为 v_C，$v_C = l\dot{\varphi}$。在任一位置 φ 角，AB 杆的动能为

$$T = \frac{m}{2}v_C^2 + \frac{1}{2}\frac{m(2l)^2}{12}\dot{\varphi}^2 = \frac{2}{3}ml^2\dot{\varphi}^2$$

选水平轴 x 为势能零位置，由机械能守恒定律，研究 φ_0 和 φ 两个位置。

由

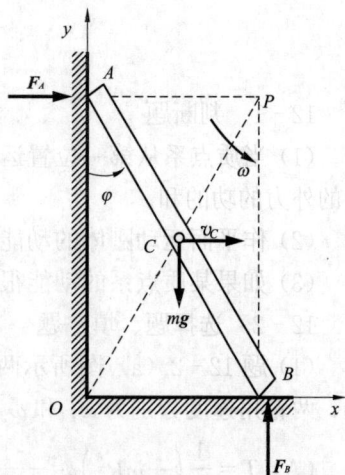

图 12-20

$$T_1 + V_1 = T_2 + V_2$$

则

$$0 + mgl\cos\varphi_0 = \frac{2}{3}ml^2\dot{\varphi}^2 + mgl\cos\varphi$$

得

$$\dot{\varphi}^2 = \frac{3g}{2l}(\cos\varphi_0 - \cos\varphi) \tag{12-54}$$

或

$$\dot{\varphi} = \sqrt{3g(\cos\varphi_0 - \cos\varphi)/2l}$$

将式（12-54）对时间 t 求一阶导数，得

$$\ddot{\varphi} = \frac{3g}{4l}\sin\varphi \tag{12-55}$$

（2）用质心运动定理求约束力 $\boldsymbol{F}_A$、$\boldsymbol{F}_B$。在图示坐标系中，质心 C 的运动方程为

$$x_C = l\sin\varphi, \quad y_C = l\cos\varphi$$

质心加速度为

$$\ddot{x}_C = l(\ddot{\varphi}\cos\varphi - \dot{\varphi}^2\sin\varphi), \quad \ddot{y}_C = -l(\ddot{\varphi}\sin\varphi + \dot{\varphi}^2\cos\varphi)$$

$$m\ddot{x}_C = \sum F_{ix}, \quad ml\,(\ddot{\varphi}\cos\varphi - \dot{\varphi}^2\sin\varphi) = F_A \tag{12-56}$$

$$m\ddot{y}_C = \sum F_{iy}, \quad -ml\,(\ddot{\varphi}\sin\varphi + \dot{\varphi}^2\cos\varphi) = F_B - mg$$

$$F_B = mg - ml(\ddot{\varphi}\sin\varphi + \dot{\varphi}^2\cos\varphi) \tag{12-57}$$

将式（12-54）和式（12-55）分别代入式（12-56）和式（12-57），得

$$F_A = \frac{9}{4}mg\sin\varphi\left(\cos\varphi - \frac{2}{3}\cos\varphi_0\right)$$

$$F_B = \frac{1}{4}mg + \frac{9}{4}mg\cos\varphi\left(\cos\varphi - \frac{2}{3}\cos\varphi_0\right)$$

（3）求杆脱离墙壁时的夹角 φ_1。当杆脱离墙壁时，$F_A = 0$，有

$$\cos\varphi_1 - \frac{2}{3}\cos\varphi_0 = 0, \quad \varphi_1 = \arccos\left(\frac{2}{3}\cos\varphi_0\right)$$

讨论：本题若选用刚体平面运动微分方程求解，既需要解微分方程组，又需要积分求角速度 $\dot{\varphi}$。

习　题　12

12-1　判断题

（1）当质点系从第一位置运动到第二位置时，质点系的动能的改变等于所有作用于质点系的外力的功的和。　　　　　　　　　　　　　　　　　　　　　　　　　（　　）

（2）作平面运动刚体的动能等于它随基点平动的动能和绕基点转动动能之和。　（　　）

（3）如果某质点系的动能很大，则该质点系的动量也很大。　　　　　　　　（　　）

12-2　选择题、填空题

（1）题 12-2（a）图所示两均质轮的质量皆为 m，半径皆为 R，用不计质量的绳绕在一起，两轮角速度分别为 ω_1 和 ω_2，则系统动能为（　　）。

（A）$T = \frac{1}{2}\left(\frac{1}{2}mR^2\right)\omega_1^2 + \frac{1}{2}m(R\omega_2)^2$

(B) $T=\dfrac{1}{2}\left(\dfrac{1}{2}mR^2\right)\omega_1^2+\dfrac{1}{2}\left(\dfrac{1}{2}mR^2\right)\omega_2^2$

(C) $T=\dfrac{1}{2}\left(\dfrac{1}{2}mR^2\right)\omega_1^2+\dfrac{1}{2}m(R\omega_2)^2+\dfrac{1}{2}\left(\dfrac{1}{2}mR^2\right)\omega_2^2$

(D) $T=\dfrac{1}{2}\left(\dfrac{1}{2}mR^2\right)\omega_1^2+\dfrac{1}{2}m(R\omega_1+R\omega_2)^2+\dfrac{1}{2}\left(\dfrac{1}{2}mR^2\right)\omega_2^2$

（2）半径为 R、质量为 m 的均质圆盘在其自身平面内作平面运动，若已知圆盘上 A、B 两点的速度方向如题 12 - 2（b）图所示，$\alpha=45°$，且知 B 点速度大小为 v_B，则圆轮的动能为（　　）。

(A) $\dfrac{1}{16}mv_B^2$　　　(B) $\dfrac{3}{16}mv_B^2$　　　(C) $\dfrac{1}{4}mv_B^2$　　　(D) $\dfrac{3}{4}mv_B^2$

（3）如题 12 - 2（c）图所示，已知均质杆 AB 长 L，质量为 m，端点 B 的速度为 v，则杆的动能为（　　）。

(A) $\dfrac{1}{3}mv^2$　　　(B) $\dfrac{1}{2}mv^2$　　　(C) $\dfrac{2}{3}mv^2$　　　(D) $\dfrac{4}{3}mv^2$

（4）一质量为 m 的均质细圆环半径为 R，其上固结一个质量也为 m 的质点 A。细圆环在水平面上作纯滚动，题 12 - 2（d）图所示瞬时角速度为 ω，则系统的动能为（　　）。

(A) $\dfrac{1}{2}mR^2\omega^2$　(B) $\dfrac{3}{2}mR^2\omega^2$　(C) $mR^2\omega^2$　(D) $2mR^2\omega^2$

（5）一刚度系数为 k 的弹簧下挂一质量为 m 的物体，若物体从静平衡位置（设静伸长为 δ）下降了距离 Δ，如题 12 - 2（e）图所示，则弹性力所做的功为（　　）。

(A) $\dfrac{1}{2}k\delta^2$　　　　　　　　(B) $\dfrac{1}{2}k(\delta+\Delta)^2$

(C) $\dfrac{1}{2}k[(\delta+\Delta)^2-\delta^2]$　　(D) $\dfrac{1}{2}k[\delta^2-(\delta+\Delta)^2]$

（6）题 12 - 2（f）图所示一端固结于 O 点的弹簧，另一端可自由活动，弹簧原长 $l_0=\dfrac{2}{3}b$，弹簧的刚度系数为 k，若以 B 点为零势能点，则 A 处的弹性势能为（　　）。

(A) $\dfrac{1}{24}kb^2$　　(B) $\dfrac{5}{18}kb^2$　　(C) $\dfrac{3}{8}kb^2$　　(D) $-\dfrac{3}{8}kb^2$

（7）在竖直平面内的两均质杆长为 L，质量为 m，在 O 处用铰链连接，A、B 两端沿光滑水平面向两边运动，如题 12 - 2（g）图所示。已知某一瞬时 O 点的速度为 v_0，方向竖直向下，且 $\angle OAB=\theta$。则此瞬时系统的动能为_____。

（8）半径为 r 的均质圆盘，质量为 m_1，固结在长为 $4r$、质量为 m_2 的均质直杆上，系统绕水平轴 O 转动，如题 12 - 2（h）图所示。在图示瞬时角速度为 ω，则系统动能为_____。

12-3　题 12-3 图所示，若已知弹簧刚度系数为 $k=10$ N/cm，原长为 $l_0=10$ cm，试求：

（1）弹簧端点 A 从到 B 过程中弹性力所做的功；

（2）弹簧端点从 B 到 C 的过程中弹性力所做的功。（图中长度单位为 cm）

12-4　题 12-4 图所示机构，杆 AB 长为 40 cm，弹簧原长为 $L_0=20$ cm，弹簧的刚度

(a)

(b)

(c)

(d)

(e)

(f)

(g)

(h)

题 12-2 图

系数为 $k=200$ N/m，力偶矩为 $M=180$ N·m，当 AB 杆从图示位置运动到水平位置 $A'B$ 的过程中，试求弹性力所做的功和力偶所做的功。

题 12-3 图

题 12-4 图

12-5 题 12-5 图所示系统,与弹簧相连的滑块 M 可沿固定的光滑圆环滑动,圆环和弹簧都在同一铅直平面内,已知滑块 M 的重量为 $P=100$ N,圆环的半径为 $R=10$ cm,弹簧原长为 $l_0=15$ cm,弹簧的刚度系数为 $k=400$ N/m,试求滑块从位置 C 运动到位置 B 的过程中,滑块上各力所做的总功。

12-6 题 12-6 图所示滚子重为 P,半径为 R,在滚子的鼓轮上绕有一细绳,绳上作用不变力 F,其方向总与水平成 θ 角,鼓轮半径为 r,在力 F 作用下,滚子沿水平面作纯滚动,滚子中心 O 在水平方向的位移为 S,试求力 F 在位移 S 上所做的功。

题 12-5 图

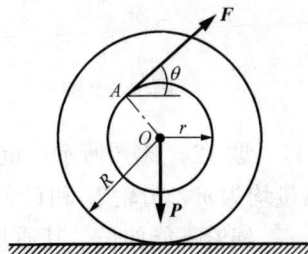

题 12-6 图

12-7 在对称连杆的 A 点,作用一铅垂方向的常力 F,开始时系统静止,如题 12-7 图所示。设连杆 OA、AB 长均为 l,质量均为 m,均质圆盘 B 质量为 m_1,半径为 r,且作纯滚动。试求连杆 OA 运动到水平位置时的角速度。

12-8 两根完全相同的均质细杆 AB 和 BC 用铰链 B 连接在一起,而杆 BC 则用铰链连接在 C 点上,每根杆重为 $P=10$ N,长为 $l=1$ m,一刚度系数为 $k=120$ N/m 的弹簧连接在两杆的中心,如题 12-8 图所示。假设两杆与光滑地面的夹角为 $\theta=60°$ 时弹簧不伸长,力 $F=10$ N 作用在 A 点,该系统由静止释放,试求 $\theta=0°$ 时 AB 杆的角速度。

12-9 一长为 l、质量密度为 ρ 的链条放置在光滑的水平桌面上,有长为 b 的一段悬挂下垂,如题 12-9 图所示。初始时链条静止,在自重的作用下运动。试求当末端滑离桌面时链条的速度。

12-10 题 12-10 图所示机构,均质杆 AB 质量为 $m=10$ kg,长度为 $l=60$ cm,两端与不计重量的滑块铰接,滑块可在光滑槽内滑动,弹簧的刚度系数为 $k=360$ N/m。在图示位置系统静止,弹簧的伸长为 20 cm。然后无初速释放,试求当杆到达铅垂位置时的角速度。

题 12 - 7 图

题 12 - 8 图

题 12 - 9 图

30 cm

题 12 - 10 图

12-11   题 12-11 图所示，重物 A 和 B 通过动滑轮 D 和定滑轮 C 而运动。设重物 A 和 B 的质量均为 m，滑轮 D 和 C 的质量为 $2m$，且为均质圆盘。重物 B 与水平面间的动摩擦因数为 f，绳索不能伸长，其质量忽略不计。如果重物 A 开始时向下的速度为 v_0，试求重物 A 下落多大距离时其速度增大一倍。

12-12   题 12-12 图所示质量为 m_1 的物块 A 悬挂于不可伸长的绳子上，绳子跨过滑轮 O 与铅直弹簧相连，弹簧刚度系数为 k。设滑轮的质量为 m_2，并可以看成半径是 r 的均质圆盘。现在从平衡位置给物块 A 以向下的初速度 v_0，弹簧和绳子的质量不计。试求物块 A 由此位置下降的最大距离 S。

题 12 - 11 图

题 12 - 12 图

12-13　题 12-13 图所示一皮带运输机构，设皮带质量可忽略，皮带与水平面的倾角为 β，被提升的重物 A 质量为 m_1，轮 B 和轮 C 的半径均为 r，质量均为 m_2。如机构在启动时主动轮 B 受转动力偶 M 作用，试求重物 A 随皮带倾斜上升的加速度。轮 B 和轮 C 均可视为均质圆盘。

12-14　题 12-14 图所示系统，质量为 m 的杆置于两个半径为 r，质量为 $\dfrac{m}{2}$ 的实心圆柱上，圆柱放在水平面上，试求当杆上加水平力 F 时杆的加速度。设接触处都有摩擦，而无相对滑动。

题 12-13 图

题 12-14 图

12-15　传动轮系如题 12-15 图所示，设轴 I 和 II 各转动部分对其轴的转动惯量分别为 J_1 和 J_2，齿轮 I 和 II 的半径分别为 r_1 和 r_2，且传动比 $i_{12}=r_2/r_1$，在轴 I 和 II 上分别作用力偶 M_1 和 M_2，不计摩擦，试求轴 I 转动的角加速度。

12-16　题 12-16 图所示系统，均质圆柱体的轮子半径为 r，质量为 m_1。连杆 AB 长为 l，质量为 m_2，可视为均质细杆。滑块 A 质量为 m_3，沿铅垂光滑导轨滑动。滑块在最高位置（$\theta=0$）受到微小扰动后，从静止开始运动。试求当滑块到达最低位置时轮子的角速度（各处摩擦不计）。

题 12-15 图

题 12-16 图

12-17　题 12-17 图所示系统中，均质圆盘 A、B 质量均为 m，半径均为 R，两盘中心线为水平线，盘 A 上作用一矩为 M 的恒力偶，重物 C 质量亦为 m。盘 B 作纯滚动，初始时系统静止，求重物 C 下落距离 h 时的速度与加速度。

12-18　题 12-18 图所示，三个均质轮 B、C、D 具有相同的质量 m 和相同的半径 R，绳重不计，系统从静止释放。设轮 D 作纯滚动，绳的倾斜段与斜面平行。试求在重力作用下，质量亦为 m 的物体 A 下落 h 时的速度和加速度。

题 12-17 图

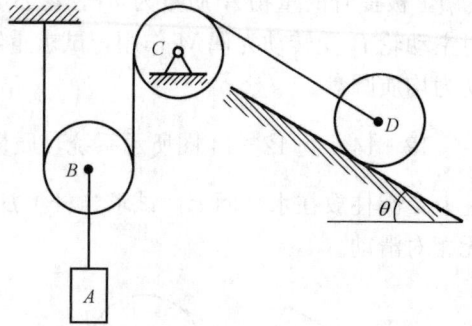

题 12-18 图

12-19　题 12-19 图所示机构中均质轮 B 的质量为 m，半径为 r，均质轮 C 的质量为 $2m$，半径为 $2r$。系统初始时静止，在力偶 M 作用下轮 C 绕轴转动。试求质量亦为 m 的物体 A 上升 h 时的速度和加速度。

12-20　题 12-20 图所示系统，两个相同的均质圆盘 A 和 B，质量为 $2m$，半径为 R，两盘的中心用质量为 m 的连杆 AB 连接。两圆盘在倾角为 β 的斜面上作纯滚动，系统初始时静止，求 A 沿斜面下滑 S 时 AB 杆的速度和加速度。

题 12-19 图

题 12-20 图

12-21　题 12-21 图所示，物体 A、B 质量分别为 m_A、m_B，用弹簧相连，放在光滑水平面上。弹簧原长为 l_0，刚度系数为 k，弹簧质量不计。现将弹簧拉长到 l 后无初速释放，试求弹簧恢复原长时物体 A、B 的速度。

12-22　两根均质杆 AC 和 BC 质量均为 m，长为 l，在 C 处光滑铰接，置于光滑水平面上，如题 12-22 图所示。设两杆轴线始终在铅垂面内，初始静止，C 点高度为 h，试求铰 C 到达地面时的速度。

12-23　已知均质杆 OA 和 AB 在 A 点用光滑铰链连接，质量分别为 m 和 $2m$，长度分别为 l 和 $2l$。OA 杆的 O 端与光滑固定铰支座相连，AB 杆的 B 端放在光滑水平面上，初瞬时，OA 杆处于水平，AB 杆处于铅垂，如题 12-23 图所示，由于微小干扰，AB 杆的 B 端无初速地向右滑动，试求当 OA 杆运动到铅垂位置时 A 点的速度。

12-24　椭圆规位于水平面内，由曲柄带动规尺 AB 运动，如题 12-24 图所示。曲柄 OC 和杆 AB 都是均质杆，质量分别为 m_1 和 $2m_1$，且 $OC=AC=BC=l$，滑块 A 和 B 质量

均为 m_2，常力偶 M 作用在曲柄上。设 $\varphi=0$ 时系统静止，试求曲柄的角速度和角加速度（以转角 φ 的函数表示）。

题 12-21 图

题 12-22 图

题 12-23 图

题 12-24 图

12-25　题 12-25 图所示龙门刨床的工作台和工件总质量为 1500 kg，切削速度 $v=$ 30 m/min，切削阻力为 $F_z=7840$ N，$F_y=0.25F_z$。设工作台与水平导轨间的滑动摩擦因数为 $f=0.1$，试求切削阻力和摩擦力消耗的功率。如机床的机械效率为 0.75，机床主电动机在上述稳定工况下实际输出的功率是多少？

12-26　题 12-26 图所示一单级齿轮减速箱，轴 Ⅰ、Ⅱ 分别为输入轴和输出轴。已知电动机的功率为 $P=7.5$ kW，转速为 $n_1=1450$ r/min，齿轮的齿数为 $z_1=20$，$z_2=50$，减速箱的机械效率为 $\eta=0.9$，求输出轴 Ⅱ 所传递的转矩和功率。

题 12-25 图

题 12-26 图

12-27　题 12-27 图所示某车床电动机 A 的功率 $P_入 = 4.5$ kW，传动的机械效率 $\eta = 0.7$。如工件 B 的转速 $n = 42$ r/min，工件的直径 $d = 100$ mm。求车刀 C 作用在工件上的周向切削力 F。

12-28　题 12-28 图所示的平面对称机构为一测速仪装置。它由两个曲柄连杆机构 $O_1A_1B_1$ 和 $O_2A_2B_2$ 与滑块 C 铰接而成，其中 $O_1O_2 = O_1A_1 = O_2A_2 = A_1B_1 = A_2B_2 = B_1B_2 = l$。$A_1$ 与 A_2 之间连一弹簧，其刚度系数为 k。当曲柄 O_1A_1 和 O_2A_2 位于铅垂向下时，弹簧 A_1A_2 处于不伸缩的原长状态。设各均质杆的质量均为 m_1，滑块 C 的质量为 m_2，不计摩擦和弹簧质量。该装置从静止位置 $\varphi = 0$ 开始，在曲柄 O_1A_1 和 O_2A_2 上分别作用力偶矩为 M 的力偶。试求当夹角为 φ 时，曲柄 O_1A_1 的角速度 ω。

题 12-27 图

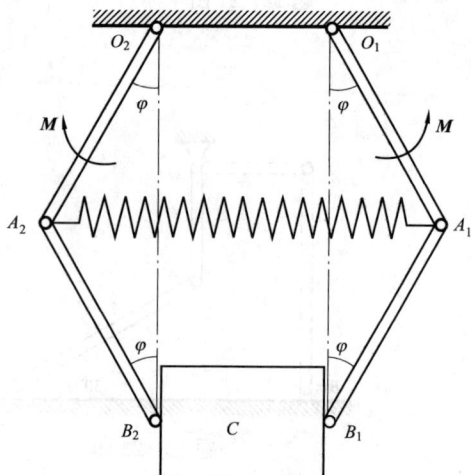

题 12-28 图

12-29　题 12-29 图所示，均质杆 AB 质量为 m，长为 l，可绕距端点 $l/3$ 的转轴 O 转动，试求杆由水平位置静止开始转动到任一转角 φ 位置时的角速度、角加速度以及轴承 O 的约束力。

12-30　物块 A 和 B 的质量分别为 m_1、m_2，且 $m_1 > m_2$，分别系在绳索的两端，绳跨过一定滑轮，如题 12-30 图所示。滑轮的质量为 m，并可以看成是半径为 r 的均质圆盘。假设不计绳的质量和轴承摩擦，绳与滑轮之间无相对滑动，试求物块 A 的加速度和轴承 O 的约束力。

题 12-29 图

题 12-30 图

12-31 题 12-31 图所示系统，均质圆轮 A 和 B 的半径均为 r，圆轮 A 和 B 以及物块 D 的质量均为 m，圆轮 B 上作用有力偶矩为 M 的力偶，且 $\frac{3}{2}mgr > M > \frac{1}{2}mgr$。圆轮 A 在斜面上作纯滚动，不计圆轮 B 的轴承处的摩擦力。试求：

(1) 物块 D 的加速度；

(2) 两圆轮之间的绳索所受拉力；

(3) 圆轮 B 处的轴承约束力。

12-32 均质细杆 AB 长为 l，质量为 m，静止直立于光滑水平面上，如题 12-32 图所示。当杆受微小干扰而倒下时，试求杆 AB 刚刚到达地面时的角速度和地面约束力。

题 12-31 图

题 12-32 图

12-33 均质杆 AB 长为 l，质量为 m，上端 B 靠在光滑墙上，另一端 A 用光滑铰链与车轮轮心相连接，已知车轮质量为 M，半径为 R，在水平面上作纯滚动，滚动摩擦不计，如题 12-33 图所示。设系统从图示位置 ($\theta=45°$) 无初速开始运动，试求该瞬时轮心 A 的加速度。

12-34 题 12-34 图所示，长为 l 的均质杆的 A 端用绳悬挂，B 端搁在光滑水平面上，且 $\varphi=60°$。设绳突然剪断，试求杆 AB 在重力作用下运动到 $\varphi=30°$ 时，质心 C 的加速度。

题 12-33 图

题 12-34 图

12-35 题 12-35 图所示，均质圆盘 O 放置在光滑的水平面上，质量为 m，半径为 R，均质细杆 OA 长为 l，质量为 m。开始时杆在铅垂位置，且系统静止。试求杆运动到图示位置时的角速度。

12-36　题 12-36 图所示三棱柱体 ABC 的质量为 m_1，放在光滑的水平面上，可以无摩擦地滑动。质量为 m_2 的均质圆柱体 O 由静止沿斜面 AB 向下滚动而不滑动。如斜面的倾角为 θ，试求三棱柱体的加速度以及圆柱中心 O 对三棱柱体的相对加速度。

题 12-35 图

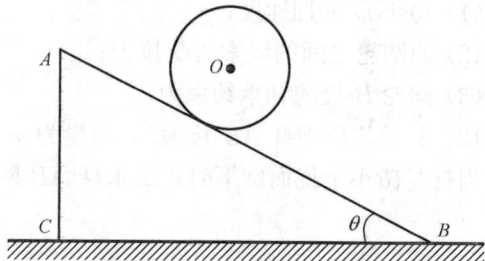

题 12-36 图

12-37　题 12-37 图所示圆环以角速度 ω 绕铅垂轴 AC 自由转动，此圆环半径为 R，对轴的转动惯量为 J，在圆环中的点 A 处放一质量为 m 的小球。设由于微小的干扰小球离开点 A，小球与圆环间的摩擦忽略不计。试求当小球到达点 B 和 C 时，圆环的角速度和小球的速度。

12-38　题 12-38 图所示系统，物块 A、B 的质量为 m，两均质圆轮 C、D 的质量均为 $2m$，半径均为 R。C 轮铰接于无重悬臂梁 CK 上，D 为动滑轮，梁的长度为 $3R$，绳与轮间无滑动。系统由静止开始运动。试求：

(1) A 物体上升的加速度；

(2) HE 段绳的拉力；

(3) 固定端 K 处的约束力。

题 12-37 图

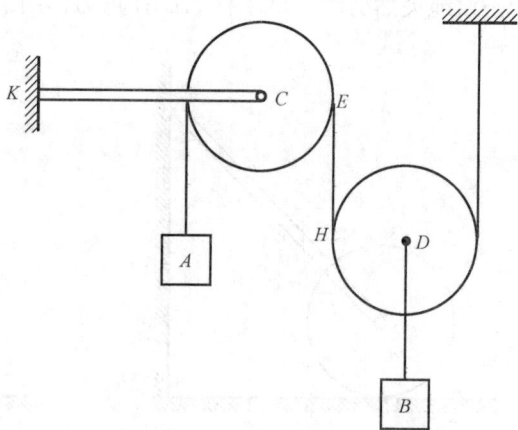

题 12-38 图

12-39　题 12-39 图所示，质量为 m_1、半径为 R 的鼓轮 A，对其质心 C 水平轴的回转半径为 ρ。在鼓轮的半径为 r 的同心滚轴上绕有细绳，并受与水平面倾角 $\theta=30°$ 的常力 F

的牵动，且 $F=mg$。鼓轮轮缘上绕有细绳，绳水平地跨过质量为 m_2、半径为 r 的均质滑轮，绳的另一端系有质量为 m 的重物 D，设绳子质量不计，且不可伸长，绳与滑轮间无相对滑动，轴承 O 处的摩擦不计，而轮 A 在水平面上作纯滚动。若 $m_1=4m$，$m_2=m$，$R=2r$，$\rho=\sqrt{\dfrac{3}{2}}\,r$。试求：

(1) 重物 D 的加速度；

(2) 轴承 O 处的约束力；

(3) 固定水平面对轮 A 的约束力。

12-40　质量为 m_1、杆长 $OA=l$ 的均质杆 OA 一端铰支，另一端用铰链连接一可绕轴 A 自由旋转、质量为 m_2 的均质圆盘，如题 12-40 图所示。初始时，杆处于铅垂位置，圆盘静止，设杆无初速释放，不计摩擦，试求当杆转至水平位置时，杆 OA 的角速度和角加速度及铰链 O 处的约束力。

题 12-39 图

题 12-40 图

题 12-41 图

12-41　均质杆 AB 的长度为 l，质量为 m，平放在水平桌面上，其质心 C 到桌的边缘 O 的距离为 $e=\dfrac{l}{6}$，如题 12-41 图所示。如果杆与桌边缘之间的静摩擦因数 $f_s=0.6$，现将杆从水平位置由静止释放后，最初杆将绕桌子的边缘 O 转动。试求杆刚开始滑动时杆与水平面的倾角 φ。

12-42　均质直杆 AB 长为 $2l$，直立在粗糙的桌面上，下端 B 位于桌面的边缘，如题 12-42 图所示。初始时杆静止不动，且 $\varphi=0$，受到小扰动后杆 AB 在铅直平面 Bxy 内绕 B 点翻倒。求 AB 离开桌面时的角度 φ 值和此时杆的角速度 ω。

12-43　题 12-43 图所示机构中 AD 为一软绳，ACB 为一均质细杆，长为 $2l$，质量为 m，质心在 C 点，且 $AC=CB=l$。滑块 A、C 的质量略去不计，各接触面均光滑。在 A 点作用一铅垂向下的力 F，且 $F=mg$。图示位置杆处于静止状态，现将 AD 绳剪断，当杆运动到水平位置时，试求杆的角速度、角加速度以及 A、C 处的约束力。

题 12-42 图

题 12-43 图

习题 12 参考答案

12-1 (1) $\times$ (2) $\times$ (3) $\times$

12-2 (1) D   (2) B   (3) C   (4) D   (5) D   (6) A

(7) $T = \dfrac{mv_0^2}{3\cos^2\theta}$ (8) $T = \left(\dfrac{9}{4}m_1 + \dfrac{8}{3}m_2\right)r^2\omega^2$

12-3 (1) $W_{AB} = -160 \text{ N·cm}$；   (2) $W_{BC} = 135 \text{ N·cm}$

12-4 $W_F = 1.46 \text{ N·m}$，$W_M = -30\pi \text{ N·m}$

12-5 总功 $W = 15 \text{J}$

12-6 $W = FS\cos\theta + \dfrac{FrS}{R}$

12-7 $\omega = \sqrt{\dfrac{3(mg+F)\sin\alpha}{lm}}$

12-8 $\omega = 3.28 \text{ rad/s}$

12-9 $v = \sqrt{\dfrac{g(l^2-b^2)}{l}}$

12-10 $\omega = 1.56 \text{ rad/s}$

12-11 $h = \dfrac{18v_0^2}{(3-2f)g}$

12-12 $S = v_0\sqrt{\dfrac{2m_1+m_2}{2k}}$

12-13 $a = \dfrac{M-m_1 g\sin\beta}{(m_1+m_2)}$

12-14 $a = \dfrac{8F}{11m}$

12 - 15 $\quad \alpha_1 = \left(M_1 - \dfrac{M_2}{i_{12}}\right) \Big/ \left(J_1 + \dfrac{J_2}{i_{12}^2}\right)$

12 - 16 $\quad \omega = 2\sqrt{\dfrac{6g(m_2 + m_3)}{(3m_1 + 2m_2)r}}$

12 - 17 $\quad v = 4\sqrt{\dfrac{1}{15m}\left(\dfrac{M}{R} + mg\right)h}$, $a = \dfrac{8}{15m}\left(\dfrac{M}{R} + mg\right)$

12 - 18 $\quad v_A = \sqrt{\dfrac{8gh\ (1 - \sin\theta)}{21}}$, $a_A = \dfrac{4mg(1 - \sin\theta)}{21}$

12 - 19 $\quad v_A = \sqrt{\dfrac{4}{13m}\left(\dfrac{M}{r} - 2mg\right)h}$, $a_A = \dfrac{2}{13m}\left(\dfrac{M}{r} - 2mg\right)$

12 - 20 $\quad v_{AB} = \sqrt{2gS\sin\beta}$, $a_{AB} = g\sin\beta$

12 - 21 $\quad v_A = (l - l_0)\sqrt{\dfrac{km_B}{m_A(m_A + m_B)}}$, $v_B = (l - l_0)\sqrt{\dfrac{km_A}{m_B(m_A + m_B)}}$

12 - 22 $\quad v_C = \sqrt{3gh}$

12 - 23 $\quad v_A = \sqrt{\dfrac{9}{7}gl}$

12 - 24 $\quad \omega = \sqrt{\dfrac{2M\varphi}{(3m_1 + 4m_2)l^2}}$, $\alpha = \dfrac{M}{(3m_1 + 4m_2)l^2}$

12 - 25 $\quad P_1 = 3.92 \text{ kW}$, $P_2 = 833 \text{ W}$, $P_{输入} = 5.23 \text{ kW}$

12 - 26 $\quad P_2 = 6.75 \text{ kW}$, $M_2 = 111.13 \text{ N·m}$

12 - 27 $\quad F = 14.32 \text{ kN}$

12 - 28 $\quad \omega = \dfrac{1}{l}\sqrt{\dfrac{3[M\varphi - (2m_1 + m_2)gl(1 - \cos\varphi) - kl^2\sin^2\varphi]}{m_1 + 3(m_1 + m_2)\sin^2\varphi}}$

12 - 29 $\quad \omega = \sqrt{\dfrac{3g}{l}\sin\varphi}$, $\alpha = \dfrac{3g}{2l}\cos\varphi$, $F_{Ox} = -\dfrac{3mg}{8}\sin2\varphi$, $F_{Oy} = \dfrac{mg}{4}(1 + 9\sin^2\varphi)$

12 - 30 $\quad a_A = \dfrac{2(m_1 - m_2)}{m + 2(m_1 + m_2)}g$, $F_{Ox} = 0$, $F_{Oy} = (m + m_1 + m_2)g - \dfrac{2(m_1 - m_2)^2}{m + 2(m_1 + m_2)}g$

12 - 31 $\quad$ (1) $a_D = \dfrac{\dfrac{M}{r} - \dfrac{mg}{2}}{3m}$; $\quad$ (2) $F_T = \dfrac{1}{2}\left(\dfrac{3}{2}mg - \dfrac{M}{r}\right)$;

(3) $F_{Bx} = \dfrac{\sqrt{3}}{4}\left(\dfrac{3}{2}mg - \dfrac{M}{r}\right)$, $F_{By} = \dfrac{1}{12}\left(\dfrac{53}{2}mg + \dfrac{M}{r}\right)$

12 - 32 $\quad \omega = \sqrt{\dfrac{3g}{l}}$, $F_A = \dfrac{1}{4}mg$

12 - 33 $\quad a = \dfrac{3mg}{9M + 4m}$

12 - 34 $\quad a_C = 1.39g$

12 - 35 $\quad \omega = 4\sqrt{\dfrac{3g}{29l}}$

12 - 36 　$a = \dfrac{m_2 g \sin 2\theta}{3m_1 + m_2 + 2m_2 \sin^2 \theta}$,　$a_r = \dfrac{2(m_1 + m_2) g \sin \theta}{3m_1 + m_2 + 2m_2 \sin^2 \theta}$

12 - 37 　$\omega_B = \dfrac{J\omega}{J + mR^2}$,　$v_B = \sqrt{\dfrac{2mgR - J\omega^2 \left[\dfrac{J^2}{(J + mR^2)^2} - 1 \right]}{m}}$,　$\omega_C = \omega$,　$v_C = 2\sqrt{gR}$

12 - 38 　(1) $a_A = \dfrac{1}{6}g$;　　　(2) $F_T = \dfrac{4}{3}mg$;

(3) $F_{Kx} = 0$, $F_{Ky} = 4.5mg$, $M_K = 13.5mgR$

12 - 39 　(1) $a = \dfrac{\sqrt{3}}{23}g$;　　　(2) $F_{Ox} = \left(1 + \dfrac{3\sqrt{3}}{46} \right)mg$, $F_{Oy} = \left(2 + \dfrac{\sqrt{3}}{23} \right)mg$;

(3) $F_N = \dfrac{7}{2}mg$;　$F = \left(1 + \dfrac{9\sqrt{3}}{23} \right)mg$

12 - 40 　$\omega = \sqrt{\dfrac{3(m_1 + 2m_2)g}{(m_1 + 3m_2)l}}$,　$\alpha = \dfrac{3(m_1 + 2m_2)g}{2(m_1 + 3m_2)l}$,

$F_{Ox} = \dfrac{3(m_1 + 2m_2)^2 g}{2(m_1 + 3m_2)}$,　$F_{Oy} = -\dfrac{3(m_1 + 2m_2)^2 g}{4(m_1 + 3m_2)} + (m_1 + m_2)g$

12 - 41 　$\varphi = \arctan 0.3 = 16°42'$

12 - 42 　$\varphi = 53.1°$,　$\omega = \sqrt{\dfrac{3g}{5l}}$

12 - 43 　$\omega^2 = \dfrac{3\sqrt{2}g}{l}$,　$\alpha = \dfrac{3g}{l}$,　$F_{NA} = -3\sqrt{2}mg$ (←),　$F_{NC} = 2mg$ (↑)

第 13 章　单自由度系统的振动

机械振动是自然界和工程技术中普遍存在的现象。如何利用与消除振动已经成为当前具有重要实际意义的动力学课题。为此，需要了解振动的基本特性。

机械振动理论和应用的研究已经成为一门独立的学科。本章讨论的是振动的动力学基本原理，仅介绍单自由度系统振动的基本特性，作为研究复杂振动问题的基础。

13.1　引　　言

机械振动是自然界和工程中常见的物理现象。图 13－1 所示的悬挂在弹簧上的物体在外界干扰下所作的往复运动，就是简单的振动例子。图示的振动物体 A 称为振体，其质量为 m，弹簧的刚度系数为 k。最简单的振动系统用一个独立坐标就能描述振体的运动规律，也就是说系统具有一个自由度，因此，这种振动系统称为单自由度振动系统。如果振动系统需要 n 个独立坐标才能确定振体的运动规律，则称为 n **自由度振动系统**。

一般来说，各种机器设备及其零部件以及基础，都可以看成是弹性系统，在一定条件下就会发生振动。例如，桥梁在车辆通过及风载荷作用下的振动，旋转机械（如汽轮机、发电机等）由于转子不平衡产生的振动。因此，机械振动就是在一定条件下，振体在其平衡位置附近所作的往复运动。

实际工程中的振动问题往往很复杂，为了便于研究，通常需要将振动系统抽象和简化为**动力学模型**。例如，电动机和支承它的梁所组成的系统如图 13－2（a）所示。与电动机相比，梁的质量较小而弹性较大时，可将梁的质量略去不计，梁在系统中仅起着弹簧的作用，将电动机看成一个集中质量，则系统简化成图 13－2（b）所示的力学模型，称为质量—弹簧系统。显然，这是单自由度系统。实际系统的复杂程度和要求不同，简化的力学模型也因此而异。

图 13－1

系统受到初始激励而产生的振动称为**自由振动**，其特点是一次获得必需的能量输入，若不存在阻尼，则系统保持机械能守恒，即振动将持续地进行下去；若存在阻尼，则系统的振动不断衰减。若系统在持续的交变激励作用下产生振动，则称为**受迫振动**。

若按是否考虑阻尼的影响，则振动可以分为**阻尼振动**和**无阻尼振动**。若根据系统的自由度分类，则振动可分为**单自由度系统振动**、**多自由度系统振动**及**连续体振动**。若以激励的性质分类，则振动可分为**简谐振动**、**随机振动**及**瞬态振动**等。根据描述振动系统微分方程的线性和非线性性质，振动可分为**线性振动**和**非线性振动**。本章只研究单自由度系统的线性振动。

(a)　　　　　　　(b)

图 13 - 2

　　在许多情况下，振动是有害的。各种机械设备都可能因为振动，影响加工精度和工件表面光洁度，使机械零部件磨损或破坏，甚至导致整机受损而造成重大经济损失；振动与噪声也使人厌倦，并影响人的身体健康，因而人们都希望减少振动或隔离振动。但是，振动也可以为人们所用，在工程中可以利用振动原理设计制造诸如振动压路机、振动捣实机、振动造型机、振动清砂机、振动筛及振动料斗等，因而研究机械振动有着重要的实际意义。

13.2　单自由度系统的自由振动

1. 无阻尼自由振动

图 13 - 3 所示的质量—弹簧系统中，设振体的质量为 m，弹簧的原长为 l_0，质量不计，

图 13 - 3

弹簧的刚度系数为 k。不计振体与水平面间的摩擦。以平衡位置 O 为原点建立坐标轴 Ox。在任一瞬时，振体的坐标为 x，则弹簧的恢复力 $F = -kx$，式中负号表示恢复力 F 的方向恒与 x 方向相反。于是根据牛顿定律，振体的运动微分方程为

$$m\ddot{x} + kx = 0 \tag{13-1}$$

引入参数 $\omega_0^2 = k/m$，则式（13-1）可写为

$$\ddot{x} + \omega_0^2 x = 0 \tag{13-2}$$

设其特解为 $x = e^{\lambda t}$。根据微分方程理论可知其特征方程为

$$\lambda^2 + \omega_0^2 = 0$$

相应的特征值为

$$\lambda = \pm i\omega_0$$

对应的线性无关的特解为 $\cos\omega_0 t$ 和 $\sin\omega_0 t$。方程的通解为

$$x = C_1\cos\omega_0 t + C_2\sin\omega_0 t \tag{13-3}$$

式中，待定系数 C_1 和 C_2 由初始条件决定。设初始条件为 $t=0$，$x=x_0$，$\dot{x}=\dot{x}_0$，代入式（13-3）可求得

$$C_1 = x_0, \ \ C_2 = \dot{x}_0/\omega_0$$

引入参数 A 和 θ，则有

$$A = \sqrt{x_0^2 + \left(\frac{\dot{x}_0}{\omega_0}\right)^2}, \quad \theta = \arctan\left(\frac{\omega_0 x_0}{\dot{x}_0}\right) \qquad (13-4)$$

于是式（13-3）可改写为

$$x = A\sin(\omega_0 t + \theta) \qquad (13-5)$$

由此可见，振体在恢复力作用下的无阻尼自由振动是以平衡位置为中心的简谐运动，如图 13-4 所示。式中，A 称为**振幅**，θ 称为**初相位**或**初相角**，均由初始条件决定，ω_0 称为**固有角频率**，即

$$\omega_0 = \sqrt{k/m} \qquad (13-6)$$

固有频率 f 和周期 T 分别为

$$f = \omega_0/2\pi, \quad T = 2\pi/\omega_0 \qquad (13-7)$$

它们均由系统本身的物理性质决定，与初始条件无关。

【**例 13-1**】　　两弹簧的刚度系数分别为 k_1 和 k_2，悬挂于弹簧上物体的质量为 m，试求下列情况下系统的固有角频率：

（1）两弹簧串联 ［图 13-5（a）］；

（2）两弹簧并联 ［图 13-5（b）］。

图 13-4

图 13-5

解

（1）**串联弹簧**。两个弹簧所受拉力大小都等于所悬挂物体的重量 mg，故二者的静伸长分别为

$$\delta_{st1} = \frac{mg}{k_1}$$

$$\delta_{st2} = \frac{mg}{k_2}$$

则两串联弹簧的总伸长 δ_{st} 应等于每个弹簧静伸长之和，即

$$\delta_{st} = \delta_{st1} + \delta_{st2} = mg\left(\frac{1}{k_1} + \frac{1}{k_2}\right)$$

若用一个刚度系数为 k_{eq} 的弹簧代替原来的两个串联弹簧，使两个系统在相等的重力 mg 作用下具有相同的静伸长 δ_{st}，则有

$$\delta_{st} = \frac{mg}{k_{eq}} = mg\left(\frac{1}{k_1} + \frac{1}{k_2}\right)$$

于是有

$$\frac{1}{k_{eq}} = \frac{1}{k_1} + \frac{1}{k_2}$$

即

$$k_{eq} = \frac{k_1 k_2}{k_1 + k_2}$$

所得弹簧常数 k_{eq} 称为两串联弹簧的**等效弹簧刚度系数**。

于是系统的固有角频率为

$$\omega_0 = \sqrt{\frac{k_{eq}}{m}} = \sqrt{\frac{k_1 k_2}{m(k_1 + k_2)}}$$

（2）**并联弹簧**。物体在重力 mg 作用下作铅垂平移，如图 13-5（b）所示。设静伸长为 δ_{st}，两弹簧的拉力分别为 F_1、F_2，于是

$$F_1 = k_1 \delta_{st}, \quad F_2 = k_2 \delta_{st}$$

故

$$mg = F_1 + F_2 = (k_1 + k_2)\delta_{st}$$

引入等效弹簧刚度系数，有

$$mg = k_{eq}\delta_{st} = (k_1 + k_2)\delta_{st}$$

其中

$$k_{eq} = k_1 + k_2$$

于是系统的固有角频率为

$$\omega_0 = \sqrt{\frac{k_{eq}}{m}} = \sqrt{\frac{k_1 + k_2}{m}}$$

【例 13-2】 图 13-6 所示无重弹性梁，当其中部放置质量为 m 的重物时，其静挠度为 $\delta_{st} = 2$ mm。若将重物在梁未变形位置上无初速释放，求系统的振动规律和固有频率。

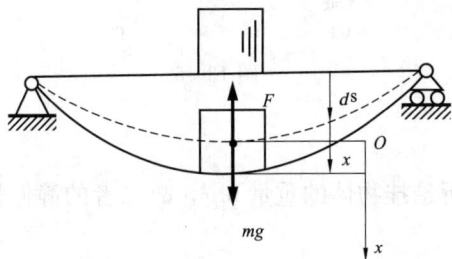

图 13-6

解

此无重弹性梁相当于一弹簧，其静挠度相当于弹簧的静伸长，则梁的刚度系数为

$$k = \frac{mg}{\delta_{st}}$$

则该系统的固有角频率为

$$\omega_0 = \sqrt{\frac{k}{m}} = \sqrt{\frac{g}{\delta_{st}}}$$

由式（13-5）知物块的运动方程可写为

$$x = A\sin(\omega_0 t + \theta)$$

式中

$$\omega_0 = \sqrt{\frac{g}{\delta_{st}}} = \sqrt{\frac{9.8}{2 \times 10^{-3}}} = 70$$

A、θ 由初始条件确定。

在图示坐标中，初始条件为 $t=0$ 时，$x_0=-\delta_{st}=-2$ mm，$v_0=0$，则由式（13-4），有

$$A=\sqrt{x_0^2\frac{v_0^2}{\omega_s^2}}=2 \text{ mm}$$

$$\tan\theta=\frac{\omega_0 x_0}{v_0}\longrightarrow\infty,\ \theta=-\frac{\pi}{2}$$

于是可得物块的运动方程为

$$x=2\sin\left(70t-\frac{\pi}{2}\right)=-2\cos70t\ (\text{mm})$$

2. 扭转振动

如图 13-7 所示匀质圆截面弹性直杆下端固结一水平匀质圆盘，圆盘被扭转一个角度后突然释放，圆盘将在水平面内作自由扭转振动。

设 φ 为圆盘的扭转角，J 为圆盘对转轴的转动惯量，k_t 为直杆的扭转刚度系数，其单位是 N·m/rad。

扭转角为 φ 时，作用于圆盘上的恢复扭矩 $M=-k_t\varphi$，式中负号表示恢复扭矩的符号恒与扭转角符号相反。根据刚体绕定轴转动的微分方程有

$$J\ddot{\varphi}=-k_t\varphi$$

令

$$\omega_0^2=\frac{k_0}{J}$$

可得

$$\ddot{\varphi}+\omega_0^2=0 \tag{13-8}$$

图 13-7

式（13-8）为圆盘自由扭转振动的微分方程。此方程与式（13-2）的形式相似，其解为

$$\varphi=\Phi\sin(\omega_0 t+\theta) \tag{13-9}$$

式中，Φ 为**角振幅**，θ 为初相位，它们由运动的初始条件确定。

系统扭转振动的固有角频率为

$$\omega_0=\sqrt{\frac{k_t}{J}} \tag{13-10}$$

3. 计算固有频率的能量法

对较复杂的单自由度系统可以利用能量法计算系统的固有频率。考察图 13-3 所示的质量—弹簧系统，系统中略去弹簧的质量，只考虑振体的质量。由于其恢复力是有势力，所以系统的机械能是守恒的，并可表示为

$$T+V=常量$$

设平衡位置为坐标原点，若振体运动到任意位置 x 时，其速度为 $\dot{x}$，则系统的动能 $T=\frac{1}{2}m\dot{x}^2$，系统的势能 $V=\frac{1}{2}kx^2$。

在振动过程中，当振体到达平衡位置时，系统的势能为零，但振体的速度最大，其动能

最大。此时系统的机械能就等于最大动能，即

$$T_{\max} = \frac{1}{2}m\dot{x}_{\max}^2$$

当振体运动到极端位置 $x_{\max}$ 时，其速度为零，此时系统动能为零，而系统的势能达到最大值且等于全部机械能，即

$$V_{\max} = \frac{1}{2}kx_{\max}^2$$

根据机械能守恒 $T_{\max} = V_{\max}$，于是得

$$\frac{1}{2}m\dot{x}_{\max}^2 = \frac{1}{2}kx_{\max}^2 \qquad (13-11)$$

由于自由振动中振体作简谐运动，其运动方程为

$$x = A\sin(\omega_0 t + \theta)$$

于是有

$$\dot{x} = A\omega_0\cos(\omega_0 t + \theta)$$

$x_{\max}$ 及 $\dot{x}_{\max}$ 分别为

$$x_{\max} = A, \quad \dot{x}_{\max} = A\omega_0 \qquad (13-12)$$

代入式（13-11）得

$$\omega_0 = \sqrt{\frac{k}{m}}$$

由上可知，利用能量法同样可以求得单自由度系统的固有频率。

【例 13-3】 测振仪如图 13-8 所示。已知惯性体质量为 m，其下端支撑在刚度系数为 k_1 的弹簧上，上端铰接在 AOB 杠杆的点 B，杠杆与外壳之间用刚度系数为 k_2 的弹簧连接。设杠杆对点 O 的转动惯量为 J，两弹簧质量不计。试求系统的固有频率。

图 13-8

解

（1）系统的动能。用能量法求系统的固有频率。设惯性体 m 在振动时最大速度为 $\dot{x}_{\max}$，则杠杆的最大角速度为 $\dot{x}_{\max}/b$，于是系统的最大动能为

$$T_{\max} = \frac{1}{2}m\dot{x}_{\max}^2 + \frac{1}{2}J\left(\frac{\dot{x}_{\max}}{b}\right)^2$$

（2）系统的势能。当系统在极端位置时，惯性体 m 的铅垂位置为 $x_{\max}$，弹簧 k_2 的伸长为 $cx_{\max}/b$，取系统平衡位置时势能为零，则系统的最大势能为

$$V_{\max} = \frac{1}{2}k_1 x_{\max}^2 + \frac{1}{2}k_2\left(\frac{cx_{\max}}{b}\right)^2$$

（3）应用机械能守恒定律。即

$$T_{\max} = V_{\max}$$

则有

$$\frac{1}{2}m\dot{x}_{\max}^2 + \frac{1}{2}J\left(\frac{\dot{x}_{\max}}{b}\right)^2 = \frac{1}{2}k_1 x_{\max}^2 + \frac{1}{2}k_2\left(\frac{cx_{\max}}{b}\right)^2$$

（4）应用简谐运动的关系式（13-12）求得系统的固有频率为

$$\omega_0 = \sqrt{\dfrac{k_1 + k_2\left(\dfrac{c}{b}\right)^2}{m + \dfrac{J}{b^2}}}$$

4. 阻尼自由振动

无阻尼自由振动的规律是简谐运动，一旦发生振动，便永远保持等幅的周期运动。这是一种理想情况，因为在分析过程中忽略了系统在振动过程中所受到的各种阻力，如接触面间的摩擦力、气体或液体介质的阻力和弹性材料内部分子间的内阻尼等。不同的阻尼有各自不同的性质，在线性振动范围内仅考虑与速度的一次方成正比的阻尼力，这种阻尼称为**黏性阻尼**。考虑阻尼对自由振动的影响时称为**阻尼自由振动**，其力学模型如图 13-9 所示，与无阻尼自由振动力学模型相比增加了一个与弹簧并联的缓冲器 c，以表示黏性阻尼的存在。

黏性阻尼力 F_d 与振体速度方向相反，大小为 $F_d = c\dot{x}$。系数 c 称为**黏阻系数**，它取决于物体的形状、尺寸和润滑等物理性质。根据牛顿第二定律可以列出振体的运动微分方程

$$m\ddot{x} + c\dot{x} + kx = 0 \tag{13-13}$$

引入无阻尼固有频率 ω_0 和阻尼系数 δ，即

$$\omega_0 = \sqrt{k/m}\,,\ \delta = c/2m$$

于是式（13-13）可写成

$$\ddot{x} + 2\delta\dot{x} + \omega_0^2 x = 0 \tag{13-14}$$

这是二阶常系数线性齐次微分方程。设它的解为 $x = e^{\lambda t}$，代入式（13-14），消去因子 $e^{\lambda t}$，得到特征方程 $\lambda^2 + 2\delta\lambda + \omega_0^2 = 0$，引入阻尼比 $\zeta = \delta/\omega_0$，解得特征根为

$$\lambda = -\zeta\omega_0 \pm \omega_0\sqrt{\zeta^2 - 1}$$

根据阻尼的大小不同，其解有三种情况，列入表 13-1 中。

表 13-1　　　式（13-14）的特征根和特解

阻尼比	特征值	特解
$\zeta<1$	$\lambda = -\zeta\omega_0 \pm i\omega_d$ （$\omega_d = \omega_0\sqrt{1-\zeta^2}$）	$e^{-\zeta\omega_0 t}\cos\omega_d t$, $e^{-\zeta\omega_0 t}\sin\omega_d t$
$\zeta=1$	$\lambda_1 = -\lambda_2 = -\omega_0$ （重根）	$e^{-\omega_0 t}$, $te^{-\omega_0 t}$
$\zeta>1$	$\lambda = -\zeta\omega_0 \pm \omega_0\sqrt{\zeta^2-1} = \lambda_{1,2}$	$e^{-\lambda_1 t}$, $e^{-\lambda_2 t}$

（1）欠阻尼（$\zeta<1$）。在欠阻尼情况下，方程（13-14）的通解为

$$x = e^{-\zeta\omega_0 t}(C_1\cos\omega_d t + C_2\sin\omega_d t)$$

或改写为

$$x = Ae^{-\zeta\omega_0 t}\sin(\omega_d t + \theta) \tag{13-15}$$

式中，$Ae^{-\zeta\omega_0 t}$ 和 θ 分别称为阻尼自由振动的振幅和初相角，由初始条件 x_0 和 $\dot{x}_0$ 确定。

$$A = \sqrt{x_0^2 + \left(\dfrac{\dot{x}_0 + \zeta\omega_0 x_0}{\omega_d}\right)^2} \tag{13-16}$$

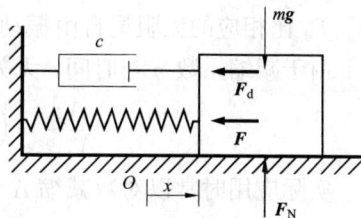

$$\theta = \arctan\left(\frac{\omega_d x_0}{\dot{x} + \zeta\omega_0 x_0}\right) \tag{13-17}$$

式中，$\omega_d = \omega_0\sqrt{1-\zeta^2}$ 称为阻尼自由振动的固有角频率。由于阻尼作用，振幅 $A\mathrm{e}^{-\zeta\omega_0 t}$ 随时间不断衰减，系统的振动不再是等幅的简谐振动，而是振幅被限制在曲线 $A\mathrm{e}^{-\zeta\omega_0 t}$ 内的衰减振动，如图 13-10 所示。

相邻两个振幅之比称为减缩系数

$$\eta = \frac{A_1}{A_2} = \frac{A\mathrm{e}^{-\zeta\omega_0 t}}{A\mathrm{e}^{-\zeta\omega_0 (t+T_d)}} = \mathrm{e}^{\zeta\omega_0 T_d} \tag{13-18}$$

式中，T_d 为阻尼自由振动周期

$$T_d = \frac{2\pi}{\omega_d} = \frac{2\pi}{\omega_0\sqrt{1-\zeta^2}} \tag{13-19}$$

T_d 比相应的无阻尼自由振动周期 T 大，即 $T_d > T$。

由于减缩系数 η 与时间 t 无关，即任意两个相邻振幅之比均应等于 η，因此有

$$\frac{A_1}{A_{k+1}} = \left(\frac{A_1}{A_2}\right)\left(\frac{A_2}{A_3}\right)\cdots\left(\frac{A_k}{A_{k+1}}\right) = \eta^k = \mathrm{e}^{k\zeta\omega_0 T_d} \tag{13-20}$$

实际应用时常以对数减缩 Λ 代替减缩系数 η，即

$$\Lambda = \ln\eta = \zeta\omega_0 T_d \tag{13-21}$$

（2）过阻尼（$\zeta > 1$）。在这种情况下，特征方程有两个实根，方程的通解为

$$x = C_1\mathrm{e}^{-\lambda_1 t} + C_2\mathrm{e}^{-\lambda_2 t} \tag{13-22}$$

所对应的 x-t 曲线如图 13-11 所示。可以看出，由于存在较大的黏性阻尼，因此振体的运动已不具有周期性。

（3）临界阻尼（$\zeta = 1$）。这种情况下特征方程有两个相等的负实根，方程的通解为

$$x = (C_1 + C_3 t)\mathrm{e}^{-\omega_0 t} \tag{13-23}$$

这种运动也是非周期性的，如图 13-11 所示。这时阻尼的大小正好是系统在衰减过程中振动与不振动的分界线，称为临界阻尼。

图 13-10

图 13-11

【例 13-4】 设汽车的质量 $m = 2450\ \mathrm{kg}$，置于四个车轮的弹簧上可使每个弹簧的压缩量为 $\delta = 0.15\ \mathrm{m}$，为了减小振动，每个弹簧都装有一个减震器，测得在两次振动后振幅为原来的 $1/10$，即 $A_1/A_3 = 10$。试求：

（1）振动的减缩系数 η 和对数减缩 Λ；

（2）阻尼系数 δ、阻尼比 ζ 和衰减振动的周期 T_{d}。

解

本题只考虑汽车的铅垂振动，故四个弹簧可以看成一个等效弹簧，等效弹簧刚度系数为

$$k = \frac{mg}{\delta_{\mathrm{st}}} = \frac{2450 \times 9.8}{0.15} = 160\,000 \text{ N/m}$$

系统的无阻尼固有频率为

$$\omega_0 = \sqrt{\frac{k}{m}} = \sqrt{\frac{160\,000}{2450}} = 8.08 \text{ rad/s}$$

（1）求 η 和 Λ。

已知

$$A_1/A_3 = 10 \text{ 及 } \frac{A_1}{A_2}\,\frac{A_2}{A_3} = \mathrm{e}^{2\zeta\omega_0 T_{\mathrm{d}}}$$

故减幅系数

$$\eta = \mathrm{e}^{\zeta\omega_0 T_{\mathrm{d}}} = \sqrt{10} = 3.16$$
$$\Lambda = \zeta\omega_0 T_{\mathrm{d}} = \ln\eta = 1.15 \tag{a}$$

对数减缩

（2）求 δ，ζ 和 T_{d}。

$$T_{\mathrm{d}} = \frac{2\pi}{\omega_0 \sqrt{1 - \zeta^2}} \tag{b}$$

将式（a）和式（b）联立求解，可解得阻尼比 ζ 及衰减振动周期 T_{d} 和阻尼系数 δ 分别为

$$\zeta = 0.18 \text{ rad/s}$$
$$T_{\mathrm{d}} = 0.79 \text{ s}$$
$$\delta = \zeta\omega_0 = 1.45 \text{ rad/s}$$

13.3　单自由度系统的受迫振动

在实际工程中很多机器或结构，如柴油机、汽轮机、汽车、飞机及机床等在运行时，除了恢复力作用之外，还受到持续不断的交变激励的干扰力的作用。系统在干扰力作用下的振动称为受迫振动。

干扰力的形式有很多，干扰力对振动系统的激励作用取决于干扰力的大小及其随时间的变化规律。一般可分为简谐激励、周期激励、非周期激励和随机激励等。本节将讨论简谐激励力的受迫振动。

1. 简谐激励力的受迫振动

设单自由度有阻尼振动系统受到一简谐激励力 $F(t) = F_0\sin\omega t$ 的作用，如图 13-12 所示。振体的质量为 m，弹簧刚度系数为 k，黏阻系数为 c。取振体的平衡位置 O 为 Ox 轴的坐标原点，则振体的运动微分方程为

$$m\ddot{x} + c\dot{x} + kx = F_0\sin\omega t \tag{13-24}$$

由以上讨论可知，由于干扰力的出现，使系统的运动微分方程成为非齐次方程。引入无阻尼固有角频率 ω_0、阻尼系数 δ 及静力偏移 B_0，即

图 13-12

$$\omega_0^2 = \frac{k}{m}, \ \delta = \frac{c}{2m}, \ B_0 = \frac{F_0}{k}$$

式中，B_0 称为静力偏移，表示激励力的最大值 F_0 静止地作用在弹簧上所引起的弹簧静变形。方程（13-24）可改写为

$$\ddot{x} + 2\delta\dot{x} + \omega_0^2 x = B_0\omega_0^2\sin\omega t \qquad (13-25)$$

上述二阶非齐次线性常微分方程的解 x 由齐次方程的通解 x_1 和非齐次方程的特解 x_2 两部分组成，即

$$x = x_1 + x_2$$

通解 x_1 对应于阻尼自由振动，即衰减振动式（13-15）或衰减非周期运动式（13-22）及式（13-23），由于它只在振动开始后的短暂时间内有意义，随后即逐渐衰减，称为瞬态响应，一般情况下可以不予考虑。因此系统受迫振动时主要考虑在简谐激励力作用下系统的响应，即考虑微分方程的特解 x_2，称此时系统的响应为稳态响应。

设特解 x_2 为

$$x_2 = B\sin(\omega t - \Psi) \qquad (13-26)$$

将特解代入式（13-25），引入频率比 $\lambda = \omega/\omega_0$，整理后得

$$[B(1-\lambda^2) - B_0\cos\Psi]\sin(\omega t - \Psi) + (2\zeta\lambda B - B_0\sin\Psi)\cos(\omega t - \Psi) = 0$$

上式对任意时间 t 都应满足，因此 $\sin(\omega t - \Psi)$ 和 $\cos(\omega t - \Psi)$ 前的系数必须都等于零，故得

$$B(1-\lambda^2) - B_0\cos\Psi = 0$$

$$2\zeta\lambda B - B_0\sin\Psi = 0$$

由此可解得振幅 B 和相位差 Ψ 分别为

$$B = B_0 / \sqrt{(1-\lambda^2)^2 - (2\zeta\lambda)^2} \qquad (13-27)$$

$$\Psi = \arctan[2\zeta\lambda / (1-\lambda^2)] \qquad (13-28)$$

由以上讨论可知，简谐激励作用下的受迫振动具有以下特点：

（1）响应与激励力具有相同的频率。

（2）振幅 B 和相位差 Ψ 均与初始条件无关，而取决于系统本身的参数及激励力的物理性质。

（3）振幅 B 的大小取决于 B_0，λ 和 ζ，即取决于激励力的幅值 B_0、激励频率 ω 和系统的阻尼系数 δ。

频率与振幅的关系可用幅频特性曲线表示，设 $\beta = B/B_0$，称 β 为振幅放大因子，式（13-27）可写为

$$\beta = 1 / \sqrt{(1-\lambda^2)^2 + (2\zeta\lambda)^2} \qquad (13-29)$$

对于不同的阻尼比 ζ 值，得到一系列 $\beta-\lambda$ 曲线，如图 13-13 所示。由幅频特性曲线可知：① 若 $\lambda \ll 1$，则 $\beta \approx 1$；② 若 $\lambda \gg 1$，则 $\beta \approx 0$；③ 若 $\lambda \approx 1$，则 β 急剧增大。由此可知，当激励力的频率远小于固有频率时，振幅接近于弹簧的静变形。当激励力的频率远大于固有频率时，振幅接近于零。

当激励力的频率接近于固有频率时，对于无阻尼（$\zeta = 0$）情况，即 $\omega = \omega_0$（$\lambda = 1$）时，振幅 B 为无穷大，通常将这种情况称为**共振**。此时微分方程的特解为

$$x_2 = -\frac{1}{2} B_0 \omega_0 t \sin \omega_0 t \qquad (13-30)$$

式（13-30）表明，振幅将随时间线性增长。

对于有阻尼（$\zeta \neq 0$）情况，令 $\mathrm{d}\beta/\mathrm{d}\lambda = 0$，可算出振幅为极大值时所对应的频率比 λ，即 $\lambda = \sqrt{1-2\zeta^2}$ 时，$\beta_{\max} = 1/(2\zeta\sqrt{1-\zeta^2})$。由上可知，当有阻尼情况振幅达到最大值时频率比 $\lambda < 1$，即 $\omega_{\mathrm{m}} < \omega_0$，表明振幅达到最大值时，对应的激励频率略小于固有频率，通常将 ω_{m} 称为共振频率。在共振区域附近，阻尼对减小振幅有明显作用。阻尼较小时，振幅较大且变化急剧，阻尼较大时，振幅较小且变化平缓。当阻尼比 $\zeta \geqslant \sqrt{2}/2$ 时，振幅已不再有最大值，共振现象也就不存在了。

共振时的振幅放大因子反映了系统阻尼的强弱和共振峰的陡峭程度，因此也称为品质因数 Q，即

$$Q = \beta \Big|_{\lambda=1} = \frac{1}{2\zeta} \qquad (13-31)$$

（4）相位差 Ψ 是指响应与激励力之间的相位差，Ψ 与激励频率的关系可用相频特性曲线表示。依据式（13-28）作出不同阻尼比 ζ 下的 $\lambda - \Psi$ 曲线，如图 13-14 所示。由图可知：① 若 $\lambda \ll 1$，则 $\Psi = 0$；② 若 $\lambda \gg 1$，则 $\Psi = \pi$；③ 若 $\lambda = 1$，则 $\Psi = \pi/2$。说明响应和激励在低频范围内同相，在高频范围内反相。在共振时，相位差为 $\pi/2$，且与阻尼无关，反映出共振时的另一重要特征。

图 13-13　　　　　　　　　　　　　　　　图 13-14

2. 惯性力激励的受迫振动

工程中经常发生激励力为惯性力所引起的受迫振动。例如，由转子偏心而引起的旋转机械的受迫振动，或由于地基振动引起结构的受迫振动。

以图 13-16 所示的梁为例，设电动机总质量为 m，转子偏心质量为 m_1，电机旋转的角速度为 ω，偏心距为 e，则电机偏心质量的惯性力在铅垂方向的投影为

$$F_{1y} = m_1 e \omega^2 \sin \omega t$$

于是梁在铅垂方向受迫振动的微分方程为

$$m\ddot{x} + c\dot{x} + kx = m_1 e \omega^2 \sin \omega t \qquad (13-32)$$

式（13－32）与式（13－24）在形式上完全相同，只是式中的 F_0，以 $m_1e\omega^2$ 代替。而静力偏移 B_0 为

$$B_0 = m_1e\omega^2/k = \left(\frac{m_1e}{m}\right)\left(\frac{\omega}{\omega_0}\right)^2 = b\lambda^2$$

代入式（13－27），令振幅放大 $\beta = B/b$，则得惯性力引起的受迫振动的幅频特性曲线表达式为

$$\beta = \frac{\lambda^2}{\sqrt{(1-\lambda^2)^2 + (2\zeta\lambda)^2}} \qquad\qquad (13-33)$$

图 13－15 所示为不同的阻尼比 ζ 值对应的幅频特性曲线，由图可见：① 若 $\lambda \ll 1$ 时，$\beta \approx 0$；② 若 $\lambda \gg 1$ 时，$\beta \approx 1$；③ 若 $\lambda \approx 1$ 时，β 急剧增大。由上可知，当激励惯性力的频率远小于固有频率时，振幅接近于零；若激励惯性力的频率远大于固有频率时，振幅不是趋近于零，而是趋向一定值 b；当激励惯性力的频率接近于固有频率时，振幅急剧增大而产生共振，即工程机械中转速与系统的固有频率重合时，设备便发生共振，这一转速称为**临界转速**，显然，设备是禁止在临界转速附近运行的。

【例 13－5】 重为 $W=294$ N 的电动机安装在梁上，作铅垂方向振动，如图 13－16 所示电动机以匀角速度 ω 运转，电动机转子偏心重为 $G=5.88$ N，偏心距为 $e=15$ mm，梁的等效弹簧刚度系数 $k=294$ N/mm，不计梁的自重。试求：

（1）电动机的临界转速；

（2）若电动机转速为 1800 r/min，系统受迫振动振幅。

图 13－15

图 13－16

解

本题未考虑阻尼的影响，因而系单自由度无阻尼受迫振动。

（1）电动机临界转速。本题的干扰力系为电机转子质量偏心引起的惯性力，惯性力在铅垂方向的大小为

$$F_{1y} = \frac{G}{g}e\omega^2\sin\omega t$$

系统干扰力幅值为 $\frac{G}{g}e\omega^2$，其频率等于电动机转动的角速度 ω。当干扰力频率等于系统固有频率时，系统发生共振，此时电动机转速即为临界转速。系统的固有频率 ω_0 为

$$\omega_0 = \sqrt{\frac{k}{m}} = \sqrt{\frac{kg}{W}} = \sqrt{\frac{294\times9800}{294}} = 99 \text{ rad/s} = 945 \text{ r/min}$$

因此电动机的临界转速为 945 r/min。

（2）受迫振动振幅。当电动机转速以 $n=1800$ r/min 时，即电动机转动的角速度 $\omega=188.5$ rad/s。当不考虑阻尼的作用时，由式（13-27）可知振幅 B 为

$$B=B_0/|1-\lambda^2|$$

而

$$B_0=\frac{F_0}{k},\quad \lambda=\frac{\omega}{\omega_0}$$

由已知条件知 $F_0=\dfrac{G}{g}e\omega^2=319.78$ N，$B_0=1.088$ mm，$\lambda=1.904$，代入振幅 B 表达式，得

$$B=\frac{B_0}{|1-\lambda^2|}=0.414 \text{ mm}$$

于是受迫振动的运动规律为

$$x_2=0.414\sin188.5t \text{ （mm）}$$

【例 13-6】　图 13-17 所示的振动系统中，弹簧刚度系数 $k=4.38$ N/mm，振体质量 $m=18.2$ kg，黏阻系数 $c=0.149$ N·s/mm，干扰力幅值 $F_0=44.5$ N，干扰力频率 $\omega=15$ rad/s。求振体受迫振动的运动方程。

图 13-17

解

由已知条件可先求得系统的无阻尼振动固有频率 ω_0

$$\omega_0=\sqrt{\frac{k}{m}}=\sqrt{\frac{4\,380 \text{ N/m}}{18.2 \text{ kg}}}=15.5 \text{ rad/s}$$

静力偏移

$$B_0=\frac{F_0}{k}=\frac{44.5 \text{ N}}{4.38 \text{ N/mm}}=10.16 \text{ mm}$$

阻尼比

$$\zeta=\frac{c}{2m\omega_0}=\frac{0.149 \text{ N·s/mm}}{2\times(18.2 \text{ kg})\times(15.5 \text{ rad/s})}=0.264$$

频率比

$$\lambda=\frac{\omega}{\omega_0}=\frac{15 \text{ rad/s}}{15.5 \text{ rad/s}}=0.967$$

振幅放大因子

$$\beta=\frac{B}{B_0}=\frac{1}{\sqrt{(1-\lambda^2)^2+(2\zeta\lambda)^2}}=1.94$$

受迫振动振幅

$$B=\beta B_0=1.94\times10.16 \text{ mm}=19.7 \text{ mm}$$

相位差

$$\Psi=\arctan\frac{2\zeta\lambda}{1-\lambda^2}=\arctan7.86=1.44 \text{ rad}$$

故振体受迫振动的运动方程为

$$x_2 = B\sin(\omega t - \Psi) = 19.7\sin(15t - 1.44)$$

式中，x_2 的单位为 mm，t 的单位为 s。

【例 13 - 7】 图 13 - 18 所示的发动机的曲柄连杆机构中，曲柄 OA 长 r，连杆 AB 长 l，

图 13 - 18

两者质量均不计。活塞 B 的质量为 m，发动机的总质量为 m_1。设发动机与地面间的联结关系可用刚度系数 k 的弹簧和粘阻系数 c 的阻尼器进行简化。曲柄以匀角速度 ω 转动。若 $\lambda = r/l < 1$，只保留 λ 的一次项，试列出发动机沿铅垂方向的振动微分方程。

解 以发动机底边的静平衡位置 O 为原点建立 x 坐标轴。除活塞 B 以外的发动机部件的质量为 $m_1 - m$，其加速度为 $\ddot{x}$。计算活塞 B 的加速度 $\ddot{x}_B$ 时，引入辅助坐标 $\theta\varphi$，它们之间的关系为

$$\left.\begin{array}{l} \sin\varphi = \lambda\sin\theta \\ \cos\varphi = (1 - \lambda^2\sin^2\theta)^{\frac{1}{2}} \end{array}\right\} \tag{13 - 34}$$

由于 $\dot{\theta} = \omega$，故由式（13 - 34）第一式对时间求导数，得

$$\dot{\varphi} = \lambda\omega\cos\theta/\cos\varphi$$

而

$$x_B = x + r\cos\theta + l\cos\varphi$$

对时间求导数得

$$\dot{x}_B = \dot{x} - r\omega[\sin\theta + \lambda\sin2\theta/(2\cos\varphi)]$$

$$\ddot{x}_B = \ddot{x} - r\omega^2[\cos\theta + \lambda\cos2\theta/\cos\varphi + \lambda^3 2\sin^2 2\theta/(4\cos^3\varphi)] \tag{13 - 35}$$

将式（13 - 34）代入式（13 - 35），并只保留 λ 的一次项，则得

$$\ddot{x}_B = \ddot{x} - r\omega^2(\cos\omega t + \lambda\cos2\omega t) \tag{13 - 36}$$

由于在铅垂方向上发动机的重力已与静弹簧力平衡，因此可以不考虑。在发动机上还受有弹簧恢复力 F 和黏性阻尼力 F_d，其大小为

$$F = kx, \quad F_d = c\dot{x}$$

以发动机为研究对象，根据质心运动定理沿 x 轴方向的投影式，得

$$(m_1 - m)\ddot{x} + m[\ddot{x} - r\omega^2(\cos\omega t + \lambda\cos2\omega t)] = -kx - c\dot{x}$$

整理后得发动机沿铅垂方向的运动微分方程

$$m_1\ddot{x} + c\dot{x} + kx = mr\omega^2(\cos\omega t + \lambda\cos2\omega t)$$

上式表明，激励力包括两部分，其频率分别是曲柄转速 ω 的 1 倍和 2 倍，因此当曲柄转速接近固有频率或其一半时，系统均发生共振。应注意到式（13 - 36）中忽略了 λ^2 以上项，而仅取了两项，若不略去 λ^2 以上项，则还有许多更高次共振的可能性，即曲柄转速接近系统固有频率的 $1/n$（$n = 3, 4, \cdots$）时，都可能发生共振，但由于那些激励力的幅值很小，在一般情况下可以略去不计。

3. 减振和隔振的概念

为防止振动带来的危害及影响，现代工程中已采取多种措施减振和隔振，主要有以下几种：

（1）减弱或消除振动是一种积极主动的措施。如果振动的原因是由于转动部件的偏心所

引起的，可以通过提高动平衡精度等相关措施来减少不平衡所引起的法向惯性力。对往复式机器等也需注意减少惯性力。

（2）远离振源是一种消极被动的保护措施。例如，精密仪器或设备要尽可能远离具有大型动力机械及振动大的设备，还要远离运输繁忙的公路及铁路等。

（3）提高机器本身的抗振能力。衡量机器结构抗振能力的主要指标是动刚度，动刚度在数值上等于机器结构产生单位振幅所需的动态力。动刚度越大，则机器结构在动态力作用下的振动量越小。

（4）避开共振区根据实际情况尽可能改变系统的固有频率，或改变机器的工作转速，使机器不在共振区工作。

（5）适当增加阻尼。阻尼吸收系统振动的能量，使自由振动的振幅迅速衰减，对受迫振动的振幅也有抑制作用，在共振区域内效果尤为显著。

（6）采取隔振措施，用具有弹性的隔振器将振动的机器的振源与地基隔离，以减少振源通过地基影响周围的设备，这种隔振方式称为**主动隔振**。如果是将要保护的精密仪器设备与振动的地基隔离，使仪器或设备不受周围振源通过地基的影响，这种隔振方式称为**被动隔振**。

习　题　13

13-1　判断题

（1）单自由度振动系统的固有频率的物理意义是系统在 $2\pi s$ 内振动的次数，它与运动的初始条件无关。　　　　　　　　　　　　（　）

（2）知道单自由度振动系统的微分方程，系统的运动就完全确定了。　（　）

（3）自由振动指的是初始位移和初速度为零的振动。　　　　　　（　）

（4）一质量—弹簧线性系统作自由振动，其振动周期与初始条件有关，而振幅和初始条件无关。　　　　　　　　　　　　　　　（　）

（5）单自由度振动系统作自由振动时，系统的运动微分方程必须是齐次微分方程。
　　　　　　　　　　　　　　　　　　　　　　　　　（　）

（6）如果质点只受到黏滞阻力的作用则必产生衰减振动。　　　　（　）

（7）单自由度振动系统有阻尼强迫振动的振幅和相位差与系统本身的特性（结构参数）无关，仅与外加激扰力特性有关。　　　　　　　　　　　（　）

（8）当外加激扰力的频率接近系统固有频率时，强迫振动振幅会立即达到最大值。
　　　　　　　　　　　　　　　　　　　　　　　　　（　）

（9）增大阻尼可以抑制强迫振动振幅，尤其是共振区，抑制作用更为明显。　（　）

（10）单自由度振动系统自由振动的固有频率与运动初始条件无关，而振幅和相位与运动初始条件有关。　　　　　　　　　　　　　　（　）

13-2　选择题、填空题

（1）在质点无阻尼自由振动的参数中（　）和（　）与振动的初始条件无关，而（　）和（　）与振动的初始条件有关。

（A）周期　　　　（B）振幅　　　　（C）初相角　　　　（D）固有频率

（2）题 13-2（a）图所示的两个系统均作自由振动，其中①图系统的周期为（　），

②图系统的周期为（　　）。

(A) $2\pi\left[m/k\right]^{1/2}$ (B) $2\pi\left[2m/k\right]^{1/2}$

(C) $2\pi\left[m/\left(2k\right)\right]^{1/2}$ (D) $2\pi\left[4m/k\right]^{1/2}$

(3) 题 13-2 (b) 图所示两个振动系统，如物块的质量和弹簧的刚度系数均相等，则此两系统自由振动的固有频率（　　）。

(A) 相同　　　(B) 不相同　　　(C) 仅质量和刚度系数尚不能确定

(4) 题 13-2 (c) 图所示的振动系统中有三根铅直连接的弹簧，刚度系数分别为 k、k 和 $2k$；物块 A 的质量为 m，假设沿铅垂方向平移，则该系统的固有频率 $\omega_0=$＿＿＿＿＿，周期 $T=$＿＿＿＿＿。

(5) 题 13-2 (d) 图所示为四根弹簧连接的振动装置，弹簧的刚度系数分别为 k_1、k_2、k_3 和 k_4，假设质量为 m 的物块 A 沿铅垂方向平移，则该振动装置的当量（或等效）弹簧的刚度系数为 $k=$＿＿＿＿＿，而振动的固有频率为 $\omega_0=$＿＿＿＿＿。

① ②

(a)

① ②

(b)

(c) (d)

题 13-2 图

13-3 题 13-3 图所示系统，设均质轮子质量为 M，半径为 R，无侧向摆动，且轮子与绳子间无滑动，不计绳子和弹簧的质量，悬挂的重物质量为 m。试求系统微幅振动微分方程及其固有频率（提示：取轮心的静平衡位置为坐标原点）。

13-4　题 13-4 图所示，升降机罐笼的质量为 $m=5100$ kg，以速度 $v_0=3$ m/s 匀速下降，设钢索的刚度系数为 $k=4000$ kN/m，钢索的质量不计。试求钢索上端突然被卡住时，罐笼的运动方程和钢索的最大张力。

题 13-3 图　　　　　　　题 13-4 图

13-5　题 13-5 图所示均质杆 AB，质量为 m_1，长为 l，B 端刚性连接一质量为 m_2 的物体，不计其尺寸，杆 AB 在 A 端铰支。两弹簧的刚度系数均为 k，试求系统的固有频率和微幅振动周期。

13-6　题 13-6 图所示系统，已知物块 A 的质量为 m，由细绳连接跨过滑轮 B 缠绕于均质圆柱 C 上，滑轮 B 的质量不计，均质圆柱 C 的质量为 $2m$，半径为 r，可沿水平面作纯滚动，在圆柱中心连接一刚度系数为 k 的弹簧，试求系统的固有频率。

题 13-5 图　　　　　　　题 13-6 图

13-7　均质物块 A 的质量为 $m=3.92$ kg，放在与水平成倾角 φ 的光滑斜面上，上端与斜面平行的弹簧相连，弹簧的刚度系数为 $k=98$ N/m；下端与阻力系数 $\mu=23.52$ N·s/m 的阻尼器相连，阻力 $\boldsymbol{F}_d=\mu v$，如题 13-7 图所示。如果在物块 A 的静平衡位置给物块沿斜面向下的初速度 $v_0=0.6$ m/s，试求物块 A 的振动频率和运动规律。

13-8　题 13-8 图所示，均质滚子质量 $m=10$ kg，半径 $r=0.25$ m，可在倾角为 φ 的斜面上保持纯滚动，弹簧的刚度系数为 $k=20$ N/m，阻尼器阻力系数为 $\mu=10$ N·s/m。试求：

（1）无阻尼自由振动的固有频率；

（2）阻尼比；

（3）有阻尼自由振动的固有频率；

（4）有阻尼自由振动的周期。

题 13-7 图　　　　　　　　　　　题 13-8 图

13-9　一重为 5 N 的物体,挂在刚度系数为 $k=2$ N/cm 的弹簧上,经过 4 次振动后,振幅减到原来的 1/12,设系统具有黏滞阻尼,试求振动周期与阻尼比。

13-10　题 13-10 图所示为一种液体减振器装置的简化模型,悬挂在弹簧下端的物块 C 与圆筒 A 内的活塞 B 相固连,筒内充满黏性液体。活塞上钻有许多圆孔,当物块 C 上下振动时,液体从孔中往复流过,给活塞一个正比于速度的阻力。设物块连同活塞的质量为 $m=1$ kg,弹簧的刚度系数为 $k=3920$ N/m。已知物块开始运动后经过 10 个周期振幅减到初值的 1/40。试求阻尼系数 δ 和阻力系数 μ。

13-11　题 13-11 图所示系统,质量为 m 的物块,悬挂在两个串联的弹簧上,弹簧的刚度系数分别为 k_1 和 k_2,激振力 $S=H\sin\omega t$,作用在两个弹簧的连接处。试求物块的强迫振动规律。

题 13-10 图　　　　　　　　　　题 13-11 图

13-12　偏心电动机的定子连同底座的总质量为 m_1,其质心 C_1 到转轴 O 的距离 d 为常数,安装在弹性支承上,还带有阻力系数为 μ 的线性阻尼器,如题 13-12 图所示。电动机转子的质量为 m_2,其质心 C_2 对转轴 O 的偏心距离为 e。如果线性支承相当于刚度系数为 k 的弹簧,底座只沿光滑铅垂支承面作上下平移,转子以匀角速度 ω 转动,试求底座的强迫振动规律。

13-13　题 13-13 图所示,一台机器重为 $P=3500$ N,由两根弹簧支承,弹簧的刚度系数均为 $k=2000$ N/m,作用于机器上的简谐激振力最大值为 $H=100$ N,其频率为 $f=2.5$ Hz,且阻尼系数为 $\mu=1600$ N·s/m。试求机器稳态强迫振动的振幅、相位差和强迫振动方程。

题 13-12 图　　　　　　　　　题 13-13 图

13-14　题 13-14 图所示系统，质量为 $m=1000$ kg 的电动机放在梁的中点，引起中点的挠度 $\delta_{st}=0.25$ cm。梁自由振动 10 次后，其振幅将减少一半。电动机转速为 $n=600$ r/min，由于转子偏心引起激振力的幅值为 $H=2.5$ kN，试求强迫振动的振幅。

13-15　题 13-15 图所示，有一精密仪器在使用时要避免地板振动的干扰，为此在 AB 两端下边安装 8 根弹簧（每边 4 个并联而成），A、B 两点离重心 C 点的距离相等。已知地板振动规律为 $y_e=0.1\sin10\pi t$，仪器重 $P=8$ kN，容许振动振幅为 $[B]=0.01$ cm。试求每根弹簧应有的刚度系数。

题 13-14 图　　　　　　　　　题 13-15 图

13-16　一台精密仪器，重为 $P=5$ kN，允许振动速度为 $v=0.1$ mm/s，地面在铅垂方向作简谐振动，振幅 $B=2\times10^{-3}$ mm，频率为 $f=10$ Hz。问是否用采用隔振措施？如果采用四个隔振器，试求每个隔振器的刚性系数。

13-17　电动机转速 $n=1800$ r/min，重为 $P=1$ kN，今将此电动机安在题 13-17 图所示的隔振装置上。欲使传到地基的干扰力达到不安装隔振装置的 1/10。试求隔振装置弹簧的刚度系数。

题 13-17 图

习题 13　参考答案

13-1　(1) √ (2) × (3) × (4) × (5) √ (6) √ (7) × (8) √ (9) × (10) √

13-2　(1) A，D；B，C (2) C，B (3) A

(4) $\sqrt{\dfrac{4k}{m}}$，$2\pi\sqrt{\dfrac{m}{4k}}$ (5) $\dfrac{k_1 k_2}{k_1+k_2}+k_3+k_4$，$\sqrt{\dfrac{k_1 k_2+(k_1+k_2)(k_3+k_4)}{m(k_1+k_2)}}$

13-3　$\ddot{x}+\dfrac{8k}{3M+2m}x=D$，$\omega_0=\sqrt{\dfrac{8k}{3M+2m}}$

13-4　$x=10.7\sin 28t$，$F_{\text{Tmax}}=478\ \text{kN}$

13-5　$\omega_0=\dfrac{1}{4}\sqrt{\dfrac{15k}{m_1+3m_2}}$，$T=8\pi\sqrt{\dfrac{m_1+3m_2}{15k}}$

13-6　$\omega_0=\sqrt{\dfrac{k}{7m}}$

13-7　$\omega=4\ \text{rad/s}$，$x=0.15e^{-3t}\sin 4t$ (m)

13-8　(1) $\omega_0=1.16\ \text{rad/s}$；(2) $\zeta=0.289$；(3) $\omega_\text{d}=1.106\ \text{rad/s}$；(4) $T_\text{d}=5.667\ \text{s}$

13-9　$T=0.319\ \text{s}$，$\zeta=0.10$

13-10　$\delta=3.67\ \text{rad/s}$，$\mu=7.34\ \text{kg/s}$

13-11　$\omega<\omega_0$ 时，$x=\dfrac{k_2 H}{k_1 k_2-m\omega^2(k_1+k_2)}\sin\omega t$ ；

$\omega>\omega_0$ 时，$x=\dfrac{k_2 H}{m\omega^2(k_1+k_2)-k_1 k_2}\sin\omega t$

13-12　$\ddot{x}+\dfrac{\mu}{m_1+m_2}\dot{x}+\dfrac{k}{m_1+m_2}x=\dfrac{m_2 e\omega^2}{m_1+m_2}\sin\omega t$

13-13　$B=1.84\ \text{cm}$，$\varepsilon=0.847\pi\ \text{rad}$，$x=1.84\sin(5\pi t-0.847\pi)$

13-14　$B=2.78\ \text{cm}$

13-15　$k=1.5\ \text{N/cm}$

13-16　需要采用隔振措施，$k\leqslant 2240\ \text{N/cm}$

13-17　$k=323\ \text{kN/m}$

第四篇 分 析 力 学 基 础

在牛顿力学中，牛顿定律以及在此基础上导出动力学定理都是以矢量形式表示的，因而这种理论体系又称为矢量力学。矢量力学以其理论的严格性和表达的直观性，奠定了经典力学的基础。矢量力学离不开对力的分析，但对各种工程结构进行分析时，要考虑约束的影响，因为约束对物体运动的影响是通过力来实现的，因此应用矢量力学方法建立的动力学方程中不可避免地出现约束力，从而增加了方程中未知量的数目，也就增加了计算的复杂性。

分析力学是与矢量力学并列的另一力学体系，它是在虚位移原理和达朗贝尔原理的基础上建立起来的。分析力学的特点是用广义坐标代替矢径，以对能量和功的分析代替对力与运动的分析，从而有可能用数学分析方法，主要是用微积分学和变分学，将整个力学问题统一的原理和公式表达出来。

矢量力学和分析力学的研究方法分别称为矢量力学方法和分析力学方法。本篇将分析力学基础内容按分析静力学、分析运动学和分析动力学来编排，其目的是方便读者将分析力学方法与前述矢量力学方法的特点加以比较，相互对照。

第14章 分 析 静 力 学

分析静力学研究任意质点系在力系作用下的平衡规律。

作为分析力学基础之一的虚位移原理是应用功的概念分析系统的平衡问题，即采用动力学的方法来求解静力学问题。

14.1 约束 广义坐标和自由度

1. 约束

由静力学可知，约束是对物体空间几何位置的一种限制条件，**限制质点系中各质点系位置和运动的条件称为约束**，可用含有坐标和时间的方程式表示，称为几何约束方程。表示这些限制条件的数学方程称为**约束方程**。例如单摆（图 14-1）的约束方程为

$$x^2 + y^2 = l^2$$

这种约束方程中不显含时间 t 的约束，称为**定常几何约束**。**约束方程中显含时间 t 的约束称为非定常约束**。仍以单摆为例，其摆长 l 随时间而变化（图 14-2），设单摆原长 l_0，拉动绳子的速度 v_0 为常数，则其约束方程为

$$x^2 + y^2 = (l - v_0 t)^2$$

它显含时间 t，故为非定常约束。

图 14-1

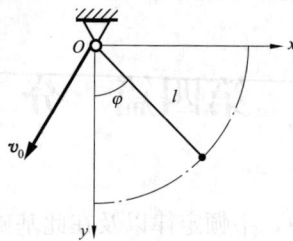
图 14-2

限制质点系中质点速度的约束称为**运动约束**，其约束方程中则含有坐标对时间的导数。如果不能通过积分使其转化为几何约束方程的形式，这种约束称为**非完整约束**。而可积分为有限形式的运动约束和几何约束均称为**完整约束**。

2. 自由度和广义坐标

一般来说：一个由 n 个质点组成的质点系，每个质点在空间有三个坐标，n 个质点共有 $3n$ 个坐标，若有 s 个完整约束加在该质点系上，则确定质点系位置只要有 $3n-s$ 个独立参数，质点系有 $k=3n-s$ 独立自由度，也有 k 个广义坐标。**确定具有完整约束质点系的位置的独立坐标的个数称为质点系的自由度数。**

确定一个自由质点在空间的位置需要三个独立参数，即三个坐标，这就是说自由质点在空间有三个自由度。同理，确定一个质点在平面上的位置需要两个独立参数，即两个坐标，即质点有两个自由度。

在一般情形下，用直角坐标表示非自由质点系的位置并不总是很方便的，可以选择任意变量来表示质点系的位置。**用来确定质点系位置的独立参变量，称为广义坐标。**如图 14-1 所示的平面摆长为 l，是一个质点的平面质点系，自由度为 2，有一个约束方程 $x^2+y^2=l^2$，该质点系自由度数为 $2-1=1$，可以用一个独立参数 φ 表示。**在完整约束的情形下，质点系的广义坐标的数目等于自由度数。**广义坐标可以是直角坐标、弧坐标、角度等。

用 q_1、q_2、$\cdots$、q_k 表示质点系广义坐标，则各质点的坐标可以表示为广义坐标的函数，对于完整约束，质点系中的某一个质点的矢径和直角坐标可以写成下面广义坐标的函数形式。

对于定常约束

$$\boldsymbol{r}_i=\boldsymbol{r}_i(q_1,\ q_2,\ \cdots,\ q_k)\quad(i=1,\ 2,\ \cdots,\ n) \tag{14-1}$$

和

$$\begin{aligned}x_1&=x_i(q_1,\ q_2,\ \cdots,\ q_k)\\ y_i&=y_i(q_1,\ q_2,\ \cdots,\ q_k)\quad(i=1,\ 2,\ \cdots,\ n)\\ z_i&=z_i(q_1,\ q_2,\ \cdots,\ q_k)\end{aligned} \tag{14-2}$$

对于非定常约束

$$\left.\begin{aligned}x_i&=x_i(q_1,\ q_2,\ \cdots,\ q_k,\ t)\\ y_i&=y_i(q_1,\ q_2,\ \cdots,\ q_k,\ t)\\ z_i&=z_i(q_1,\ q_2,\ \cdots,\ q_k,\ t)\end{aligned}\right\}\quad(i=1,\ 2,\ \cdots,\ n)$$

$$\boldsymbol{r}_i=\boldsymbol{r}_i(q_1,\ q_2,\ \cdots,\ q_k,\ t)\quad(i=1,\ 2,\ \cdots,\ n)$$

图 14-1 所示的单摆是一个自由度，若取摆角 φ 为广义坐标，则有

$$\left. \begin{array}{l} x = l\sin\varphi \\ y = l\cos\varphi \end{array} \right\}$$

图 14-3

对于非定常约束，图 14-3 所示双摆是两个自由度，若取摆角 φ_1，φ_2 为广义坐标，则有

$$x_A = l_1\sin\varphi_1$$
$$y_A = l_1\cos\varphi_1$$
$$x_B = l_1\sin\varphi_1 + l_2\sin\varphi_2$$
$$y_B = l_1\cos\varphi_1 + l_2\cos\varphi_2$$

14.2　虚位移　虚功　理想约束

1. 虚位移

在静止平衡物体中，质点系中各质点是静止不动的。我们设想在约束允许的条件下，给某质点一个任意的、极其微小的位移。例如，可以设想单摆转过任一极小角 $\delta\varphi$，这时点 M 沿圆弧切线方向有相应的位移 δs。**在某瞬时，质点系在约束允许的条件下，可能实现的任何无限小的位移称为虚位移**。虚位移可以是线位移，也可以是角位移。虚位移用符号 δ 表示，它是变分符号，用 δx，δy，δr，$\delta\varphi$ 等表示。虚位移是假想的位移，不需经历时间，是个纯几何概念。

虚位移和实位移是两个完全不同的概念。实位移是质点或质点系在一定时间内实际发生的位移，它除了与约束条件有关外，还与时间、主动力以及运动的初始条件有关，在定常约束的条件下，实位移是虚位移中的一个。但在非定常约束的条件下，这个结论不成立；虚位移是虚拟的，实际上并没有发生位移，虚位移仅与约束有关。

确定虚位移的两种方法介绍如下。

(1) 几何法。由于虚位移是无限小位移，在实际应用时，可以选在可能发生的速度方向上分析，故可以用运动学中各质点的速度之间的关系来分析各质点虚位移之间的关系。

(2) 解析法。由式（14-1）知，质点系中各质点的坐标可以表示为广义坐标的函数，质点系的任意虚位移可用广义坐标的 k 个独立变分 δq_1，δq_2，$\cdots$，δq_k 表示，求变分的方法与求微分类似。各质点的虚位移 δr_i，δx_i，δy_i 可用式（14-2）求变分得到，即

$$\left. \begin{array}{l} \delta x_i = \dfrac{\partial x_i}{\partial q_1}\delta q_1 + \dfrac{\partial x_i}{\partial q_2}\delta q_2 + \cdots + \dfrac{\partial x_i}{\partial q_k}\delta q_k \\[2mm] \delta y_i = \dfrac{\partial y_i}{\partial q_1}\delta q_1 + \dfrac{\partial y_i}{\partial q_2}\delta q_2 + \cdots + \dfrac{\partial y_i}{\partial q_k}\delta q_k \\[2mm] \delta z_i = \dfrac{\delta z_i}{\partial q_1}\delta y_1 \dfrac{\partial z_i}{\partial q_2}\delta q_2 + \cdots + \dfrac{\partial z_i}{\partial q_k}\delta q_k \end{array} \right\} \quad (i=1,\ 2,\ \cdots,\ n) \quad (14-3)$$

$$\delta r_i = \frac{\partial r_i}{\partial q_1}\delta q_1 + \frac{\partial r_i}{\partial q_2}\delta q_2 + \cdots + \frac{\partial r_i}{\partial q_k}\delta q_k \quad (i=1,\ 2,\ \cdots,\ n) \quad (14-4)$$

2. 虚功

力在虚位移上做的功称为虚功，记作 δW。力 F 的虚功为 $F\delta r$；力偶的虚功为 $M\delta\varphi$。因为虚位移是假想的，因而虚功也是假想的，是虚的。本书中的虚功与实位移的元功虽然采用

同一符号 δW，但它们之间有本质的区别。

3. 理想约束

当约束力与虚位移相互垂直或其他情况时，如果质点系的任何虚位移中，所有约束力所做虚功之和为零，称这种约束为**理想约束**，如光滑铰链、光滑接触面、刚性杆、不可伸长的绳索等，这些约束的约束力做功或做功之和等于零。即理想约束可以表示为

$$\delta W_{\mathrm{N}} = \sum \delta W_{\mathrm{N}i} = \sum \boldsymbol{F}_{\mathrm{N}i} \cdot \delta \boldsymbol{r}_i = 0 \qquad (14-15)$$

式中，$\boldsymbol{F}_{\mathrm{N}i}$ 表示作用在某质点 i 上的约束力，$\delta \boldsymbol{r}_i$ 表示该质点的虚位移，$\delta W_{\mathrm{N}i}$ 表示该约束力在虚位移中所做的功。

14.3　虚　位　移　原　理

1. 虚位移原理

受理想约束质点系的虚位移原理：具有完整、定常、理想约束的质点系保持平衡的充分必要条件是作用于系统的所有主动力在任何虚位移上元功之和为零。 即

$$\delta W = \sum \boldsymbol{F}_i \cdot \delta \boldsymbol{r}_i = 0 \qquad (14-6)$$

式中，$\boldsymbol{F}_i$ 为第 i 个质点上受到的主动力。

式（14-6）也称为虚功方程。

式（14-6）的解析表达式为

$$\delta W = \sum (F_{xi} \delta x_i + F_{yi} \delta y_i + F_{zi} \delta z_i) \qquad (14-7)$$

虚位移原理证明：设有一质点系处于静止平衡状态。取质点系中任一质点 m_i，作用在该质点上的主动力的合力为 $\boldsymbol{F}_i$，约束力的合力为 $\boldsymbol{F}_{\mathrm{N}i}$，各质点的平衡条件为

$$\boldsymbol{F}_i + \boldsymbol{F}_{\mathrm{N}i} = 0 \quad (i=1,\ 2,\ \cdots,\ n)$$

质点系在虚位移 $\delta \boldsymbol{r}_i$ 中的总虚功为

$$\sum_{i=1}^{n} (\boldsymbol{F}_i + \boldsymbol{F}_{\mathrm{N}i}) \cdot \delta \boldsymbol{r}_i = 0$$

因为质点系具有理想约束，将式（14-5）代入上式，得到式（14-6），必要性得证。

再用反证法证明其充分性。反证法，若 $\delta W = \sum \boldsymbol{F}_i \cdot \delta \boldsymbol{r}_i = 0$ 成立，质点系不平衡，则必有一个以上的质点由静止进入运动。作用在运动质点上有主动力和约束力，质点必沿主动力和约束力的合力方向产生一微小实位移，对于定常约束质点系，微小实位移与虚位移之一重合，故对该质点系，有

$$\sum_{i=1}^{n} (\boldsymbol{F}_i + \boldsymbol{F}_{\mathrm{N}i}) \cdot \delta \boldsymbol{r}_i > 0$$

具有理想约束的质点系，将式（14-5）代入上式，得

$$\sum_{i=1}^{n} \boldsymbol{F}_i \cdot \delta \boldsymbol{r}_i > 0$$

这与假设矛盾，所以质点系不可能进入运动，一定平衡，充分性得证。

用虚位移原理式（14-6）和式（14-7）求解系统平衡问题时，建立的平衡方程中只含有主动力，理想约束力在方程中不出现，从而使计算过程得到简化。

用虚位移原理式（14-6）和式（14-7）也可以求解约束力。这时，应先解除相应的约束而代之以待求约束力，并将其看作主动力。

2. 虚位移原理在简单刚体系统中的应用

【例 14-1】 图 14-4 所示机构，由一个刚杆以球铰链联结 A、B 两个滑块，两个滑块上分别作用有力 F_1 和 F_2，系统处于平衡状态，且 a、b、c 已知。刚杆、滑块质量不计，各处摩擦不计，求 F_1 和 F_2 的关系。

解

（1）取整个系统为研究对象

（2）受力分析：主动力为 F_1 和 F_2，约束为理想约束。

（3）画出虚位移图，并写出虚功方程。设给滑块 A 一图示的虚位移 δr_A，在约束允许的条件下，滑块 B 的虚位移为 δr_B，如图 14-4 所示。由虚位移原理式（14-6）有

$$F_1 \cdot \delta r_A - F_2 \cdot \delta r_B = 0 \tag{14-8}$$

图 14-4

（4）应用几何法写出 δr_A 与 δr_B 之间的关系。由于 AB 为刚性杆，AB 两点的虚位移在 A、B 连线上的投影应该相等，即

$$[\delta r_A]_{AB} = [\delta r_B]_{AB}$$

即

$$\delta r_A \cos\alpha = \delta r_B \cos\beta \tag{14-9}$$

式中

$$\cos\alpha = \frac{\alpha}{\sqrt{a^2+b^2+c^2}}, \quad \cos\beta = \frac{b}{\sqrt{a^2 b^2 c^2}}$$

将式（14-9）代入式（14-8）中，得

$$F_1 = \frac{a}{b} F_2$$

🔑 **讨论** 本题为定常约束。在此条件下，实位移是虚位移中的一组。例如，本例题的一组虚位移（δr_A，δr_B）就对应一组实位移（dr_A，dr_B）。这样，可用求实位移的方法求质点虚位移之间的关系。又由运动学知，点的实位移与其速度成正比，即 $dr_A = v_A dt$，

$\mathrm{d}\boldsymbol{r}_B = \boldsymbol{v}_B\mathrm{d}t$，故可用求各点速度关系的方法求定常约束系统中各点的一组虚位移之间的关系。换一句话说，**用几何法求各点虚位移之间的关系，就像运动学求刚体各点的速度之间的关系一样。**

【例 14 - 2】　如图 14 - 5（a）所示，杆 OA 可绕 O 转动，通过滑块 B 可带动水平杆 BC，忽略摩擦及各构件的重量。求平衡时力偶矩 M 与水平力 F 之间的关系。

(a)

(b)

图 14 - 5

解

（1）取系统为研究对象。

（2）受力分析：主动力为 $\boldsymbol{F}$ 和力偶 M，约束为理想约束。

（3）如图 14 - 5（b）所示，画出虚位移图，并写出虚功方程。设给杆 OA 转角虚位移 $\delta\theta$，在约束允许的条件下，滑块 B 有相应的虚位移 $\delta\boldsymbol{r}_B$，点 C 有相应的虚位移 $\delta\boldsymbol{r}_C$。由虚位移原理式（14 - 6）有

$$M\delta\theta - \boldsymbol{F}\delta\boldsymbol{r}_C = 0 \tag{14 - 10}$$

（4）应用几何法写出 $\delta\theta$ 与 $\delta\boldsymbol{r}_C$ 之间的关系

$$\delta\boldsymbol{r}_B = \delta\boldsymbol{r}_e + \delta\boldsymbol{r}_r$$

式中

$$\delta r_e = OB \cdot \delta\theta = \frac{h}{\sin\theta}\delta\theta, \quad \delta r_C = \delta r_B = \frac{\delta r_e}{\sin\theta} = \frac{h}{\sin^2\theta}\delta\theta \tag{14 - 11}$$

将式（14-11）代入式（14-10）中，得

$$M = F \frac{h}{\sin^2\theta}$$

【例 14-3】 如图 14-6（a）所示结构，各杆都以光滑铰链连接，且 $AC=BC=CD=CE=DG=GE=l$，在点 G 作用一铅垂方向的力，求支座 B 的水平约束力。

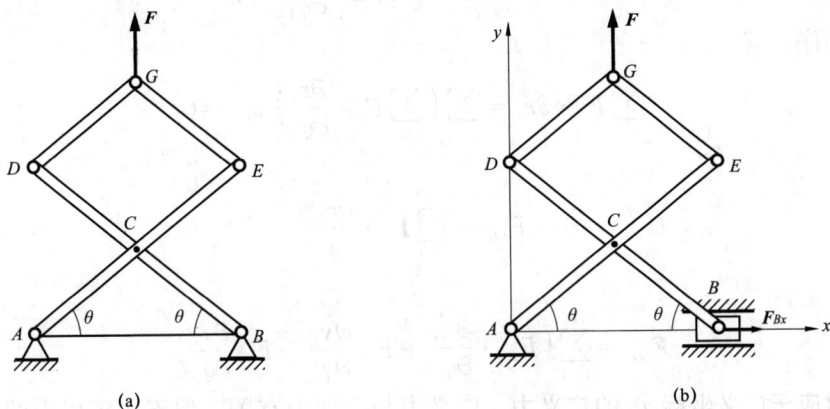

图 14-6

解

（1）取整个系统为研究对象。

（2）受力分析：为求 B 点的水平约束力，将 B 点的水平约束解除，以力 F_{Bx} 代替，并将其看作是主动力，这时的固定铰支座 B 转化为活动支座。此时系统的主动力有 F、F_{Bx}，系统约束为理想约束

（3）用解析法。如图 14-6（b）所示，建立坐标系。列虚功方程

$$F\delta y_G + F_{Bx}\delta x_B = 0$$

（4）写出点 G、B 的坐标

$$y_G = 3l\sin\theta, \quad x_B = 2l\cos\theta$$

变分计算

$$\delta y_G = 3l\cos\theta\delta\theta, \quad \delta x_B = -2l\sin\theta\delta\theta$$

解得

$$F_B = \frac{3}{2}F\cot\theta$$

小结 应用虚位移原理的解题步骤。

1）取研究对象。

2）受力分析。

3）虚位移关系的确定：作图并找出几何关系；选择一个自变量，确定有关的坐标，再变分；应用虚速度关系确定虚位移。

4）虚位移原理解未知力。

14.4　以广义坐标表示的质点系的平衡条件

用广义坐标的变分式（14-4）表示质点系的虚位移时，虚位移原理式（14-6）可表示为

$$\sum_{i=1}^{n} \boldsymbol{F}_i \cdot \delta \boldsymbol{r}_i = \sum_{i=1}^{n} \boldsymbol{F}_i \cdot \Big(\sum_{j=1}^{k} \frac{\partial \boldsymbol{r}_i}{\partial q_j} \delta q_j \Big) = 0$$

交换求和顺序，有

$$\sum_{i=1}^{n} \boldsymbol{F}_i \cdot \delta \boldsymbol{r}_i = \sum_{j=1}^{n} \Big(\sum_{i=1}^{n} \boldsymbol{F}_i \cdot \frac{\partial \boldsymbol{r}_i}{\partial q_j} \Big) \delta q_j = 0 \tag{14-12}$$

若令

$$F_{Qj} = \sum_{i=1}^{n} \boldsymbol{F}_i \cdot \frac{\partial \boldsymbol{r}_i}{\partial q_j} \tag{14-13}$$

或

$$\boldsymbol{F}_{Qj} = \sum_{i=1}^{n} \Big(F_{ix} \cdot \frac{\partial x_i}{\partial q_j} + F_{iy} \frac{\partial y_i}{\partial q_j} + F_{iz} \frac{\partial z_i}{\partial q_j} \Big) \tag{14-14}$$

称 $\boldsymbol{F}_{Qj}$ 为**对应于广义坐标** q_j **的广义力**。广义力与主动力有关，但不一定以力的形式出现。例如，具有固定轴的刚体，作用于其上的主动力在虚位移中的元功为

$$\delta W = M_z \delta \varphi = 0$$

此时对应于广义坐标 φ 的广义力 $\boldsymbol{F}_{Q\varphi}$ 是主动力系对 z 轴的主矩 M，这里广义力是力矩。因此广义力随所选的广义坐标的不同而表示不同的物理量，它可以有不同的单位。

引入广义力符号后，式（14-12）可写为

$$\sum_{j=1}^{k} F_{Qj} \delta q_j = 0 \tag{14-15}$$

对于完整约束系统，广义坐标的变分 δq_j（$j=1, 2, \cdots, k$）是独立的，于是有

$$\boldsymbol{F}_{Qj} = 0 \quad (j=1, 2, \cdots, k) \tag{14-16}$$

此式表明，**具有完整、定常和理想约束的质点系，在给定位置平衡的必要和充分条件是，对应于每个广义坐标的广义力等于零**。这是一组平衡方程，方程的数目与广义坐标的数目一致，因此也与自由度数相同。

如果主动力 F_i（$i=1, 2, \cdots, n$）均为有势力，处于势力场中的质点系存在势能函数

$$V = V(x, y, z)$$

且有势力与势能函数存在关系

$$F_x = -\frac{\partial V}{\partial x}, \ F_y = -\frac{\partial V}{\partial y}, \ F_z = -\frac{\partial V}{\partial z}$$

则可以把势能函数 V 视为广义坐标的复合函数，将上式代入式（14-14），有

$$F_{Qj} = -\sum_{i=1}^{n} \Big(\frac{\partial V}{\partial x_i} \frac{\partial x_i}{\partial q_j} + \frac{\partial V}{\partial y_i} \frac{\partial y_i}{\partial q_j} + \frac{\partial V}{\partial z_i} \frac{\partial z_i}{\partial q_j} \Big)$$

即

$$F_{Q_j} = -\frac{\partial V}{\partial q_j} (j=1, 2, \cdots, k) \tag{14-17}$$

此式表明，在主动力都是有势力的情形下，**广义力等于势能函数对相应的广义坐标的偏导数**

的负值。由此可得，在主动力都是有势力的情形下，质点系的平衡条件为

$$\frac{\partial V}{\partial q_j} = 0 (j=1,\ 2,\ \cdots,\ k) \tag{14-18}$$

即在势力场中，具有理想约束的质点系的平衡条件是势能对于每个广义坐标的偏导数分别等于零。

求广义力的方法有以下三种。

(1) 解析法。先计算主动力系在直角坐标轴上的投影，再将主动力系各力 F_i 的作用点坐标 $(x_i,\ y_i,\ z_i)(i=1,\ 2,\ \cdots,\ n)$ 写成广义坐标 $q_j\ (j=1,\ 2,\ \cdots,\ k)$ 的函数，并求偏导数，然后利用式 (14-14) 求解。

(2) 几何法。给质点系一组特殊的虚位移，即令 $\delta q_1 \neq 0$，$\delta q_2 = \cdots = \delta q_k = 0$，这样可以把 k 个自由度问题变为一个自由度问题来看待，这时用几何法求出主动力系在这一组特殊的虚位移中的虚功之和 $\sum \delta W_i$，又由式 (14-15) 可知此时 $\sum \delta W_i = F_{Q1}\delta q_1$，由此求得

$$F_{Q1} = \frac{\sum \delta W_i}{\delta q_1}$$

同理可求得 F_{Q2}，F_{Q3}，$\cdots$，F_{Qk}。

(3) 若主动力均是有势力，则先写出力系的势能函数 V，并把它表示成广义坐标的函数，然后利用式 (14-17) 计算。

【例 14-4】 均质杆 OA 和 AB 用铰链 A 连接，铰链 O 固定，如图 14-7 所示。两杆的长度为 l_1 和 l_2，重量为 P_1 和 P_2，在杆 AB 的 B 端受一水平力 F 作用，求平衡时两杆与铅直线所成的夹角 α 和 β。

解

此系统有两个自由度，选广义坐标为 α 和 β。

第一种方法：用解析法求解。

(1) 建立图示直角坐标系，求主动力在直角坐标轴上的投影分别为：

P_1 的投影为

$$F_{1x} = 0,\ F_{1y} = P_1$$

P_2 的投影为

$$F_{2x} = 0,\ F_{2y} = P_2$$

P_3 的投影为

$$F_{3x} = F,\ F_{3y} = 0$$

(2) 将主动力作用点的坐标表示为广义坐标的函数，并对广义坐标求偏导数。

$$y_C = \frac{l_1}{2}\cos\alpha,\ \frac{\partial y_C}{\partial \alpha} = -\frac{l_1}{2}\sin\alpha,\ \frac{\partial y_C}{\partial \beta} = 0$$

$$y_D = l_1\cos\alpha + \frac{l_2}{2}\cos\beta,\ \frac{\partial y_D}{\partial \alpha} = -l_1\sin\alpha,\ \frac{\partial y_D}{\partial \beta} = -\frac{l_2}{2}\sin\beta$$

图 14-7

$$x_B = l_1 \sin\alpha + l_2 \sin\beta, \quad \frac{\partial x_B}{\partial \alpha} = l_1 \cos\alpha, \quad \frac{\partial x_B}{\partial \beta} = l_2 \cos\beta$$

（3）应用式（14-14）求广义力。

$$F_{Q\alpha} = \sum \left(F_{ix} \frac{\partial x_i}{\partial \alpha} + F_{iy} \frac{\partial y_i}{\partial \alpha} + F_{iz} \frac{\partial z_i}{\partial \alpha} \right)$$

$$= -P_1 \frac{l_1}{2} \sin\alpha - P_2 l_1 \sin\alpha + F l_1 \cos\alpha$$

$$F_{Q\beta} = \sum \left(F_{ix} \frac{\partial x_i}{\partial \beta} + F_{iy} \frac{\partial y_i}{\partial \beta} + F_{iz} \frac{\partial z_i}{\partial \beta} \right)$$

$$= P_1 \cdot 0 - P_2 \frac{l_2}{2} \sin\beta + F l_2 \cos\beta$$

（4）由虚位移原理求偏角。

由 $F_{Q\alpha} = 0$，求得

$$\tan\alpha = \frac{2F}{P_1 + 2P_2}, \quad \alpha = \arctan \frac{2F}{P_1 + 2P_2}$$

由 $F_{Q\beta} = 0$，求得

$$\tan\beta = \frac{2F}{P_2}, \quad \beta = \arctan \frac{2F}{P_2}$$

【例 14-5】 如图 14-8 所示，重物 A 和 B 分别连接在细绳两端，重物 A 放在粗糙的水平面上，重物 B 绕过定滑轮 E 铅直悬挂。在动滑轮 H 的轴心上挂一重物 C，设重物 A 重 2P，重物 B 重 P，试求平衡时重物 C 的重量 W 以及重物 A 与水平面间的滑动摩擦因数。

图 14-8

解

此系统有两个自由度，选重物 A 的水平坐标 x_A 和重物 B 的铅直坐标 y_B 为广义坐标，如图 14-8 所示。用几何法求解。

令 $\delta x_A \neq 0$，$\delta y_B = 0$，此时重物 C 的虚位移 $\delta y_C = \frac{1}{2} \delta x_A$。设重物 A 与台面间的摩擦力为 F_A，将它视为主动力，这样作用于质点系的主动力系在这一组特殊的虚位移中的虚功之和为

$$\sum \delta W_{i1} = -F_A \delta x_A + W \delta y_C = \left(-F_A + \frac{1}{2}W \right) \delta x_A$$

对应于广义坐标 x_A 的广义力为

$$F_{Q1} = \frac{\sum \delta W_{i1}}{\delta x_A} = -F_A + \frac{1}{2}W$$

再令 $\delta x_A = 0$，$\delta y_B \neq 0$，此时重物 C 的虚位移为 $\delta y_C = -\frac{1}{2} \delta y_B$。作用于质点系的主动力系在这一组特殊的虚位移中的虚功之和为

$$\sum \delta W_{i2} = W \delta y_C + P \delta y_B = \left(-\frac{1}{2}W + P \right) \delta y_B$$

对应于广义坐标 y_B 的广义力为

$$F_{Q2} = \frac{\sum \delta W_{i2}}{\delta y_B} = -\frac{1}{2}W + P$$

由 $F_{Q2} = 0$，求得

$$W = 2P$$

由 $F_{Q1} = 0$，求得

$$F_A = \frac{1}{2}W = P$$

因此平衡时，要求台面摩擦因数

$$f \geqslant \frac{F_A}{2P} = 0.5$$

习　题　14

14-1　判断题

(1) 虚位移是质点或质点系约束所允许的无限小的位移。　　　　　　　　　（　　）

(2) 虚位移可以有多种不同的方向，而实位移只能由唯一确定的方向。　　（　　）

(3) 虚位移是假想的、极其微小的位移，它与时间以及运动的初始条件无关。（　　）

(4) 理想约束为约束力在质点系的某一虚位移中所做的虚功之和等于零。　（　　）

(5) 只要约束允许，可以任意假设虚位移的大小和方向。　　　　　　　　　（　　）

(6) 所谓广义坐标是指确定质点系位置的参数。　　　　　　　　　　　　　（　　）

(7) 广义力一定具有力的量纲。　　　　　　　　　　　　　　　　　　　　（　　）

14-2　选择题、填空题

(1) 题 14-2 (a) 图所示的曲柄滑块机构中，关于 A、B 点虚位移正确的是（　　）。

(2) 题 14-2 (b) 图所示机构中，在图示瞬时有 $\alpha = \beta = 45°$，若 A 点虚位移为 δr_A，则 B 点的虚位移 δr_B 为（　　）；OC 杆中点 D 的虚位移 δr_D 为（　　）。

(A) δr_A　　　　　　(B) $0.5\delta r_A$　　　　　　(C) $2\delta r_A$　　　　　　(D) 0

(3) 题 14-2 (c) 图所示系统中，物块 A 的重力为 P_A，物块 B 的重力为 $\boldsymbol{P}_B$，滑轮、细绳质量不计，则相对于广义坐标 x 的广义力 $Q_x =$（　　）。

(A) $-\frac{1}{2}P_A + P_B$　　(B) $-2P_A + P_B$　　(C) $2P_A - P_B$　　(D) $\frac{1}{2}P_A - P_B$

(4) 题 14-2 (d) 图所示，在铅垂面内，由六根等长刚杆铰接而成的系统，其独立的一组广义坐标为（　　）。

(A) x_A、x_B　　　　　(B) φ_1、φ_4　　　　　(C) φ_1、x_A、x_D

(D) φ_1、x_B、x_C　　　　(E) φ_1、φ_2、φ_3、φ_4

(5) 题 14-2 (e) 图所示系统中主动力作用点 C、D、B 的虚位移大小的比值为（　　）。

(A) 1 : 1 : 1　　　(B) 1 : 1 : 2　　　(C) 1 : 2 : 2　　　(D) 1 : 2 : 1

(6) 题 14-2 (f) 图所示系统中，$O_1A = O_1B$，则 A、D 点的虚位移关系为_____。

（7）题 14-2（g）图所示系统中，滑块 A 的质量为 m_1，其上作用有水平力 **F**，重物 B 质量为 m_2，$AB=l$，整个机构在铅直平面内，不计杆的质量。若选 x 和 φ 作为系统的广义坐标，则与之相应的广义力分别为 $Q_x=$ _____，$Q_\varphi=$ _____。

（a）

（b）

（c）

（d）

（e）

题 14-2 图（一）

(f)

(g)

题 14-2 图（二）

14-3 题 14-3 图所示结构由 8 根无重杆铰接成三个相同的菱形，试求平衡时主动力 F_1 与 F_2 的大小关系。

14-4 题 14-4 图所示机构，已知各杆的长度均为 l，弹簧的刚度系数为 k，弹簧的原长为 l_0，试求图示位置平衡时主动力 P 和 Q 之间的关系。

题 14-3 图

题 14-4 图

14-5 题 14-5 图所示楔形机构处于平衡状态，尖劈角为 θ 和 β，不计楔块自重与摩擦，试求竖向力 F_1 与 F_2 的大小关系。

14-6 题 14-6 图所示操纵汽车的杠杆系统，已知 $OA/OB=1/3$，试求此系统平衡时主动力 P 和 Q 之间的关系。

题 14-5 图

题 14-6 图

14-7　题14-7图所示摇杆机构位于水平面上，已知$OO_1=OA$，机构上受到力偶矩M_1和M_2的作用。机构在可能的任意角度θ下处于平衡时，试求M_1和M_2之间的关系。

14-8　题14-8图所示为一折梯放在粗糙的水平面上，设梯子与地面之间的滑动摩擦因数为f_s。试求平衡时，梯子与地面成的最小角度φ_{min}。

题14-7图　　　　　　　　　　　　　　题14-8图

14-9　椭圆规机构如题14-9图所示，已知$OD=AD=BD=l$，在图示位置平衡，试求F和M的关系。

14-10　等长的AB、BC、CD三直杆在B、C处铰接并用铰支座A、D固定，如题14-10图所示。设在三杆上各有一力偶作用，其力偶矩的大小分别为M_1、M_2和M_3。试求在图示位置平衡时三个力偶矩之间的关系（各杆重不计）。

题14-9图　　　　　　　　　　　题14-10图

14-11　曲柄滑块机构如题14-11图所示，已知OA水平，$\varphi=30°$，不计杆AB和OA以及滑块B的重量，$AB=OA=L$，试求图示位置平衡时主动力之间的关系。

(a)　　　　　　　　　　　　　　　　(b)

题14-11图

14-12　试求题14-12图所示机构在图示位置平衡时主动力之间的关系。构件的自重及各处摩擦忽略不计。

题 14-12 图

14-13　题14-13图所示平面机构中，已知 $OA = 20$ cm，$O_1D = 15$ cm，$O_1D /\!/ OB$，弹簧的刚度系数 $k = 1000$ N/cm，已经拉伸变形 $l_1 = 2$ cm，$M_1 = 200$ N·m。试求系统在 $\theta = 30°$，$\beta = 90°$ 位置平衡时力偶 M_2 的大小。

14-14　平面机构如题14-14图所示，试求该机构在图示位置平衡时主动力 F_1 与 F_2 的大小关系。

题 14-13 图

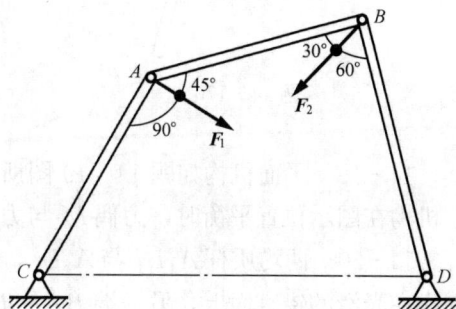

题 14-14 图

14-15　发动机机构如题14-15图所示，已知 $O_2B = BC$，曲柄 O_1A 长为 r。当连杆 AB 水平时，摇杆 O_2C 铅垂，曲柄 O_1A 与水平成 α 角。试求在该位置平衡时力 Q 与力偶矩 M 之间的关系。

14-16　题14-16图所示机构中各杆之间均用铰链连接，杆长 $AE = BD = 2l$，$DH = EH = l$。D、E 间连着一刚度系数为 k、原长为 l 的弹簧。杆和弹簧的自重及各处摩擦均不计。今在铰链 H 上加一力 F，使机构处于静止平衡状态，试确定力 F 与 θ 的关系。

14-17　题14-17图所示各均质铰接杆的各段杆长均为 a，单位长度重量均为 P。试求系统在力 F 作用下的平衡位形 φ_1 和 φ_2 角。

题 14-15 图

题 14-16 图

14-18　题 14-18 图所示 OA 杆、BE 杆及等腰直角三角形平板的质量不计，且 $AC=BC=BE=l$，$OA=r$，OA 杆上作用一力偶，其力偶矩为 M，C 点作用一铅垂力 F，试求图示位置平衡时，力偶 M 和力 F 之间的关系。

题 14-17 图

题 14-18 图

14-19　平面机构如题 14-19 图所示，不计各杆及滑块的质量，略去接触面摩擦，试求机构在图示位置平衡时，力偶 M 与力 F 的关系。

14-20　两均质杆 A_1B_1 与 A_2B_2，长为 l_1、l_2，重为 P_1、P_2。它们的一端 A_1 及 A_2 分别靠在光滑的铅直面上，另一端 B_1 及 B_2 搁在光滑水平面的同一处，如题 14-20 图所示。试求平衡时两杆与水平面所成的夹角 φ_1 和 φ_2 之间的关系。

题 14-19 图

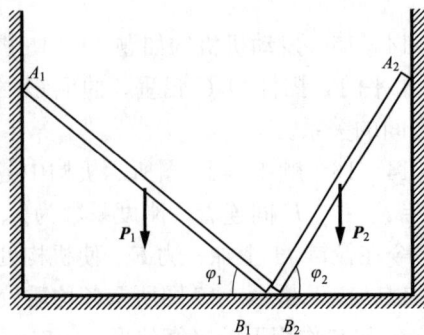

题 14-20 图

14-21 平面机构如题 14-21 图所示，已知 $q=4$ kN/m，$F=20$ kN，试求支座 A、D 的约束力。

题 14-21 图

14-22 平面机构如题 14-22 图所示，已知 $F_1=800$ N，$F_2=600$ N，$F_3=1000$ N，尺寸 $a=2$ m，试求固定端支座 A 的约束力。

题 14-22 图

14-23 题 14-23 图所示多跨梁由 AC 和 CE 用铰 C 连接而成。荷载分布如图所示。$F=50$ kN，均布荷载 $q=4$ kN/m，力偶矩 $M=36$ kN·m。试求支座 A、B 和 E 的约束力。

题 14-23 图

14-24 平面机构如题 14-24 图所示，已知 $q=2$ kN/m，$F=20$ kN，$M=8$ kN·m，试求 A、B 处的约束力。

14-25 题 14-25 图所示 $ABCD$ 为一静定连续梁，作用于其上的力偶 $M=5$ kN·m，集中力 $F_1=F_2=4$ kN，$q=2$ kN/m，$\alpha=30°$，$l=2$ m，试求固定端 A 处的约束力。

题 14-24 图

题 14-25 图

14-26 试求题 14-26 图所示静定刚架支座 D 处的水平约束力。

14-27 试求题 14-27 图所示三铰拱支座 B 的约束力。

题 14-26 图

题 14-27 图

14-28　结构如题 14-28 图所示，$P=2$ kN，$Q=1$ kN。试求支座 C 的约束反力。

题 14-28 图

14-29　刚架受荷载如题 14-29 图所示，已知 $F_1=10$ kN，$q=5$ kN/m，$F_2=80$ kN，$M=200$ kN·m，试求固定端 A 处的约束力。

题 14-29 图

14-30 试求题 14-30 图所示桁架 1、2、3 杆的内力。

14-31 题 14-31 图所示桁架各杆长度相等，试求 1、2 杆的内力。

题 14-30 图

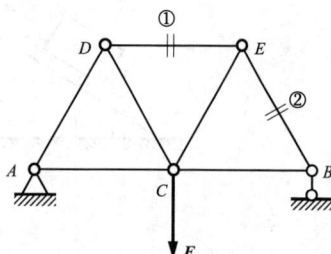

题 14-31 图

14-32 题 14-32 图所示平面桁架 $ABCD$，在节点 D 处承受铅垂载荷 F，桁架的 A 点为固定铰支座，C 点为活动铰支座。已知 $AB=BC=CA=a$，$AD=DC=\dfrac{1}{\sqrt{2}}a$，试求 BD 杆的内力。

14-33 题 14-33 图所示双摆系统，杆长 $OA=a$，$AB=b$，不计杆重，杆 OA 上作用有力偶 M_1，杆 AB 上作用有力偶 M_2，试求广义坐标 φ 和 θ 所对应的广义力。

题 14-32 图

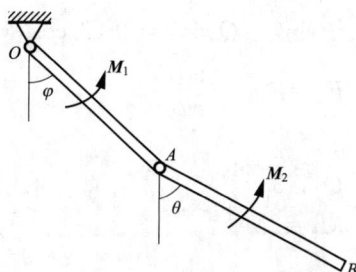

题 14-33 图

14-34 曲柄滑块机构如题 14-34 图所示，已知 $OA=r$，$AB=L$，力偶矩为 M，铅垂力为 F_1，水平力为 F_2。试求系统的广义力。

14-35 均质直杆长为 l，重力为 P_1，B 端悬挂一重力为 P_2 的重物 D，直杆放在光滑的矩形槽内，如题 14-35 图所示。试求与广义坐标 θ 对应的广义力。

题 14-34 图

题 14-35 图

14-36   题 14-36 图所示，小车 A、B 系在细绳两端，分别放在倾角为 α、β 的光滑墙面上，绳子绕过两定滑轮与一动滑轮相连，动滑轮的轴上挂一重为 P_C 的重物 C。如不计所有摩擦，忽略滑轮与绳子重量，试求系统平衡时，重物 A、B 的重量 P_A、P_B 的值。

题 14-36 图

习题 14   参考答案

14-1   (1) $\checkmark$ (2) $\times$ (3) $\checkmark$ (4) $\times$ (5) $\times$ (6) $\times$ (7) $\times$

14-2   (1) AC (2) A、D (3) A (4) D (5) C (6) $\delta r_A = 6\delta r_D$ (7) F, $-m_2 gl\sin\varphi$

14-3 $F_1 = 3F_2$

14-4 $P\sin\theta + Q\cos\theta = 2k(2l\cos\theta - l_0)\sin\theta$

14-5 $F_1 = F_2 \cdot \dfrac{\tan\beta}{\tan\theta}$

14-6 $\dfrac{P}{Q} = \dfrac{2}{3}\cot\varphi$

14-7 $M_2 = 2M_1$

14-8 $\varphi_{\min} = \arctan\dfrac{1}{2f_s}$

14-9 $M = Fl$

14-10 $\sqrt{3}M_1 + M_2 + 2M_3 = 0$

14-11   (a) $M = \dfrac{\sqrt{3}}{3}FL$；(b) $F_1 = \dfrac{\sqrt{3}}{3}F_2$

14-12   (a) $M = \sqrt{3}Fl$；(b) $M = Fl$；(c) $M = \dfrac{2rF}{\tan\varphi + \cot\theta}$

14-13 $M_2 = 259.8\ \text{N·m}$

14-14 $\dfrac{F_1}{F_2} = 0.612$

14-15 $M = 2rQ\sin\alpha$

14-16 $Q = \dfrac{2}{3}kl(2\cos\theta - 1)\tan\theta$

14-17 $\tan\varphi_1 = \dfrac{9aP}{F}$, $\tan\varphi_2 = \dfrac{3aP}{F}$

14 - 18 $M = \dfrac{1}{2} Fr$

14 - 19 $M = \dfrac{\sqrt{3}}{2} Fl$

14 - 20 $\dfrac{\tan\varphi_1}{\tan\varphi_2} = \dfrac{P_1}{P_2}$

14 - 21 $F_{Ay} = 9 \text{ kN}, \ F_D = 20 \text{ kN}$

14 - 22 $F_{Ay} = 850 \text{ N}, \ M_A = 1800 \text{ N} \cdot \text{m}$

14 - 23 $F_{Ay} = -2 \text{ kN}, \ F_B = 91 \text{ kN}, \ F_E = 9 \text{ kN}$

14 - 24 $F_{Ay} = 24 \text{ kN}, \ M_A = 80 \text{ kN} \cdot \text{m}, \ F_B = 4 \text{ kN}$

14 - 25 $F_{Ax} = 3.46 \text{ kN}, \ F_{Ay} = 6 \text{ kN}, \ M_A = 3 \text{ kN} \cdot \text{m}$

14 - 26 $F_{Dx} = \dfrac{1}{2} F$

14 - 27 $F_{Bx} = -\dfrac{1}{2} F + \dfrac{M}{2a}, \ F_{By} = \dfrac{1}{2} F - \dfrac{M}{2a}$

14 - 28 $F_C = -3 \text{ kN}$

14 - 29 $F_{Ax} = -10 \text{ kN}, \ F_{Ay} = 10 \text{ kN}, \ M_A = 70 \text{ kN} \cdot \text{m}$

14 - 30 $F_1 = F \ (拉), \ F_2 = -F \ (压), \ F_3 = 0$

14 - 31 $F_1 = -\dfrac{\sqrt{3}}{3} F \ (压), \ F_2 = -\dfrac{\sqrt{3}}{3} F \ (压)$

14 - 32 $F_{BD} = \dfrac{\sqrt{3}}{\sqrt{3}-1} F \ (拉)$

14 - 33 $Q_\varphi = M_1, \ Q_\theta = M_2$

14 - 34 $Q = M - F_1 r \cos\theta + \dfrac{F_2 r \sin(\varphi + \theta)}{\cos\varphi}$

14 - 35 $Q = -\dfrac{\partial V}{\partial \theta} = (P_1 + P_2) a \sec^2\theta - \dfrac{1}{2}(P_1 + P_2) l \cos\theta$

14 - 36 $P_A = \dfrac{P_C}{2\sin\alpha}, \ P_B = \dfrac{P_C}{2\sin\beta}$

第 15 章 分 析 运 动 学

分析运动学用分析力学的方法研究运动学问题。

15.1 刚体系统的自由度与几何约束方程

自由运动的刚体可以沿固连其上的直角坐标系 x，y，z 三个轴的方向平行移动，有 3 个自由度，同时可绕这三根轴转动，又有 3 个自由度，因此空间自由运动刚体的自由度为 6。若刚体作平面运动，即刚体在运动过程中，固连其上的空间直角坐标系的 Oxy 平面与某固定平面平行且距离保持不变，则刚体可沿轴 x，y 方向平行移动，还可绕轴 z 转动，因此平面运动刚体的自由度为 3。

对于由 n 个作空间运动的刚体组成的系统，需用 $6n$ 个坐标来描述该系统在空间的位置。若存在 s 个独立的几何约束，则系统的 $6n$ 个坐标中只有 $6n-s$ 个是独立的，因此只需用 $6n-s$ 个独立的坐标即可完全确定该系统在空间的位置。所以，对于约束数为 s、由 n 个刚体组成的系统，其自由度可由下式计算

$$N = 6n - s \quad （空间运动） \tag{15-1}$$
$$N = 3n - s \quad （平面运动） \tag{15-2}$$

式中约束数 s 可由独立的约束方程数确定，也可将系统全部拆开后，由独立的未知约束力总数确定。

恰好使刚体系统的自由度为零的约束称为**完全约束**。约束数目少于或多于完全约束的约束分别称为**不完全约束**和**多余约束**。显然，受不完全约束的刚体系统可以作某种运动，而受到多余约束的刚体系统即使解除部分约束，仍可能保持静止。

刚体系统的约束完全性可用其自由度 N 进行判别：$N > 0$ 为不完全约束，$N = 0$ 为完全约束，$N < 0$ 为多余约束。图 15-1 所示的平面刚杆系统由两根刚杆组成，$n = 2$，平面铰链约束数为 2，可动铰支座的约束数为 1，由式（15-2）可计算出图示三种约束情形下系统的自由度 N 为 1，0 和 -1，分别对应于不完全约束、完全约束和多余约束，这些系统分别称为机构、静定结构和一次静不定结构。

【例 15-1】 曲柄槽杆平面机构如图 15-2 所示。已知 r、l、L，试求机构的自由度并写出坐标 θ、φ、Ψ、ρ 之间的约束方程。

解 平面机构由杆 OA 和 O_1B、滑块 A 和槽杆 BC 四个刚体组成，$n = 4$，具有 O、O_1、A 和 B 四个平面铰链约束以及滑块滑槽约束，每个约束的约束数均为 2，代入式（15-2）可得

$$N = 3 \times 4 - 2 \times 5 = 2$$

故该平面机构为二自由度系统。

由于 $N = 2$，可知四个坐标 θ、φ、Ψ 和 ρ 中只有两个是独立的，另外两个为**多余坐标**，恰当选择多余坐标可使约束方程书写简洁。因而这四个坐标之间一定存在两个独立的约束方

程。由图示机构的几何关系可写出

图 15 - 1

图 15 - 2

$$l\cos\theta + \rho\cos\Psi + r\cos\varphi = L$$

$$l\sin\theta = \rho\sin\Psi + r\sin\varphi$$

此即广义坐标与多余坐标间的约束方程，也就是该系统的运动方程。

15.2 刚体系统运动的分析法

刚体系统运动的分析法可用于分析各种机构的运动。机构运动分析通常是已知主动构件的运动规律，确定从动构件的角速度和角加速度以及（构件上）某些点的速度和加速度。分析法可以方便并程序化地求解这类问题。

【例 15 - 2】 图 15 - 3 （a）所示的牛头刨床机构中，大齿轮以匀角速度 ω 绕轴 O 转动，$OA = r$，$O_1O = OD = 2r$，如图 15 - 3 （b）所示，试求 $\varphi = 90°$ 时摇杆 O_1B 的角速度和角加速度以及滑枕 E 的速度和加速度。

(a)

(b)

图 15 - 3

解

系统共有 5 个构件：大齿轮 O，摇杆 O_1B，滑套 A，滑块 B，滑枕 E；且具有约束数均为 2 的 7 个约束：平面铰链 O、O_1、A、B 和滑套 A 及滑槽 B、E。由式（15‑2）可得系统自由度 $N=3\times5-2\times7=1$。

取 φ 为广义坐标，以 D 为原点建立静系 Dxy，再取 θ 和 x_B 为多余坐标 [图 15‑3 (b)]。由系统在任意位置处的几何关系可写出两个独立的约束方程

$$x_B=4r\tan\theta \tag{15-3}$$

$$\frac{r}{\sin\theta}=\frac{2r}{\sin(\varphi-\theta)} \tag{15-4}$$

若 φ 已知，由式（15‑4）可求出 θ，因此可认为 θ 已知。将式（15‑4）对时间求一阶和二阶导数，得

$$(\dot\varphi-\dot\theta)\cos(\varphi-\theta)=2\dot\theta\cos\theta \tag{15-5}$$

$$-(\dot\varphi-\dot\theta)^2\sin(\varphi-\theta)+(\ddot\varphi-\ddot\theta)\cos(\varphi-\theta)=-2\dot\theta^2\sin\theta+2\ddot\theta\cos\theta \tag{15-6}$$

将 $\dot\varphi$ 代入式（15‑5）得任意瞬时摇杆角速度

$$\dot\theta=\frac{\cos(\varphi-\theta)}{\cos(\varphi-\theta)+2\cos\theta}\omega$$

当 $\varphi=90°$ 时，由式（15‑4）可得 $\sin\theta=1/\sqrt5$，$\cos\theta=2/\sqrt5$，所以

$$\dot\theta\Big|_{\varphi=90°}=\omega/5$$

将 $\dot\varphi=\omega$，$\ddot\varphi=0$，$\varphi=90°$ 代入式（15‑6）得

$$\ddot\theta\Big|_{\varphi=90°}=\frac{2\dot\theta^2\sin\theta-(\omega-\dot\theta)^2\sin(\varphi-\theta)}{2\cos\theta\cos(\varphi-\theta)}\Bigg|_{\varphi=90°}=-\frac{6\omega^2}{25}$$

将式（15‑3）对时间求一阶和二阶导数，可求得当 $\varphi=90°$ 时滑枕 E 的速度和加速度为

$$v_E\big|_{\varphi=90°}=v_B\big|_{\varphi=90°}=\dot x_B\big|_{\varphi=90°}=\frac{4r\dot\theta}{\cos^2\theta}\Bigg|_{\varphi=90°}=4r\,\frac{(\omega/5)}{(2/\sqrt5)^2}=r\omega$$

$$a_E\big|_{\varphi=90°}=a_B\big|_{\varphi=90°}=\ddot x_B\big|_{\varphi=90°}=4r\,\frac{\ddot\theta\cos\theta+2\dot\theta^2\sin\theta}{\cos^3\theta}\Bigg|_{\varphi=90°}$$

$$=4r\,\frac{(-6\omega^2/25)\times(2/\sqrt5)+2\,(\omega/5)^2\times(1/\sqrt5)}{(2\sqrt5)^3}=-r\omega^2$$

负号表示加速度方向与 x 轴正向相反。

【例 15‑3】 半径为 r 的车轮在地面上滚动而不滑动，已知在图 15‑4 (b) 所示瞬时轮心 O 的速度和加速度分别为 v_O 和 a_O，试求轮缘上与地面的接触点 P 的加速度。

解

单自由系 [图 15‑4 (a)]，取广义坐标为 x_O，多余坐标为 θ、x_p、y_p，建立定系 $O_0x_0y_0$，可写出三个约束方程

$$x_O=r\theta$$

$$x_p=x_O-OP\sin\theta=r\theta-r\sin\theta$$

$$y_p=r-r\cos\theta$$

图 15-4

将上式对时间求一阶或二阶导数有

$$\dot{x}_O = r\dot{\theta} = v_O \tag{15-7}$$

$$\dot{x}_P = r\dot{\theta} - r\dot{\theta}\cos\theta \tag{15-8}$$

$$\dot{y}_P = r\dot{\theta}\sin\theta \tag{15-9}$$

$$\ddot{x}_O = r\ddot{\theta} = a_O \tag{15-10}$$

$$\ddot{x}_P = r\ddot{\theta} + r\dot{\theta}^2\sin\theta - r\ddot{\theta}\cos\theta = a_O(1-\cos\theta) + v_O^2\sin\theta/r \tag{15-11}$$

$$\ddot{y}_P = r\dot{\theta}^2\cos\theta + r\ddot{\theta}\sin\theta = (v_O^2\cos\theta)/r + a_O\sin\theta \tag{15-12}$$

当 $\theta = 0$ 时, 由式 (15-11) 和式 (15-12) 得

$$\ddot{x}_P = 0, \quad \ddot{y}_P = v_O^2/r$$

小结　刚体系统运动分析法的解题步骤如下。

(1) 确定系统的自由度以及广义坐标和多余坐标。一般**取运动已知的点或构件的坐标为广义坐标**，而取运动待求的点或构件的坐标为**多余坐标**，有时为便于写出约束方程，也取一些辅助坐标为多余坐标。

(2) 写出任意位置处广义坐标与多余坐标之间的约束方程，实质上就是系统的运动方程。设系统的自由度为 N，若取 s 个多余坐标，根据系统的几何关系一定可写出 s 个关于广义坐标与多余坐标的独立约束方程

$$f_j(q_1, q_2, \cdots, q_N, q_{N+1}, \cdots, q_{N+s}) = 0 \quad (j=1, 2, \cdots, s)$$

这也就是系统的运动方程。

(3) 将上述约束方程对时间求导数，得到坐标一阶导数以及二阶导数的关系式，将已知条件以及已知广义速度 $\dot{q}_j (j=1, 2, \cdots, N)$ 和广义加速度 $\ddot{q}_j (j=1, 2, \cdots, N)$ 代入，即可求得待求构件的角速度和角加速度以及待求点的速度和加速度。

习　题　15

15-1　判断题

(1) 分析运动学是用分析力学的方法研究运动学问题。　　　　　　　　　　(　　)

(2) 受不完全约束的刚体系统可以作某种运动。　　　　　　　　　　　　　(　　)

（3）受多余约束的刚体系统若解除部分约束，则不可能保持静止。　　　（　　）

（4）广义坐标与多余坐标间的约束方程即为该系统的运动方程。　　　（　　）

15-2　选择题、填空题

（1）题 15-2（a）图所示系统中，系统①的自由度数是（　　），系统②的自由度数是（　　）。

（A）0　　　　　（B）1　　　　　（C）2　　　　　（D）3

（2）题 15-2（b）图所示平面机构，其机构①的约束方程为＿＿＿＿＿＿；机构②的约束方程为＿＿＿＿＿＿。

（3）题 15-2（c）图所示平面系统，圆环在水平面上作纯滚动，圆环内放置的直杆 AB 可在圆环内自由运动，A、B 两点始终与圆环保持接触，则该系统的自由度数为＿＿＿＿＿＿。

(a)

(b)

(c)

题 15-2 图

15-3　试确定题 15-3 图所示系统的自由度。

题 15-3 图

15-4　题 15-4 图所示平面机构，曲柄 OA 长为 R，以匀角速度 ω 绕 O 轴转动，杆 O_1B 长为 r，杆 BC 长为 $\dfrac{4\sqrt{3}}{3}h$，图示瞬时 $OA/\!/O_1B$，试求滑块 C 的速度和杆 O_1B 的角速度。

15-5　椭圆规机构如题 15-5 图所示，已知曲柄 $OD=r$，以匀角速度 ω 绕 O 转动，$\varphi=\omega t$，杆 AB 长为 $2r$，且 $AD=BD=r$，试求：

(1) 杆 AB 角速度和角加速度；

(2) B 点的速度和加速度。

题 15-4 图

题 15-5 图

15-6　题 15-6 图所示凸轮顶杆机构，顶杆 AB 可沿导槽上下移动，凸轮半径为 R，可沿水平面作平移，速度为 v，加速度为 a。试求顶杆 AB 的速度和加速度。

15-7　题 15-7 图所示，半径为 r 的圆轮沿水平地面作纯滚动，图示瞬时轮心 O 的速度为 v，加速度为 a，试求轮缘上与地面的接触点 P 的加速度。

题 15-6 图

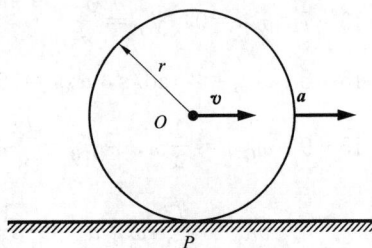

题 15-7 图

15-8　题 15-8 图所示曲柄滑块机构，曲柄 OA 长为 0.2 m，以匀角速度 $\omega=10$ rad/s 绕 O 轴转动，杆 AB 长为 1 m，图示瞬时 $OA\perp AB$，且 $\theta=\varphi=45°$，试求此时杆 AB 的角速度、角加速度以及滑块 B 的速度、加速度。

15-9　题 15-9 图所示结构，已知曲柄 OA 绕 O 匀速转动，角速度为 ω，长度为 $OA=r$，且 $OO_1=l=\sqrt{3}r$，$O_1B=l_1=3r$，$BC=l_2=3\sqrt{3}r$。试求当 $\theta=90°$ 时，杆 O_1B 的角速度与角加速度、杆 BC 的角速度与角加速度以及滑块 C 的速度与加速度。

题 15-8 图

题 15-9 图

习题 15 参考答案

15-1 (1) $\checkmark$ (2) $\checkmark$ (3) $\times$ (4) $\checkmark$

15-2 (1) B, B

(2) $x_A^2+y_A^2=r^2$, $(x_B-x_A)^2+y_A^2=l^2$, $y_B=0$; $(R-r)\,\dot{\varphi}=r\dot{\theta}$, $x_O^2+y_O^2=(R-r)^2$

(3) 2

15-3 (1) $N=2$; (2) $N=1$; (3) $N=0$; (4) $N=-1$

15-4 $v_C=\sqrt{3}R\omega$, $\omega_{O_1B}=\dfrac{R}{r}\omega$

15-5 $\omega_{AB}=\omega$, $\alpha_{AB}=0$; $v_B=2r\omega\cos\omega t$, $a_B=-2r\omega^2\sin\omega t$

15-6 $v_{AB}=v\cot\varphi$, $a_{AB}=\dfrac{1}{\sin\varphi}\left(a\cos\varphi-\dfrac{v^2}{R\sin^2\varphi}\right)$

15-7 $\ddot{x}_P=0$, $\ddot{y}_P=\dfrac{v^2}{r}$

15-8 $\omega_{AB}=2$ rad/s, $\alpha_{AB}=16$ rad/s^2, $v_B=2.83$ m/s, $a_B=5.66$ m/s^2

15-9 $\omega_{O_1B}=\dfrac{1}{4}\omega$, $\alpha_{O_1B}=\dfrac{\sqrt{3}}{8}\omega^2$; $\omega_{BC}=-\dfrac{1}{12}\omega$, $\alpha_{BC}=-\dfrac{5\sqrt{3}}{216}\omega^2$;

$v_C=-\dfrac{\sqrt{3}}{2}r\omega$, $a_C=-\dfrac{19}{24}r\omega^2$

第16章 分 析 动 力 学

分析动力学应用虚功、动能和势能的概念，用分析的方法研究动力学问题。

在第11章中引入惯性力的概念，介绍了达朗贝尔原理，采用静力学中求解平衡问题的方法来处理动力学问题；在第14章中建立了虚位移和虚功的概念，利用虚位移原理来求解静力学中的平衡问题。本章则把这两个原理结合起来，推导出质点系动力学普遍方程和拉格朗日方程，它们是解决质点系动力学问题的最普遍的方程，是分析动力学的基础。

在动力学普遍方程中，系统的运动是用直角坐标来描述的，而拉格朗日方程则是用广义坐标表示的系统的运动微分方程。对于解决复杂的非自由质点系的动力学问题，应用拉格朗日方程往往要比动力学普遍方程简便得多。

本章先介绍动力学普遍方程，然后在此基础上应用广义坐标和动能的概念来推导拉格朗日方程。

16.1 动 力 学 普 遍 方 程

设由 n 个质点组成的质点系，其中第 i 个质点的质量为 m_i，其上作用的主动力为 $\boldsymbol{F}_i$，约束力为 $\boldsymbol{F}_{Ni}$。如果假想地加上该质点的惯性力 $\boldsymbol{F}_{Ii} = -m_i \boldsymbol{a}_i$，则根据达朗贝尔原理，$\boldsymbol{F}_i$、$\boldsymbol{F}_{Ni}$、$\boldsymbol{F}_{Ii}$（$i=1,2,\cdots,n$）应组成平衡力系，即

$$\boldsymbol{F}_i + \boldsymbol{F}_{Ni} + \boldsymbol{F}_{Ii} = 0 \quad (i=1,2,\cdots,n) \tag{16-1}$$

若给质点系内各质点以任一组虚位移 $\delta \boldsymbol{r}_i$（$i=1,2,\cdots,n$），则虚功总和为

$$\sum_{i=1}^{n} (\boldsymbol{F}_i + \boldsymbol{F}_{Ni} + \boldsymbol{F}_{Ii}) \cdot \delta \boldsymbol{r}_i = 0 \tag{16-2}$$

如果质点系具有理想约束，有

$$\sum_{i=1}^{n} \boldsymbol{F}_{Ni} \cdot \delta \boldsymbol{r}_i = 0 \tag{16-3}$$

于是式（16-2）就可以写为

$$\sum_{i=1}^{n} (\boldsymbol{F}_i + \boldsymbol{F}_{Ii}) \cdot \delta \boldsymbol{r}_i = 0 \tag{16-4}$$

若将 $\boldsymbol{F}_{Ii} = -m_i a_i = -m_i \ddot{\boldsymbol{r}}_i$ 代入上式，有

$$\sum_{i=1}^{n} (\boldsymbol{F}_i - m_i \ddot{\boldsymbol{r}}_i) \cdot \delta \boldsymbol{r}_i = 0 \tag{16-5}$$

此式表明，**在理想约束的条件下，任一瞬时作用于质点系上的主动力和惯性力在质点系的任何虚位移中的虚功之和为零**，这称为**动力学普遍方程**。它的解析形式为

$$\sum_{i=1}^{n} \left[(\boldsymbol{F}_{ix} - m_i \ddot{x}_i)\delta x_i + (\boldsymbol{F}_{iy} - m_i \ddot{y}_i)\delta y_i + (\boldsymbol{F}_{iz} - m_i \ddot{z}_i)\delta z_i \right] \tag{16-6}$$

与静力学普遍方程相比较，可以看出它们的共同特点是：① 理想约束的约束力从方程中自动消去；② 在多自由度质点系中，质点系的平衡方程或运动方程的数目与自由度数一致。

【例 16 - 1】　在图 16 - 1 所示滑轮系统中，动滑轮上悬挂着重为 W_1 的重物。绳子绕过定滑轮后悬挂着重量为 W_2 的重物。设滑轮和绳子的重量以及轮轴摩擦均忽略不计，求重为 W_1 的重物上升的加速度。

解

(1) 研究整个滑轮系统，这是一个自由度的系统。

(2) 分析主动力。作用在系统上的主动力只有两物块的重力 W_1、W_2。

(3) 分析运动，虚加惯性力。两物块均作直线运动，由运动学知

$$a_2 = 2a_1$$

则惯性力为

$$F_{I1} = \frac{W_1}{g}a_1, \quad F_{I2} = \frac{W_2}{g}a_2 = \frac{2W_2}{g}a_1$$

(4) 任给系统一组虚位移如图 16 - 1 所示。有

$$\delta_{s2} = 2\delta_{s1}$$

图 16 - 1

(5) 由动力学普遍方程，有

$$\sum (\boldsymbol{F}_i - m_i\ddot{\boldsymbol{r}}_i) \cdot \delta\boldsymbol{r}_i = 0, \quad -(W_1 + F_{I1})\delta_{s1} + (W_2 - F_{I2})\delta_{s2} = 0$$

将惯性力和虚位移关系代入上式，有

$$\left[-\left(W_1 + \frac{W_1}{g}a_1 \right) + 2\left(W_2 - \frac{2W_2}{g}a_1 \right) \right]\delta_{s1} = 0$$

由 δ_{s1} 的独立性解得

$$a_1 = \frac{2W_2 - W_1}{4W_2 + W_1}g$$

16.2　拉 格 朗 日 方 程

由于上述讨论的动力学普遍方程系统存在约束，各质点的虚位移可能是不全独立的，这样解题时还要找出各虚位移之间的关系，有时很不方便。如果采用广义坐标，将可以得到与自由度数相同的独立的运动微分方程，这就是下面所要介绍的**拉格朗日第二类方程**，简称为**拉格朗日方程**。

设由 n 个质点组成的质点系，受到 s 个完整的理想约束，选 k（$k = 3n - s$）个广义坐标 q_1，q_1，$\cdots$，q_k 表示质点系的位置。质点系中任一质点 M_i 的矢径 $\boldsymbol{r}_i$ 可以表示为广义坐标和时间 t 的函数，即

$$\boldsymbol{r}_i = \boldsymbol{r}_i(q_1, q_1, \cdots, q_k, t)(i = 1, 2, \cdots, n) \tag{16 - 7}$$

将上式求变分，得

$$\delta\boldsymbol{r}_i = \sum_{j=1}^{k} \frac{\partial\boldsymbol{r}}{\partial q_j}\delta q_j (i = 1, 2, \cdots, n) \tag{16 - 8}$$

将式（16 - 8）代入式（16 - 5），有

$$\sum_{i=1}^{n} (\boldsymbol{F}_i - m_i\ddot{\boldsymbol{r}}_i) \cdot \sum_{j=1}^{k} \frac{\partial\boldsymbol{r}_i}{\partial q_j}\delta q_j = 0$$

交换求和顺序，有

$$\sum_{j=1}^{k}\left(\sum_{i=1}^{n}\boldsymbol{F}_i\cdot\frac{\partial\boldsymbol{r}_i}{\partial q_j}-\sum_{i=1}^{n}m_i\ddot{\boldsymbol{r}}_i\cdot\frac{\partial\boldsymbol{r}_i}{\partial q_j}\right)\delta q_j=0 \tag{16-9}$$

由式（14-13）知，上式括号中第一项就是对应于广义坐标 q_j 的广义力，即

$$F_{Qj}=\sum_{i=1}^{n}\boldsymbol{F}_i\cdot\frac{\partial\boldsymbol{r}_i}{\partial q_j}$$

第二项可称为广义惯性力。

为计算方便，对广义惯性力作如下变换。

$$\sum_{i=1}^{n}m_i\ddot{\boldsymbol{r}}_i\cdot\frac{\partial\boldsymbol{r}_i}{\partial q_j}=\frac{\mathrm{d}}{\mathrm{d}t}\left(\sum_{i=1}^{n}m_i\dot{\boldsymbol{r}}_i\cdot\frac{\partial\boldsymbol{r}_i}{\partial q_j}\right)-\sum_{i=1}^{n}m_i\dot{\boldsymbol{r}}_i\cdot\frac{\mathrm{d}}{\mathrm{d}t}\left(\frac{\partial\boldsymbol{r}_i}{\partial q_j}\right) \tag{16-10}$$

为了进一步简化，先证明两个恒等式

$$\frac{\partial\boldsymbol{r}_i}{\partial q_j}=\frac{\partial\dot{\boldsymbol{r}}_i}{\partial\dot{q}_j} \tag{16-11}$$

$$\frac{\mathrm{d}}{\mathrm{d}t}\left(\frac{\partial\boldsymbol{r}_i}{\partial q_j}\right)=\frac{\partial\dot{\boldsymbol{r}}_i}{\partial q_j} \tag{16-12}$$

下面先证明式（16-11）。

将式（16-7）对时间 t 求导数，有

$$\dot{\boldsymbol{r}}_i=\sum_{j=1}^{k}\frac{\partial\boldsymbol{r}_i}{\partial q_j}\dot{q}_j+\frac{\partial\boldsymbol{r}_i}{\partial t} \tag{16-13}$$

式中，$\frac{\partial\boldsymbol{r}_i}{\partial q_j}$、$\frac{\partial\boldsymbol{r}_i}{\partial t}$ 是广义坐标和时间的函数，而不是广义速度的函数，所以将上式对 $\dot{q}_j$ 求偏导数，得

$$\frac{\partial\dot{\boldsymbol{r}}_i}{\partial\dot{q}_j}=\frac{\partial\boldsymbol{r}_i}{\partial q_j}$$

再来证明式（16-12）。

将式（16-13）对某一广义坐标 q_l 求偏导数，有

$$\frac{\partial\dot{\boldsymbol{r}}_i}{\partial q_l}=\sum_{j=1}^{k}\frac{\partial^2\boldsymbol{r}_i}{\partial q_j\partial q_l}\dot{q}_j+\frac{\partial^2\boldsymbol{r}_i}{\partial t\partial q_l} \tag{16-14}$$

再将 $\frac{\partial\boldsymbol{r}_i}{\partial q_l}$ 对时间 t 求导数，有

$$\frac{\mathrm{d}}{\mathrm{d}t}\left(\frac{\partial\boldsymbol{r}_i}{\partial q_l}\right)=\sum_{j=1}^{k}\frac{\partial^2\boldsymbol{r}_i}{\partial q_l\partial q_j}\dot{q}_j+\frac{\partial^2\boldsymbol{r}_i}{\partial q_l\partial t} \tag{16-15}$$

考虑到 $\frac{\partial^2\boldsymbol{r}_i}{\partial q_j\partial q_l}=\frac{\partial^2\boldsymbol{r}_i}{\partial q_l\partial q_j}$ 和 $\frac{\partial^2\boldsymbol{r}_i}{\partial t\partial q_l}=\frac{\partial^2\boldsymbol{r}_i}{\partial q_l\partial t}$，比较式（16-14）和式（16-15），可得

$$\frac{\mathrm{d}}{\mathrm{d}t}\left(\frac{\partial\boldsymbol{r}_i}{\partial q_j}\right)=\frac{\partial\dot{\boldsymbol{r}}_i}{\partial q_j}$$

以上两式证毕。

将式（16-11）和式（16-12）代入式（16-10），有

$$\sum_{i=1}^{n}m_i\ddot{\boldsymbol{r}}_i\cdot\frac{\partial\boldsymbol{r}_i}{\partial q_j}=\frac{\mathrm{d}}{\mathrm{d}t}\left(\sum_{i=1}^{n}m_i\dot{\boldsymbol{r}}_i\cdot\frac{\partial\dot{\boldsymbol{r}}_i}{\partial\dot{q}_j}\right)-\sum_{i=1}^{n}m_i\dot{\boldsymbol{r}}_i\cdot\frac{\partial\dot{\boldsymbol{r}}_i}{\partial q_j}$$

$$= \frac{\mathrm{d}}{\mathrm{d}t} \frac{\partial}{\partial \dot{q}_j} \left(\sum_{i=1}^n \frac{1}{2} m_i \dot{\boldsymbol{r}}_i \cdot \dot{\boldsymbol{r}}_i \right) - \frac{\partial}{\partial \dot{q}_j} \left(\sum_{i=1}^n \frac{1}{2} m_i \dot{\boldsymbol{r}}_i \cdot \dot{\boldsymbol{r}}_i \right)$$

$$= \frac{\mathrm{d}}{\mathrm{d}t} \frac{\partial T}{\partial \dot{q}_j} - \frac{\partial T}{\partial q_j} \tag{16-16}$$

式中，$T = \sum_{i=1}^n \frac{1}{2} m_i \dot{\boldsymbol{r}}_i \cdot \dot{\boldsymbol{r}}_i$ 是质点系的动能。将式（14-13），和式（16-16）代入式（16-9），有

$$\sum_{j=1}^k \left[F_{Qj} - \left(\frac{\mathrm{d}}{\mathrm{d}t} \frac{\partial T}{\partial \dot{q}_j} - \frac{\partial T}{\partial q_j} \right) \right] \delta q_j = 0 \tag{16-17}$$

上式为用广义坐标表示的动力学普遍方程，对于完整约束的质点系，广义坐标的变分 δq_j 是独立的。因此，要使上式成立，δq_j 的系数必须等于零，由此得

$$\frac{\mathrm{d}}{\mathrm{d}t} \frac{\partial T}{\partial \dot{q}_j} - \frac{\partial T}{\partial q_j} = F_{Qj} (j = 1,\ 2,\ \cdots,\ k) \tag{16-18}$$

上式称为**拉格朗日方程**，该方程组中方程式的数目等于质点系的自由度数，是一组用广义坐标表示的二阶微分方程。

如果作用在质点系上的主动力都是有势力，设质点系的势能为 V，由式（14-17）知，对应于广义坐标 q_j 的广义力为

$$F_{Qj} = -\frac{\partial V}{\partial q_j} (j = 1,\ 2,\ \cdots,\ k)$$

将上式代入式（16-18），有

$$\frac{\mathrm{d}}{\mathrm{d}t} \frac{\partial T}{\partial \dot{q}_j} - \frac{\partial T}{\partial q_j} = -\frac{\partial V}{\partial q_j} (j = 1,\ 2,\ \cdots,\ k)$$

由于势能不依赖于广义速度，即 $\dfrac{\partial V}{\partial \dot{q}_j} = 0$，因此上式可写为

$$\frac{\mathrm{d}}{\mathrm{d}t} \frac{\partial (T-V)}{\partial \dot{q}_j} - \frac{\partial (T-V)}{\partial q_j} = 0 (j = 1,\ 2,\ \cdots,\ k) \tag{16-19}$$

若令

$$L = T - V \tag{16-20}$$

称 L 为**拉格朗日函数**，则式（16-19）可写为

图 16-2

$$\frac{\mathrm{d}}{\mathrm{d}t} \frac{\partial L}{\partial \dot{q}_j} - \frac{\partial L}{\partial q_j} = 0 (j = 1,\ 2,\ \cdots,\ k) \tag{16-21}$$

上式称为**保守系统的拉格朗日方程**。

【例 16-2】 半径均为 R 的均质圆盘和均质细圆环，质量分别为 m_1 和 m_2，用绕过无复位滑轮的软绳相连，绳一端系于盘心，另一端缠在圆环上，如图 16-2 所示。圆盘放在粗糙水平面上，圆环铅直悬吊，试求它们的质心加速度。

解

（1）研究圆环和圆盘组成的质点系，此为两个

自由度的系统，即 $k=2$，选取 x 和 φ_2 为广义坐标，如图 16-2 所示。

（2）计算系统的动能。圆盘和圆环均作平面运动，其质心速度和角速度分别为：

圆盘

$$v_1 = \dot{x}, \quad \omega_1 = \frac{\dot{x}}{R} \tag{16-22}$$

圆环

$$v_2 = \dot{x} + R\dot{\varphi}_2, \quad \omega_2 = \dot{\varphi}_2 \tag{16-23}$$

系统的动能为

$$T = \frac{1}{2}m_1 v_1^2 + \frac{1}{2}\frac{m_1 R^2}{2}\omega_1^2 + \frac{1}{2}m_2 v_2^2 + \frac{1}{2}m_2 R^2 \omega_2^2$$

将式（16-22）、式（16-23）代入上式，并化简得

$$T = \left(\frac{3}{4}m_1 + \frac{1}{2}m_2\right)\dot{x}^2 + m_2 R\dot{x}\dot{\varphi} + m_2 R^2 \dot{\varphi}_2^2$$

（3）选用几何法计算广义力。令 $\delta x \neq 0$，$\delta\varphi_2 = 0$，有

$$F_{Q1} = \frac{\sum \delta W_i^1}{\delta x} = \frac{m_2 g \delta x}{\delta x} = m_2 g$$

令 $\delta x = 0$，$\delta\varphi_2 \neq 0$，有

$$F_{Q2} = \frac{\sum \delta W_i^2}{\delta\varphi_2} = \frac{m_2 g R \delta\varphi_2}{\delta\varphi_2} = m_2 g R$$

（4）计算偏导数

$$\frac{\partial T}{\partial \dot{x}} = \left(\frac{3}{2}m_1 + m_2\right)\dot{x} + m_2 R\dot{\varphi}_2, \quad \frac{\partial T}{\partial x} = 0$$

$$\frac{\partial T}{\partial \dot{\varphi}_2} = m_2 R\dot{x} + 2m_2 R^2 \dot{\varphi}_2, \quad \frac{\partial T}{\partial \varphi_2} = 0$$

（5）利用拉格朗日方程求解

$$\frac{\mathrm{d}}{\mathrm{d}t}\left(\frac{\partial T}{\partial \dot{x}}\right) - \frac{\partial T}{\partial x} = F_{Q1}, \quad \left(\frac{3}{2}m_1 + m_2\right)\ddot{x} + m_2 R\ddot{\varphi}_2 - 0 = m_2 g \tag{16-24}$$

$$\frac{\mathrm{d}}{\mathrm{d}t}\left(\frac{\partial T}{\partial \ddot{\varphi}_2}\right) - \frac{\partial T}{\partial \varphi_2} = F_{Q2}, \quad m_2 R\ddot{x} + 2m_2 R_2 \ddot{\varphi}_2 - 0 = m_2 g R \tag{16-25}$$

由式（16-24）和式（16-25）联立解得

$$\ddot{x} = \frac{m_2 g}{3m_1 + m_2}, \quad \ddot{\varphi}_2 = \frac{3m_1 g}{2(3m_1 + m_2)R}$$

则圆盘质心加速度为

$$\ddot{x} = \frac{m_2 g}{3m_1 + m_2}$$

圆环质心加速度为

$$a_B = \ddot{x} + R\ddot{\varphi}_2 = \frac{3m_1 + 2m_2}{6m_1 + 2m_2}g$$

🔧 讨论　本系统属于保守系统，也可以用保守系统下的拉格朗日方程求解。

【例 16-3】　质量为 m、长度为 l 的均质杆 AB，A 端与刚度系数为 c 的弹簧相连并限

制在铅垂方向运动，AB 杆还可以绕过 A 的水平轴摆动，如图 16-3 所示，试求 AB 杆的运动微分方程。

解

（1）研究 AB 杆，此为两个自由度的系统，即 $k=2$. 选 x 和 θ 角为广义坐标，如图 16-3 所示。坐标原点 O 为平衡位置，在平衡位置时，有

$$c\lambda_0 = mg \qquad (16-26)$$

（2）计算 AB 杆的动能。AB 杆作平面运动，质心速度为

$$\dot{x}_C = \dot{x} - \frac{l}{2}\dot{\theta}\sin\theta, \quad \dot{y}_C = \frac{l}{2}\dot{\theta}\cos\theta \qquad (16-27)$$

AB 杆动能为

$$T = \frac{1}{2}m(\dot{x}_c^2 + \dot{y}_c^2) + \frac{1}{2}\frac{ml^2}{12}\dot{\theta}^2$$

将式（16-27）代入上式，并化简得

$$T = \frac{m}{2}\dot{x}^2 - \frac{m}{2}l\dot{x}\dot{\theta}\sin\theta + \frac{ml^2}{6}\dot{\theta}^2$$

图 16-3

（3）计算势能，并写出拉格朗日函数。选 O 点为弹性力和重力的零势能点，则

$$V = \frac{c}{2}\left[(x+\lambda_0)^2 - \lambda_0^2\right] - mg\left(x + \frac{l}{2}\cos\theta\right)$$

将式（16-26）代入上式，并化简得

$$V = \frac{c}{2}x^2 - mg\frac{l}{2}\cos\theta$$

拉格朗日函数为

$$L = T - V = \frac{m}{2}\dot{x}^2 - \frac{m}{2}l\dot{x}\dot{\theta}\sin\theta + \frac{ml^2}{6}\dot{\theta}^2 - \frac{c}{2}x^2 + mg\frac{l}{2}\cos\theta$$

（4）计算偏导数

$$\frac{\partial L}{\partial \dot{x}} = m\dot{x} - \frac{m}{2}l\dot{\theta}\sin\theta, \quad \frac{\partial L}{\partial x} = -cx$$

$$\frac{\partial L}{\partial \dot{\theta}} = -\frac{m}{2}l\dot{x}\sin\theta + \frac{ml^2}{3}\dot{\theta}, \quad \frac{\partial L}{\partial \theta} = -\frac{m}{2}l\dot{x}\dot{\theta}\cos\theta - mg\frac{l}{2}\sin\theta$$

（5）利用保守系统下的拉格朗日方程求解

$$\frac{\mathrm{d}}{\mathrm{d}t}\left(\frac{\partial L}{\partial \dot{x}}\right) - \frac{\partial L}{\partial x} = 0, \quad m\ddot{x} - \frac{m}{2}l\ddot{\theta}\sin\theta - \frac{m}{2}l\dot{\theta}^2\cos\theta + cx = 0 \qquad (16-28)$$

$$\frac{\mathrm{d}}{\mathrm{d}t}\left(\frac{\partial L}{\partial \dot{\theta}}\right) - \frac{\partial L}{\partial \theta} = 0$$

$$-\frac{m}{2}l\ddot{x}\sin\theta - \frac{m}{2}l\dot{x}\dot{\theta}\cos\theta + \frac{ml^2}{3}\ddot{\theta} + \frac{m}{2}l\dot{x}\dot{\theta}\cos\theta + mg\frac{1}{2}\sin\theta = 0 \qquad (16-29)$$

将式（16-28）和式（16-29）化简得

$$2m\ddot{x} - ml\ddot{\theta}\sin\theta - ml\dot{\theta}^2\cos\theta + 2cx = 0$$

$$2l\ddot{\theta} - 3\ddot{x}\sin\theta + 3g\sin\theta = 0$$

小结 应用拉格朗日方程解题的方法与步骤。

(1) 选取研究对象,判断它是否受理想、完整约束,若是,再确定系统的自由度,然后选取一组适当的广义坐标。

(2) 写出研究对象的动能,并把它表示成广义坐标和广义速度的函数。

(3) 计算对应于每一广义坐标 q_j 的广义力 F_{Q_j}。如果是保守系统,则计算质点系在任一位置的势能 V,并表示为广义坐标的函数。

(4) 根据不同情况选用式 (16 - 18) 和式 (16 - 21),可得与质点系自由度数相同的运动微分方程。

(5) 对微分方程积分,并根据运动的初始条件确定积分常量,可求得用广义坐标 $q_j(t)$ 表示的质点系的运动规律。

16.3 拉格朗日方程的首次积分

求解拉格朗日方程需要进行积分,在质点系主动力有势的情况下,可以方便地求得首次积分,使拉格朗日方程降阶。

1. 能量积分

如果系统受到的约束都是定常的,则各质点的坐标不显含时间 t,有

$$\boldsymbol{v}_i = \dot{\boldsymbol{r}}_i = \sum_{i=1}^{N} \frac{\partial \boldsymbol{r}_i}{\partial q_k} \dot{q}_k$$

动能表达式为

$$
\begin{aligned}
T &= \frac{1}{2}\sum_{i=1}^{n} m_i \boldsymbol{v}_i \cdot \boldsymbol{v}_i \\
&= \frac{1}{2}\sum_{i=1}^{n} m_i \Big(\sum_{k=1}^{N} \frac{\partial \boldsymbol{r}_i}{\partial q_k}\dot{q}_k\Big) \cdot \Big(\sum_{l=1}^{N} \frac{\partial \boldsymbol{r}_i}{\partial q_l}\dot{q}_l\Big) \\
&= \frac{1}{2}\sum_{k=1}^{N}\sum_{l=1}^{N} m_{kl}\dot{q}_k\dot{q}_l
\end{aligned}
\tag{16 - 30}
$$

而

$$m_{kl} = \sum_{i=1}^{n} m_i \frac{\partial \boldsymbol{r}_i}{\partial q_k} \cdot \frac{\partial \boldsymbol{r}_i}{\partial q_l}$$

称为系统的**广义质量**。将动能表达式展开,并对 $\dot{q}_i$ 求偏导数,可得

$$\frac{\partial T}{\partial \dot{q}_i}\dot{q}_i = \sum_{i=1}^{N} m_{ij}\dot{q}_i\dot{q}_j$$

上式两边对 i 求和,可得

$$\sum_{i=1}^{N} \frac{\partial T}{\partial \dot{q}_i}\dot{q}_i = \sum_{i=1}^{N}\sum_{j=1}^{N} m_{ij}\dot{q}_i\dot{q}_j = 2T \tag{16 - 31}$$

将式 (16 - 21) 乘以 $\dot{q}_i$ 再对 i 求和,并注意到势能 V 中不含 $\dot{q}_i$ 项,可得

$$
\begin{aligned}
\sum_{i=1}^{N}\Big[\frac{\mathrm{d}}{\mathrm{d}t}\Big(\frac{\partial L}{\partial \dot{q}_i}\Big)\dot{q}_i - \frac{\partial L}{\partial \dot{q}_i}\dot{q}_i\Big] &= \sum_{i=1}^{N}\Big[\frac{\mathrm{d}}{\mathrm{d}t}\Big(\frac{\partial L}{\partial \dot{q}_i}q_i\Big) - \frac{\partial L}{\partial \dot{q}_i}\ddot{q}_i - \frac{\partial L}{\partial \dot{q}_i}\dot{q}_i\Big] \\
&= \frac{\mathrm{d}}{\mathrm{d}t}\sum_{i=1}^{N}\Big(\frac{\partial L}{\partial \dot{q}_i}q_i\Big) - \sum_{i=1}^{N}\Big(\frac{\partial L}{\partial \dot{q}_i}\ddot{q}_i + \frac{\partial L}{\partial \dot{q}_i}\dot{q}_i\Big)
\end{aligned}
$$

$$= \frac{d}{dt}(2T) - \frac{dL}{dt} = \frac{d}{dt}(2T - L) = 0$$

积分上式，得

$$2T - L = T + V = 常数 \tag{16-32}$$

式（16-32）表明：受到定常约束的系统，在有势力作用下，系统的机械能守恒。拉格朗日方程的首次积分式（16-32）称为**能量积分**。

2. 循环积分

如果拉格朗日函数 L 中不显含广义坐标 q_r，则该坐标称为循环坐标，因而有

$$\frac{\partial L}{\partial q_r} = 0$$

相应的拉格朗日方程式（16-21）写成

$$\frac{d}{dt}\left(\frac{\partial L}{\partial \dot{q}_r}\right) = 0$$

其首次积分为

$$\frac{\partial L}{\partial \dot{q}_r} = 常数 \tag{16-33}$$

式（16-33）称为拉格朗日方程的**循环积分**。如果令对于广义坐标 q_r 的**广义动量**

$$p_r = \frac{\partial L}{\partial \dot{q}_r}$$

则有

$$\frac{\partial L}{\partial \dot{q}_r} = \frac{\partial T}{\partial \dot{q}_r} = p_r = 常数 \tag{16-34}$$

即对应于循环坐标的广义动量守恒。

能量积分和循环积分都是对二阶的拉格朗日微分方程积分一次得到的，是广义坐标的一阶微分方程。在应用拉格朗日方程解题时，应尽量利用其首次积分，以简化计算。

【例 16-4】 球面摆的摆长为 l（图 16-4），小球质量为 m，$t=0$ 时摆杆在 Oxy 平面内，初角速度 $\dot{\varphi}_0 = \omega_0$，不计摩擦，试求小球速度的大小。

图 16-4

解

系统有两个自由度，取图示广义坐标 θ 和 φ，小球的动能为

$$T = \frac{1}{2}m\left[(l\dot{\theta})^2 + (l\sin\theta \cdot \dot{\varphi})^2\right]$$

重力势能为（取 Oxy 为零势面）

$$V = -mgl\cos\theta$$

系统的拉格朗日函数为

$$L = T - V = \frac{1}{2}ml^2(\dot{\theta}^2 + \dot{\varphi}^2\sin^2\theta) + mgl\cos\theta$$

由于 L 中不显含时间 t 和广义坐标 φ，且系统受定常约束，主动力有势，所以存在循环积分和能量积分，可得

$$\frac{\partial L}{\partial \dot{\varphi}} = ml^2\sin^2\theta \cdot \dot{\varphi} = C_1 \tag{16-35}$$

$$T + V = \frac{1}{2}ml^2(\dot{\theta}^2 + \dot{\varphi}^2\sin^2\theta) - mgl\cos\theta = C_2 \tag{16-36}$$

式（16-35）的物理意义是系统对轴 z 的动量矩守恒。

将初始条件 $t=0$，$\varphi_0 = 0$，$\theta_0 = \dfrac{\pi}{2}$，$\dot{\varphi}_0 = \omega_0$，$\dot{\theta}_0 = 0$，代入式（16-35）和式（16-36），得

$$C_1 = ml^2\omega_0, \quad C_2 = \frac{1}{2}ml^2\omega_0^2$$

将 C_1 和 C_2 的值代入式（16-35）和式（16-36），可得

$$\dot{\varphi} = \frac{\omega_0}{\sin^2\theta}$$

$$\dot{\theta}^2 = \frac{2g}{l}\cos\theta - \frac{\cos^2\theta}{\sin^2\theta}\omega_0^2$$

由此可得小球的速度大小为

$$\nu = \sqrt{(\dot{\theta}l)^2 + (\dot{\varphi}l\sin\theta)^2} = l\sqrt{\omega_0^2 + \frac{2g}{l}\cos\theta}$$

习　题　16

16-1　判断题

(1) 动力学普遍方程中包括内力虚功。　　　　　　　　　　　　　　　（　　）

(2) 动力学普遍方程是由达朗贝尔原理和虚位移原理组成的。　　　　　（　　）

(3) 势能是广义速度的函数。　　　　　　　　　　　　　　　　　　　（　　）

(4) 拉格朗日函数等于系统动能和势能的差值。　　　　　　　　　　　（　　）

(5) 拉格朗日方程是运动微分方程组，是用广义坐标来描述整个系统的运动。（　　）

16-2　选择题、填空题

(1) 题 16-2（a）图所示系统中，两相同均质圆柱 A、C，质量均为 m，半径为 r，圆柱 A 沿水平面纯滚动。滑轮 B 的质量不计，取圆柱 A 中心的水平位移 x 和圆柱 B 的转角 φ 为广义坐标。选择 $x=0$，$\varphi=0$ 为势能零点，则系统的势能为（　　）。

(A) $mg\ (x+r\varphi)$ 　　　　　　　　　　(B) $-mg\ (x+r\varphi)$

(C) $2mg\ (x+r\varphi)$ 　　　　　　　　　(D) $-2mg\ (x+r\varphi)$

(2) 题 16-2（b）图所示位于水平面内的行星齿轮机构，质量为 m_2，半径为 r 的小齿轮由质量为 m_1 的曲柄 OA 带动，沿半径为 R 的固定大齿轮作纯滚动。若以曲柄 OA 的转角 φ 为广义坐标，则系统的动能为（　　）。

(A) $\dfrac{1}{12}\ (2m_1+9m_2)\ (R+r)^2\dot{\varphi}^2$ 　　　(B) $\dfrac{1}{6}\ (2m_1+9m_2)\ (R+r)^2\dot{\varphi}^2$

(C) $\dfrac{1}{12}\ (9m_1+2m_2)\ (R+r)^2\dot{\varphi}^2$ 　　　(D) $\dfrac{1}{6}\ (9m_1+2m_2)\ (R+r)^2\dot{\varphi}^2$

(3) 如题 16-2（c）图所示平面机构，质量为 m 的滑块 A 可沿光滑水平面来回滑动。

在滑块 A 上又连接一单摆。摆长为 l，B 的质量为 m，AB 杆质量不计。则该系统有_____个自由度，以 x、φ 为广义坐标，则系统动能为_____。

（4）题 16-2（d）图所示系统，定滑轮 O 的质量为 m，半径为 r，可视为均质圆盘，滑轮上绕有不可伸长的细绳，绳的一端挂有质量亦为 m 的物块 A，另一端则用刚度系数为 k 的铅直弹簧固定于 C 点。假设绳与滑轮间无相对滑动，不计绳和弹簧的质量。若取物块的位移 x 为广义坐标，取平衡位置为零势能点，则系统的动能为_____，系统的势能为_____。

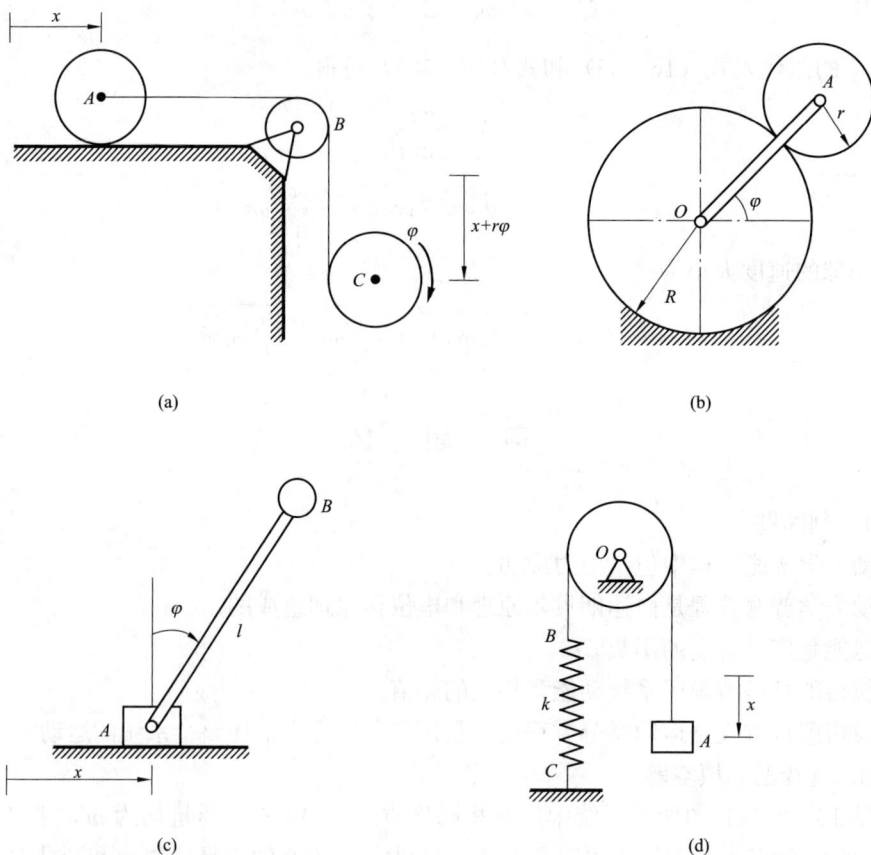

(a)

(b)

(c)

(d)

题 16-2 图

16-3　两均质轮 A、B 的质量均为 m，半径均为 R，轮 A 绕 O 轴转动，轮 B 上用轻质绳缠绕且绳又缠绕于轮 A 上，如题 16-3 图所示。两轮在同一平面内运动，若绳的直线部分为铅垂时，试求重力作用下轮 B 中心的加速度。

16-4　题 16-4 图所示为一升降机的简图，被提升的物体 A 质量为 m_1，平衡锤 B 质量为 m_2，带轮 C 及 D 质量均为 m_3，半径均为 r，可视为均质圆柱。设电动机作用于轮 C 的转矩为 M，胶带的质量不计，试求物体 A 的加速度。

16-5　题 16-5 图所示四连杆机构 O_1ABO_2 位于铅直平面内，杆 O_1A、AB、O_2B 为均质杆，长均为 l，质量均为 m。设在杆 O_1A 上作用一常力偶矩 M，试求杆 O_1A 转动的角加速度，并求当 $\varphi=90°$ 时的角加速度。

题 16-3 图

题 16-4 图

16-6 题 16-6 图所示系统在铅垂面内运动，物块 A 的质量为 m，由细绳连接跨过轮 B 缠绕于轮 C，轮 B、C 可视为均质圆盘，质量亦为 m，半径均为 r，绳索圆盘间无相对滑动，试求滑块 A 的加速度以及圆盘 C 的角加速度。

题 16-5 图

题 16-6 图

16-7 题 16-7 图所示平面机构，水平杠杆 AB，通过绳和定滑轮 C、D 连接物块 E 和 F，已知 $AO：OB = k$，物块 E、F 质量分别 m_1、m_2，若不计滑轮及杆 AB 的质量，当物块无初速释放时，试求物块 F 的初始加速度。

16-8 题 16-8 图所示，吊索一端绕在鼓轮 I 上，另一端绕过滑轮 II 系于质量为 m_1 的平台 A 上，鼓轮半径为 r，质量为 m_2，电动机给鼓轮的转矩为 M，试求平台上升的加速度。设鼓轮可视为均质圆盘，滑轮的质量忽略不计。

16-9 题 16-9 图所示系统，绞盘半径为 R，转动惯量为 J，其上作用力偶矩为 M 的力偶，物块质量分别为 m_1、m_2，不计摩擦与滑轮质量，试求绞盘的角加速度。

16-10 均质圆轮 A 的质量为 $m_A = 4$ kg，半径为 r，可沿固定水平面作纯滚动。轮心 A 上系有一水平细绳并跨过定滑轮 D，在绳的另一端系有一动滑轮 E，一根细绳跨过动滑轮 E 两端分别悬挂物块 B 和 C；其质量分别为 $m_B = 2$ kg 和 $m_C = 1$ kg，如题 16-10 图所示。假设绳与滑轮之间没有相对滑动，若不计滑轮和绳的质量，试求轮心 A 和物块 B、C 的加速度。

题 16-7 图

题 16-8 图

题 16-9 图

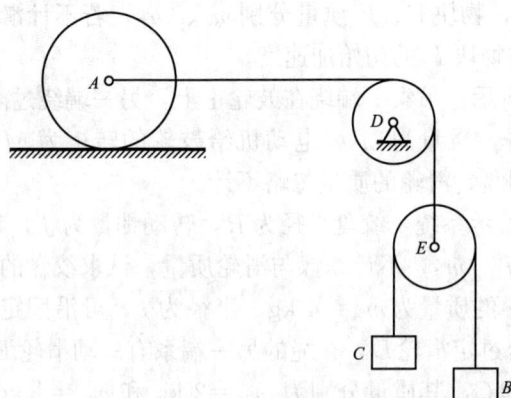

题 16-10 图

16-11 题 16-11 图所示单摆结构，小球质量为 m，悬挂于长为 l 的细绳上，绳重不计，试求单摆的运动微分方程。

16-12 题16-12图所示系统，两均质圆轮 A、B 可沿斜面作纯滚动，质量分别为 m_1、m_2，半径分别为 r_1、r_2。均质杆 AB 质量为 m_3，与两轮轮心铰接，轮心 B 处连接一刚度系数为 k 的弹簧，试求系统的运动微分方程。

题16-11图

题16-12图

16-13 题16-13图所示，一刚度系数为 k 的水平弹簧，左端固定，右端与一均质圆盘 A 的中心相连，圆盘 A 质量为 m，半径为 r，设圆盘在水平面上作纯滚动。在圆盘的中心光滑地铰接一均质杆 AB，杆 AB 质量亦为 m，长为 l，试求系统的运动微分方程。

16-14 题16-14图所示，均质杆 AB 长为 l，质量为 m，借助于其 A 端的辊子沿斜面滑下，斜面倾角为 θ。不计辊子的质量和摩擦，试求杆的运动微分方程。又设杆 AB 当 φ $=0$ 时由静止开始运动，试求开始运动时斜面所受到压力。

题16-13图

题16-14图

16-15 题16-15图所示，半径为 R 的圆环绕铅垂轴 BC 转动，对轴的转动惯量为 J，在圆环中放一质量为 m 的小球 A，小球可在圆环内运动。欲使此圆环在矩为 M 的力偶作用下以等角速度 ω 绕轴 AC 转动。试求力偶矩 M 和小球 A 组成的系统的运动微分方程。

16-16 均质细杆 AB 的质量为 m，长度为 l，用长度为 $\dfrac{l}{2}$ 的细绳 OD 系在杆上的 D 点，绳的另一端固定在 O 点，如题16-16图所示，且 $AD=\dfrac{l}{3}$。如不计绳重，试求杆 AB 在铅垂平面内的运动微分方程。

题 16－15 图

题 16－16 图

16－17　题 16－17 图所示均质圆柱体 O，半径为 R，质量为 M，沿直线轨道作纯滚动。在圆心用光滑铰链连接一长为 l 的刚性杆 OA，不计杆的质量，杆的 A 端有一质量为 m 的小球，构成一单摆。试求系统的运动微分方程及其首次积分。

题 16－17 图

题 16－18 图

16－18　楔形体 A 质量为 m，斜面倾角为 θ，置于光滑水平面上。均质圆柱体 B 的质量为 m，半径为 r，在楔形体的斜面上作纯滚动，如题 16－18 图所示。初始时系统静止，且圆柱体位于斜面最高点。试求：

（1）系统的运动微分方程；

（2）楔形体的加速度；

（3）系统的能量积分和循环积分。

习题 16　参考答案

16－1　（1）×　（2）√　（3）×　（4）√　（5）√

16 - 2　　(1) B　(2) A　(3) 2，$m\dot{x}^2 + ml\dot{x}\dot{\varphi}\cos\varphi + \dfrac{1}{2}ml^2\dot{\varphi}^2$　(4) $\dfrac{3}{4}m\dot{x}^2$，$\dfrac{1}{2}kx^2$

16 - 3　　$a_B = \dfrac{4}{5}g$

16 - 4　　$a_A = \dfrac{M + (m_2 - m_1)gr}{(m_1 + m_2 + m_3)r}$

16 - 5　　$\alpha = \dfrac{3(M - 2mgl\sin\varphi)}{5ml^2}$，$\alpha_{\varphi=90°} = \dfrac{3(M - 2mgl)}{5ml^2}$

16 - 6　　$a_A = \dfrac{2}{11}g$，$\alpha_C = \dfrac{6g}{11r}$

16 - 7　　$a_1 = \dfrac{km_2 - m_1}{m_1 + k^2m_2}kg$

16 - 8　　$a = \dfrac{2M - (m_1 + m_2)gr}{(m_1 + 3m_2)r}$

16 - 9　　$\alpha = \dfrac{M(4m_1 + m_2) - 3m_1m_2gR}{J(4m_1 + m_2) + m_1m_2R^2}$

16 - 10　　$a_A = \dfrac{4}{13}g$，$a_B = \dfrac{7}{13}g$，$a_C = \dfrac{1}{13}g$

16 - 11　　$\ddot{\theta} + \dfrac{g}{l}\sin\theta = 0$

16 - 12　　$\ddot{x} + \dfrac{2k}{3m_1 + 3m_2 + 2m_3}x = 0$

16 - 13　　$3\ddot{x}\cos\varphi + 2l\ddot{\varphi} + 3g\sin\varphi = 0$，$5m\ddot{x} + ml(\ddot{\varphi}\cos\varphi - \dot{\varphi}^2\sin\varphi) + 2kx = 0$

16 - 14　　$m\ddot{x}\cos\varphi - \dfrac{1}{2}ml\cos(\theta - \varphi)\ddot{\varphi} - \dfrac{1}{2}ml\sin(\theta - \varphi)\dot{\varphi}^2 = mg\sin\theta$，

　　　　　$\dfrac{1}{3}ml^2\ddot{\varphi} - \dfrac{1}{2}ml\cos(\theta - \varphi)\,\ddot{x} = -\dfrac{1}{2}mgl\sin\varphi$；$F_N = \dfrac{mg\cos\theta}{1 + 3\sin^2\theta}$

16 - 15　　$mr^2\omega\dot{\theta}\sin2\theta - M = 0$，$r\ddot{\theta} - r\omega^2\sin\theta\cos\theta + g\sin\theta = 0$

16 - 16　　$3\ddot{\theta}\cos(\varphi - \theta) + 3\dot{\theta}^2\sin(\varphi - \theta) + 4\ddot{\varphi} + \dfrac{6g\sin\varphi}{l} = 0$，

　　　　　$3\ddot{\theta} + \ddot{\varphi}\cos(\varphi - \theta) - \dot{\varphi}^2\sin(\varphi - \theta) + \dfrac{6g\sin\theta}{l} = 0$

16 - 17　　$\left(\dfrac{3}{2}M + m\right)\ddot{x} + ml\ddot{\varphi}\cos\varphi - ml\dot{\varphi}^2\sin\varphi = 0$，$l\ddot{\varphi} + \ddot{x}\cos\varphi + g\sin\varphi = 0$；

　　　　　$\left(\dfrac{3}{2}M + m\right)\dot{x} + ml\dot{\varphi}\cos\varphi = C'$

16 - 18　　(1) $2\ddot{x} - \ddot{s}\cos\theta = 0$，$3\ddot{s} - 2\ddot{x}\cos\theta = 2g\sin\theta$；

　　　　　(2) $\ddot{x} = \dfrac{\sin2\theta}{4 + 2\sin^2\theta}g$

　　　　　(3) $\dot{x}^2 + \dfrac{3}{4}\dot{s}^2 - \dot{x}\dot{s}\cos\theta - gs\sin\theta = 0$，$2\ddot{x} - \ddot{s}\cos\theta = 0$

附录 A　刚体静力学计算机问题分析

A.1　主动力及其代码描述

主动力是指使刚体产生运动或有运动状态变化趋势的力。通常它是已知力，如重力。主动力按其作用特点作如下分类：集中力、分布载荷和集中力偶。

1. 集中力

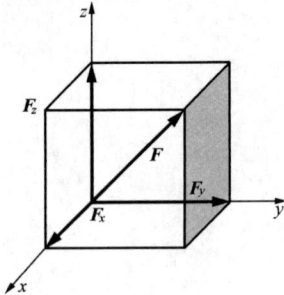

图 A-1

如图 A-1 所示，力矢量 $\boldsymbol{F}$ 在空间上的矢量表达式为

$$\boldsymbol{F}=\boldsymbol{F}_x+\boldsymbol{F}_y+\boldsymbol{F}_z=F_x\boldsymbol{i}+F_y\boldsymbol{j}+F_z\boldsymbol{k}$$

描述一个主动力的代码为

$$xa1_{k1,x_1},\ xa1_{k1,x_2},\ xa1_{k1,x_3},\ Fa1_{k1,x_1},\ Fa1_{k1,x_2},\ Fa1_{k1,x_3}$$

$$k_1=1,\ 2,\ \cdots,\ na_1$$

表示集中力的坐标和力在坐标轴上的投影。

2. 分布载荷

分布载荷：单位长度上的力称为集度。单位为 N/m，它是一个矢量。如图 A-2 所示，常见的分布载荷有矩形、三角形和梯形。

(a)　　　　　　　　(b)　　　　　　　　(c)

图 A-2

描述一个分布载荷的代码为

$$xa2_{k2,1,x_1},\ xa2_{k2,1,x_2},\ xa2_{k2,1,x_3},\ Fa2_{k2,1,x_1},\ Fa2_{k2,1,x_2},\ Fa_{k2,1,x_3},\ k_2=1,\ 2,\ \cdots,\ na_2$$

$$xa2_{k2,2,x_1},\ xa2_{k2,2,x_2},\ xa2_{k2,2,x_3},\ Fa2_{k2,2,x_1},\ Fa2_{k2,2,x_2},\ Fa_{k2,2,x_3}$$

表示分布载荷两端点的坐标和集度在坐标轴上的投影。

3. 集中力偶

力偶概念：如图 A-3 所示，由大小相等，方向相反，作用线平行而不重合的二力组成的力系，常用 $\boldsymbol{M}$（$\boldsymbol{F}$，$\boldsymbol{F}'$）表示。

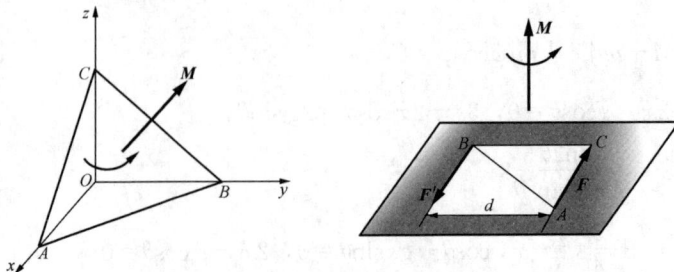

图 A-3

空间力偶 M（F，F'），由 F、F' 二力构成为一个矢量。其大小为 $|M(F,F')| = Fd = 2S_{\triangle ABC}$，$d$ 为力偶臂；方向垂直于 F、F' 作用线所构成的平面，其指向由右手螺旋法则确定。

描述一个空间力偶的代码为 $Fa3_{k_3,x_1}$，$Fa3_{k_3,x_2}$，$Fa3_{k_3,x_3}$，$k_3 = 1$，2，$\cdots$，na_3。

主动力类型与输入参数表见表 A-1。

表 A-1　　　　　　　　　　　　主动力类型与输入参数表

主动力类型	类型代码 ia	主动力输入参数和含义	序号和数量	图例
集中力	1	集中力的坐标和力在坐标轴上的投影 $xa1_{k_1,x_1}$，$xa1_{k_1,x_2}$，$xa1_{k_1,x_3}$，$Fa1_{k_1,x_1}$，$Fa1_{k_1,x_2}$，$Fa1_{k_1,x_3}$	$k_1 = 1$，2，$\cdots$，na_1	
分布载荷	2	分布载荷两端点的坐标和集度在坐标轴上的投影 $xa2_{k_2,1,x_1}$，$xa2_{k_2,1,x_2}$，$xa2_{k_2,1,x_3}$，$Fa2_{k_2,1,x_1}$，$Fa2_{k_2,1,x_2}$，$Fa_{k_2,1,x_3}$ $xa2_{k_2,2,x_1}$，$xa2_{k_2,2,x_2}$，$xa2_{k_2,2,x_3}$，$Fa2_{k_2,2,x_1}$，$Fa2_{k_2,2,x_2}$，$Fa_{k_2,2,x_3}$	$k_2 = 1$，2，$\cdots$，na_2	
集中力偶	3	集中力偶在坐标轴上的投影 $Fa3_{k_3,x_1}$，$Fa3_{k_3,x_2}$，$Fa3_{k_3,x_3}$	$k_3 = 1$，2，$\cdots$，na_3	

A.2　按自由度分类的约束类型及其代码描述

如图 A-4 所示，描述一个刚体运动具有 6 个自由度，分别为 3 个平移位移和 3 个转动位移。刚体静力学中的约束就是要限制平移位移和转动位移。

将约束类型按约束所能限制刚体一点的自由度的多少来分类。

对于单刚体常见约束类型有 6 种。它们是 1 个自由度约束，2 个自由度约束，3 个自由度约束，4 个自由度约束，5 个自由度约束和 6 个自由度约束。对于刚体系来说，拆成的每个刚体除了上面 6 个自由度约束外，还有第七种约束，即称为联结点约束或者称为中间约束。

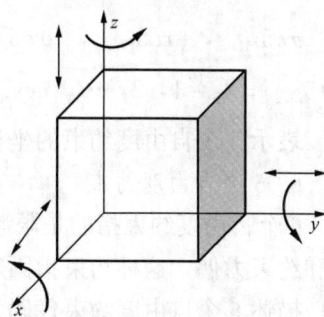

图 A-4

1. 1 个自由度约束

1 个自由度约束指的是限制刚体一个方向平移位移的约束。该约束产生一个方向上的约束力。这种约束包括柔性体约束，光滑面约束和活动铰支座约束。

描述 1 个自由度约束的代码为

$xc1_{l_1,x_1}$，$xc1_{l_1,x_2}$，$xc1_{l_1,x_3}$，$\cos\alpha_{l_1,x_1}$，$\cos\alpha_{l_1,x_2}$，$\cos\alpha_{l_1,x_3}$，$l_1 = 1$，2，$\cdots$，nc_1。

表示 1 个自由度约束的坐标和方向余弦。

2. 2 个自由度约束

2 个自由度约束指的是限制刚体两个方向平移位移的约束，该约束产生两个方向上的独立约束力。这种约束包括平面固定铰支座、向心轴承和蝶型铰链约束等。

描述 2 个自由度约束代码为

$$xc2_{l2,x_1}, \quad xc2_{l2,x_2}, \quad xc2_{l2,x_3}, \quad xd2_{l2,x_1}, \quad xd2_{l2,x_2}, \quad xd2_{l2,x_3}, \quad l_2=1, 2, \cdots, nc_2。$$

表示 2 个自由度约束的坐标和约束力方向识别码。

3. 3 个自由度约束

3 个自由度约束指的是限制刚体三个方向平移位移的约束，该约束产生三个方向上的独立约束力。这种约束包括球铰支座约束、止推轴承等。

描述 3 个自由度约束的代码为

$$xc3_{l3,x_1}, \quad xc3_{l3,x_2}, \quad xc3_{l3,x_3}, \quad l_3=1, 2, \cdots, nc_3。$$

表示 3 个自由度约束的坐标。

4. 4 个自由度约束

4 个自由度约束指的是限制刚体三个方向平移位移和三个方向转动位移中的任意 4 个独立约束力、约束力偶。这种约束包括导向轴承、万向接头约束等。

描述 4 个自由度约束代码为

$$xc4_{l4,x_1}, \quad xc4_{l4,x_2}, \quad xc4_{l4,x_3}, \quad xd4_{l4,x_1}, \quad xd4_{l4,x_2}, \quad xd4_{l4,x_3}, \quad md4_{l4,x_1}, \quad md4_{l4,x_2},$$
$$md4_{l4,x_3}, \quad l_4=1, 2, \cdots, nc_4。$$

表示 4 个自由度约束的坐标、约束力和约束力偶识别码。

5. 5 个自由度约束

5 个自由度约束指的是限制刚体三个方向平移位移和三个方向转动位移中的 5 个独立约束力、约束力偶。这种约束包括带销子夹板、导轨等。

描述 5 个自由度约束代码为

$$xc5_{l5,x_1}, \quad xc5_{l5,x_2}, \quad xc5_{l5,x_3}, \quad xd5_{l5,x_1}, \quad xd5_{l5,x_2}, \quad xd5_{l5,x_3}, \quad md5_{l5,x_1}, \quad md5_{l5,x_2},$$
$$md5_{l5,x_3}, \quad l_5=1, 2, \cdots, nc_5。$$

表示 5 个自由度约束的坐标、约束力和约束力偶识别码。

6. 6 个自由度约束

6 个自由度约束指的是限制刚体三个方向平移位移和三个方向转动位移共 6 个独立约束力和约束力偶，这种约束指固定端约束。

描述 6 个自由度约束代码为

$$xc6_{l6,x_1}, \quad xc6_{l6,x_2}, \quad xc6_{l6,x_3}, \quad l_6=1, 2, \cdots, nc_6$$

表示 6 个自由度约束的坐标。

7. 联结点约束

联结点约束仅在刚体系平衡问题分析时出现。联结点使组成刚体系的各刚体实现相互联结。刚体系平衡，每个刚体平衡，联结点也要平衡。联结点可以是销钉、柔性体、光滑接点和球铰链，但仍可分为三种类型，即联结点的 1、2、3 个自由度约束。

描述 1、2、3 个自由度联结点约束代码同 1、2、3 个自由度约束代码相类似。

整体约束类型列于表 A-2。

表 A-2 　　　　　　　　　　　　　　　约束类型与输入参数表

约束力类型	类型代码 *ic*	约束参数描述	序号和数量	图例
1	1	约束坐标和方向余弦 $xc1_{l1,x_1}$, $xc1_{l1,x_2}$, $xc1_{l1,x_3}$, $\cos a_{l1,x_1}$, $\cos a_{l1,x_2}$, $\cos a_{l1,x_3}$	$l_1 = 1, 2, \cdots, nc_1$	
2	2	约束坐标和约束力方向识别码 $xc2_{l2,x_1}$, $xc2_{l2,x_2}$, $xc2_{l2,x_3}$, $xd2_{l2,x_1}$, $xd2_{l2,x_2}$, $xd2_{l2,x_3}$	$l_2 = 1, 2, \cdots, nc_2$	
3	3	约束坐标 $xc3_{l3,x_1}$, $xc3_{l3,x_2}$, $xc3_{l3,x_3}$	$l_3 = 1, 2, \cdots, nc_3$	
4	4	坐标、约束力和约束力偶识别码 $xc4_{l4,x_1}$, $xc4_{l4,x_2}$, $xc4_{l4,x_3}$, $xd4_{l4,x_1}$, $xd4_{l4,x_2}$, $xd4_{l4,x_3}$, $md4_{l4,x_1}$, $md4_{l4,x_2}$, $md4_{l4,x_3}$	$l_4 = 1, 2, \cdots, nc_4$	
5	5	坐标、约束力和约束力偶识别码 $xc5_{l5,x_1}$, $xc5_{l5,x_2}$, $xc5_{l5,x_3}$, $xd5_{l5,x_1}$, $xd5_{l5,x_2}$, $xd5_{l5,x_3}$, $md5_{l5,x_1}$, $md5_{l5,x_2}$, $md5_{l5,x_3}$	$l_5 = 1, 2, \cdots, nc_5$	
6	6	坐标 $xc6_{l6,x_1}$, $xc6_{l6,x_2}$, $xc6_{l6,x_3}$	$l_6 = 1, 2, \cdots, nc_6$	
联结点约束	7	包含联结点 1、2、3 个自由度约束参数类似 1、2、3个自由度约束		

约束力类型列中 1~6 行合并标注："自由度约束个数"。

A.3　刚体静力学平衡问题通用计算程序原理

1. 工程静力学平衡方程

对于由 **np** 个刚体、**nl** 个联结点构成的平衡刚体系，平衡方程可以表示为

$$
\begin{cases}
\displaystyle\sum_{j=1}^{n_{ip}} \boldsymbol{F}_{ip,j,x_i} = 0 \\[2mm]
\displaystyle\sum_{j=1}^{n_{ip}} m_{x_i}(\vec{\boldsymbol{F}}_{ip,j}) = 0 \quad ip = 1, 2, \cdots, np \\[2mm]
\displaystyle\sum_{j=1}^{n'_{il}} \boldsymbol{F}_{il,j,x_i} = 0 \quad il = 1, 2, \cdots, nl, \ i = 1, 2, 3
\end{cases}
\tag{A-1}
$$

方程（A-1）的前两个方程表示：各个刚体上作用力在 3 个轴（x_i, $i = 1, 2, 3$）上的投影平衡方程和作用力对 3 个轴之矩的平衡方程；第三个方程为联结点的平衡方程。

方程（A-1）中各符号意义如下：n_{ip} 为第 ip 个刚体上作用力个数；n'_{il} 为第 j 个联结点上作用力个数；$\boldsymbol{F}_{ip,j,x_i}$，$m_{x_i}(\vec{\boldsymbol{F}}_{ip,j})$ 表示第 ip 个刚体上第 j 个作用力在 x_i 轴上的投影和对 x_i 轴之矩；$\boldsymbol{F}'_{il,x_i}$ 表示第 il 个联结点上作用力在轴上的投影。不难看出，式（A-1）方程总数为 $6 \cdot np + 3 \cdot nl$ 个。

2. 刚体静力学平衡问题计算可以转化为优化问题

按式（A-1）建立关于刚体系平衡问题的无约束条件最优化问题：$\min f(\vec{z})$；动态设计变量 $\vec{z}=[z_1,\ z_2,\ \cdots,\ z_n]^{\mathrm{T}}$ 表示待求约束力，n 为由输入条件确定的动态设计变量个数。目标函数 $f(\vec{z})$ 由平衡方程（A-1）转化获得

$$f(z)=\sum_{ip=1}^{np}\sum_{i=1}^{3}\Big(\sum_{j=1}^{n_{ip}}\boldsymbol{F}_{ip,\,j,\,x_i}\Big)^2+\sum_{ip=1}^{np}\sum_{i=1}^{3}\Big(\sum_{j=1}^{n_{ip}}\boldsymbol{m}_{x_i}(\vec{\boldsymbol{F}}_{ip,\,j})\Big)^2+\sum_{il=1}^{nl}\sum_{i=1}^{3}\Big(\sum_{j=1}^{n'_{il}}\boldsymbol{F}_{il,\,j,\,x_i}\Big)^2 \quad (A-2)$$

采用动态设计变量优化方法优化计算 $f^*(z^*)=\min f(z)=0$ 与平衡方程（A-2）成立等价，所获得设计变量的理想值 $z^*=[z_1^*,\ z_2^*,\ \cdots,\ z_n^*]^{\mathrm{T}}$，就是满足平衡方程（A-1）的待求约束力。实际求解控制精度使 $\min f(z)<e$，可获得约束力精确解。关键问题是主动力和约束力对平衡条件的作用如何写入动态目标函数中。

3. 程序模块组成

（1）主程序；（2）采用 Powell 法的无约束优化子程序；（3）一维搜索的进退法和黄金分割法子程序；（4）动态设计变量目标函数子程序段。

程序数据输入：刚体总数；单刚体序号；主动力类型数量、类型代码和参数；约束类型数、类型代码和参数；联结点数和联结点参数。

A.4 运用通用刚体静力学程序 LLCQ.EXE 的算例求解

依据刚体静力学平衡问题的主动力、约束力和联结特性，运用优化原理编制通用的平衡问题分析求解程序，本程序为可以计算任意力系（包括空间，平面的汇交，力偶系，一般力系及摩擦和桁架问题）的**刚体静力学通用计算程序** LLCQ.EXE。

1. 输入数据文件格式

应用：

（1）输入构件的总体尺寸，最大载荷。

（2）输入刚体总件数。

（3）输入单刚体件号。

（4）主动力类型总数（最多 3 种）。

（5）主动力类型代码，该类型主动力的数量。

代码 1 为集中力；代码 2 为分布载荷；代码 3 为集中力偶。

（6）主动力参数。

集中力时，输入集中力的坐标和力分量。

分布载荷时，输入两个端点的坐标和集度力分量。

集中力偶时，输入集中力偶分量。

（5，6）时根据要求重复进行。

（7）约束类型总数（最多 8 种）。

（8）约束类型代码，该类型约束数量。

代码 1 为 1 个自由度约束；代码 2 为 2 个自由度约束；代码 3 为 3 个自由度约束；代码 4 为 4 个自由度约束；代码 5 为 5 个自由度约束；代码 6 为 6 个自由度约束；代码 7 为联结点约束；代码 8 为任意约束。

（9）约束参数。

1 个自由度约束时，输入 1 自由度约束的坐标和方向余弦。

2 个自由度约束时，输入 2 自由度约束的坐标和约束方向识别码。

3 个自由度约束时，输入 3 自由度约束的坐标。

4 个自由度约束时，输入 4 自由度约束的坐标和约束方向识别码。

5 个自由度约束时，输入 5 自由度约束的坐标和约束方向识别码。

6 个自由度约束时，输入 6 自由度约束的坐标。

联结点约束时输入。

联结点约束子类代码，该类型约束数量。

代码 1 为联结点 1 个自由度约束；代码 2 为联结点 2 个自由度约束；代码 3 为联结点 3 个自由度约束；联结点约束参数；任意约束时输入：约束坐标和约束方向识别码。

（8，9）时根据要求重复进行。

重复继续输入直到每个单刚体输入完成。

（10）输入联结点的个数。输入联结点坐标和联结点上的集中力。

2. 算例分析

【例 A-1】　应用"刚体静力学通用计算程序 LLCQ. EXE"求解例 4-1。

解

（1）按自由度分类的约束类型：点 A 是 3 自由度约束，点 B 是 2 自由度约束，点 C 是 1 自由度约束。

（2）分析力系，本题为空间任意力系，可列 6 个方程。

（3）输入数据文件见表 A-3。

表 A-3　　　　　　　　　　　输 入 数 据 文 件

```
2, 200
1
1
1
1, 1
1, 1.7321, 0, 0, 0, −200
3
3, 1
0, 0, 0
2, 1
0, 3.464, 0, 1, 0, 1
1, 1
2, 3.464, 0, −0.4330, −0.75, 0.5
0
```

（4）输出数据文件见表 A-4。

表 A-4　　　　　　　　　　　输 出 数 据 文 件

```
主动力类型总数＝1
集中力数量＝1
集中力坐标 (x, y, z), 分量 (Fx, Fy, Fz)
1.000  1.732  0.000  0.000  0.000  −200.000
约束类型总数＝3
3 自由度约束个数 1
3 自由度约束坐标 (x, y, z)
```

续表

```
0.000  0.000  0.000
2 自由度约束个数＝1
2 自由度约束坐标（x, y, z），约束代码
0.000  3.464  0.000  1  0  1
1 自由度约束个数＝1
1 自由度约束坐标（x, y, z），约束方向余弦
 2.000  3.464  0.000  −0.433  −0.750  0.500
输出计算结果
1 自由度约束坐标（x, y, z），约束力（N, T）
 (2.000, 3.464, 0.000)  199.999
2 自由度约束坐标（x, y, z），约束力（X, Y, Z）
 (2.000, 3.464, 0.000)  −0.005  0.000  0.006
3 自由度约束坐标（x, y, z），约束力（X, Y, Z）
 (0.000, 0.000, 0.000)  86.605  150.000  99.994
```

【例 A-2】　如图 A-5 所示，由直角曲杆 ABC、DE，直杆 CD 及滑轮组成的结构。AB 杆上作用水平均布载荷 $q=1\,\text{kN/m}$，不计各杆质量。D 处作用铅直重力 $F=1\,\text{kN}$，重物 $P=2F$，$CO=OD$，应用"刚体静力学通用计算程序 LLCQ.EXE"求解支座及固定端 A 的约束力。

图 A-5

解

（1）取直角曲杆 ABC、DE 和点 C 为研究对象。

（2）取坐标系。

（3）受力分析。

（4）应用计算程序 LLCQ.EXE 进行计算。

输入数据文件和输出数据文件分别见表 A-5 和表 A-6。

表 A-5 输 入 数 据 文 件

```
6, 2
2
1
2
1, 1
-1.414, 0, 0, 1.414, 1.414, 0
2, 1
-3, 3, 0, 1, 0, 0
-3, -3, 0, 1, 0, 0
2
6, 1
-3, -3, 0
7, 1
2, 1
0, 0, 0, 1, 1, 0
```

```
2
1
1, 3
-1.414, 0, 0, -1.414, -1.414, 0
2.5, 1.5, 0, 0, -2, 0
3, 3, 0, 0, -1, 0
2
1, 1
6, 0, 0, -0.707, 0.707, 0
7, 1
2, 1
0, 0, 0, 1, 1, 0
1
0, 0, 0, 0, 0, 0
```

表 A-6 输 出 数 据 文 件

刚体系中单刚体数量＝2
单刚体序号 1
主动力类型数量＝2
集中力个数＝1
集中力坐标，分量：−1.41　.00　.00　1.41　1.41　0.00
分布载荷个数＝1
分布载荷坐标，分量：−3.00　3.00　0.00　1.00　0.00　0.00　−3.00　−3.00　0.00　1.00　0.00　0.00
约束类型总数＝2
6 自由度约束个数＝1
6 自由度约束坐标：−3.00　−3.00　0.00
联结点约束个数＝1
联结点约束中 2 自由度约束个数＝1
联结点 2 自由度约束坐标，约束识别码：.00　0.00　0.00　1.00　1.00　0.00
单刚体序号 2
主动力类型数量＝1
集中力个数＝3
集中力坐标：分量　　−1.41　0.00　0.00　−1.41　−1.41　0.00
　　　　　　　　　　2.50　1.50　0.00　0.00　−2.00　0.00
　　　　　　　　　　3.00　3.00　0.00　0.00　−1.00　0.00
约束类型总数＝2
1 自由度约束个数＝1
1 自由度约束坐标，约束方向余弦：6.00　0.00　0.00　−0.71　0.71　0.00
联结点约束个数＝1
联结点约束中 2 自由度约束个数＝1
联结点 2 自由度约束坐标，约束识别码：0.00　0.00　0.00　1.00　1.00　0.00
联结点个数＝1
联结点坐标，联结点集中力：0.00　0.00　0.00　0.00　0.00　0.00
输出计算结果

续表

No（1）　约束力

6 自由度约束坐标 (x, y, z)，反力 (X, Y, Z, Mx, My, Mz)

$(-3.000, -3.000, 0.000)$　-5.000　1.998　0.000　0.000　0.000　22.993

联结点约束 2 自由度约束坐标 (x, y, z)，约束力 (X, Y, Z)

$(0.000, 0.000, 0.000)$　-2.414　-3.413　0.000

No（2）　约束力

1 自由度约束坐标，反力　6.000　0.000　0.000　1.414

联结点约束 2 自由度约束坐标 (x, y, z)，约束力 (X, Y, Z)

$(0.000, 0.000, 0.000)$　2.414　3.413　0.000

A.5　平面任意力系问题的可视化求解

运用 Visual Basic 开发了平面任意力学问题的计算方法程序，下面给出具体图形输入与计算过程。

【**例 A-3**】　图 A-6 所示体系由 AB 和 BC 组成，载荷如图所示。求约束力。

图 A-6

解　这是一个两个构件构成的平面任意力系求解问题。可视化分析步骤如下。

(1) 确定坐标，如图 A-7 所示。

(2) 加构件 1，如图 A-8 所示。

(3) 加构件 2，如图 A-9 所示。

(4) 给第 1 构件加分布载荷，如图 A-10 所示。

(5) 给第 2 构件加集中力，如图 A-11 所示。

(6) 给第 2 个构件加固定端约束，如图 A-12 所示。

(7) 给第 1 构件加活动支座约束，如图 A-13 所示。

(8) 给 1 和 2 构件加联结点约束，如图 A-14 所示。

图 A-7

图 A-8

图 A-9

图 A-10

图 A-11

图 A-12

图 A-13

图 A-14

（9）按"约束与计算"按钮计算本题。按"输出结果"按钮输出结果，如图 A-15 所示。
　　注：施加载荷和约束与顺序无关，但必须通过改变构件施加到构件上，每个联结点约束需要给连接构件同时施加。

图 A-15

附录 B　常见均质物体的转动惯量

物体的形状	简图	转动惯量	惯性半径	体积
细直杆		$J_{z_C}=\dfrac{1}{12}ml^2$ $J_z=\dfrac{1}{3}ml^2$	$\rho_{z_C}=\dfrac{l}{2\sqrt{3}}$ $\rho_z=\dfrac{l}{\sqrt{3}}$	
薄壁圆筒		$J_z=mR^2$	$\rho_z=R$	$2\pi Rlh$
圆柱		$J_z=\dfrac{1}{2}mR^2$ $J_x=J_y$ $=\dfrac{m}{12}(3R^2+l^2)$	$\rho_z=\dfrac{R}{\sqrt{2}}$ $\rho_x=\rho_y=\sqrt{\dfrac{1}{12}(3R^2+l^2)}$	$\pi R^2 l$
空心圆柱		$J_z=\dfrac{1}{2}m(R^2+r^2)$	$\rho_z=\sqrt{\dfrac{1}{2}(R^2+r^2)}$	$\pi l(R^2-r^2)$
薄壁空心球		$J_z=\dfrac{2}{3}mR^2$	$\rho_z=\sqrt{\dfrac{2}{3}}R$	$\dfrac{3}{2}\pi Rh$
实心球		$J_z=\dfrac{2}{5}mR^2$	$\rho_z=\sqrt{\dfrac{2}{5}}R$	$\dfrac{4}{3}\pi R^3$

续表

物体的形状	简图	转动惯量	惯性半径	体积
圆锥体		$J_z = \dfrac{3}{10}mr^2$ $J_x = J_y$ $\quad = \dfrac{3}{80}m(4r^2+l^2)$	$\rho_z = \sqrt{\dfrac{3}{10}}\,r$ $\rho_x = \rho_y$ $\quad = \sqrt{\dfrac{3}{80}(4r^2+l^2)}$	$\dfrac{1}{3}\pi r^2 l$
圆环		$J_z = m\left(R^2 + \dfrac{3}{4}r^2\right)$	$\rho_z = \sqrt{R^2 + \dfrac{3}{4}r^2}$	$2\pi^2 r^2 R$
椭圆形薄板		$J_z = \dfrac{m}{4}(a^2+b^2)$ $J_y = \dfrac{m}{4}a^2$ $J_x = \dfrac{m}{4}b^2$	$\rho_z = \dfrac{1}{2}\sqrt{a^2+b^2}$ $\rho_y = \dfrac{a}{2}$ $\rho_x = \dfrac{b}{2}$	πabh
长方体		$J_z = \dfrac{1}{12}(a^2+b^2)$ $J_y = \dfrac{m}{12}(a^2+c^2)$ $J_x = \dfrac{m}{12}(b^2+c^2)$	$\rho_z = \sqrt{\dfrac{1}{12}(a^2+b^2)}$ $\rho_y = \sqrt{\dfrac{1}{12}(a^2+c^2)}$ $\rho_x = \sqrt{\dfrac{1}{12}(b^2+c^2)}$	abc
矩形薄板		$J_z = \dfrac{1}{12}(a^2+b^2)$ $J_y = \dfrac{m}{12}a^2$ $J_x = \dfrac{m}{12}b^2$	$\rho_z = \sqrt{\dfrac{1}{12}(a^2+b^2)}$ $\rho_y = 0.289a$ $\rho_x = 0.289b$	abh

索　引

B

保守系统（conservative system）

C

超静定（statically indeterminate）
冲量（impulse）
初始条件（initial condition）
传动比（ratio of transmission）

D

达朗贝尔原理（d'Alembert's priciple）
等势能面（equipotential surfaces）
等效力系（equivalent forces system）
定常约束（steady constraint）
定轴转动（rotation about a fixed axis）
定参考系（fixed coordinate system）
动静法（method of dynamic equilibrium）
动力学（dynamics）
动量（momentum）
动量定理（theorem of momentum）
动量矩（angular momentum）
动量矩定理（theorem of angular momentum）
动摩擦力（kinetic friction force）
动摩擦因数（kinetic friction factor）
动能（kinetic energy）
动能定理（theorem of kinetic energy）
动约束力（dynamic constraint force）
动参考系（moving coordinates system）

E

二力杆（two-force member）

F

法平面（normal plane）

法向惯性力（normal inertia force）
法向加速度（normal acceleration）
非自由体（nonfree body）
分力（components）
副法线（binormal）

G

刚体（rigid）
功（work）
公理（axiom）
功率（power）
功率方程（equation of power）
共线力系（collinear force system）
固定端（fixed ends）
惯性（inertia）
惯性参考系（inertia reference frame）
惯性力（inertia force）
轨迹（path）

H

桁架（truss）
合成运动（composite motion）
合力（resultant）
合力矩定理（theorem of moment of resultant force）
合力偶（resultant couple）
弧坐标（arc coordinates）
滑动摩擦（sliding friction）
滑动矢量（sliding vector）
回转半径（radius of gyration）
汇交力系（concurrent forces）

J

基点（pole）
基点法（method of pole）

几何约束（geometrical constraint）

机械能（mechanical energy）

机械能守恒（conservation of mechanical energy）

机械运动（mechanical motion）

机械作用（mechanical interaction）

加速度（acceleration）

简化（reduction）

简化中心（center of reduction）

角加速度（angular acceleration）

铰链（hinge）

角频率（angular frequency）

角速度（angular velocity）

节点（node）

节点法（method of joints）

截面法（method of sections）

静定（statically determinate）

静滑动摩擦力（static force of friction）

静力学（statics）

静摩擦因数（static friction factor）

静平衡（static balance）

静约束力（static constraint force）

矩心（center of moment）

绝对轨迹（absolute motion track）

绝对加速度（absolute acceleration）

绝对速度（absolute velocity）

绝对运动（absolute motion）

K

科氏加速度（Coriolis acceleration）

空间力系（force in space）

库仑摩擦定律（Coulomb law of friction）

L

理论力学（theoretical mechanics）

力（force）

力臂（moment arm）

力场（force field）

力的三要素（three factors of force）

力多边形（force polygon）

力对点之矩（moment of force about a point）

力对轴的矩（moment of force about an axis）

力螺旋（wrench）

力偶（couple）

力偶臂（arm of couple）

力偶的作用面（active plane of couple）

力偶矩（moment of a couple）

力三角形（force triangle）

力系（system of force）

力系的简化（reduction of force system）

理想约束（ideal constraint）

力学（mechanics）

M

密切面（osculating plane）

摩擦（friction）

摩擦角（angle of friction）

摩擦力（friction force）

摩擦因数（factor of friction）

N

内力（internal forces）

牛顿定律（Newton laws）

P

频率（frequency）

平衡（equilibrium）

平衡方程（equilibrium equations）

平衡力系（equilibrium force system）

平面力系（coplanar forces）

平面运动（plane motion）

平行力系（parallel forces）

平移（translation）

Q

牵连加速度（transport acceleration）

牵连速度（transport velocity）

牵连运动（transport motion）
切线（tangent）
切向惯性力（tangential inertia force）
切向加速度（tangential acceleration）
球铰链（ball joint）
全加速度（total acceleration）
全约束力（total reaction）

R

任意力系（general force system）

S

矢径（position vector）
势力（conservation force）
势力场（field of conservative force）
势能（potential energy）
受力图（free body diagram）
瞬时平移（instant translation）
速度（velocity）
速度矢端曲线（hodograph of velocity）
速度瞬心（instantaneous center of velocity）
速度投影定理（theorem of projection velocities）

T

弹簧刚度系数（spring constant）

W

外力（external forces）
万有引力（universal gravitation）
位移（displacement）

X

相对导数（relative derivative）
相对轨迹（relative path）
相对加速度（relative acceleration）
相对速度（relative velocity）
相对运动（relative motion）

效率（efficiency）
形心（center of an area）
虚功（virtual work）
虚功原理（virtual work principle）
虚位移（virtual displacement）
虚位移原理（principle of virtual displacement）

Y

有势力（potential force）
约束（constraint）
约束方程（equations of constraint）
约束力（constraint reaction）
运动（motion）
运动微分方程（differential equations of motion）
运动学（kinematics）

Z

载荷（load）
振幅（amplitude）
质点（particle）
质点系（system of particle）
质点系的动量（momentum of particle system）
质点系的动量矩（moment of momentum of particle system）
质量（mass）
质量中心（center of mass）
质心运动定理（theorem of motion of mass center）
重力（gravity）
重力加速度（acceleration due to gravity）
重心（center of gravity）
周期（period）
主动力（active force）
主法线（principal normal）
主矩（principal moment）
主矢（principal vector）

转动（rotation）

转动惯量（moment of inertia）

转轴（axis of rotation）

转角（angle of rotation）

自然法（natural method）

自然轴（natural axes）

自锁（self‐locking）

自由度（degree of freedom）

自由矢量（free vector）

自由体（free body）

作用与反作用（action and reaction）

Contents

Preface

List of Symbols

Introduction

STATICS

Chapter 1   Fundmental concepts of statics

    1. 1   Force

    1. 2   Couples

    Exercises 1

    Key to Exercises 1

Chapter 2   Free – body Diagram

    2. 1   Axioms of Statics

    2. 2   Constraints and Reactions of Constraint

    2. 3   Free – body Diagram

    Exercises 2

    Key to Exercises 2

Chapter 3   Reduction of Force System

    3. 1   Translation of a Force

    3. 2   Reduction of Force System to a Given Point • Principal Vector and Principal Moment

    3. 3   Analysis of Force System Reduction Resultant

    Exercises 3

    Key to Exercises 3

Chapter 4   Equilibrium Equations of Force System and Application

    4. 1   Equilibrium Equations of Force System

    4. 2   Determination of the Equilibrium Question of a Rigid Body

    4. 3   Statics Determinable and Indeterminable Problems • Determination of Equilibrium Question of Planar Rigid Body System

    4. 4   Determination of Equilibrium Question of Simple Spatial Force System

    4. 5   Application of Statics

    Exercises 4

    Key to Exercises 4

KINEMATICS

Chapter 5　Basis of Kinematics
5. 1　The Vector Method of Describe the Motion of a Particle
5. 2　The Rectangular Coordinating Method of Describe the Motion of a Particle
5. 3　The Natural Coordinating Method of Describe the Motion of a Particle
5. 4　Translation of a Rigid Body
5. 5　Rotation of a Rigid Body about a Fixed – axis
5. 6　Vector Description of the Rotation of a Rigid Body about a Fixed – axis
5. 7　The transmission ratio of the fixed axis gear train
Exercises 5
Key to Exercises 5
Chapter 6 Resultant Motion of a Particle
6. 1　The Basic Concept of Resultant Motion of a Particle
6. 2　The Relationship among the Velocities of Resultant Motion
6. 3　The Relationship among the Accelerations of Resultant Motion
Exercises 6
Key to Exercises 6
Chapter 7 Plane Motion of a Rigid Body
7. 1　Motion Equations of Plane Motion
7. 2　Velocity Analysis of Plane Motion
7. 3　Acceleration Analysis of Plane Motion
7. 4　The composition of rigid body rotation around the parallel axis
Exercises 7
Key to Exercises 7

DYNAMICS

Chapter 8 General Equations of Particle Dynamics
8. 1　Fundamental Laws of Dynamics
8. 2　Differential Equations of Motion of a Particle
8. 3　Differential equation of motion of a particle in a non inertial force system
Exercises 8
Key to Exercises 8
Chapter 9 Theorem of Linear Momentum
9. 1　Theorem of Linear Momentum
9. 2　Theorem of the Motion of the Mass Center of a Particle System
Exercises 9

Key to Exercises 9

Chapter 10 Theorem of Angular Momentum

    10. 1   Theorem of Angular Momentum about a Fixed - point of a Particle System

    10. 2   Differential Equation of Rotation of a Rigid Body about a Fixed - axis

    10. 3   Theorem of Angular Momentum about the Mass Center of a Particle System and Differential Equation of Plane Motion of a Rigid Body

    Exercises 10

    Key to Exercises 10

Chapter 11   D' Alembert' s Principle

    11. 1   D' Alembert' s Principle

    11. 2   Reduction of Inertia Force System of a Rigid Body

    11. 3   Dynamic constraint force of the bearing when the rigid body around a fixed axis

    Exercises 11

    Key to Exercises 11

Chapter 12   Theorem of Kinetic Energy

    12. 1   Kinetic Energy

    12. 2   Work done by Forces

    12. 3   Theorem of Kinetic Energy

    12. 4   Potential Force Field • Potential Energy • Conservation of Mechanical Energy

    12. 5   Power   Equation of power   Mechanical efficiency

    12. 6   Comprehensive application of general theorems of dynamics

    Exercises 12

    Key to Exercises 12

Chapter 13 The base of mechanical vibration

    13. 1   The free vibration of single degree of freedom system

    13. 2   Attenuation vibration of single degree of freedom system

    13. 3   Forced vibration of single degree of freedom system

    13. 4   Damping and vibration isolation

    Exercises 13

    Key to Exercises 13

BASIS ANALYSIS MECHANICS

Chapter 14 The analysis of statics

    14. 1   Constraint • Virtual Displacement • Virtual Work

    14. 2   Principle of Virtual Displacement

    14. 3   The equilibrium condition of expression particle system with generalized coordinates.

    Exercises 14

Key to Exercises 14

Chapter 15 The analysis of kinematics

15. 1   The degrees of freedom and the geometric constraint equations of rigid body system

15. 2   Analysis of rigid body motion of the system

Exercises 15

Key to Exercises 15

Chapter 16 The analysis of dynamics

16. 1   General equation of dynamics

16. 2   The Lagrange equation

16. 3   The first integral of the Lagrange equation

Exercises 16

Key to Exercises 16

APPENDIX

Appendix A Numerical analysis of the Statics of a Rigid Body

Appendix B Mass Moment of Inertia of General Homogeneous Body

Index

Contents

References

参 考 文 献

[1] 西北工业大学理论力学教研室 . 和兴锁主编 . 理论力学（Ⅰ）. 北京：科学出版社，2005

[2] 刘延柱，杨海兴，朱本华 . 理论力学 . 第二版 . 北京：高等教育出版社，2001

[3] 范钦珊 . 理论力学 . 北京：高等教育出版社，2000

[4] 王月梅，曹咏弘 . 理论力学 . 第 2 版 . 北京：机械工业出版社，2010

[5] 郭应征，周志红 . 理论力学 . 北京：清华大学出版社，2005

[6] 哈尔滨工业大学理论力学教研室 . 理论力学（Ⅰ）. 第 7 版 . 北京：高等教育出版社，2009

[7]   SINGER F L. Engineering Mechanics，Statics and Dynamics［M］. 3rd ed. New York：Harper & Row，1975

[8] Ferdinand P. Beer，E. Russell Johnston Jr. . Vector Mechanics for Engineers，Dynamics（Third SI Metric Edition），影印版 . 北京：清华大学出版社，2003

[9] 贾书慧 . 理论力学教程 . 北京：清华大学出版社，2004

[10] 孙雅珍，侯祥林 . 理论力学教程 . 北京：中国电力出版社，2012

[11] 李心宏 . 理论力学 . 4 版 . 大连：大连理工大学出版社，2006

[12] 王永岩 . 理论力学 . 北京：科学出版社，2010

[13] 焦永树，范慕辉 . 工程力学简明教程 . 北京：科学出版社，2006

[14] 王永岩 . 工程力学 . 北京：科学出版社，2010

[15] 聂毓琴，李洪 . 工程力学 . 北京：科学出版社，2010

[16] 蔡泰信，和兴锁 . 理论力学教与学 . 北京：高等教育出版社，2007

[17] 韩淑洁 . 理论力学辅导与习题解（中、少学时）. 北京：机械工业出版社，2012

[18] 蔡泰信 . 理论力学解题和应试指南 . 北京：机械工业出版社，2008.

[19] 贾启芬，刘习军 . 理论力学辅导和习题解答 . 北京：机械工业出版社，2012

[20] 唐晓雯 . 理论力学辅导与训练 . 机械工业出版社，2010.

[21] 陈平 . 理论力学辅导及习题精解 . 西安：陕西师范大学出版社，2004

主 编 简 介

孙雅珍　女，1969 年 11 月，工程力学博士，沈阳建筑大学教授，硕士生导师，辽宁省优秀青年骨干教师，辽宁省力学学会理事。理论力学本科课程负责人，一直主讲《理论力学》和《材料力学》等力学系列课程，主编《理论力学教程》1 部，参与编写《理论力学》和《材料力学》等教材 6 部，曾主持和参加国家和省级以上教研项目多项，公开发表教研论文多篇，并获得中国建设教育、辽宁省高等教育等教学成果奖 4 项。

主要从事工程力学、道路工程等领域的科学研究。研究方向：材料黏弹性损伤与断裂理论、路基路面破坏分析、寿命评价和防裂控制研究。曾主持国家自然科学基金面上项目、省自然科学基金、省教育厅科技项目、国家住房与城乡建设部项目、交通厅科研项目等 10 余项，并获得辽宁省、沈阳市和沈阳建筑大学科技进步奖和辽宁省自然科学学术成果奖等多项奖励。

国内外公开发表论文 50 余篇，其中三大检索收录 20 篇，且研究论文多次被引用。

侯祥林　1962 年 05 月，教授，博士。辽宁省力学学会常务理事、固体力学专业委员会主任委员、辽宁省振动工程学会理事。沈阳建筑大学教学名师、基础力学系列课程团队带头人，建筑力学精品课程负责人。主讲理论力学、材料力学、结构力学等力学系列课程。先后主持省、校教研项目 5 项。获辽宁省教学成果二等奖 1 项、校教学成果二等奖 3 项，讲课竞赛 1 等奖 1 项。所编制的理论力学、材料力学、建筑力学、结构力学等力学系列课程多媒体辅助教学软件系统，共获教育部、建设部 1 等奖 3 项，2 等奖 4 项，三等奖 2 项。

主要研究方向为：非线性机械设备系统故障诊断与状态识别、非线性机械系统动力学与控制、工程机械结构的减振方法、工程弹塑性体系大变形算法和动态设计变量优化算法及工程应用。出版专著与教材 5 部。主持参与加国家自然科学基金、辽宁省自然科学基金、教育厅科研项目等 10 余项。公开发表论文 100 余篇，被三大检索收录 60 余篇。